城市解放
纪实丛书
CHENGSHI JIEFANG JISHI CONGSHU

广西
1949.12.11
解放

广西壮族自治区档案馆◎编

中国文史出版社

图书在版编目（CIP）数据

广西解放／广西壮族自治区档案馆编. —北京：中国
文史出版社，2021.9
　　ISBN 978-7-5205-3128-3

　　Ⅰ.①广… Ⅱ.①广… Ⅲ.①第三次国内革命战争—
史料—广西 Ⅳ.①K266.06

　　中国版本图书馆 CIP 数据核字（2021）第 172042 号

责任编辑：戴小璇

出版发行：**中国文史出版社**

社　　址：北京市海淀区西八里庄路 69 号　　邮编：100142
电　　话：010-81136606　81136602　81136603（发行部）
传　　真：010-81136655
印　　装：廊坊市海涛印刷有限公司
经　　销：全国新华书店
开　　本：787 毫米×1092 毫米　　1／16
印　　张：27.75
字　　数：591 千字
版　　次：2022 年 1 月北京第 1 版
印　　次：2022 年 1 月第 1 次印刷
定　　价：76.00 元

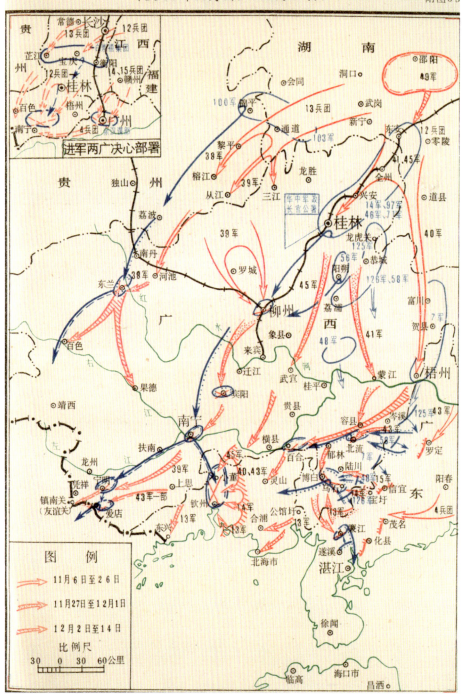

广西战役进展要图

中国人民解放军第二、第四野战军并肩携手向广西进军。

1949年11月6日，人民解放军西路军第38、第39军从湘西南洞口、武冈出发，15日锲入桂北。图为11月21日解放军进入宜北（今环江）的情景。

桂北游击队与南下人民解放军会师互致问候的热烈情景。

桂北游击队为南下大军带路。

1949 年 11 月，桂北游击队队员在全州解放时合影。

中国人民解放军徒涉大溶江。

　　1949 年 11 月 22 日，中国人民解放军第 41 军 123 师挺进桂林。图为部队到达还在燃烧的桂林火车北站。

中国人民解放军第 41 军 123 师由桂林北门进入桂林市。

中国人民解放军进入桂林市，受到桂林市人民的热烈欢迎。

中国人民解放军占领国民党广西省政府。

中国人民解放军从阳朔向荔浦进军途中。

中国人民解放军翻越山岭，追歼逃敌。

1949 年 11 月 25 日，中国人民解放军第 39 军 115 师向柳州挺进。

柳北人民解放总队第一大队妇女工作队合影。

1949 年 11 月，桂东人民解放总队进入贺县八步镇。

人民解放军炮兵抢渡西江。

　　1949年11月25日，中国人民解放军第40军119师解放梧州。图为部队进入梧州城，市民夹道欢迎。

　　1949年11月27日，中国人民解放军从梧州乘火轮渡过西江。

容县南渡口的船工们喜渡人民解放军过江的动人场面。

四野部队与二野四兵团部队在北流追歼逃敌。

中国人民解放军第 45 军 133 师在贵县召开祝捷庆功大会。

《解放快报》号外上刊登的《广西我军活捉张淦》。1949 年 12 月 1 日，中国人民解放军在博白歼灭国民党军第三兵团，俘虏国民党华中军政长官公署副长官兼第三兵团司令张淦。

1949 年 12 月 5 日，中国人民解放军第 39 军 116 师 347 团进驻南宁。

人民解放军渡过邕江继续南进追击敌人。

中国人民解放军粤桂边纵队第三支队的战士和民兵在邕钦公路上毁路，阻碍敌人溃逃。

1949年12月7日，中国人民解放军在钦州、小董歼灭国民党华中军政长官公署部队。图为解放军战士押送俘虏。

华中军政长官公署的军官及眷属在钦州战斗中被我军俘虏。

1949年12月11日，中国人民解放军第39军115师343团把红旗插上镇南关（今友谊关）。

人民解放军攻占镇南关（今友谊关）金鸡山炮台。

1949年12月21日，南宁军民游行庆祝南宁解放，图为参加游行的解放军宣传车。

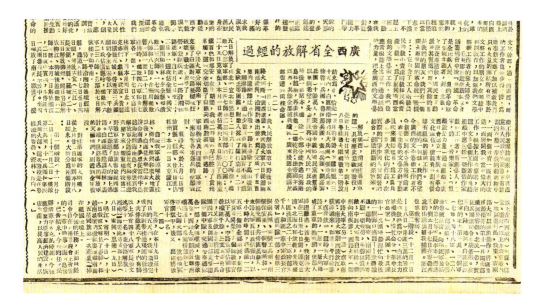

《广西日报》报道广西全省解放的经过。

廣　西　戰　役　減

廣西省

一九四九年十一月六日至十二月十二日

十三兵團
38軍
39軍
40軍
41軍
43軍
45軍
二野四兵團
13軍
14軍
15軍

正規軍
第五兵團部　第十兵團部　第十一兵團部
7軍部　46軍部　48軍部　56軍部
58軍部　63軍部　71軍部　79軍部
103軍部　125軍部　126軍部
7軍之171師　224師　229師
46軍之174師　188師　236師
48軍之138師　175師
56軍之329師　172師　330師
58軍之226師　265師　新1師
63軍之152師　186師
71軍之87師　97師　之暫1師
103軍之347師　234師
109軍之321師
125軍之362師　183師　新2師
126軍之304師　305師
14軍62師[2]　40師[1]
63師
74軍88師[2]

非正規軍
粤桂黔護路軍(團)
桂北經隊(師)粤北東邊挺二經隊
(團)粤北交警經隊(團)
國防部第三突擊經隊(團)
桂北經署第五經隊(團)

斃傷　7754　(人)
俘虜　156960　(人)
投降　1276　(人)
起義與改編　2000　(人)
共計三個兵團部
十一個軍部
卅八個師
十一個團
167990　(人)

中国人民解放军第四野战军发布的广西战役战绩。

中共广西省委第一任书记、广西省
人民政府第一任主席张云逸同志。

中央人民政府任命张云逸同志为广西省人民政府主席的通知书

编辑说明

一、本书选编的档案资料，时间为 1949 年 1 月至 1952 年 8 月，其内容分为：第一篇解放前夕广西省概况；第二篇解放广西；第三篇接管广西；第四篇建设广西。第一篇为概述资料，第二、第三、四篇档案资料分类按时间顺序排列。

二、为保留档案资料的历史面貌，编者对选编的档案资料一般不直接改动，但为方便读者阅读起见，对某些部分作了技术处理：（1）国民党方面形成的档案资料，现标题是编者根据原文作者、事由、文种重新拟定，文内不再注明；其他部分档案原文无标题或标题不确切而由编者进行了拟定和修改的，篇后附加注释说明。（2）对原文中明显的错漏等进行订正，字迹无法辨认的以□代之，纠正错别字在该字后以〔 〕注明，补漏字用［ ］注明，不合于档案原件的明显错别字径改之。（3）对原文内容作了删节的，在标题注明"节录"和在文中用"（略）"或"……"标示。（4）原文没有标点、标点不全或不当的，编者加了标点或进行了改动，但未加说明。（5）原文部分作者名称太长，为简明起见，编者在文中用了规范简称。（6）本书选用的档案资料原文为繁体字、竖排的，现改用国家统一制定的简化字、横排，文中出现的"同右"即同上，"如次""如左"即如下，"同上"即同前，其余依此类推，文中不再注释。

三、本书选编的国民党方面形成的档案资料，其中有对中国共产党、人民解放军及游击队污蔑性的词语，为保持文件原貌，编者未加改动。

四、本书注释统一采用页下注，凡条目内容相同的只在第一次出现时加注；人物职务如本书文中已有体现者不再注释。

五、1999 年版《广西解放》由温强、覃世进主编，黄作恩、史博审核，参加编辑人员有潘文涛、何拥军、唐瑾岚、覃兰花、施惠芬、黎广芳、凌艳萍、钟厚、申智高、赵晓琳、谢有朝。

六、本书在编辑过程中得到中央档案馆和中国文史出版社等单位的大力支持，在此一并致谢！

城市解放纪实系列丛书总序

国家档案局局长　中央档案馆馆长　李明华

　　60多年前，在中国共产党的正确领导和人民群众的大力支援下，人民解放军解放全国许多城市的历史，是一部波澜壮阔的历史，在人类记忆中留下了浓重的印记。

　　在城市解放的过程中，形成了大量的珍贵档案。这些档案真实地记录了中国共产党领导全国人民夺取政权、建立新中国的历史进程，对于人们总结历史经验、探寻历史规律极为重要，是党和国家的宝贵财富。将这些珍贵的档案文献进行综合整理、开发利用，是一项重要的文化积累工作和系统的城市记忆工程。为进一步贯彻党的十八大提出的"扎实推进社会主义文化强国建设"，"广泛开展理想信念教育，把广大人民团结在中国特色社会主义伟大旗帜之下。大力弘扬民族精神和时代精神，深入开展爱国主义、集体主义、社会主义教育，丰富人民精神世界，增强人民精神力量"的要求，我们组织编纂了城市解放纪实系列丛书。

　　这套丛书是利用各有关档案馆馆藏档案和相关文献资料编辑的反映城市解放前后真实历史情况的大型档案文献汇编，内容包括解放前夕相关城市政治、经济、文化、历史等方面的概况；人民解放军政治攻势、战役战斗等军事斗争情况；城市解放后的接管政策、接管过程、各界反映；接管城市后的政权建设、城市建设、恢复和发展生产等方面的情况。

　　城市解放系列丛书主题鲜明，材料翔实，记述客观，信息量大，不仅适用于研究中国现代史的学者，而且适合普通读者阅读，是一部具有思想性、史料性、可读性的精品读物，是以档案反应城市解放这一重大历史进程的系列性文献。这套系列丛书的编纂，是档案工作者记录历史、传承文明、服务社会的生动体现，是各有关档案馆联手协作、整合资源、打造精品，走大编研之路的有益实践，是发挥档案历史记忆功能和资政育人功能的重要方式，是全国档案系统为迎接党的十九大召开献上的一份厚礼。

总结历史，不仅仅为了纪念和追忆。

这套丛书的出版，必将有助于社会各界读者更加详细地了解中国共产党领导全国人民推翻腐败专制统治、建立人民当家作主新政权的历史过程，更加深刻地理解中国革命胜利的来之不易，更加切实地感受新中国不断发展前进的步伐，从而增强中国特色社会主义道路自信、理论自信、制度自信、文化自信，热爱我们伟大的国家，建设好我们伟大的国家，为实现中华民族伟大复兴的中国梦做出应有的贡献！

再 版 前 言

　　广西是以李宗仁、白崇禧、黄旭初为首的国民党新桂系的后方巢穴。新桂系长期盘踞广西并以广西为基地与南京蒋介石政府争权，同时与中国共产党及其领导的人民军队抗衡。1949年4月中国人民解放军横渡长江，剑锋直指华中、华南广大地区。驻武汉的国民党华中军政长官公署白崇禧集团溃败南撤，退踞广西，企图依靠其经营广西二十余年的统治基础和残余的5个兵团、12个军、30个师15万余人的兵力，在广西推行反共"总体战"，负隅顽抗，偏安西南。1949年11月，我中国人民解放军遵照毛泽东主席、中央军委关于对白崇禧部作战应采取远距离包围迂回方法，实行"大迂回、大包围、大歼灭"的作战方针，以雷霆万钧之势，发起了广西战役。与此同时，在中共广西地下党领导下，广西各地游击队风起云涌，展开了迎接解放的武装斗争。在游击队的密切配合下，人民解放军于11月22日解放了广西省城桂林，11月25日解放了柳州和梧州，12月4日解放南宁。12月6日至7日，于钦州歼灭了华中军政长官公署及其直属部队。12月11日，人民解放军把五星红旗插上镇南关（今友谊关）。从此，广西历史翻开了新的一页。12月11日成为广西解放纪念日。

　　20多年前，广西壮族自治区档案馆编辑出版《广西解放》一书，首次以公开出版的形式公布广西解放的档案史料。值此中国共产党成立100周年之际，我们重新出版《广西解放》一书，一是缅怀为广西解放进行艰苦卓绝的革命斗争和浴血奋战的革命先辈。解放70多年以来，广西的经济和社会各方面都有了翻天覆地的变化，在建设中国特色社会主义的新时代，回顾过去，展望未来，我们不应该忘记革命先烈用生命和鲜血换来的今天，更不应该忘记革命先辈艰苦奋斗、不怕牺牲的精神，珍惜今天来之不易的幸福生活。二是20多年来我们又陆续发现和征集了大量有关反映解放广西的史料，把这些史料补充再版，能为读者更加全面了解广西解放这段波澜壮阔的历史，展示解放之初接管广西及党和人民政府领导人民建设新广西的历史画卷。

　　限于编者水平，书中错漏之处在所难免，敬请广大读者指正。

广西壮族自治区档案馆

2021年4月

目　　录

第一篇　解放前夕广西省概况

第二篇　解放广西

第三篇 接管广西

第四篇　建设广西

第一篇

解放前夕
广西省概况

一、广西省概况

（一）历史沿革[①]

广西建置历史悠久。春秋之前，为荆州南徼地。战国属楚。秦统一前属百粤（即百越）地的一部分（主要是西瓯和骆越聚居地）。秦始皇三十三年（公元前214年），秦王朝出兵统一岭南地区，设立南海、桂林和象郡。今广西属当时桂林郡全部，象郡一部分以及南海、长沙、黔中郡（夜郎国）的一小部分。广西简称"桂"，因秦置桂林郡而得名。

秦末，中原地区爆发农民大起义，继任南海尉的秦将赵佗占据岭南，并桂林、象郡地，建立"南越王国"，广西地区属"南越王国"。汉武帝于元鼎五年（公元前112年）出兵平定"南越王国"，统一了岭南，设置南海、苍梧、郁林、合浦、交趾、九真、日南、珠崖、儋耳九郡。其中苍梧、郁林、合浦三郡在今广西境内，隶于当时交州，桂北、柳北及河池地区西部的一部分地方则属于当时的荆州零陵、武陵郡和益州的牂牁郡。汉昭帝于始元五年（公元前82年）诏封亡波为句町国王，今广西的西林、隆林、田林、百色等县（自治县）归其管辖。

三国时期，魏、蜀、吴三国鼎立，广西地区属吴国，设州、郡、县三级制。境内苍梧、郁林、桂林、始安四郡隶属于广州，合浦郡隶属于交州，临贺、零陵二郡属于荆州，牂牁郡属于益州。晋统一后，广西境内郡县设置稍有变化，苍梧、郁林、桂林、晋兴、宁浦、永平等郡隶于广州，合浦仍属交州，始安和临贺二郡则隶属于湘州。晋亡，形成南北朝的分裂局面。广西相继隶属于南朝的宋、齐、梁、陈四朝。刘宋时广西郡县隶属于广、越、湘州。南齐因之。梁、陈两代，建置比较混杂，难以悉举。

隋朝统一，结束了南北朝分裂的局面，仍推行州、郡、县三级区域制。今广西境内，当时设置有始安、苍梧、永平、熙平、永熙、郁林、合浦、零陵、宁越等郡，除零陵、熙平二郡属荆州外，其余属于扬州。

唐朝是我国封建社会发展的全盛时代，区域设置分道、州、县三级，今广西和广东属于岭南道。唐懿宗咸通三年（公元862年），分岭南道为岭南东道和岭南西

① 此文选自《广西壮族自治区概况编写组》编著的《广西壮族自治区概况》，广西人民出版社1985年版，第2—5页。

道，岭南西道除包括广西大部外，还包括今广东的雷州半岛和海南岛，为广西历史上最早出现的统一行政单元，惟有永州（今全州、资源、灌阳三县境）另隶于江南道。岭南西道境内设桂、容、邕三管经略使，道治设于邕州（今南宁）。桂管治桂州（今桂林），统辖柳、融、严、桂、昭、梧、贺、富、蒙等州，即今桂林地区中、南部，柳州、梧州地区大部。容管统辖容、绣、党、牢、白、廉等州，即今玉林、钦州二地区及梧州地区一小部。邕管治邕州，统辖邕、横、宾、象、藤、宜、贵、浔、抚水、思恩、太平、思明、归顺、田州等共二十五州。邕管境内的少数民族地方设有羁縻州四十四个、羁縻县五个、羁縻峒十一个。邕管范围包括今南宁、百色两地区，河池地区大部和柳州、玉林、梧州地区的部分地方。唐代，广西的区划初具轮廓。唐灭亡后形成五代十国分裂的局面，广西地方先属楚国，后属南汉，继承唐朝建制，另增设了全州。

宋朝统一后，将唐代的道改为路，推行路、州（府）、县三级区域制。广西属于广南西路，为"广西"名称之始，路治于桂州（今桂林）。所设各州和区域范围与唐代基本相同。北宋期间，壮族首领侬智高起兵反宋王朝统治，曾在安德州（今靖西地）建立"南天国"，改年"景瑞"。智高起兵失败，宋朝在广西西部民族地区建土州、县、峒凡五十余所。至南宋绍兴三年（公元 1133 年）将桂州改为静江府。咸淳元年（公元 1265 年）又将宜州改为庆远府。同时在民族地区增置思恩州、太平寨、横山寨、泗城州、右江镇安军民宣抚司、右江道和左江道。全州、贺州分别属荆湖南路和广南东路统辖。

元朝设省、路（府）、州、县四级区域制，置广西两江道宣慰使司和岭南广西道肃政廉访司，隶属湖广行省。宣慰司治静江（今桂林），领南宁、梧州、浔州、柳州四路，平乐一府，玉林、容、象、宾、横、融、藤、贺、贵等九州及庆远南丹一安抚司。左江道领思明、太平二路，右江道领田州、来安、镇安三路。桂北全州尚属岭北湖广行省。至正二十三年（公元 1363 年）将湖广行省划出，置广西等处行中书省，为广西设省之始。

明代，将元朝置省改为布政使司，下设府（州）、县（土县）。明初洪武九年（公元 1376 年），置广西承宣布政使司，治于桂林。下置桂林、柳州、庆远、思恩、思明、平乐、梧州、南宁、浔州、太平、镇安十一个府（其中土府三）及归顺、田州、泗城三个直隶州。府下设四十七州（其中土州三十八）、县五十三（其中土县八）和四个长官司。此外，将原属湖广行省的全州划给广西，将广西属的廉州、钦州划归广东管辖。

清代，恢复广西省，省治桂林，下置桂林、柳州、庆远、思恩、平乐、梧州、浔州、南宁、太平、泗城、镇安等十一府，郁林一直隶州及上思、百色两直隶厅。在少数民族聚居的南宁、庆远、思恩、太平、镇安、泗城府境设土州二十七、土县五、土司十、长官司三，雍正十年（公元 1732 年），将荔波县划属贵州省管辖。

民国时期，广西仍然设省，沿清朝设府，并将原来的直隶州、直隶厅均改为府，下辖各县。民国 2 年（1913 年），撤销府制，由省直接辖县。民国 6 年（1917 年），

将全省划为桂林、柳江、南宁、苍梧、镇南、田南六道，统辖各县。民国 15 年（1926 年），以李宗仁、黄绍竑、白崇禧为首的新桂系统一广西，将全省分为若干个区。民国 23 年（1934 年）划为八个行政监督区，民国 29 年（1940 年）改为行政督察区，设行政督察专员兼保安司令公署。民国 33 年（1944 年），全省共分为南宁、龙州、武鸣、柳州、平乐、桂林、梧州、郁林、百色、庆远等十个专区，下设九十九县和桂林市。民国始建时，省治桂林市，民国 2 年（1913 年）迁省治于南宁，民国 25 年（公元 1936 年）又出南宁迁回桂林。民国 38 年（1949 年）七月，行政督察区最后一次调整，增加四个区，共设十五个区。

附录：国民党广西省政府关于重新调整划分行政督察区的代电

国民党广西省政府关于重新调整划分行政督察区的代电

（一九四九年七月）

查本省行政督察区业经本府委员会第九八四次会议议决，重新调整划分为十五个区，较原有增加四个区，所有新增设之四个专保公署并限于本年八月一日成立，以利政务督导及治安之维持。除另案报请内政部转呈核备外，合将调整后各行政督察区辖县一览表随电呈送附发，谨报密核，并希查照。仰各知照，并仰各有关专保公署于奉电后即遵照将应行交拨事项分别交拨接管清楚具报。广西省政府主席黄旭初。陷。民□。印。

附：国民党广西省各行政督察区辖县一览表一份

国民党广西省各行政督察区辖县一览表

区　别	专保公署驻在地	辖县名称	辖县数目	备考
第一区	八步	贺县、信都、怀集、钟山、富川	五	
第二区	柳州	柳江、柳城、中渡、榴江、雒容、迁江、忻城	七	
第三区	梧州	苍梧、藤县、容县、岑溪	四	
第四区	南宁	邕宁、永淳、横县、宾阳、上思、绥渌、同正、扶南	八	
第五区	百色	百色、田西、西隆、西林、凌云、田东、田阳	七	
第六区	靖西	靖西、镇边、天保、向都、镇结、龙茗、敬德	七	
第七区	龙州	龙津、上金、左县、崇善、思乐、明江、宁明、凭祥、万承、养利、雷平	十一	
第八区	兴安	兴安、全县、灌阳、资源、灵川、义宁、永福、临桂	八	
第九区	玉林	玉林、博白、兴业、陆川、北流	五	
第十区	宜山	宜山、天河、思恩、宜北、河池、南丹	六	
第十一区	武鸣	武鸣、上林、隆山、那马、果德、平治、都安、隆安	八	
第十二区	凤山	凤山、东兰、万岗、乐业、天峨	五	
第十三区	桂平	桂平、平南、武宣、来宾、象县、贵县	六	
第十四区	平乐	平乐、恭城、昭平、蒙山、修仁、荔浦、阳朔	七	
第十五区	融安长安	三江、融县、百寿、龙胜、罗城	五	
直辖市		桂林市		

（二）自然地理①

广西地势大致西北高而东南渐低，全省周围均为山地，其中东北部及西部山峰之高者达海拔一千五百公尺以上，南部山峰间亦高达海拔一千公尺，惟中部河流纵横贯注，流域间多成小平原，地势低下，有在海拔二百公尺以下者，此中部之低洼地域，乃构成广西之内陆盆地，亦即农业发达、人烟稠密之处。

广西南起北纬二十一度三十二分，北至二十六度十四分，地居亚热带，气温颇高。大河一带，地势低下，居北回归线之南，受句漏山脉之困，缺乏海风调剂，故气候甚为炎热潮湿，自五月至九月常有流行病疫发生。西部一带，地势崇高，冬日可见薄冰，但炎夏酷热，更逾大河一带。中部柳江流域温度较大河稍低，柳州以北，则气候渐趋温和。桂林一带，冬日间可见雪，平均温度较衡阳、长沙、汉口为低。故杜甫诗云，"岭外皆炎热，宜人独桂林"。东北及北部边境一带之气温，略与长江流域相似。全省雨量大致自北至南逐渐递减，以桂林为最多，龙州次之，柳州、南宁又次之，梧州最少，龙州复较多，而以百色雨量之分配为最不均匀。各地全年降雨日数，平均在一百日以上，以夏季为最多，其平均雨量在一千五百公厘上下，而年中湿度平均在百分之七十五以上。故地面水分供给，理宜充足，惟因广西在地文区分上为一种台地，河流倾斜度甚大，骤雨之时，地面水分多由河流奔驰而去，沿河低地，易泛滥成灾。加以广西地下石灰岩裂缝极多，且易溶解，故构成多数之地下岩洞与暗河，致地面之水不易储积。故广西雨量虽颇丰富，然降雨时期稍不均匀，即呈亢旱现象。此种特质，以西部及西南部为最显著，东南沿河一带，则常患水灾。

广西土壤之母岩为砂岩、页岩、石灰岩、花岗岩及少量冲积物质，土壤之质地有粘土、壤土、粘壤土、砂土、砾土等。一般物理性质如渗透性、硬度、结构等尚为良好，惟就化学性质说，则广西土壤中有机质虽非缺乏（氮分含量颇足），而磷酸则呈饥馑状态，钾分颇感不足，高地土壤石灰缺乏，酸度亦高。盖广西各地多骤雨，而山多□秃，地多荒弃，故地面冲刷颇烈。长久冲刷之结果，土壤中之碱金属盐基、碱土金属盐基、磷酸、硝酸根等均为雨水所溶，复因地势陡峻，河流倾度甚大，河水无处可停，其中所含各种肥分，均被挟持奔腾而去。如此年复一年，广西乃成为地瘠民贫之省份。

---

① 此文选自《广西省政府十年建设编纂委员会》编的《桂政纪实》（上册），1941年版，第总4—总5页。

广西主要冲积平原面积①

名　　称	面积(平方公里)	名　　称	面积(平方公里)
右江盆地	350	贺江贺街平原	185
南宁盆地	238	贺江信都平原	162
郁江横县平原	143	海洋河沿江平原	176
浔江平原	629	桂林—灵川沿江平原	225
玉林盆地	395	荔浦河沿江平原	170
博白盆地	201	宁明盆地	114
庆丰(贵县)山前平原	114	宾阳—武陵山前平原	446

（三）人口②

　　广西人口据十六年民政厅调查，全省约一百九十万户，一千七十五万人，其中男子有五百九十余万，女子有四百八十余万，壮丁一百八十余万，各地死亡率大致较生产率为高。全省以全县四九五、〇七三人为最多，贵县三九五、八五九人次之，最少者为左县，仅一一、三三七人，次明江一三、八〇八人。每方公里之人口密度，以玉林一八二人为最多，次桂林陆川一四二人，最少者为西林五人，次为凌云八人。大致言之，广西人口以浔江流域为最密，柳江抚河左江各流域次之，柳江上游及红水河流域又次之，而以右江流域为最稀。换言之，广西人口以东南部为最密，东北部、中东部、中部及南部次之，西部及西北部则概呈地广人稀之象。揆其原因，盖由于西部及西北部地势高峻，气候酷热，土层瘠薄，自然条件之利用较为困难，居民生活艰辛。人口自不易于增殖。而东南部之浔江流域及东北部如全县一带，地势较为平坦，土地肥沃，物产丰富，自然条件较优良，居民生活稍裕，人口自易繁殖，加以交通较便，外来移民亦多散布于此。

---

　　① 此表选自《广西壮族自治区概况编写组》编著的《广西壮族自治区概况》，广西人民出版社1985年版，第12页。
　　② 此文选自《广西省政府十年建设编纂委员会》编的《桂政纪实》（上册），1941年版，第总5页。

民国时期广西户口统计表①　　　　　单位：户、人

年份		户数	人数	年份		户数	人数
民国纪年	公元纪年			民国纪年	公元纪年		
1	1912	1758900	9160600	20	1931	1904000	10778100
2	1913	1771000	9258700	21	1932	2266913	11819975
3	1914	1782200	9357800	22	1933	2671756	12861850
4	1915	1793900	9457800	23	1934	2650291	13093572
5	1916	1805800	9559100	24	1935	2629826	13325293
6	1917	1818500	9661300	25	1936	2611521	13953394
7	1918	1829700	9764700	26	1937	2611989	14047618
8	1919	1841800	9869200	27	1938	2597729	14130584
9	1920	1854000	9974800	28	1939	2611204	14208606
10	1921	1866200	10082000	29	1940	2631387	14341876
11	1922	1878500	10190000	30	1941	2720064	14828399
12	1923	1890900	10322000	31	1942	2727302	14859685
13	1924	1903300	10409000	32	1943	2776401	14957941
14	1925	1915900	10520000	33	1944	2777851	14970785
15	1926	1928600	10633000	34	1945	2759034	14545868
16	1927	1928426	10753155	35	1946	2800609	14603247
17	1928	1916600	10764000	36	1947	2820388	14636337
18	1929	1910700	10770000	37	1948	2960226	14672735
19	1930	1903800	10775000	38	1949	4188831	18452013

---

① 此表选自广西壮族自治区地方志编纂委员会编的《广西通志·人口志》，广西人民出版社1993年版，第22页。

民国时期广西每平方公里人口密度表① 　　　单位：人

年　份	人口密度	年　份	人口密度	年　份	人口密度	年　份	人口密度
民国元年	41.8	民国 11 年	46.5	民国 21 年	54.0	民国 31 年	67.9
民国 2 年	42.3	民国 12 年	47.1	民国 22 年	58.8	民国 32 年	68.3
民国 3 年	42.7	民国 13 年	47.5	民国 23 年	59.8	民国 33 年	68.4
民国 4 年	43.2	民国 14 年	48.1	民国 24 年	60.9	民国 34 年	66.4
民国 5 年	43.7	民国 15 年	48.6	民国 25 年	63.7	民国 35 年	66.7
民国 6 年	44.1	民国 16 年	49.1	民国 26 年	64.2	民国 36 年	66.9
民国 7 年	44.6	民国 17 年	49.2	民国 27 年	64.5	民国 37 年	67.0
民国 8 年	45.1	民国 18 年	49.2	民国 28 年	64.9		
民国 9 年	45.6	民国 19 年	49.2	民国 29 年	65.5		
民国 10 年	46.1	民国 20 年	49.2	民国 30 年	67.7		

二、新桂系统治下的广西

一年来桂林市米价②

　　桂林市的米，是从桂林市邻近的县如临桂、永福、灵川、兴安、全县等地运来的，所以桂林市的米市场价格，决定着桂北各县的米的价格。

　　兹将一年来桂林市的米价列表如下：

---

　　① 此表选自广西壮族自治区地方志编纂委员会编的《广西通志·人口志》，广西人民出版社1993 年版，第 23 页。

　　② 原载《广西日报·桂林版》1948 年 5 月 12 日，作者一凡。

月　　　别	每市斤米价平均 （单位为元）	以卅六年①一月为基价增 加之百分比
卅六年一月	四三三	一％
二月	七三三	六九％
三月	六五六	五一％
四月	七三三	六九％
五月	九四六	一一九％
六月	一、九六六	三五四％
七月	一、〇八六	一五〇％
八月	一、二〇〇	二〇〇％
九月	一、四三三	二三〇％
十月	一、八八三	三三四％
十一月	二、一六六	四三二％
十二月	三、五〇〇	七〇八％
卅七年一月	四、一六六	八六〇〇％②
二月	八、一六六	一七八六％
三月	一二、二三三	二七〇二％

南宁一片倒风③

　　南方社南宁十七日专电　本市商场连日倒风甚炽，继建基行之后顷又有合和庄、同享盐庄、西泰沙纸庄、环球金号、义泰行、裕成庄、广兴祥等倒闭，各债权人纷至商会登记债权。商会为谋抑止倒风计，昨晚特召开紧急会议，决议对周转不灵商店，将予提出有力证据或殷实担保，由会极力维持；对倒闭商号，决查封货物及经股东会一切关系人产业，并缉拿各关系人归案法办。

---

① 原文系用中华民国纪年。民国卅六年即 1947 年。

② 应为 860％之误。

③ 原载《广西日报》桂林版 1948 年 11 月 18 日。

国民党广西省政府关于各县市三十八年度人民团体组训工作要点

(一九四九年一月)

一、在各种人民团体中特别加强农工团体组织，使对于安定秩序改革政治及增加生产发生重大作用。

二、农会应着重策动佃农入会，并使之成为农会骨干。

三、工会以发展工矿交通等工人之组织为主，凡工人过于分散组织条件尚未具备之区域，勿庸勉强组织，以免有名无实，其已组织而确实无法使之健全者应即解散。

四、教育会之组织应与当地教育事业配合推进。

五、妇女会着重于县市妇女会之健全，乡镇妇女会暂缓发展，县市妇女会并得以个人为会员，但应尽量吸收知识妇女职业妇女入会，以谋组织之健全，现有乡镇妇女会不健全者，设法使其充实，否则应予解散。

六、人民团体于组织之前应积极策动，使组织成为人民之要求，变被动为自动。

七、培养团体干部应注意选拔优秀分子，使之领导本业团体以加强领导。

八、各种团体均应设置书记，农工团体之经费及书记薪津，县市政府应优予补助并列入县市预算。

九、加强农工团体训练，县市政府应设立农工干部训练班，实施农工干部训练，并配合各该团体业务之推行及各地成人教育班实施会员训练。

十、县市级人民团体由县市政府指定社政人员负责指导，乡镇级人民团体指定当地乡镇长负责指导，并标以为各指导人员年终考绩标准之一。

十一、举行人民团体负责人工作会报（或座谈会），由县市政府按月召集，并派员主持，以组训业务及协助安定秩序、改革政治、增加生产为讨论中心。

十二、各县市办理地方自治事业，如农贷、水利农业推广、成人教育、救济等，应尽量透过人民团体组织指导管理，以增加人民对地方自治之认识及兴趣，并藉以充实团体业务，达到组织健全之目的。

柳州铁路工人大罢工（节录）①

（本报柳州通讯）生在这个年头，什么罢工、罢市、罢课，诸如此类的事情是常有的。不过柳州人只是司空见惯而已，昨天②却不然了，这种"玩儿"居然在湘桂黔铁路工程局发生，这无疑给司空见惯的柳州人一种血的教训。

事情是这样的，本月五日该路工会以百物飞涨，工人生活无法维持，电请局方

---

① 原载桂林《小春秋》1949 年 1 月 16 日，作者小春秋驻柳记者林何。

② 实为 1 月 8 日。

请按照生活指数发薪，而局方以现金支借，批准暂借支一百元。可是工人要求的是柴米油盐，一百元又〔能〕买到什么？于是有人提出罢工请愿的"玩儿"。照以往的惯例，请愿也不过到衙门口喊喊口号，贴贴标语，最多也不过派几个代表去面陈一切罢了。而这回却别开生面，八日那天整天没有工作，千余人蜂拥进办公大厦局长室，有站在桌子上的，有乱写墙壁的，有大叫大喊的，秩序大乱，花盆打烂了，客厅里的茶杯不见了，弄得局长痛哭流涕说："我待你们（指工人），照良心说实在没有坏呀，难道要逼我死不成？"这样带涕带泪的话，不知说了多少次，而到底还是准照十二月份指数发元月份全月薪，已借支的每人一百元不够解决问题，会计处王处长和陆副局长为筹借现款奔走。

这次罢工规模相当大，好似也颇有组织，是日柳来、柳桂、柳金①各线均不行车，金城江开柳列车在中途被截住。鹅山的自来水停止供应。……

据说罢工前几天，局长就不想干了，曾电请交通部辞职，其中情由当然少人知道，但这次风波无疑加倍局长辞职之意。袁梦鸿接任湘桂黔铁路后，他的成就是众所周知的，在在都有良好的表现，社会人士希望他仍继续干下去，因为换了一个局长来，不一定有更好的表现，"到处乌鸦不是一样黑！"

湘桂黔路员工怠工（节录）②

前日晚上十一时许，湘桂黔路员工，以本月来所发薪水系零星发出，最近一次发出之钞票，又有三分之一为二十元以下之小票，市面无法应用，适逢衡阳怠工请命之消息传来，遂开会决定亦仿衡阳之办法停开由柳开来之十二次特快车，复于昨日上午八时该路工会桂林分会特假北站举行会员大会，讨论对策，到会员一千余人，由工会理事郭长清主席即席公议四点：（一）由分会各支部干事及前公推之代表赴驻桂联合办事处交涉，请路局发给二月份加成数二成，及三月份全部扫数发清。（二）限期于本月卅一日圆满答复，否则从四月二日起，军运列车亦停开。（三）卅一日无结果，由各支部公议代表团赴柳州请愿。（四）以（一）、（二）分电各有关机关查照，随即就各部门推举代表三十余人赴南站联合办事处谒见主任冯介，请其转达局方，觅取解决途径。

……

央行延不兑付汇票　西大学生坐催获款③

本报讯　昨日广西大学员生工警集队中央银行桂林分行门首，要求发放通知单

---

① 柳来——柳州至来宾；柳桂——柳州至桂林；柳金——柳州至金城江。
② 原载《广西日报》桂林版 1949 年 3 月 30 日。
③ 原载《广西日报》桂林版 1949 年 3 月 31 日。

已达到近二十日尚未兑付之教〔育〕部汇款，队伍在微雨中守候达六小时之久，始告圆满解决。兹志经过情形如下：西大于本月十二号接获该行拨款通知单计三千五百万元，据央行称因日来钞票未到，央行库存无款，而该校公费同学自廿一日起即告断炊。幸赖该校当局将出纳室全部存款发出并卖出汽油一桶始够维持两日，至前日起又告断炊，而央行仍称无款可发，不予支付该项通知书已送达之款。迭经学校当局及学生代表赴行交涉，该行首则允发一百万元，□□□□□□□□□□，区区之款，杯水车薪，故不接受。代表回校后，该行复又电告该校允发大票四百万元。该校学生，以该行忽而一百万，忽而四百万，捉摸不定，乃经该校学生自治会及班代表联席会决议赴央行坐催，以济燃眉〔之急〕。昨日上午十二时，该校将军桥全体学生及员工等八百余人，由各系级代表领队，赴桂央行。首由学生代表四人向央行经理陈汉平交涉，继该校总务长白玉衡、训导长陈居玺，广西银行总经理刘古谛，交通银行经理王官献及西大校长陈剑修等均先后赶到，从中调停交涉达四小时之久，中央银行始允将该款三千五百万元全部兑出，除一千五百万为现款外，其余以光洋折合，门首队伍闻到代表报告此项结果时，欢声雷动。后又因办理兑付手续，延至下午六时许，始行领获款项整队回校，时天已全黑，该校学生均饿肚半日，归途中仍高呼口号，市民对此均深予注目。

西大员生生活濒绝境　派代表谒代总统请愿[①]

本报讯　国立广西大学全体员生生活濒于绝境致告休课停工等情，经迭志本报。据悉：该校员生急切希望能早日解决上种困难。代理校长何杰曾于前日下午三时向代总统请求救助，代总统允与省府商洽，设法拨银元四千元以济急需，该校员生乃以四千元之数殊有僧多粥少之慨，乃一致决议推派代表于昨日下午三时再度晋谒代总统。适代总统公出，由第二局局长黄雪邨接见，至五时许始辞出。

为了活命实行大拍卖[②]

（本报讯）　国立南宁师范学院自"四二五"事件[③]发生后，院方即停发学生伙食，学生膳食已粒米无存，六百多学生临断炊之境，学生无法，乃组织拍卖委员会，举行饥饿大拍卖，分组拍卖同学仅有行李、衣物、书籍，并发表告社会人士书，一字一泪，令人同情。市民慨与解囊援助者甚多，计昨日共卖获白米二百余市斤，

---

① 原载《广西日报》1949年4月29日。
② 原载《邕江晚报》1949年4月29日。
③ 1949年4月25日，黄华表收买一批暴徒，打伤南宁师范学院学生多名，是为"四二五"事件。

金〔圆〕券二百余万元，今晨仍继续拍卖。

南宁的金券潮①

这几天，南宁的街头景象，是在一种金融变态的发展下自寻办法，在未有一种新的货币取代金圆券的地位之前，市面的交易，惟有不厌其烦的物物交换。菜市及街头、街尾的零售小摊，完全以白米做标准，甚至〔去〕理发店、上馆子，都需要随身带着一袋米。现在，当你看见街上的人群，各自肩负着一袋米，而昂然阔步走过的时候，已是不觉得稀罕了。不过虽然是以实物为本位，但很多货物显然比以前高涨了许多。比如猪肉每斤需白米九斤至十斤，青菜需米一斤至三斤，鸡蛋、鸭蛋每个需米十两。很多街头专供应小孩子的零食店及连环书摊之类，以为这一次他们将遭遇"濒临绝境"了，但出乎意料之外，生意倒比以前可观。一位小学教师昨天告诉记者，这几天的小学生，他们的书包内差不多每人都内贮白米，这情形真令人有点啼笑皆非。遭殃的是部分熟食铺、零售店，及影戏院等，由于米携带不方便，而银圆、外币又缺乏找补，于是不得不被迫停了业，能勉强支持的，生意也大减了。

国民党广西省政府规定地价税土地增值税征收实物硬币办法代电

（一九四九年五月十七日）

各区行政督察专员兼保安司令公署、各县市政府、各县市参议会均览：查本府前以金圆券不断贬值，各地交易多以硬币行使或物物交换，为适应事实需要维持税收起见，经规定地价税自三十八年度起改征稻谷，并以本年律虞财一字第四六一二号代电通饬遵照在案。兹据桂林、柳江等市县政府先后电报征收稻谷困难情形请设法补救等情前来，查纳税义务人缴纳稻谷如确有困难，应准兼收硬币以利办理，又土地增值税着自奉电日起，比照省县各项税捐征收办法改征实物硬币，兹规定地价税及土地增值税征收实物硬币办法如次：（一）地价税及土地增值税，得兼收稻谷、糙米、白米、银元。（二）硬币以银元为本位（袁版），无银元或不足一元之奇零数征收毫币，无银元、毫币则征外币。各类毫币及外币，对银元（包括东毫、中山毫、广西铜元暨港币、法光等）之折合比率，有银行地方，由广西省银行，无银行地方，由县市政府，参照率价，逐日拟定县牌征收。（三）征起各类实物、银元、毫币或外币，县市政府应分别种类，按月编报本府。县占五成，得分别种类、随征随扣；中央及省占五成，由县市代为保管，候令处置。（四）土地增值税自改征实物硬币后，原有部颁以物价指数伸算课征办法，应不适用。为便利计征起见，仰各该县市政府，速即根据现行编制之物价指数，查明历月趸售稻谷价格，列表咨经县

---

① 原载《广西日报》桂林版 1949 年 5 月 9 日。

市参议会同意，以为计算征收土地增值税之标准。合将计算土地增值税方法示例一则随发，仰各遵照，并由县市府将奉电日期报查。主席黄旭初。辰筱财一印。

附发土地增值税计算方法示例（略）。

国民党桂林绥靖公署
关于注意领导及控制青年学生的代电

（一九四九年七月五日）

一、查青年学生之思想行动纯正与否，影响社会秩序及戡乱情绪至巨，兹为把握青年学生免误入歧途受匪利用起见，特电令各该专县对青年学生之领导及控制应特别注意。

二、兹拟具各县市对青年学生领导及控制应注意事项数则随电附发，仰各切实遵照办理并将遵办情形随时报核。

三、本件副本抄送广西省政府及各学校各一份。

主任　李品仙

各县（市）对青年学生之领导
及控制应注意事项

一、注意各学校教职员之思想行动，如有言行不纯正者，得视情节轻重予以警告或撤聘，以免奸宄混迹其间。

二、对各青年学生思想身家予以调查，以免职业学生渗入。

三、地方党政机关应经常派员至各学校向学生作精神讲话，灌输三民主义之思想、中央政府之政策并尽量暴露共匪之阴谋与残酷，使能明辨是非，坚定信仰。

四、经常派员（最好是学校教师）召开学生"生活检讨会""学识坐［座］谈会""时事坐［座］谈会"，对日常生活之检讨、学识之研究并举证共匪暴行之事实及传达政府之各项法令与德政。

五、学校当局及地方政府应居于领导地位，鼓励学生出刊街头反共漫画与壁报、演出反共戏剧及组织或在假期内组织反共宣传队分别到各乡村工作。

六、地方政府可能尽量印发（或请发）各种反共宣传品及书籍，分发各学校学生阅览。

七、学校当局及地方政府应避免消极之压制，而注重积极之领导，务求青年学生均能在地方政府及教师等循循善诱之领导下，不致走入歧途。倘遇有不得已之情形，地方政府及校方为爱护纯正之青年学生起见，亦唯有忍痛惩办不纯之肇事学生。

八、在每学期终了，学校当局对学生毕业及升级，应视其日常思想及品行为主课（或占总平均百分之九十），如思想品行学识均佳者，除准予升级及毕业外，并另订奖励办法（详细办法请广西省政府核办），否则不予毕业或留级。

广西省各县市户口检查办法

（一九四九年七月八日）

一、为使人民户籍登记能臻严密及确保地方安宁秩序起见，特订定本办法。

二、户口检查分为总检查及经常检查二种。

三、户口总检查由县市政府按地方实际需要就全县市或一乡镇区或一村街之户口挨户检查之，其检查期间由县市政府临时决定，事后将检查情形详报省府、保部核备。

四、户口经常检查由县市政府按各乡镇区村街实际需要就其户口随时抽查之。

五、各县市政府举行户口检查，应按地方实际需要，邀请或召集当地军警团队机关会商组织检查队，订定户口检查实施细则，呈报省府、保部核备。

六、户口检查须特别注意人口复杂之公共场所、学校、旅店及偏于一隅之独立房屋、无正当职业之私人住宅暨船舶、岩洞。

七、户口检查之对象为：（一）未依法定手续声请户籍登记者；（二）留宿不报者；（三）潜匪；（四）奸谍；（五）盗窃；（六）在逃罪犯；（七）地痞流氓；（八）非法帮会组织；（九）非法营业；（十）私运私藏军火武器；（十一）其他违法者。

举行户口检查时如遇有前项人口，应分别由行政、军警机关依法处理。

八、举行户口检查不论总检查或经常检查，事前应守秘密，必要时得临时断绝交通。

九、举行户口检查须与户籍登记密切配合，应由县市政府饬由各乡镇区公所派出户籍干事及村街户籍事务员或村街长携带户籍登记簿前往查对。

十、举行户口检查时，检查人员应携空白户籍登记声请书及流动人口登记簿，如遇被查人口有设籍、除籍、迁出、迁入、出生、死亡、结婚、离婚、收养、认领等事项而未声请登记或流动而未报登记者，应行分别催告声请登记或作流动登记。

十一、举行户口检查时，检查人员对于被检查者不得以其具有身份证或户籍登记□本或其他证件而忽略检查之对象，以免匪徒及其他违法者藉身份证等为掩护而脱逃。

十二、警察机关基于维持治安或执行司法警察职务之实际需要而临时单独举行户口检查时，亦应准备空白户籍登记声请书前往，如遇人民有应行登记户籍事项而不声请登记者，即将声请书发给代为催告声请登记。

十三、桂林、梧州、柳州、南宁四大城市在省属警察局辖区范围内居住之人民声请登记户籍，应多具声请书一份送居住地之警察分局所备查。

十四、举行户口检查时，检查人员态度务须和蔼，对人民不得无故留难，须说明检查之目的系为维持地方秩序保障人民安全。

十五、本办法自公布日施行。

联成行等三十三家行庄停业[1]

本报讯　据桂林市粮食同业公会息：近因时局关系，本市粮食商业业务不振，各行庄停业者计中正东路联成行、巨德庄、八桂行，定桂路元益店、钜丰行、裕庆行、协胜行，东环路同兴庄，正阳路友联行，盐行街福成庄、新泰行、裕通商行、振胜行、巨丰庄、唐仁庄、正大行、永聚行、源胜号，福棠街厚丰行、新建号、联兴行、生昌行、华丰行、厚德行、群安庄、冠南号，中山南路厚信号、永源庄、永生粮行、桂南行、协昌行、天隆〔等〕三三户，现尚存参加该会之粮食行庄计六十九户。

湘桂黔路经费困难　在柳员工请发欠薪[2]

柳州讯　湘桂黔铁路工程以业务收入减少，路局经费极度困难，因之员工薪津无法按月发放，兹值物价□涨之际，员工生活亦深感□□不易。兹悉，该局在柳□□以六七月份薪津迄今未能全部领获，为求生活解决计，乃齐集各部门员工数百人，于廿六日上午九时许前往鹅山路局局长办公厅，向杨局长溢祖请求清发欠数，因员工们急于解决生活，故一时秩序颇乱，局方因经费困难未能即时完满解决，双方相持甚久，结果幸双方了解困难，乃决定折衷办法两项始获暂时解决。该项办法为：（一）每人暂发二元维持生活。（二）一星期后局方设法清发大部。

湘桂黔铁路员工总辞职[3]

南方社柳州廿七日专电　湘桂黔铁路员工以路局欠薪数月，生活费用无着，衣物卖光吃尽，恐慌异常，而路局迄无具体办法解决此一严重问题，枵腹从工，曷克支持，该局员工经于廿五日联名签呈总辞职。预料沿线员工亦将迅速响应，当局如仍无具体办法解决员工生活，则可能于九月一日起各处室一律停止办工以待命云。

湘桂黔铁路员工的悲哀（节录）[4]

当你踏进鹅山湘桂黔铁路局，看见钢筋水泥的高楼大厦、小洋房、公馆，很整

---

① 原载《广西日报》桂林版 1949 年 7 月 26 日。
② 原载《广西日报》桂林版 1949 年 8 月 3 日。
③ 原件无标题，此标题系编者所加。原载《广西日报》桂林版 1949 年 8 月 29 日。
④ 原载《民声晚报》1949 年 8 月 30 日，作者有干。

齐一栋栋的住宅，及四处绿荫森森的茄莉树，不只是会使你羡慕居住在这里的人民的幸福，想不到美丽的外衣，遮盖着无限的悲哀、烦恼与贫困。……自徐蚌会战①后，金元券不受欢迎，安宁的生活，已开始动摇。袁梦鸿局长取款乏能，为了吃饭问题，数千员工包围办公大厦。脑满肠肥的袁局长心慌了，他并不曾担心员工饿肚子，而是担心他的生命立刻会发生危险，哭了，他痛哭流涕。是的，大人先生们就善来这一套，但泪水不能抑止员工们的饥饿，于是袁局长从此去了职，由王之翰副局长代理。员工们仍是一天一天苦挨下去，心头更加沉重，一次二次三次……的工潮、请愿、包围连续的发生，现王副局长无法应付也因之下台。王文彦以军长身份抱负很大而来接局长，第一天就任时被包围数次达六小时之久，他的三姨太发怒说：先前就叫他不来这穷局。后来王局长也终被钱拖垮了。

杨忆祖局长接任第一天说："我们当本路为一件事业做，不要当官做。"他强调火车要烧煤，员工要吃饭，二月来，他一直在广州催款，但仍没有解决本路的贫困，现在他又辞职了，听说交通部要王和华"临危受命"，但是我们可预知，如没有钱也要垮台的。

……

战争一天天迫到华南，本路军运代替客货运，收入几等于无，一切开支都靠给补贴。近几个月来，上自处长，下至工友，平均每人每月仅得十元②，数口之家叫他们如何活下去？同事们见到便互相问发薪的消息，战事似乎却不关心。工友们历次罢工请愿、包围，主管当局为了忙于应付，每人发一元两元的，把每次工潮暂时缓和一下。说来也令人心痛，主管当局为了维持员工的生活，实在是尽了最大的努力，而同事们也能原谅他们的处境，还是"束紧腰带""咬紧牙关"。大家以为局方领到款后，总会发清欠薪，但交通部却命令六月以前的欠薪不认，还劝大家"共体时艰""安心勿躁"，太使大家失望了。过去我们是奉公守法，出了最大的努力，完成这西南大动脉，公务员是最苦阶级，平时吃不饱，政府为什么偏要在我们头上打算盘？七月份起，公务员待遇，政府会再度调整，虽然每人应得数目少，但大家以过去经验，少也不要紧，反正我们没有资格说话，总是希望能及时到手。事实的答复太冷酷，太残忍，七月过去了，每人仅得十一元，八月也只有两天便过去了，只得五元，现在每担米就要七八元，开门七件事，叫我们如何打算？办公厅〔时〕说的是柴米油盐，充满一片叹息声，"如何打算？如何办？"但是繁忙的公事，并不因为我们吃不饱而减少，重重地压倒我们……万多员工生活都陷入绝境，苦得不能再苦了，有的数口之家，每日午饭晚粥，有的已断炊……

---

① 徐蚌会战即淮海战役。
② 银元，下同。

加强执行戒严法令　桂林绥署约法八章①

　　本报讯　桂林绥靖公署为加强执行戒严法令，特于昨日发出布告，告戒全体市民，兹志其布告原文如次：

　　桂林绥署布告：一、查前奉国防部电以本省属于警戒地区，应宣告全省戒严等因，并经省保安司令部于本年元月十三日通电宣布实施戒严并布告周知各在案。二、兹查军事日趋严重，竟有少数宵小之徒或乘机造谣蛊惑人心，或纠集党羽，图谋不轨，以致奸匪盗匪案件时有发生，人心至感不安，影响地方治安诚非浅鲜，亟应重申戒严法令，告戒众知，除饬本署所属军政机关彻底执行外，兹特颁布维持治安禁令八条予〔于〕下：

　　（一）不得造谣惑众扰乱治安。
　　（二）不得煽动罢工罢学以及聚众游行集会暴动。
　　（三）不得破坏电线电话及交通器材。
　　（四）不得放火焚毁或决水冲毁一切建筑物。
　　（五）不得抢劫掳掠或强取民物。
　　（六）不得扰乱金融。
　　（七）不得为匪宣传。
　　（八）不得刺探军情泄漏军机。

　　三、自布告之日起，凡我民众务须各安生业并齐心协力维护公共安宁，勿得轻信浮言，自相惊扰。倘有违反上开禁令者，一经查获不分首从，一律依军法从严惩处，言出法随，决不姑宽。

　　四、仰各遵照。中华民国卅八年五月廿九日，主任李品仙。

梧州警察局关于禁止装有收音机之用户收听匪区广播的代电②

（一九四九年八月）

　　各分局、队、所均览：奉梧州警备司令部本年七月警参佳字第○○八号代电开：
（一）奉桂林绥靖公署县四监原午肴③电略开：查共匪广播言论荒谬，是非混淆，动摇人心，妨碍戡乱。兹特规定本辖区内各收音机用户绝对禁止收听。倘有私自收听者，一经查觉即将收音机没收。如有故意收听，作为匪方宣传资料者，并将

---

　　①　原载《广西日报》桂林版 1949 年 5 月 30 日。
　　②　原件无标题，现标题为编者所加。
　　③　午肴为 7 月 3 日。

收听人拘送当地军法机关法办。（二）希并转饬所属遵照。等因。合电转饬，仰各并饬属遵照为要。　　局长李菁　　　　支政印

国民党华中军政长官公署青年工作团
广西省团部建立社会监察网实施办法

（一九四九年八月）

一、为防止及肃清奸匪潜入各阶层社会与各机关、学校、社团活动，并加强政治保卫力量以期早日完成戡建任务起见，特建立社会监察网（以下简称本监察网）。

二、本监察网建立对象为本省省内县乡（镇）村（街）各级及各该级机关、学校、社团。

三、本监察网组织系统分组、站、小组等级，即省设监察组，县设监察站，乡镇村街设监察小组，各级机关、学校、社团及甲设监察员。各级机构组织如下：

（一）省监察组由本团部监察组兼办不另设机构。

（二）县监察站设站长一人，由各该县政府职员选择兼任，下设干事一人或二人，由该兼站长就该县政府内遴选忠实同志兼任之。

（三）乡村监察小组设小组长一人，乡镇小组长由乡（镇）长兼任，村街小组长由各该村街长兼任，下设干事一人，由各该乡村户籍干事兼任。

（四）各级机关、学校、团体及甲设监察员，机关、学校、社团监察员以各该机关、学校，社团职教员、学生、工友选充，并以每百人设监察员三人为原则，每甲设监察员二人为原则，由该甲内遴选忠实青年担任。

四、本监察网各级监察员应具基本条件如下：

（一）本党党员；

（二）思想纯洁，大公至正，而无偏倚者；

（三）对戡建工作有深刻认识者；

（四）对本团发生信仰而有服务热诚者；

（五）对工作地区环境人事均熟悉者；

（六）服从命令而能严守秘密者。

五、本监察网各监察员之任务如下：

（一）侦察共匪潜伏分子；

（二）侦察思想不正及动摇投机分子；

（三）侦察贪污腐化分子；

（四）侦察土豪劣绅及阻碍或破坏政令之推行分子；

（五）调查当地党派活动情形；

（六）调查各级帮会组织及活动情形；

（七）查报各级机关、学校、社团之忠贞热心服务人士，以为政府选任贤才之准备；

（八）调查地方公正士绅及热心公益之社会自然领袖；

（九）其他。

六、各级监察员工作之进行务须严守秘密，切忌暴露身份，尤须严谨自持，以起核心领导作用。为便于达成工作任务，可尽量找机会参加各种社会活动及各种集会，以便了解各方情形。

七、省级社会监察工作，由本团监察组直接部署、领导、监察、考核；县级监察站承本团监察组之领导，部署、指挥、监察、考核全县各乡镇及各该县各机关、学校、社团之监察事宜；各乡镇村街监察小组及机关、学校、社团监察员受县监察站长之指挥进行工作。各级监察站、小组及监察员只作纵之领导，不作横之联系。

八、各级监察员所得情报，务须迅速按级传递，如有重要情报则迳报本团处理，以便争取时效。

九、各级监察人员工作成绩由层级负责人切实考核，以凭奖惩，其奖惩办法另订之。

十、各级监察人员均为义务工作，不予支薪，惟便于工作之进行，得酌发活动费及办公费若干，发给标准另订之。

十一、本办法签奉核准后施行。

国民党广西省政府公布
广西省各级行政机关员工联保办法代电（节录）①

（一九四九年九月）

案奉行政院卅八〔年〕穗四字第4045号训令"饬加强各机关防谍保密工作，厉行员工连环互保制度"等因。兹制定广西省各级行政机关员工联保办法公布，仰各切实遵照办理具报，并希查照。广西省政府主席黄旭初申鱼②省人印

附广西省各级行政机关员工联保办法一份

广西省各级行政机关员工联保办法

一、广西省政府为适应戡乱需要加强各级机关防谍保密工作起见，特依据行政院三十八〔年〕穗四字第4045号训令订定本办法。

二、凡本省各级行政机关员工应各〈个〉别分组联保，以三人至五人为一组，并以平日工作接近者联保为原则。

三、各级行政机关联保员工应分别填具切结书贰份，一份存原机关，一份由原机关汇呈省政府备查。但县属机关则呈县政府备查，切结书式另定之。

四、凡同组具结人员须互相监察，如发现联保人中有通济匪类及其他反动行为等情事各负检举之责。倘有扶〈伙〉同隐匿秘不揭报者，即予依法究办。凡发现同组具结人员中有通济匪类及其他反动行为等情事，而其他同结人未能察觉事前予以检举者，应予撤职或解雇。

五、凡不愿参与联保或无人愿保之员工，得由该机关长官查明，分别免职解雇或呈请省政府免职。

六、本办法自公布日施行。

机关员工联保切结书

为出具切结事，今结得同组具结各人均系思想纯正，奉公守法并无通济匪类及其他反动行为等情事。自具结后互相监察，在联保期间，如发现联保人中有上开不法行为，即行检举报请主管长官究办。如知情不报有意隐匿或漫无察觉未能事前检举者，甘愿受广西省各级行政机关员工联保办法第四条规定之处分，为此出具切结是实。

　　　职　　别　　姓　　名　　盖章
　　具切结人　　000 000
　　　　　　　　000 000
　　……

①原件无标点，现标点为编者所加。
②申鱼——9 月 6 日。

国民党广西省第三区行政督察专员兼保安司令公署
关于核验反共宣誓的通知

（一九四九年九月二十日）

一、关于反共宣誓检验，业以政宣字第二号通告，请各将现有人数造册（号码、职别、姓名、宣誓日期、宣誓地点、备考），并派员来署会同核验在案。

二、惟查贵局尚未派员携册前来办理，希文到一日内派员将名册及誓词送来。

三、名册内号码一栏由各机关自行编定并于誓词左上角按名册号码编号以便检查。

誓　词

我谨以至诚，在孙总理像前，及国民政府领导之下，绝对服从政府法令，拥护剿共作战到底，誓死反对共产党，决不参加共党组织，决不附匪、通匪、庇匪、窝匪、济匪，并竭力协助政府，澈〈彻〉底剿清共匪，如有违背誓言，甘受政府枪毙之处分，谨誓。

　　　　　　　　　　　　　　　　　宣誓人
　　　　　　　　　　　　　　　　　监督人
　　　　　　　　　　　中华民国三十八年九月　　　日

华中长官公署布告市民奖励密告检举叛乱行为①

〔本报讯〕华中〔军政〕长官公署顷颁布处置叛乱行为及奖励密告检举叛乱者办法如下：

（一）危害国家而有左列行为之一者，处死刑或无期徒刑：

一、私通共匪或与共匪勾结者。

二、参加叛乱组织或非法集会者。

三、为共匪或叛徒作向导，或搜集出卖传递军事情报者。

四、私设电台与共匪或叛徒互通消息者。

五、包庇共匪或为叛徒召〔招〕募兵夫者。

六、为共匪或叛徒征购或运输军火、军用品及粮食者。

七、放毒、纵火、破坏交通或军事场所及建筑物者。

八、煽动罢工、怠工、罢课、扰乱治安或破坏金融者。

九、造谣惑众，动摇人心者。

十、以文字、图画、演说，有利于匪徒之宣传者。

（二）密告检举前条叛乱之阴谋或行为，经查属实者，按情节轻重，由本署发给银元五十元至一千元之奖金。对密告人姓名住址绝对保守秘密；并得准密告人之请求，由本署保送至其认为安全之地区。

国民党梧州警察局悬赏缉究散发传单之歹徒代电②

（一九四九年十月）

各分局、所暨保安队、刑警队均览：案奉梧州警备司令部本年酉有③稽字第〔17〕号代电开：一、查日来市面发现歹徒散发匿名及化名荒谬传单（如中国人民解放军约法八章等），为匪张目，扰乱人心。二、着各严密查缉，澈〔彻〕底究办，不得疏忽，否则各该分局长、探长以予〔应为"予以"〕处分。三、如捕获散发、递寄或印行荒谬传单歹徒一名，本部发给奖金港币伍百元以资鼓励。四、仰各遵照仍〔并〕将办理情形具报为要。等因。奉此，合电仰并转饬所属严密缉究毋违，仍〔并〕将办法情形具报为要。局长卢英龙。西世④察慎印。

---

① 原载《广西日报》南宁版 1949 年 10 月 21 日。

② 原文无标题及标点，现标题、标点为编者所加。

③ 酉有为 10 月 25 日。

④ 西世为 10 月 31 日。

附：新桂系统治时期的广西经济状况

1. 农业经济

民国时期，广西农业生产水平还很低，耕作粗放，边远山区刀耕火种仍很盛行，耕地面积有水利灌溉的极少，大部分靠天吃饭，加上封建的土地所有制，沉重的租税，严重地压抑了农民的生产积极性。民国22、26、27、31年4年平均，广西全省农业人口248.18万户、1287.99万人（1947年全省总人数1463.63万人），占总人口88%，耕地面积2903.96万亩，其中水田1562.97万亩，人均有耕地2.25亩，其中水田1.2亩。但耕地的绝大部分为地主、富农所占有，农民拥有耕地不过13%，且多属不足一亩的小片耕地。由于封建地主的压迫和剥削，农民缺乏生产积极性，各种农作物产量很低。粮食作物是农业种植业的主体，以稻谷为主，其次是玉米，桂东南部分地区有种植双季稻的习惯，其他大部分地区主要是种植单季稻。经济作物在地区分布上，是广泛种植，零星分散，产量很低，主要品种有花生、甘蔗、黄红麻、芝麻、烤烟，还有茶叶、蚕茧等。

粮食生产

新桂系统治广西后，提出了改良品种增加肥料供给、改良农具、防治虫害、改良稻谷管理等要求，但收效甚微。全省水利设施极少，且限于少数县。民国25年至30年（1936—1941年），全省完成较大的水利工程5项（荔浦合江水坝、宜山洛寿渠、田阳那坡、柳江凤山河、柳城沙埔河一期工程），合计工程经费154.25万元，灌溉面积9.56万亩。各县自办的小规模水利工程，民国20年至民国30年共469个，工程费35.58万元，灌溉32.24万亩。合计灌溉面积41.8万亩，约占全省水稻（民国22年2576万亩）面积1.6%。

民国26年至民国34年（1937—1945年）这9年，广西水稻产量比较，前3年尚维持在5000万担以上水平（民国26年5506万担，民国27年5082万担，民国28年5739万担），后6年连5000万担也保不住，其中，后2年最低，民国33年为3029万担，民国34年降至2500万担。大豆产量也相近似，由民国26年111万担，降至民国34年50万但。

民国26年至民国30年（1937—1941年），广西玉米、甘薯、木薯、大豆等粮物，历年产量基本持平。其中，玉米每年在499.9万担至636.78万担，大豆每年在103万担至113万担之间。

由于产量低，从民国26年至民国36年（1937—1947年），广西缺粮严重。全省主要用粮，稻米占2/3、杂粮占1/3（贫家实际以杂粮为主）。人均年吃稻谷295斤，杂粮144斤。全省收粮、用粮相抵，丰年（民国28年）收谷5850万担，略为有余，常年收谷约5000万担，缺800万担，杂粮方面，民国26年至民国36年，各项杂粮年产2270万担，实需2600万担，人吃2100万担，饲料260万担，种子210

万担，其他用 40 万担。每年不敷 340 万担。

经济作物和林牧副渔各业

广西糖蔗分布全省各县，以贵县、柳城、雒容、柳江、邕宁为最多，种植面积均在万亩以上。民国 22 年（1933 年）全省种植面积达 26 万亩，产量为 53.9 万担。各县糖蔗多为细茎土种，产量不丰，糖质不佳，栽培方法亦多粗放。民国 23 年开始，省政府试行引入爪哇、台湾等地品种，并设置繁殖场，繁殖蔗种，向各县推广，全省甘蔗量逐年有所增长。民国 26 年为 105 万担，民国 27 年 118 万担，民国 28 年 141 万担，民国 29 年达 176 万担。

烟草和茶叶，广西各县也普遍有栽培，其中，烟草以武鸣为最多，其次为平南、北流、柳江、全县。民国 22 年（1933 年）全省种植 17.2 万亩，总产量 14.3 万担；民国 26 年至民国 29 年，每年产量 26.7 万担至 29.9 万担之间。广西茶叶昔日原为出口大宗，自印锡茶、日本茶争夺市场后，广西茶叶日益衰落，逐渐减至年产仅 2 万余担（民国 22 年产量为 2.88 万担）。但苍梧的六堡茶、横县的白毛茶、桂平的西山茶、兴安的峒茶等颇负盛名。广西与国民政府经济部中茶公司，曾于民国 30 年开始合作，指导农民改良栽培技术和设置茶厂，从事焙制外销良茶。

民国时期，广西的林业，除桂东南各县及桂东北一部分人工林较发达，以及偏僻地区尚有一部分天然林之外，其余中部、西北、西南大部分山岭均形荒废。民国 20 年（1931 年）以前，广西省营林场，南宁附近有槎路、茅桥、军山 3 处，在柳州附近有柳州狮子岩、柳城沙塘、宜山龙桥 3 处，在百色有百色林场 1 处。民国 21 年，镇南林垦区附设有龙州林场，柳江林垦区增设雒容林场 1 处，南宁林垦区增设西乡塘林场 1 处，桂林林垦区附设桂林林场 1 处。民国 22 年，镇南林垦区再增设大青山林场 1 处。民国 24 年以后，各林场经过调整和归并，至民国 27 年，省林场共有雒容、庆远、南宁和龙州等 4 处。

省政府在设置省林场的同时，提倡各县、乡村和学校兴办公有林、民有林，在重要河流沿岸造林，公路两旁植树，以及推广油桐、油茶种植。民国 23 年至 24 年（1934—1935 年），先后颁布有县苗圃及乡镇苗圃规程，令各县、区、乡遵照设置苗圃，为当地公有林及附近民众提供造林必需的苗木。区、乡苗圃育苗以松树为大宗，也有杉、樟、楝等树种。民国 23 年，省政府规定县、区、乡、村各级公有林营造面积，要求主要河流两岸都要造林。但实际多未实现。省政府并要求山区推广油桐和油茶的种植。民国 20 年以后，颁订各县植桐推广办法，令饬各县府就县有林或林场以外，选定植桐地点，自民国 25 年春季起，每年至少植桐 3000 株，各乡（镇）、各村（街）同样，每年分别植桐 2000 和 1000 株。各村（街）民户凡园连屋旁有空地者，由村（街）甲长督促尽量植桐，并设置围篱以防牲畜踏毁，所需桐种如当地无从购办，由省政府核令产桐各县适当作价供应。自民国 26 年至 35 年 10 年间，全省共种桐 98.97 万亩，其中种植面积较广的民国 26 年和 28 年，分别达到 27.66 万亩和 23 万亩。民国 20 年至民国 28 年间，全省桐油年产量，由 4 万公担发展到年产 15 万公担至 16 万公担，增长近 3 倍。各县普遍采取油茶和油桐混植的办法进行

增植和经营，省政府曾派员分驻各地区专员公署执行督导此项工作。

新桂系统治广西时期，在广西商品经济的缓慢发展中，农业为广西提供了一些出口商品，较多的是林产品。民国 20 年（1931 年），梧州、南宁、龙州 3 关输出土货、桐油、茶油合计货值 140 万海关两，约占输出总值的 16%；木材 52 万海关两，柴、炭两项将近 100 万海关两。其次是家禽、家畜，同年出口牛、猪货值 80 万海关两，家禽 70 余万海关两，牛皮、鸭毛 100 万海关两，均为广西出口大宗。

民国 31 年（1942 年），广西经营各种农副业的农家，养猪户约占农户总数的 73%，养鸡鸭约占 69%，砍柴草的约占 46%，种蔬菜和纺纱织布的，分别占 43% 和 27%，帮工兼营小贩的，分别占 24%、20%，植树木的占 21%。此外，经营果树、特产、养蚕、养鱼，编草绳、草鞋、编箩筐，制土砖、木匠、裁缝等农户，所占农家总户数，都在 20% 以下。

民国 22 年至 31 年间（1933—1942 年）广西历年牲畜、家禽以及养鱼等发展变化的情况：水牛最低年份民国 26 年为 92.3 万头，最高年份民国 31 年为 122.2 万头。黄牛最低的民国 27 年为 109.4 万头，最高的民国 22 年为 134.4 万头。马最低的民国 22 年 4.67 万匹，最高的民国 31 年 12.7 万匹。山羊最低民国 22 年 16.57 万头，最高民国 31 年 57.7 万头。猪最低民国 27 年 267.87 万头，最高民国 22 年 309.85 万头。鸡最低民国 31 年 105 万只，最高民国 22 年 1876.55 万只。鸭最低民国 31 年 436.18 万只，最高民国 22 年 751.45 万只。鹅最低民国 22 年 16.3 万只，最高民国 31 年 77.6 万只。渔业方面，据桂林藤县等 25 个县、市统计：池塘养鱼，民国 27 年 5.37 万亩，产量 1513.27 万市斤，民国 29 年 9.19 万亩，产量 1012.18 万市斤；水田养鱼，民国 27 年 22.9 万亩，产量 465.07 万市斤，民国 29 年 22.98 万亩，产量 83.48 万斤。

2. 工业经济

民国 14 年（1925 年）新桂系统治广西后，从办军需工业开始，逐步办了一些现代小型工矿企业，但仍是以手工业为主，包括兵工、化工、机械、纺织、制糖、建材、电力、陶瓷、造纸、印刷、自来水等行业。这些企业既有官营（即地方官僚资本工业），也有官商合营以及民营工业。这个时期广西开始兴办的工业企业有：梧州硫酸厂，创建于民国 16 年，后改为两广硫酸厂，产品供化学工业、军需工业和炼制火油等用，是广西最早引进外国技术的大型工厂，开办后因原料产地远、运输不便、成本高，产品与外国产品竞争失败，被迫关厂；广西机械厂，民国 17 年兴办，为军需工业和交通工业服务装配和修理汽车与电器零件，仿造手榴弹、迫击炮，装配过单翼飞机，可是原料、零配件均来自外国；南宁制革厂，产品多是军警用的皮带、枪带、子弹套、文件包等。到 30 年代，广西才开始兴建生产与生活必需品的工厂，如南宁染织厂、南宁骨粉厂、广西糖厂、广西桐油厂、宾阳瓷器厂等。

民国 26 年（1937 年）抗日战争爆发后，沿海大批工商企业陆续内迁，桂林、柳州、梧州等地共有内迁厂 230 多家，使广西工业增到 287 家，资本总额约 7 亿元。

这是解放前广西工业的鼎盛时期。民国33年日军第二次入侵广西，桂林、柳州、南宁、梧州等城市，受到严重破坏，大部分工厂迁走或毁于战火，抗战胜利后，民国36年全省仅余工厂88家。民国时期广西规模较大的主要工矿企业有49家。

国民党中央政府在桂企业

军政部兵工署兵工厂3家：①柳州兵工厂，月产枪弹10万发。②宾阳兵工厂，由粤第一兵工厂移建，产品不详。③梧州机器厂，制造飞机、汽车配件。

交通部工厂7家：①柳江机器厂，民国28年（1939年）1月开办，初期资金100万元，民国31年拨足4200万元，主要制造机床、刨床，兼修汽车、机械。月营业20万元至40万元。②全州机器厂，前身为平汉铁路汉口机器厂。民国37年8月迁入，民国38年投产，有机械、锻冶、钢铁、动力工场，工人474人，职员59人。③桂林器材修配厂，资本1000万元，制造铁路电讯等各种器材及汽车配件，民国31年度收入320万元，盈余70万。④湘桂铁路理事会桂林电厂，设于桂林西郊牛牯山，民国30年设筹备处。装机容量1000千瓦，发电设备为捷克司可达民国26年产品。⑤浙赣铁路器材桂林分厂，资金1000万元，民国30年建成开工，有机、锻、铸、锅炉4工场，以制造车床、钻床为主。⑥浙赣铁路理事会工厂管理处印刷厂，民国33年设备迁桂，资本150万元。⑦广西肥料公司，资金50万元，产骨粉。

经济部、中国银行中国植物油公司、资源委员会企业各1家，分别为：广西化学工业公司，设于桂林，民国35年（1946年）资本1500万元，产纯碱、肥料；柳城蔗糖厂，初拟制酒精以供战备，因桔水收购难，特设糖厂以解决酒精原料，民国32年日产白糖3吨，酒精800加仑；锡矿管理处，民国28年2月设于桂林，资本、业务不详。

中国汽车制造公司企业2家：①桂林汽车制造厂，中汽分厂之一，由上海迁株州再迁桂林，有工场10多个，原料自美来，产汽车配件，民国31年（1942年）2月，月产值2万美元，民国28年日军入侵桂南，该厂转迁四川；②广西化学工业公司。

广西与国民党中央政府合营企业

与资源委员会合营2家：①平桂矿务局，民国27年（1938年）10月合营，民国36年员工2134人。②柳州电厂/柳州电力有限公司，民国31年11月成立，将湘江电厂2000千瓦设备迁到该厂，员工178人（柳州原设商营电厂，后为广西省府接收）。与中国银行合营2家。①迁江合山煤矿公司，民国27年合营，资本440万元，中行投资220万元。②广西面粉厂，民国28年设于贵县，与省府、商人合营，资本30万元，中行投资6万元。与经济部工矿调整处合营1家：广西纺织机械厂，民国28年6月成立，资本117万元。

广西省政府官办主要企业

兵工　在早年李宗仁和黄绍竑分别于玉林、梧州所办小型兵工厂的基础上，民

国 14 年（1925 年）加以扩充或迁修。民国 17 年增办柳州机械厂。民国 20 年起一面向外国购军械，一面设厂，计有轻重机枪厂、步枪厂、迫击炮及炮弹厂、硝酸厂和飞机修理厂。各工厂的机器，大部分购自捷克。抗战开始，这些兵工厂全交国民党中央政府统筹管理。

化工　主要有两广省办硫酸厂，前身是梧州硫酸厂，民国 16 年（1927 年）由两广省政府合资在梧州三角嘴兴办，民国 12 年冬竣工，划归省建设厅管。民国 33 年 4 月，粤桂两省签订办厂协定，确定厂名，资本 56 万元，马君武任厂长，开工时工人 150 人。工厂由德国巴梯公司设计，设备技术均引自外国，产品 95%销广东，5%销梧州。

机械制造　主要有广西机械厂、南宁机械厂和广西中华铁工厂：

①广西机械厂，建厂后三易其名，民国 17 年（1928 年）春正式成立，设于柳州鸡喇，资本 40.1 万元，主要设备购自英、美等国第一次世界大战剩余物资及贵县采矿机器厂、梧州烟厂、南宁机关枪厂残存机器，技术人员有加拿大及英、美籍工程师，并从广东请来技工 60 多人，全厂分 5 大部：木工、翻砂、打铁、机械、电器，以制造修理汽车、飞机及普通机器、农具为主，民国 18 年停办。民国 20 年该厂拨给第四集团军总司令部航空处，更名为广西航空学校机械厂，以修理机械、飞机为主，兼制手榴弹、迫击炮弹。民国 26 年"七七"事变后，广西航校归属中央航空委员会，该厂拨给航委会接收，改名为中央航空委员会第 9 飞机修理厂。民国 33 年日军逼近柳州，该厂奉令迁贵阳清镇。

②南宁机械厂，办于民国 25 年（1936 年），厂设于津头村，前身是广西普及国民基础教育研究院附属工场。有机械、翻砂、打铁工场各 1 座，设备有机床 15 部。制造马车、抽水机、发电机、装修汽船、汽车机具。民国 27 年该厂因战局迁田东，民国 29 年迁柳州改名为广西机械厂，总资本 10 万余元。

③广西中华铁工厂，广西与上海中华铁工厂合办，原为中华职教社主办，厂设上海。民国 27 年（1938 年）因战事迁广西，同年 5 月与广西省政府合资（广西占股 4%），厂设于柳州鸡喇，资本 10 万元。设备有机床 20 多部及发电机、熔铁炉等。可制造引擎、小钻床、车床、鼓风机、低压抽水机及汽车零件。

纺织　新桂系办了官营纺织工厂 4 家：

①南宁染织厂，民国 14 年（1935 年）建成，厂设于南宁中渡口，资本 35 万元，设备购自英、美、瑞士，有英国电力织布机 148 台，脚踏铁木机 47 架，附属设备浆纱、开幅、干燥、轧光碾布和发电机等。工人由上海永安纺织公司第三厂培训。全厂分整理、织布、电力、机修、漂染等工场，棉纱、染料购自外省，出口以"桂花"牌为商标。民国 25 年春，梧州残废军人教养院织机 45 架并入该厂。至此，全厂资本毫币 35 万元（固定资本 30 万元，流动资本 5 万元），每月产布由 4 万码增至 15 万码。民国 35 年秋再接收广西土布厂及梧州女中染坊科部分设备，年产布约 45 万匹，以各种平纹布为大宗。民国 27 年工厂因战局一度迁田东，民国 29 年转迁至柳州。

②广西纺织机械厂，民国 27 年（1938 年）成立，资本 117 万元，该厂实行一厂两部，业务公开，即广西纺织厂及广西机械厂，厂址均设于桂林北门外。纺织厂有纺纱、织布、漂染 3 个工场，有纺纱机 2000 锭、织布机 54 台、漂染机 13 台。自纺、自织、自染，主要产品棉布月可织 2000 匹，棉纱日产 3 件，间亦织医药用纱布。产纱供自用外，也销于市场。机械厂有 7 间工场（锻、铸、木、钳、机、制冰等），主要生产车床、刨床、纺织机（自用），并制钉、拉丝、镀锌、制冰、植物油灯等。

③第一民生工厂，前身为民国 15 年（1926 年）富贺钟三县所开办的平民工厂，民国 26 年秋划归省营，至民国 31 年，资本 6 万元，有木织布机 30 多架，脚踏铁木机 12 架，毛巾机、织袜机各数架。出口以军服、公务服为主，也产床布、桌布及蚊帐布，年产布 1000 多匹。

④广西纺织业示范工场，民国 30 年（1941 年）筹设于桂林，原有手纺织机 22 架，向湖南订制自力式纺织机 2 套（每套 144 锭），又向上海订制新式机 3 套（每套 128 锭）。

制糖 省政府筹建新糖厂，民国 23 年（1934 年）4 月至 5 月，外商檀香山机器公司斯可达工厂代表，先后到贵县、柳州考察，接着，省政府约请国内专家考察探讨。同年 11 月，省政府与檀香山机器公司订购机器。民国 24 年糖厂定址于贵县罗泊湾，资本 121.7 万元，日榨 300 吨。民国 24 年 11 月投产，3 个月共产糖 1.8 万担。民国 28 年 1 月该厂被日本飞机炸毁。

建材 主要有水泥厂、玻璃厂各 1 家。抗日战争前，广西水泥入口每年不下 5 万桶，价值不下 80 万元，资金上溢甚巨。省政府于民国 25 年（1936 年）筹办广西士敏土厂（水泥厂），设于迁江白鸽隘。民国 26 年，向德商礼和洋行订购主要机器，价值 5.06 万英镑，议定民国 27 年开工投产。后因广州沦陷，笨重机件发电机等存香港运不回。接着迁江厂址被日机轰炸，该厂迁灵川济公岩，资本总额 800 万元。广西玻璃厂设于南宁，曾聘波兰技师筹划，建造炉灶，民国 26 年 3 月建成，7 月将开工时，炉毁于大水，民国 27 年春始修复，向广州订购机器工具，数次试制日产玻璃 1 吨。终因战事停办。

电力 民国 33 年（1944 年）起广西省政府先后将主要商营电力公司收为省办。全省官营电业，设广西电力总厂及分厂共 7 家：

①广西电力总厂，设于桂林象鼻山附近，有 60 匹马力柴油机、160 匹马力卧式木炭蒸汽原动机、250 匹马力双缸式煤气原动机各 1 台，40、90、120 千瓦三相发电机各 1 台。民国 28 年冬，桂林人口由战前的 8 万增到 30 多万，供电不足，省政府先后将存于平乐的 300 匹马力木炭机连发电机共 3 套，以及存放柳州的 450 匹马力柴油发电机 1 部运桂林，相继安装发电。

②梧州电厂分厂，原有 100 匹马力煤气机 2 台、200 匹马力煤气机 1 台带动发电，可供电 1.3 万盏之用；民国 16 年（1927 年）增加到 150 千瓦发电机 1 台，民国 19 年再增加 250 千瓦柴油发电机 1 台，民国 23 年 8 月改称广西电力厂，又增加

500千瓦柴油发电机1台；民国29年6月又改称梧州电力分厂。

③柳州电力厂，原有48千瓦、40千瓦发电机各1部，分别由煤气机、柴油机带动；民国23年（1934年）收归官营后，广西电力厂拨给250千瓦柴油发电机1台，后来又增加200千瓦柴油机1台；民国30年与资源委员会洽商合办，增装2000千瓦蒸汽透平机1部。

④南宁电力分厂，原有40千瓦煤气发电机1台，后续添60千瓦煤气发电机、70千瓦煤气发电机、312千瓦柴油发电机各1台；民国24年（1935年）再购375千瓦（柴油、煤气两用）发电机1台。抗战胜利后，4个城市电厂都增装了500千瓦透平发电机组，桂林2台，柳州、南宁、梧州各1台。

⑤八步电力分厂，设于西湾，民国23年（1934年）11月向德国西门子洋行购买2×1600千瓦蒸汽透平发电机，总装机3200千瓦，是解放前广西最大的电厂。民国27年3月正式发电。经常发电2400千瓦，每年可供产锡1200吨之用，月供电120万度，该厂曾遭日机炸坏，修复后拨归平桂矿务局。

⑥贵县电力分厂，有200千瓦柴油发动机1台。

⑦龙州电力分厂，有150匹马力柴油机带动的发电机1部。

民营电力公司6家：①玉林振华电力公司，有100千瓦煤气发电机1台。②容县光华电力公司，有50千瓦发电机2台。③北流晋光电力公司，有美国威士汀厂设备，装机容量60千瓦。④百色日光灯公司，有30千瓦、40千瓦发电机各1台。⑤平乐电力公司，有45千瓦发电机。⑤田东民益电灯米机厂，有20千瓦直流机1座。

陶瓷　主要有广西陶瓷厂。民国22年（1933年）秋，省政府投资3.5万元，接办宾阳黄南公司的宾阳瓷器厂。民国24年底另筹设广西陶瓷厂，厂设于宾阳芦圩，投资11.5万元，停办宾阳瓷器厂。广西陶瓷厂产品以餐具为大宗。民国28年4月遭受日机轰炸，又受风灾停产。民国30年该厂拨归广西企业公司，在省营期间亏损约8.7万元。

造纸　广西造纸试验所，民国28年（1939年）设于灵川甘棠渡，省政府投资6.5万元。主要设备总值3.2万元，有打浆机4台，造纸机、手工榨纸机各1台，产品以书写纸为大宗，仿新闻纸次之。

印刷　广西印刷厂，原为清末的广西官书局，民国22年建新厂于南宁凌铁村，改名印刷厂，民国25年随省政府迁桂林，但南宁仍设工场，另在百色、柳州各设工场1个。新厂有工场4个，分书写、铸字水刷、排字、校对、彩印、装切、铜锌版等10个部。设备总值15.7万元，有德国新式胶版机、卷筒双面印刷机、三面切书机、三色彩印机及英国对开铅印机、胶版石印机、摄影机等100多台（架）。原料多购自外省，印刷书刊、表册、肖像。民国23年至民国30年营业额，最高1935年度44.4万元，较低的民国27年度11万元。历年略有盈余。

制革　广西制革厂，民国16年间（1927年）省政府于南宁尚仁里兴办，原名南宁制革厂，资本18万元，民国19年因政局影响停办。民国23年至民国24年两次扩充，资金共26万元，民国29年迁柳州，改称广西制革厂。主要设备有刮皮、

磨里、压榨、起纹等机器及动力设施，产品有带皮、底皮、珠皮、里皮、革履、革具。民国 30 年 11 月该厂拨给广西企业公司经营，资产总额 460 万元。

自来水厂 梧州水厂设立最早，民国 17 年（1928 年）筹备，民国 22 年供水，抽水机 535 匹马力，民国 23 年每日供水量 2400 吨，南宁水厂设于民国 23 年，抽水机 467 匹马力，民国 33 年每日供水量 1000 吨。桂林、柳州两厂，同设于民国 25 年，同年供水，民国 33 年抽水机马力分别为 266 匹和 369 匹，每日供水量分别为 1500 吨和 500 吨。

除以上工业企业外，矿业方面，有官营和官商合营的合山煤矿、西湾煤矿、望高锡矿、茶盘源锡矿公司、昭平金矿等。民营矿业，民国 20 年（1931 年）7 月前经核准给照的大矿公司 20 多家，到民国 23 年增到 60 多家，省政府再采取银行放款、官商合营、租赁机器办法，全省矿业公司民国 25 年发展到 150 多家，民国 26 年达到 400 多家，矿区 500 多个，民营大矿民国 30 年增到 478 家。

解放前夕广西主要工业企业概况

企业名称	地址	性质	生产能力	主要产品
桂林水电厂	桂林	官营	2×500 kW	电、自来水
柳州电厂	柳州	官营	2000+500 kW	电
南宁水电厂	南宁	官营	500+1000+90+375 kW	电、自来水
梧州水电厂	梧州	官营	500+200+200+380 kW	电、自来水
桂平电力厂	桂平	官营	75 kW	电
平桂矿务局电厂	西湾	官营	2×1600 kW	电
贵县电力厂	贵县	官营	175 kW	电
桂林士敏土厂	桂林	官营	月产 170 吨	水泥
桂林骨粉厂	桂林	官营	月产 28 吨	骨粉
柳州骨粉厂	柳州	官营	月产 19 吨	骨粉
梧州骨粉厂	梧州	官营	月产 20 吨	骨粉
桂林碾米厂	桂林	官营	月产 250 吨	大米
梧州印刷厂	梧州	官营		报纸
广西日报印刷厂	南宁	官营	月产 18 万份	报纸
桂南印刷厂	南宁	私营	月产 15000 本	印刷品
中国农业机械公司	柳州	官营	年产 500 台	榨糖机、碾米机、磨粉机、农机产品

企业名称	地址	性质	生产能力	主要产品
广西建筑工程公司	柳州	官营		
梧州板木厂	梧州	官营	月产 195 m³	木材加工
柳州制革厂	柳州	官营	月产 300 张	皮革
柳州被服厂	柳州	官营	年产 60 万套	被服
柳州酒精厂	柳州	官营		酒精
梧州油脂厂	梧州	官营	月产松香 16 吨，肥皂 3000 箱	松香、肥皂
梧州车缝厂	梧州	官营		被服
梧州卷烟厂	梧州	官营	月产 75 箱	卷烟
桂林造纸厂	桂林	官营		
广西化学工业公司	八步	官营		白药、烧碱等
广西大学机械厂	桂林	官营		机修
柳州高工机械厂	柳州	私营		农机产品
八步火柴厂	八步	官私合营	月产 500 箩	火柴
梧州火柴公司	梧州	官私合营	月产 4500 箩	火柴
富源火柴厂	八步	私营	月产 300 箩	火柴
力行火柴厂	八步	私营	月产 150 箩	火柴
亢和火柴厂	八步	私营	月产 120 箩	火柴
南宁火柴厂	南宁	私营	月产 730 箩	火柴
福华火柴厂	南宁	私营	月产 170 箩	火柴
裕华火柴厂	南宁	私营	月产 240 箩	火柴
华昌火柴厂	南宁	私营	月产 32 箩	火柴
永光火柴厂	梧州	私营	月产 1700 箩	火柴
柳江火柴厂	柳州	私营	月产 45 箩	火柴
新华烟厂	柳州	私营	月产 177 箩	卷烟
中亚制烟厂	柳州	私营	月产 300 箩	卷烟
中孚制烟厂	柳州	私营	月产 300 箩	卷烟

企业名称	地址	性质	生产能力	主要产品
广全制烟厂	柳州	私营	月产 55 箩	卷烟
富光制烟厂	宾阳	私营		卷烟
信诚硫酸厂	南宁	私营	月产硫酸 600 磅	硫酸、盐酸
协力硫酸厂	柳州	私营		硫酸
广西制药厂	梧州	私营		葡萄糖、药品
明明石印社	南宁	私营		印刷品
西华工业社	梧州	私营	月产棉布 175 尺、毛巾 1500 打	棉布、毛巾
利成皂药厂	梧州	私营	月产 100 箱	皂
天源化工厂	梧州	私营	月产 60 吨	皂

3. 交通邮电

民间陆上运输工具，原始的扁担普遍使用，背篓则是桂西山区少数民族运送物资的常用工具；货运人力车多为双轮，桂东南平原及部分丘陵地区采用；客运人力车从日本引进，俗称黄包车，民国 25 年在桂林开始出现；乡镇则还有古代的轿子抬人；驮马为桂西各县与滇、黔接壤一带的主要运输工具，黔桂公路通车后，也仍以驮马为主，汽车货运量极少；全省许多地方用牛车和两轮马车。

广西近代交通邮电建设，随着抵抗帝国主义入侵的需要，并和商品经济发展相适应而缓慢发展。第一条公路因边防需要始建于光绪年间；第一条铁路为开发煤矿而建于民国中期。抗日战争时期，交通邮电建设有过一段较为繁荣的时期，主要是兴建湘桂、黔桂两条铁路；其次是发展水运，并形成河运枢纽梧州港；再次是沟通各城市的公路。日军两次入侵广西时，各项交通邮电等设施遭到严重破坏。民国 38 年（1949 年）桂系溃军败逃时，又受到较大破坏。

铁路设施及运营

广西最早修建的铁路是来（宾）合（山）铁路，民国 24 年（1935 年）为开发合山煤矿，由省政府与合山煤矿公司"官商"合办修建，为窄轨（轨距 1 米），所需钢轨和 3 台机车共港币 80 万元，均向德国鲁论银行赊借。民国 29 年来合铁路建成通车，全长 64.2 公里。此路纯属矿山运煤专用，对全省交通价值不大。

民国 26 年（1937 年），中央交通部与湘、桂两省政府共同筹划建设湘桂铁路衡阳至桂林段（广西境内 153 公里），次年竣工。由于抗日战争形势紧迫，沿海省份相继沦陷，大量人员、物资内迁及军运需要，中央政府决定延伸湘桂铁路至镇南关

（今友谊关）。民国 28 年 11 月，桂林至柳州段 174 公里建成通车。柳州至南宁段 260 公里及黎贵支线 57 公里，因日军入侵，工程时继时续，至民国 30 年 9 月仅由柳州通车至来宾。南宁至镇南关段 234 公里，于民国 28 年 11 月已完成土方 95%，其中镇南关至崇左已铺轨 70 公里，因日军入侵而被迫破坏。

民国 28 年（1939 年），交通部黔桂铁路局筹建黔桂线，广西境内为 300 多公里。其中，柳州至六甲段 180 余公里，于民国 29 年竣工；六甲至贵州省界段 120 公里，于次年 4 月开始施工，民国 33 年建成通车至贵州独山，沦陷时受到破坏。解放时，由柳州只通车到河池的拔贡。

修筑湘桂、黔桂铁路，广西各族人民付出了巨大劳动，全省征用民工达 88.95 万人，省政府对有关各县实行征包制：派定应征民工人数，不能出工的，每人折缴役金桂币 27 元，而民工劳动报酬每土方报酬仅折大米 2 市斤。

公路设施及运营

新桂系统治广西期间，省内政局相对稳定。省政当局于民国 14 年拟订《全省修筑公路网规则》，次年又制订五大干线计划。民国 16 年，用于交通事业建设 400 万元，占全省建设经费 590 万元（银元）的 68% 以上。民国 17 年，建设预算 923 万元（银元），用于路政建设 311 万元，占预算总额的 33.7%。民国 21 年至民国 25 年，广西交通建设占全省 5 项（工、农、商、矿、交通）经费的比例，均保持在 38% 以上。同时，省政府督令各县征工集资筑路，作为衡量地方官员是否称职的标准之一。筑路征地以股票方式支付，所需劳力以兵民合力进行，曾调派万余兵工参加，民工只给伙食，或以股为工资。终于把南宁—柳州—桂林—全州这一纵向省道干线修通，从而联通了横向的公路干、支线。当时还有民办公路，由地方人士组织、集资兴办。如民国 15 年贵兴玉民办汽车路股份有限公司，修筑贵县经兴业（今石南）至玉林的公路，3 县集资 40 万股，每股 1 元，建成该路。

民国 17 年（1928 年）初，广西公路干线已建成通车 25 条 2013 公里，在全国 22 个省份中居第 6 位。南宁、柳州、桂林 3 城市贯通，东北到富贺钟矿区，西北达河池，东到苍梧戎圩，北通湖南，南通广东廉江，全省有了公路网络雏形。

民国 20 年至民国 30 年（1931—1941 年），广西省政当局又抓公路修整，包括邕柳、柳桂、邕武、邕龙、容（县）苍（梧）、宾（阳）贵（县）、玉（林）容（县）、荔（浦）八（步）、柳池等线，共完成 1962 公里。到民国 35 年，广西公路共达 4247 公里。

市内交通方面，民国 22 年（1933 年）7 月 15 日，省路局在南宁举行公共汽车开幕式，次日在德邻路（今解放路）至军医院（今医科大学）一线营业。民国 25 年 10 月桂林也开办公共汽车营运业务。

新桂系统治广西时期，广西公路运输主要使用福特、道奇、万国等牌号载重 3 吨以下的进口汽车。民国 27 年（1938 年）3 月全省拥有官、商汽车 607 辆，其中商车 329 辆。同年 10 月日军入侵广州后，中国国际运输假道越南，西南各省物资也多由广西转运，行使广西境内的汽车不下 3000 辆，为解放前广西公路运输的黄金时

代。当时，主要干线首先是黄沙河经桂、柳、邕至镇南关，全长1238公里干线，纵贯广西中部，北达湘、鄂、赣，南通越南。在中国沿海受日军封锁至南宁失陷前，该线成为全国重要国际通道之一。其次为桂黔线，自邕柳线的大塘至黔桂交界的六寨，全长408公里，往北入黔、川，在贵阳转滇黔线可达昆明，是西南公路关键性的一段。此外，还有通海公路3条：邕宁至崇崖（当时属粤桂交界处）线127里，通往当时属广东的钦县；贵县经横县入当时属广东的灵山、合浦线；玉林至陆川石角线127公里，可通广东廉江、广州湾今湛江）等地。日军入侵南宁、龙州后，镇南关国际公路中断，路线西移，以邕百（色）公路的田东为枢纽，往北至南丹车河公路272公里接黔桂线，南至桂越边界岳圩117公里入越南，成为新的国际公路线。

随着抗日战局的变化，广西公路运输遇到较大的曲折。桂南失陷后，由于军事需要，民国27年至民国30年（1938—1941年），邻近战区的省道共破坏约2000公里。加以湘桂铁路通车已到柳州，与铁路平行的公路客货，多被铁路吸收，公路运输量锐减，商车纷纷另寻出路，改走衡阳、鹰潭、贵阳、重庆、昆明等地。民国33年桂林沦陷前夕，广西拥有的官商车辆，已从民国30年的1568辆减为1108辆，沦陷后更减为50多辆。

抗日战争胜利后，广西交通运输业逐步恢复，商营汽车力谋自我发展。到民国38年（1949年），全省官、商车拥有量恢复至1135辆，其中官车274辆，商车861辆，占全省车辆总数的75.9%，负担了省内绝大部分的客货运输。民国38年底广西官、商汽车还有950辆，其中官车198辆，商车760辆。

新桂系治桂时期（1925—1949年），广西公路运输业有官办和民办两种。官办当中又分省办和地方（县）办；民办有私人集资合股的民办公司，也有专营运输而无路权的商营汽车公司，均受省建设厅监督、指挥。民国14年至民国19年（1925—1930年），广西设公路局（一般属筑路机构，公路建成后撤销）和公路管理局（管理路政及经营运输），随后改为分区设管理局。民国25年共有省公路局、县局及各民办汽车公司共40余个管理和经营机构。民国17年7月，全省公路划分为邕宁、柳江、桂林、容苍、镇南、田南等6个区，实行分区管理。民国19年柳江、桂林两区公路实行商包。同年12月另设桂柳公路监察处，对商包公路实行监督。民国24年全省共设车站61个。

民国时期，广西汽车所需汽油都是舶来品，每年耗油外流资金不下100万元。民国24年（1935年）曾试验以煤油、柴油、酒精、木炭等燃料代替汽油。同年2月路局试用酒精掺汽油行车成功，下令全局推广。民国26年省路局先后将燃油汽车改装为木炭煤气车70多辆，占当时省路局车辆总数的40%以上。民国30年由于日军封锁，汽油供应中断，全省汽车几乎全部装上了煤气发生炉。虽然因此车速缓慢，行车劳动强度增大，但还能维持交通。

水运设施及营运

广西全境为山陵地带，自古陆上交通不便，运输以水路为主。由于全省河道多流经山谷之间，河道曲折，河床高低起伏，水流忽急忽缓，险滩又多，欠于疏浚，

加上水位季节性变化较大，行船艰难，效率很低，全省可通航的河道虽有 5600 公里，其中全年通航轮渡船的仅 1522 公里，半年通航的 948 公里，可通航民船的 3130 公里。梧州居各江总汇，为全省水运的枢纽，民国初年已有电船、轮渡航行。全省主要 3 条通航干线：一是梧桂线，由梧州经昭平、平乐至桂林，每年 4 月至 8 月电船可通平乐，间或直达桂林，其余时间靠民船，冬枯时电船停航。二是梧柳线，由梧州经桂平、石龙到柳州，有电船直达，往返约 7 日至 9 日，冬枯时只达石龙，柳州而上有小电船可通长安（今融安县城），民船通贵州。三是梧邕线，由桂平入郁江，经贵县、横县到南宁，电船往返约 5 日至 6 日。梧邕线到南宁后，进左江到龙州可通越南，进右江到百色可通云南。

其他水道全省可通航小船的，有 80 多个县共 1.16 万公里，但均未整治，滩险多，航行难，易发生事故。

航运管理方面：新桂系执政后，航政管理机构设置多次变更。民国 16 年（1927年）设施政局，次年改为船舶征收处。民国 22 年成立航务局，次年撤销。民国 26年抗日战争爆发后又恢复，改名为广西航务管理局，下设办事处及分处；民国 32 年省航务局改为船舶管理处。

民国 23 年（1934 年），广西省政府开始规划疏浚河道，培训水文测量人员，在主要河流设立水文站，次年对重要滩点进行勘测。邕梧河道设航路浮标、灯号，并进行扒沙，梧桂河道筑石坡、扒沙石、爆石方等，工程费投资约 32 万元。

民国时期，全省水道主要货运：（1）桂柳一带所产桐油，多沿桂江转运经梧州出口；（2）全县、兴安所产米麦，循湘江上驶，运至零陵、长沙；（3）富贺钟锡矿，沿贺江南入西江转运香港；（4）玉林博白谷米、牲口，沿南流江销于廉江、合浦；（5）左右江药材、豆子、茴油，会于南宁再转运粤港各处；（6）郁江两岸产米，经梧州输省外。

民国 27 年（1938 年），全省客货船共 71 艘，可载客 7892 人，载货 6189 公吨；拖带轮船 80 艘，拖渡 26 艘，可载客 3799 人，可载货 2889 公吨。总计轮、渡船共177 艘，可载客 1.17 万人，载货 9078 公吨。民船 7578 艘，可载货 10.9 万公吨。

日军侵桂，广西水运事业遭受严重破坏，民国 34 年（1945 年），全省仅存有电船 12 艘、汽船 18 艘、拖渡 4 艘、大小民船 2485 艘，且多已残破不堪。

航空设施及运营

广西的航空运输事业，新桂系执政后，基于军事和运输的需要，开始修建小型土跑道机场。民国 27 年（1938 年）新建百色、梧州、都安和邕宁下楞等 4 个机场；扩建柳州、融县长安、桂林二塘及龙州机场。除柳州机场之外，都是当年动工，当年完成。共征用民工 6.16 万名，耗资 86.82 万元。

机场建设曾采取集资办法。民国 22 年（1933 年）6 月，两广政府共同集资办西南航空公司，官民合办，并在南宁、梧州、龙州设办事处，资本总额国币 200 万元。公司拥有 215 匹马力 4 座客邮飞机 3 架，110 匹马力 2 座游览机 1 架。经营航线4 条：（1）广州—梧州—邕宁—龙州线。两广省政府拨款 30 万元开办，并一度与法

国实行邮件联运。寄法国邮件空运至龙州，交汽车运往越南的河内，再用飞机转运到法国；（2）茂名—琼州—北海线；（3）邕宁—柳州—鹿寨—独山—贵阳线（后因贵州政局变化中止）以上3线每周2班，后改为3班；（4）渝桂港线。欧亚、中国两航空公司联营，香港陷后，桂港停航，渝桂每周1班机。

邮电设施及营运

全省邮路有邮差、水道、汽车、航空、铁道共5种。民国21年至民国34年（1932-1945年），邮差邮路由1.06万公里增至1.9万公里，水道邮路由1970公里减至1950公里，汽车邮路由2197公里减至2151公里，航空邮路从无至有242公里。民国34年全省邮路总共2.33万公里，比民国21年1.48万公里增长58%。

广西通讯事业，民国时期逐步发展为电报、电话、专用无线电台及无线电广播等4项。民国16年冬，广西开始沿公路架设线路与邻省衔接，乡村电话线路由各县自备杆木，省政府补助铁线及碍子架设。此外，还有由商人集资兴办的，如梧州商办电话股份有限公司，线路长10公里，容量700号，话机532具。全省电话线路民国20年为4780公里，民国30年增至7601公里。省内各城市及主要乡镇可以通话。市内电话，除桂林有自动电话1000号之外，其他都是磁式电话，计桂林300号、柳州400号、梧州500号、南宁100号。

无线电台，民国16年（1927年）第7军司令部、省政府建设厅共设置梧州、南宁、柳州无线电台3台。民国26年省政府在省会设总台，各行署及重要县设分台37台，民国29年末增至40台。民国32年添置50瓦短波收发报机1台，与外省电台联络。广播电台方面，长短波都有。

民国33年（1944年）日军侵桂时，省内各项电话线路，除桂西20余县和桂东个别县之外，都遭受不同程度的破坏；无线电台损失4个分台；广播电台设备也在疏散时全部损失。抗战胜利后，才逐步恢复。

4. 财政 金融

财 政

民国14年（1925年）新桂系执政广西，旧桂系发行的纸币已成废纸，为解决财政匮乏，对专营鸦片的公司，采取所谓"寓禁于征"的政策，征收鸦片烟税和赌捐，使当时广西财政收入大增。民国20年之后，广西政局相对安定，建设费用增加。抗战期间，又有战时特殊支出，同时物价飞涨，政费激增，而收入则受战事影响，因此收支仍然失衡。

新桂系着手整顿财政，第1期在民国20年至民国22年（1931—1933年）调整机构，并提出废除苛捐杂税，划分国地收支，推行审计、会计等；第2期在民国23年至民国26年，建立制度，会计、审计的独立，举办新税，整理旧税，划分省县收支；第3期在民国27年至民国30年，采用四权分立制度，划清国地收支，确立县财政，树立乡镇财政基础，减低出口税，取缔通过税，停止不急经费，扩展官营事

业等。

全省财政收支，在国地尚未划分以前属混合收支。民国16年（1927年）财政部公布国家收支、地方收支暂行标准，民国20年省财政厅拟具方案，将国家收支部分移交财政部。当时划分的科目：①国家收入项目：盐税、百货统税、烟酒原税、卷烟统税、邮包税、印花税、烟酒公卖费、烟酒牌照税、洋酒类税、禁烟罚金、矿税、国有财产收入、国有营业收入、鱼苗税、暂收各款、杂项收入、拨借各款、缴还各项、国家行政收入等共19项。②地方收入项目：粮赋、租课、契税、当税、百货饷捐、屠捐、油糖榨捐、谷米出口捐、船舶牌照、商业牌照、卷烟督销费、洋酒特捐、盐税附加、硝磺公费、官产租、官业收益、防务经费、禁烟罚金附加、地方财产收入、地方营业收入、地方行政收入、其他属于地方性质的现有收入、药膏专卖、有奖义会、司法收入、粮赋附加省教育经费、粮赋附加公路费、粮赋滞纳金、串票费、司法罚金、奖纸工本注册费、当税册费、官产变价、缴还各款、暂收各款等共36项。③国家支出科目：军费、外交费、国税征费、国有财产收入征费、国有营业经费、其他属于国库性质的支出、国防费、退税、财务行政费、偿还各款、发还暂行各款共11项。④地方支出科目：省党务费、民政费、司法费、教育费、财政费、建设费、省有财产收入征费、省营事业经营费、其他属于省库性质的支出、发还暂收各款等10项。

代理国家支出，军务费最多，民国21年至民国26年各年底占岁出总额90%以因收少支多，每年都不敷支出。民国21年至民国26年度合计收入4832.5万元，支出1.21亿元，不敷7267.5万元。其中民国25年度收入1096.48万元，支出3738.7万元，不敷2642万元。

广西地方收支科目、各项捐税经历年整理，大都年有增加。民国21年至民国30年（1932—1941年）度合计收入3.31亿元。其中：禁烟收入4927万元，田赋1860万元，营业税3982.65万元，饷捐7002万元，公债收入3141.6万元，杂项收入3285万元，补助收入2630万元，事业费153.19万元。

地方支出，民国21年度以经济建设支出最多，占支出总额22.19%；其次是保安支出和教育文化支出，分别占岁出总额18.8%和14.8%；政权行政支出最少，仅占0.56%。民国22年度以行政支出最多占支出总额28.44%，其次是保安占19.89%。民国26年度抗日战事爆发，支出以保安居首位，占16.83%，教育文化居第2位，占13.17%。民国27年度，教育文化支出最多，占20.91%，其次是保安占18.14%。民国28年至民国29年度，保安支出居首位，占支出总额的31.75%。综观民国21年至民国30年（1932—1941年）度这10年，广西地方支出，平均以保安（包括公安民团、义勇队等）支出为最多。

广西在民国21年至民国30年（1932—1941年）的地方预算，基本按量入为出行事，收支不仅维持平衡，且有盈余。10年收入3.31亿元，支出3.18亿元，结余1379.2万元（注：以国币为单位。民国25年10月以前以毫币加三计合国币，民国25年10月以后以毫币加六计合国币。民国26年12月起改用二与一之比计合国

币)。其中，有 6 年度盈余，共盈余 2625.8 万元，有 4 个年度不敷，合计不敷 1247.6 万元。

金 融

新桂系统一广西后，于民国 15 年（1926 年）1 月在梧州设立造币厂，铸造两毫的广西嘉禾币 600 万元。当年 5 月又在梧州成立广西银行，发行 5 元、5 角、2 角纸币，自民国 11 年至民国 14 年，共发行 7000 万元。但嘉禾毫币出笼后，币信、币值每况愈下，实际使用价值一般只相当于东毫的 8 成至 5 成。民国 17 年黄绍竑到广州向国民党政府述职时，提出了统一两广币制议案。民国 18 年 3 月，新桂系决定将嘉禾毫币收回，运往广东改铸东毫，金融货币混乱的现象有所改善。民国 20 年广西银行额定资本为 1000 万元，政府占 51%，商人占 49%。

民国 23 年（1934 年）3 月，新桂系提出"广西建设纲领"，要求金融机关补助各业发展，支持对外贸易。民国 24 年 8 月 10 日修正"建设纲领"，提出"运用金融政策，扶植中小工商企业"，筹设省农民银行。至民国 25 年 7 月 1 日，改组广西银行为广西省银行，将广西银行原有的商股划出，另组一官商合办的兴业银行。民国 26 年 1 月 1 日，又将广西银行恢复为官商合办。同时，将省银行新设立的农村经济部划出，另组广西农民银行。

民国 26 年（1937 年）抗战军兴，广西在金融上无新的措施，执行国民党中央金融政策。但仍维持其原有机构，并强化出入口贸易组织，大量运销土产出口换取外汇。民国 29 年以前，广西省 3 个主要金融和贸易机构的分工为：（1）广西银行，调剂全省工商金融，发行省钞，协助产业发展。（2）广西农民银行，调剂全省农村金融，协助农业生产发展。对农民进行动产抵押贷款和青苗放款，并经营农业仓库，接受农民存款等。（3）广西省贸易处，负责统制及经营全省进出口贸易，扶持农工矿实业的发展。民国 29 年 4 月间，省政府将广西农民银行及广西省贸易处并入广西银行。不久，又成立广西省合作金库，调剂农村金融，办理农业存贷款。民国 30 年 8 月，广西企业公司与广西贸易公司相继成立，发展全省企业与对外贸易。

5. 国内外贸易

国内贸易

民国 22 年（1933 年）3 月 1 日，省政府成立广西工商局（民国 28 年夏并入省府）。至民国 28 年 10 月底，全省登记工商业共 2 万余家，约为全省工商业店总数十之八九。民国 28 年 11 月桂南失陷，工商业损失很大。民国 29 年冬桂南克复，各县工商业多半无从复业。民国 30 年 10 月 1 日起，省工商业又重新登记。新桂系治桂时期，广西商业的特点：①远较他省落后，国内跨省公司、商号除亨得利外，其他如大新、先施公司、稻香村、冠生园等，在广西都没有分支机构。②营业处于粗分工阶段，以杂货行为最多，没有较大的百货公司。③商店都较小。民国 29 年 12 月，桂林等 41 县市商店总计 5335 家，资本总额国币 1692.37 万元，平均每家 3172 元。

④商店多兼制造业，如生熟丝、卷烟、缸瓦、皮箱、藤竹、木器、织席、爆竹、扇子、梳蓖、牛皮，有不少前店后厂的商户，手工业多自产自销。⑤鸦片烟在商业上占特殊地位。毒品买卖决定全省商场之荣枯。民国25年至民国29年，广西烟民登记逾30万人，但鸦片在省内行销只占贸易总量的10%～20%，更大量的是过境。云贵烟土（贵土约占70%）每年过桂2000万两至3000万两（民国20年最多，约3700万两），按每两价格1元计，约值2000万元至3000万元。云贵烟商多在梧州以鸦片换洋货布匹而归。省内商业中最大行业的经纪业及银钱业，都兼营烟土，而且是主要经营项目。银行存放款，也大都为烟土业独占，不少商号也经营烟土。这样就形成了当年广西的畸形的商业。⑥广东商人在广西商业占重要地位。《广西省经济概况》记载当年梧州商店1393家，本省人开设的只占19%，外省开设的占81%，而其中粤商又占外省人设店数的95%。粤商经营多属资本较大的或苏杭匹头、华洋广货之类的商业。银号几乎全部为粤商经营。梧州银号24家，23家为粤商，余1家为粤桂合资，总号设在广州。南宁银号12家，粤籍占去大半。东毫通用于广西，西毫则只用于本省。在贺县，商民交易仅用东毫。

对外贸易

30年代，广西社会秩序比较稳定，农牧业、工矿业都有所发展。广西对外贸易由民国23年（1934年）以前的入超变为出超。民国24年出超300万元，民国25年出超400万元。民国24年10月，省政府等设广西出入口贸易处，统制全省进出口贸易当时，以事属创举，因资力薄弱，暂以编制桐油、茴油、钨、锡、锑、锰6种大宗出口货为限，进行专营。①桐油。自清末外商收买运港推销以后，求过于供，价值倍增。经政府提倡，各地乡民积极种植，公私植桐公司也接踵而兴，产量渐增。从前由商人运港销售，一般未经提炼，油质不佳，信誉低落。经贸易处统制运销，加工提炼，取缔掺杂，油质高低分级论价，提高了信誉。②茴油。以镇南、田南两区各县出产为多，盛销欧美各国。国内化学工业所需，也有向广西采购的。出口茴油实施统制后，质量和价格也有提高，而且供不应求。③纯锡。富、贺、钟3县生产，居广西首位。南丹、河池、陆川、博白、北流、全县、恭城等县次之。一般是土法开采，大公司采用部分机器，所炼纯锡，以贺锡纯度最高，在99度以上，丹池锡仅94度左右。自贸易处统制运销，设厂加炼，纯度提高至99.95度以上，达到国际市场标准，可与马来半岛产品抗衡。④钨砂。宾阳、恭城、灌阳、藤县、怀集、钟山、信都等县均有开采，属军事工业重要原料。贸易处统制运销，装置选钨机，提高了纯度和价格。⑤锑砂。分青锑、红锑两种，宾阳、河池、田阳3县储量较丰，百色、横县、武宣、桂平、富贺钟等县也有开采。因矿区运输不便，锑砂价格较低，开采者多存观望。⑥锰砂。桂平、武宣、柳江、宜山、来宾、恭城等县均有开采，也是军事工业重要原料，欧战时，广西锰矿畅销，战后价格暴跌，开采者大为减少。

三、新桂系的防御体系

国民党桂林绥靖公署训令

（一九四九年五月十四日）

为遵令事，国家不幸，战乱频仍，人民涂炭，国运阽危。政府为轸念民瘼，保存元气，数月以来，不惜苦心孤诣，委曲谋和，冀以开诚忍让，达成真正和平，转戾气为祥和，化干戈为玉帛，此志此情，中外共鉴。不料中共竟以八条二十四款苛刻条件，致国家以难堪，旋即强渡长江，进袭首都，略夺江浙，陷和谈于破裂。我政府为保障国家独立，人民生活言论自由，不得已迫而应战。战祸重开，责在共党。彼百无悔祸之心，则和平无法实现。本主任负责全省绥靖，于此时艰，唯有本除害苗于去莠。绥靖即所以安民，职责有关，不敢自馁。谨遵中央明令，达成卫国安民。各该军长师长督办司令团长专员县长等，或领师干，或司民牧，或负保卫之偿，或有地方之责，身受政府重托，分当投艰犯难，亟应振作精神，守定岗位，砥砺士气，整饬纪纲，上下同心，积极做到军事革新，政治修明，建立地方武力，肃清地方匪类，军政尤宜切实配合工作，必重效能，认清覆巢无完卵，维护地方即所以自救自卫，勿受人蛊惑，走入歧途，或苟且偷安，逃避责任。须知剥极必复，即存于自强不息之中，常凛怠胜，敬胜不懈于平日，必能转祸为福，克奏事功于一旦。大难当前，义无反顾，国有常典，赏罚必行，其黾勉奋发，凛遵无违。此令。

主任　李品仙

国民党广西省保安司令部关于颁发加强民众自卫组训工作要点的代电

（一九四九年五月）

一、共党违反民意，破坏和平，战端重起，不惜与全国之善良民众为敌。吾人为自救救国计，不得不与此暴力而战。至应以加强组训民众充实自卫武力为中心任务，以期蔚为坚定反共之广大力量，灭此人民公敌。

二、兹特订定加强民众自卫组训工作要点一份随电颁发。

三、各该专员、县长兼总队长、副总队长负有专责，除分行外，仰各凛遵勿违。

四、本件已抄副本分送广西省政府。

兼司令　黄旭初

加强民众自卫组训工作之要点

一、各县长对于民众组训工作，应有视为当前唯一重要工作之□□，自应集中力量悉力以赴，务期发生效果而达到加强自卫巩固治安之目的。

二、各县负有组训专责之副总队长应得其人，否则即应加以调整，不□影响组训工作实大□。如组训不良，何足以维治安（遵照本年四月二十六日民人甲字一六四六号代电附发考核调整方案办理）。

三、严密组训乡村民众自卫队，以期发挥组织力量，奸宄绝迹，确实奠定治安基础。兹事体大，应□□使民众乐于接受组训，而发挥其自动保乡卫家之伟大力量。

四、确实整训常备自卫队，期能机动使用而发挥集体之威力，其应注意之事项如左：

（1）慎选干部期能确实掌握以应非常；

（2）充实名额；

（3）严加训练。

查常备自卫队为各县维持治安应付非常之主要武力，务须成一精干有力之部队，不得形同虚设，有名无实，贻误将来。各县长兼总队长应深切有此认识，不可等闲视之为要。

五、依据广西省加强民众自卫办法规定之乡镇独立自卫中队编组要领，确实整编各该县（市）之独立自卫中队，务使确能成为□□□。

上列数事如能确实做到，庶足以言加强自卫巩固治安。时局□□，□变方殷，不得因循苟且，敷衍塞责。尚有疏虞，定当查究，绝不姑宽。除饬各该县认真执行并随时将办理情形报查外，再由本部经常派员视察，以资奖惩；再各区专员兼保安司令应负全责督饬辖区各县认真执行为要。

国民党桂林绥靖公署关于抄发华中区
军粮借补证及办法的代电

（一九四九年六月十八日）

一、奉华中军政长官公署卅八年五月卅一日培厚指字第（235）号代电开：

（一）查本辖区粮源艰困，部队需粮万急，为适应作战之紧急需要，在中央赶制之军粮票未颁发前，由本部发给各部队军粮借补证，即向本辖区各省县府借补。（二）本署所发军粮借补证可换中央颁发之军粮票，亦可充完纳田赋之用。（三）兹随电印发华中区军粮筹借暂行办法及军粮借补证样式各一份。（四）即希转饬办理

以维军食而利戎机等因。

二、合将华中区军粮筹借暂行办法及军粮借补证样式各一份随电抄发。

三、即希转饬切实遵照办理。

四、副本抄送广西省政府、省参议会、本署各指挥所及所属机关部队、本省各行政督察专员兼保安司令公署、各县政府、县参议会。

主任　李品仙

华中区军粮筹借暂行办法

一、本区鄂移湘后粮源中断，为维持大军需粮计，特订华中区军粮筹借暂行办法（以下简称本办法）。

二、凡在本署序列各部队之军粮补给，在中央赶制之军粮票未拨发前，得凭本署借补证向本辖区各省县统筹借补。

三、军粮借补证计分四联，第一联由九补区存查，第二联由本署存查，第三、四联发由受领单位持向驻在地县府借粮后，县府于一星期内以第三联送由第九补给区核换接粮收据，第四联由借粮县存查（附式）。（略）

四、九补区应取具各部队正式军粮受领证填具军粮借补证，呈由本署核定加盖印信发行之。

五、各部队领到借粮证后，应即向驻在地县府借补，如当地确实无粮借补，可向邻县或产粮丰富县份借补。照兵站运输补给规定，六十华里以内者由部队自行运补，如超过六十华里以上者，由随军兵站担任运输。

六、军粮借补证可换发中央军粮票，亦可充完纳田赋之用。

七、各县政府经借之粮换具第九补给区接粮收据后，报请所隶省政府抵算配额，如借粮县份配粮清交，应由省政府转电本署转请中央核发代价款。

八、各部队如有人数增加，对原填发借补证不敷领用，应报由本署核饬第九补给区补发。至人数减少时，则将借补证迳缴第九补给区以作余粮收账。倘部队开离本辖区，应将未用借补证缴还九补给区改填衔补证，交原部队持向新管区补给机构衔补，均应分报本署备案。

九、本办法实行后，各部队不得再用本身军粮受领证向地方借粮，各县县府亦不得凭各部队军粮受领证借给，否则本署不予受理。

十、本办法如有未尽事宜，得随时修正之。

十一、本办法自六月一日起实施。

国民党桂林绥靖公署
关于颁发保密防谍实施计划的代电

（一九四九年六月十九日）

一、兹将本署保密防谍实施计划一份随电颁发。

二、希遵办理具报。

主任　李品仙

桂林绥靖公署保密防谍实施计划

第一　方针

一、本署为确保□□防止匪谍潜伏，特在辖区内各机关部队及各级行政机构与社会各阶层内组设保密防谍网，严密实施保防工作。

第二　指导要领

二、保密防谍网之布置，务求完密并深入社会各阶层内，对其较重要方面得采取双线布置。

三、保防工作之实施，应切实做到消极的防范机密之泄漏及奸谍之潜入，积极的破获现已潜入辖境内之匪谍人员，务使内匪不生，外匪不入为原则。

四、各级主管对防谍工作应亲自督导推行，层层节制，其防谍细胞务须达到普遍的基层组织，构成严密之防谍网。

第三　组织系统

五、由本署第二处组设保防指导组，以统一督导绥署辖区内各级保防工作之实施。

六、各部队自团（独立营）以上行政机构和县以上或与其相当之单位，应组设保防指导小（分）组一组，下设保防组若干，负责办理各该单位内之保防业务。

七、本署以处（室）为单位，分别由各该主官秘密指派专人编组保防小组，负责承办保防事宜。

八、较重要方面除应设保防小组外，本署及设有保防指导小（分）组之各单位，并应在各该单位内，秘密增派三至五人为保防监督组，主承该派出单位主管之指挥，以监督保防业务之推行。

九、全盘组织系统如附表。（略）

第四　工作实施

十、各级保防人员由各该主管官或授权承办人员在编制〔人〕员名额内，秘密遴选忠诚可靠机警敏慧之人员充任之。

十一、各部队每级机关司令部、〔工〕厂、仓库等每单位应至少有保防人员一

人，其超出二十人以上者每十五人增加一人。

十二、民众团体、工厂、学校应依前条之比数，设法以党团等关系尽量打入内层，或吸收忠诚可靠分子以担任防谍工作，由当地政府及党部主办之。

十三、各县保防工作由自卫总队及军事科分别承办，各区乡（镇）队均为各该单位保防承办人，村甲长为当然组员，较重要之地点并须设法加员，利用可靠机警之民众义务充任之。

十四、保防指导小（分）组组长由各该单位主官兼任之，或指定代理负责人办理，其每一保防组名额以至多不超过二十人为原则。

十五、各保防人员应绝对秘密其身份，并不准发生横方向之联系。

……

十九、保防指导组或保防组之称谓，概冠其番号之全衔。如"陆军第一军保防指导组"、"陆军第一军特务营保防组"或"柳江县保防指导小组"、"柳江县××乡防保防组"等。

第五　经费　……

第六　奖惩　……

国民党广西省第六区行政督察专员兼保安司令公署关于转发桂林绥署点验各县自卫总队及警察队办法的代电

（一九四九年六月二十一日）

一、奉桂绥署本年六月方字第一一九号代电略开："一、查本署方字第九〇号代电及附件计达。二、兹颁发点验县属警察及自卫队办法一份，仰各该点验组所经过而必需驻留点验部队之县份均应遵照同时点验具报。三、本件另抄副本送本署各处室、各专员公署、清剿区各司令部、黔桂边区绥靖司令部及全边对汛督办署"等因。

二、查点验组已于本月九日由桂起程来区，希各准备应点。

三、兹将点验办法一份随电附发，希并饬知照。

专员兼司令员　赖慧鹏

副　司　令　韦高振

王达汉

点验县属警察及自卫队办法

甲、目的

为明了县属之警察及自卫总队之实力及其服务情绪，特加点验以作地方自卫力

量估计之参考。

乙、实施要领

一、先至县府向民政科及民众自卫总队部调查以明了一般概况。

二、民众自卫总队在明了常备队之情况为主。

三、其他参照方字第九〇号所颁各条。

丙、点验要项

A 警察

1. 武器弹药能否使用及有无缺乏。

2. 武器弹药保管情形。

3. 员警有无缺额（编制表可向各该局县取阅）。

4. 长警常年教育是否依照规定实施。

5. 员警服务情绪及心得如何。

6. 户籍办理如何。

7. 政治警察办理如何。

8. 保安警察队组织是否恢复建制。

9. 长警被服装备如何。

B 民众自卫队

一、各县（市）常备自卫队是否遵照扩编规定，按一等县有二个至三个常备大队，二、三等县及桂林市应有一个常备大队，四、五等县应有一个常备中队之兵力，依编制每中队士兵 118 名额编足。

二、各乡镇独立自卫中队是否已编组完成，照编制每中队 128 名额编足，并集中予以四十八小时之训练。

三、已编成之常备队兵训练情形及各乡村自卫队兵是否已修得必要之自卫技能，如用枪及投掷手榴弹等。

四、各县（市）民众自卫总队部业务分配及办理组训、人事、督导、运用等情形。

国民党桂林绥靖公署关于颁发修正
军政工作配合纲要的代电

（一九四九年六月三十日）

随电颁发修正军政工作配合纲要希遵照具报由

附件：军政工作配合纲要

主任　李品仙

桂林绥靖公署军政工作配合纲要

甲、总纲

一、本署为加强绥靖肃清匪患安定地方，兹将全省匪患县份分区清剿，为使清剿区内政治军事配合，加强清剿力量起见，特定本纲要。

二、本省依匪情地形交通行政之状况划分清剿区域，由绥署规定地境设立指挥所主任、绥靖区司令官、清剿区指挥官统一指挥一切剿匪事宜。

三、清剿区政治与军事并重，以政治协助军事之进展，以军事掩护政治之设施，故工作中心在协助各专县推行剿匪政令、清剿余匪、组训民众、健全基层行政组织、建立各县自卫常备队，加强地方自卫武力，以达到绥靖地方之目的。

四、清剿指挥部（绥区司令部）为便利政治工作推行，得设政工组或队办理政工事宜，并聘任地方公正士绅、省县参议员等组织清剿协会，协助一切工作之推行。

五、清剿区内各专县自卫武力概归清剿区指挥官（绥区司令官）统一指挥，并授权指挥监督辖区内党政机构人员，以便集中力量配合运用，必要时由省指派人员勷助其事。

乙、工作

六、召集辖区专员、县长、议长、副议长、地方公正人士举行清剿会议，以资协助研讨清剿计划及筹措剿匪经费，核算开支。县与县、乡与乡得联防会剿，必要时指挥所、司令部及指挥部或专员得集中辖区内之自卫武力大举清剿，县长得集中本县之自卫武力全面清剿。

七、发动地方公正人士及匪之家族，进行劝导、策反、检举、开导……等工作，造成全面剿匪运动。

八、严饬各专员、县长、乡镇长等均应亲自下乡督率清剿，不得敷衍粉饰。

九、严饬各专员、县长及乡村长，对辖境匪情须迅速确实报告，如有通匪、窝匪、济匪者均处重刑。

十、各专、县应严格考查基层行政干部，如有剿匪不力或能力薄弱操守不良[者]均应予立即撤换，乡、镇、村长停止民选，民选乡、镇、村长如有不力者，准即换调另行委派。

十一、为提高基层行政干部精神，加强剿匪认识及能力，得由指挥所、绥区司令部、清剿指挥部政工组，分区举行短期研究。

十二、清剿区内户口，除抽查及复查外，必要时分乡分村严密检查，切实办理登记及搜查潜匪之散匪。

十三、在清剿期间运用地方各种机构、民意机关担任宣传工作，或发动各县中等以上学校员生组织工作队参加宣传及清查户口等业务。

十四、定期举行村街民大会，由县府或指挥所、司令部政工组随时派员参加，宣传政府剿匪意义，听取地方情形，民众有兴革意见如可采纳者，应即予实施或转报以收揽民心而利清剿。

十五、剿匪宣传应着重于民众切身利害，如匪控制区内人民家庭被迫拆散、残杀斗争及清算等，无论贫富均无法生活，强迫人民参军，没收粮食、人民惨痛，将永无已时等等，务使士农工商均有一致警觉，激发其剿匪情绪，拥护政府，协助军队。

十六、民间枪枝一律调查登记，编入民众自卫组织，俾能切实掌握运用，但仍保证人民所有权，以免规避。

十七、清剿期间一面整理专、县常备武力，使干部健全，兵员足额，装备齐全，并严格训练，以加强地方自卫力量。

十八、各县在乡军人，除专、县常备武力及民众自卫组织各级干部应尽先起用外，于清剿期间得临时召集参加各项剿匪工作。

十九、依各县、市民众自卫队组织规程，十八岁至四十五岁之男子统编入民众自卫队，分担各项任务，如运输、情报、守卡等工作。

二十、健全乡村情报网，县府在乡镇公所应有专设人员，除每乡村公所负责对匪情须随时呈报外，并选忠实干练民众一至三人负情报工作，给予优待以资鼓励。

廿一、切实检查各种民众团体人事及组织，积极领导，如不健全应即改组，其有不合法活动者，应予取缔。

廿二、各县紧急匪案，得由指挥所主任、绥区司令官、清剿区指挥官权宜处理，报本署核备。

丙、经费 ……

丁、惩奖 ……

国民党广西省政府、广西省保安司令部
关于扩编常备自卫队并整顿办法的代电

（一九四九年六月）

一、查各县（市）常备自卫队兵额业经本部上年十二月七日民编字第三○一号代电确定为四、五等县应设一个常备中队，二、三等县及桂林市应设一个常备大队，一等县应设两个至三个常备大队之兵力，并限于卅八年元月十五日以前扩编完竣在案。□查各县（市）□有未能依照规定如期设置，即有已遵规定设置者而又因干部素质太差、管训散漫，或用以调服其他杂务，以致不能达到预期成果。目前匪患方殷，治安堪虞，各县（市）常备自卫队为地方唯一之主要武力，亟应依照规定兵额迅速编成，不得请求减免。其已编成者更须严加整顿，俾能达到以地方武力确保地方治安之要求。为□□特规定如左：

（1）各县（市）保安经费得增加全年度经费总预算百分之二十，合□所列百分之三十共为百分之五十，此项增加数目应由不亟要之事业费项下节约拨增，务使县（市）常备自卫队能迅速按照规定增设，不致受经费限制，如再不足时得由县（市）

政府会商参议会筹足之。

（2）各县（市）常备自卫队各级干部应认真选举优秀军官充任，务须确实掌握并随时予以考核，依其成绩而定去留，必要时得由区集中施以短期训练，以增长其学术技能及各种之认识（集训办法应由区自行拟定）。

（3）各县（市）已编成之常备自卫队应切实遵照教育计划认真训练，期能成为精干有力之部队以应非常，并严禁派服其他杂务（服私人勤务），以免妨碍训练分散兵力。

（4）常备自卫队之枪枝除尽量利用县（市）公有者外，仍以向民间征借使用为原则，或以实物抵借，或由各县筹款购备。

（5）各区专员兼保安司令对所辖各县民众常备自卫队之组训，应就近严密监督考核，勿使松懈，务令各县能照上层计划彻底实行而至尽善。各区专员应负全责，如有举行不力者得追查其责任，按情节轻重拟处。必要时各区得轮流抽调所属各县常备自卫队集中训练使用之（按照本部卅八年五月十四日民编字第五六一号代电颁发常备队集训使用办法办理）。

（6）际兹戡乱期间，治安第一，尤以处于目前严重局面之下，县（市）治安全赖常备自卫队维持。各县（市）参议会对于各县（市）治安之设施以及经费之筹措亟应共体时艰，多加赞助，不得吝于经费，俾使各县（市）能依照计划建立自卫力量，确保地方安宁。

二、仰各切实遵照，迅速办理具报，不得延误，并先将奉文日期及预期完成时日电报备查，俾使本府部得以统筹各该县（市）常备兵力数目，以资巩固全省安宁为要。

三、本件副本已抄呈桂林绥靖公署。

主席兼司令　黄旭初

国民党广西省保安司令部
关于重新规定各县常备自卫队兵额的代电

（一九四九年七月四日）

一、际兹匪势日渐猖獗，前所规定各县市应设之常备队兵额仍有难以应付目前需要之势，经本部六月十七日民组字第九五号代电饬各县市在可能范围内将常备自卫队扩编为自卫团在案。

二、兹为顾及各县市之财力并欲使各县市有相当之兵力足以应付事机起见，除三等以上之县份常备队仍应保持本部三十七年十二月七日民编字第三〇一号代电所规定最低限度之兵额迅速健全外，四等及五等县之常备队最低限度兵额着照原规定增加一中队，共为二中队，并限于八月中旬以前将扩编情形具报（能扩编为自卫团者仍应□□扩编）。如经费困难，着照筹集自卫特捐办法筹□之。

三、本部本年六月二十三日民组字第一一〇号代电规定应设自卫团之沿边重要各县份仍照原规定办理。

四、本件已抄副本分送广西省政府及各区专保公署。

兼司令　黄旭初

国民党桂林绥靖公署民枪私有存枪及部队节余械弹管制办法

（一九四九年七月）

甲、总则

第一条　本署为管制辖区民枪私有存枪，及部队节余械弹，以防流转资匪，暨必要时得以统一运用起见，特订本办法。

第二条　凡属人民公务员退役现役军官佐及依法成立之机关公私团体自卫枪枝，及部队节余械弹之管制，除法令另有规定外，悉依本办法办理之。

第三条　本办法所称民枪私有存枪及部队节余械弹之范围如左：（1）民枪凡居民所有各式机造或土造步马枪手枪弹药有弹无枪，亦□之等自卫枪枝均属之。（2）私有存枪凡现役或退役军官佐及公务员私自收存各种机造或土造步机枪手枪（含弹药）等均属之；（3）部队节余械弹凡属部队节余存库之各种械弹等均属之。

第四条　凡一般社会团体机关因有警卫之必要时得向当地县市政府请求派兵或警察常用驻卫，其有自置武器之必要者，应先检同员工名册，报由当地最高军事（或行政）机关查验枪枝种类数目，核转本绥署核准，但所置枪械数量不得超过实有人数十分之一。

第五条　人民及公务员现役或退役军官佐自置自卫枪枝，以轻武器为限，重武器禁止私人使用。

乙、民枪之管制

第六条　凡持有枪枝之居民将枪枝种类数目及配弹数量，报请当地乡镇登记列册报县市府审察登记汇报专保公署，连同登记册转报本绥署核备。

第七条　民枪登记后，应予点验烙印及给照点验，由专保公署督同县市府行之；烙印给照，由县市政府督同乡镇公所行之，并将办理经过情形列册报专保公署转报本绥署核备。

第八条　点验民枪及烙印枪临时由各村街甲长副率领枪主携枪至该管乡镇公所办理转县市政府发给枪枝执照，每执照得由县市府依当地当时物价酌收工本费。

第九条　民枪烙印后，村街甲长副应向乡镇公所出具该村街甲民枪（弹）并无隐匿不报之切结，由乡镇公所调查确实后，汇呈县市政府备查，倘日后发觉有民枪（弹）隐匿不报情事，乡镇村街甲长副同受处分。

第十条　各乡镇每季须将辖区民枪检查一次，县市每半年检查一次，本绥署及

专保公署得随时派员抽查或定期检查点验。

第十一条　县市政府如□得未经登记烙印之民枪，概予没收充公，并报专保公署转报本绥署备案。

第十二条　民枪经烙印后如有更换转移，应以该管县市区域范围为限，并应按数呈报县市政府核准，另发新照，违者以私贩武器论罪，县市为前项之核准时应即办理过户手续。

第十三条　如登记时间已过，而有临时零星购置枪支弹药者得随时电请登记及烙印。

第十四条　民枪（弹）已经登记烙印领照后，即取得所有权，非依法不得收缴。

第十五条　如情况特殊，民枪（弹）有被匪胁缴之顾虑时，得由政府集中使用，如因剿匪需要时得随时征借使用，凡集中或征借使用之民枪（弹）均应由使用机关负责保障人民之所有权，征用枪弹如有损失均由征借机关设法赔偿，其作战消耗弹药，得报请发还。

第十六条　依第十五条规定，凡人民持有重武器者，应按级呈缴转报本绥署按规定核换步枪（换领数临时核定）或发给代金。

丙、私有存枪之管制

第十七条　私有存枪（弹）应由枪枝所有人分别种类数量报由当地专保公署核转（或迳报）本署登记备案。

第十八条　凡私有存枪（弹）一经登记备案后，如有迁移或愿价让地方政府者，应即将品种数量列册呈报本绥署核准后始得迁移或转让，其价让地方政府枪枝（弹），并应登记列入地方政府公枪（弹），倘未经核准擅自私相授受者，依贩运武器论罪，并随时由本绥署密查收缴充公。

第十九条　私有存枪（弹）除登记外并由本绥署随时派员依册点验，如有不符情事，及事前又未申请登记者，概以匿藏军火企图贩卖论罪。

第廿条　私有存枪（弹）如有被匪胁缴之顾虑时，应即设法迁移，如因剿匪紧急需要，得由政府征借使用，如有损耗得依照第十五条之规定办理并保障其所有权。

丁、部队结余械弹之管制

第廿一条　部队节余械弹应由持有单位将储存仓库未用之械弹分别□种数量列册报本署登记备案。

第廿二条　部队节余械弹一经登记备案后，如有迁移或愿价让地方政府者，应即列册报本署核准后，方得迁移或价让，其价让枪弹，并应登记列入地方政府公枪（弹），如有擅自处理，则依贩运武器论罪，并由本署密查收缴充公。

第廿三条　部队节余械弹应于每月月终将异动情形列册报本署备查，并随时由本署派员点查。

第廿四条　部队节余械弹除登记外并由本署随时派员依册点验，如有不符情事，及事前又未申请登记者，概以匿藏军火企图贩卖论罪。

第廿五条　部队节余械弹如因剿匪或装备部队需要，得由本署收缴统筹支配运用。

戊、惩奖

第廿六条　民枪私有存械〈枪〉（弹）及部队节余械弹，如不接受管制，蓄意违抗者，除收缴其械弹外，并依法严惩其负责人。

第廿七条　民枪私有存械〈枪〉（弹）及部队节余械弹如有隐匿不报请登记情事，得由人民向地方或本署密报，一经查获，得按该项械弹价格百分之廿由收缴机关酬给密告〔人〕，作为赏金。（对该密告人之姓名由受报机关负责绝对保守秘密。）

己、附则

第廿八条　本办法如有未尽事宜，得由本署以命令更定之。

第廿九条　本办法自颁布日起施行。

国民党桂林绥靖公署、广西省政府关于
各军政督导团克即分赴各区县
督导政务的代电

（一九四九年七月二十九日）

查现值湘赣战事日趋紧张，本署府为安定后方支援前线，特会组军政督导团五团，分赴省内各区县督导维持治安暨一切政务。除各团人员分别调派外，兹将各团人员职别、姓名及督导区县列表乙份随电附发。仰各团依照督导计划，克即前往指定地区工作，仍须随时将抵达县份及督导办理重要政务情形报核，并仰各县转饬所属知照为要。主任李品仙、主席黄旭初（支）民绥督会印。

附发军政督导团各团人员姓名及督导区县表　份

军政督导团各团人员姓名及督导区县表

团　别	职　别	姓　名	督导区县别	备　注
第一团	团　长 副团长 团　员	甘丽初 郭怀邦 黄钟灵 叶秋青 覃彪 王文焕 黎平 李克彩	第一及十四两区： 信都、蒙山、富川、恭城、平乐、修仁、昭平、贺县、荔浦、钟山、怀集	

续表

团 别	职 别	姓 名	督导区县别	备 注
第二团	团 长 副团长 团 员	周祖晃 李人翘 王奇珍 郑 松 张清溶 刘仁厚 李天骏 罗先焱 刘导江	第八及十五两区： 全县、兴安、灵川、义宁、灌阳、资源、临桂、永福、百寿、龙胜	
第三团	团 长 副团长 团 员	罗福康 萧兆鹏 罗 俊 练炳勋	第二、四及十三三区： 贵县、宾阳、迁江、武宣、来宾、永淳、横县	
第四团	团 长 副团长 团 员	曾其新 郭炳祺 莫蕴奇 邓国钧	第五、六及十一三区： 武鸣、果德、百色、田东、田阳、天保、靖西、隆山、那马、平治、上林、镇边	
第五团	团 长 副团长 团 员	林中奇 苏乐民 韦家骥 罗长松	第七区： 龙津、凭祥、宁明、明江、崇善、左县、上金、思乐	

国民党桂林绥靖公署、广西省政府
军政督导团第一次会议录

（一九四九年七月三十一日）

时间：三十八年七月卅一日上午九时
地点：省府主席楼上会议厅
出席者：

    萧兆鹏　李人翘　王奇珍　罗长松　郭怀邦

    刘仁厚　练炳勋　叶秋青　罗 俊　黄钟灵

覃　彪　郑　松　韦家骥　邓国钧　莫蕴奇
罗福康　苏乐民　周祖晃　甘丽初　曾其新
黄旭初

主　席　黄旭初
纪　录　苏乐民

甲、报告事项

一、主席训示

近以湘省战争紧张，本省军政业务必须加强推展，以期配合戡乱之要求，故与绥署商议合组军政督导团五个，分别出发各县督导组织村街农会、实施空室清野之准备以及各项军政设施。

各团人员现已决定，督导时间大约为一个月。

二、罗厅长报告准备事项

（一）各团人员已指定，但办理事务人员未定。

（二）各团所需车辆及警卫公役，如何调拨容后讨论。

（三）各团预算虽已编定，但各地情形不同，如有实际需要仍可实支实报。

（四）空室清野办法绥署已拟就提交军政会议决定。

乙、讨论事项

一、各团办理事务人员应如何指定案

决议：每团增设参谋（或秘书）、副官（或事务员）各一名，由各团长选派之，并增加司机及助手各一人。

二、各团所需车辆应如何调拨使用案

决议：每团配大车一辆，由绥署调拨，并由民厅派员洽商办理。

三、各团警卫、公役应如何拨用案

决议：每团随带武装兵四名，公役二名，由各团长请由原机关派遣之。

四、督导团工作日程应如何拟定案

决议：拟定工作日程如左：

第一天工作

1. 团长与各机关首长、地方绅耆个别谈话，听取当地有关治安情况及查询民间疾苦。

2. 政治团员调查事项：

（1）人事（调查其思想、能力、操守及工作）；

（2）人民团体组训及工作情形；

（3）县财政收支情形；

（4）实行县新编制情形；

（5）其他重要案件之调查。

3. 军事团员调查事项：

（1）共匪地下活动的情形；

（2）共匪人枪数目及窜扰情形；

（3）县常备队之官兵人数武器及经理情形；

（4）各乡镇村街后备队组训情形；

（5）各县情报组织及其工作情形。

4. 本团工作检讨会。

第二天工作

1. 参加民众反共运动大会及全体宣誓（包括各机关、学校、团体、县参议会，各乡镇长、乡镇民代表主席等）并检阅地方团队。

2. 督察组织各村街农会及推行减租限田。

3. 审理重要匪案。

4. 缮写标语。

5. 团长与县长及治安有关人员决定防剿计划。

6. 继续本团调查工作。

7. 本团工作检讨会。

第三天工作

1. 考核各级干部工作情形，予以分别惩奖。

2. 召集各机关学校首长、县参议员、乡镇长、乡镇民代表主席等训话，并指示今后工作要点。

3. 指示空室清野。

4. 继续本团调查工作及其他。

5. 本团工作检讨会。

散会　时间上午十一时十分

国民党桂林绥靖公署、广西省政府
军政督导团实施计划

（一九四九年八月）

一、中心工作

甲、发动民众，协助剿匪及配合军事需要；

乙、查明匪情，商定清剿或防范计划；

丙、策动反共运动，安定人心；

丁、组织村街农会，在专署、县府所在地最少组成两个以资示范；

戊、推行减租限田；

己、考核各级干部工作，分别惩奖。

二、督导时间

自卅八年八月一日起至八月底止。

三、督导区域

甲、第一团　主要督导之县为信都、蒙山、富川、恭城、平乐，次要督导之县为修仁、昭平、贺县、荔浦、钟山、怀集（第一及第十四专署辖区）。

乙、第二团　主要督导之县为全县、兴安、灵川、义宁，次要督导之县为灌阳、资源、临桂、永福、百寿、龙胜（第八及第十五专署辖区）。

丙、第三团　主要督导之县为贵县、宾阳、迁江、武宣，次要督导之县为来宾、永淳、横县等县（第二、第四、第十三专署辖区）。

丁、第四团　主要督导之县为武鸣、果德、百色、田东、田阳、天保、靖西，次要督导之县为隆山、那马、平治、上林、镇边（第五、六、十一区专署辖区）。

戊、第五团　主要督导之县为龙津、凭祥、宁明、明江、崇善，次要督导之县为左县、上金、思乐。

（附注）主要督导之县必须到达县城督导，次要督导之县则视情况、时间、经费而定，或就近以电话指挥各县遵办。

四、督导人员　每团负责人员由绥署指派高级军官一员、中级军官一员，省府指派高级职员一员、中级职员一至五员组织之，并由绥署主任、省府主席共同指定高级人员一员为团长。

五、交通工具　由绥署、省府酌拨车辆（每团大车一辆，轮胎、零件在内），备用汽油、偈油由团购用，必要时如需轿马其费用亦由团核定开支。

六、办公用具　密码电本、印电纸由省府秘书处酌发，团长、团员应用纸张、拍纸簿、日记簿、铅笔、信笺、信封由团购用。

七、急救药品　由省府民政厅酌发备用。

八、警卫公役　卫士由绥署、省府酌派武装士兵若干名（每团四至六名）随护，必要时调当地军团备用。

公役由团长指定一名备全团公用。

九、费用　总计约需大洋四千五百元，分团列计如附送预算表〈一〉至〈五〉（略）

国民党广西省保安司令部关于改订常备自卫队兵退伍日期的代电

（一九四九年八月二十日）

一、县（市）民众常备自卫队兵召训期限，业经民国规程第三十条规定，由入伍之日起每届满二个月即行半数退伍在案。现值戡乱时期，各地匪风猖獗，县（市）常备自卫队多因剿匪无法遵照办理，每自动将退伍时间延长，本部视察人员

□以常备自卫队于剿匪期间办理队兵退伍，致新入伍队兵因剿匪之故不能实施教育，对战斗动作非常生疏，影响作战效率甚大，实有将退伍期间延长之必要。本部为适应实际需要起见，特重新规定县（市）常备自卫队兵由入伍之日起，每届满一年始行全数退伍（其愿留队者仍听其自愿），另行继续召集训练。

二、仰各遵照办理为要。

三、本件副本已抄送广西省政府及各区专保公署。

兼司令　黄旭初

国民党桂西师管区司令部
关于加征第二期新兵的代电

（一九四九年九月五日）

一、奉广西军管区八月十日军字第 1129 号代电：

"一、奉桂林绥署主任李方字七九三号八月五日代电：'1. 卅八年七月十四日省军政联席会议第八次会议第一案决议（二）第一批补充会战之［兵］源即由绥署令饬军管区通令各县市开始配征一案，兹复奉长官白电谕饬加速准备会战补充兵额五万名。2. 本年度第一期配拨余额一〇〇〇〇名，并提征第二期新兵一五〇〇〇名，均着移抵此项兵额。另着加征第二期兵额二五〇〇〇名，合计五万名，均限电到一个月内征集完成交拨以应补充。3. 加征兵额所需征集副食等费，由桂省府先行垫发，仍由军管区报国防部领还。4. 被服等项着第二补给分区司令部按加征兵额筹拨。5. 除电请国防部华中军政长官公署备案外，仰即遵照办理具报，毋误为要。'

二、兹规定征集办法如后：1. 桂东、桂西每师区各加征壹万贰仟伍佰名，并按新辖县（市）份转配。2. 配征标准除将各县（市）本年招募抵额（包含各支队在内，保安团不列入）暨已配征（包含上年提征）者外，应先配征正额，如正额不敷，可以预备额移抵，由各师区酌情办理，务以足数配征名额为原则，并即将转配数列表报核。3. 征集日期，除另电请桂林绥署候经费服装领拨到达师区及所属补充团所在地之日开始，贰拾日完成。4. 征集副食各费，另案电请省府垫发，配发数目另案饬知。5. 应需服装除再由部电请补给分区迅发外，希各师区迅向补给分区洽领。

三、希即遵办具报。"

二、兹将各区县加征兵额核配如附表随电附发，着即遵照办理，并于本电到达即时开征，所需征集费另案转发。

三、各县征获加征新兵，着照交由本区各补充团原派赴各县接收第二期紧急征集兵额之部队接收，其第二期紧急征兵未配征或未派有部队接收第一期欠额之各县及由桂东师区划归本区之中渡、榴江、玉林、博白、兴业、陆川、北流等县，仰候另案派接，但接兵部队未抵县前，各该县所征获之新兵，仍由各县代管，并依规定迅报备查。

四、各补充团所需前项新兵副食费及服装另案饬遵。

五、仰各县切实遵办具报，并希各区专员兼保安司令公署严为督导，务于限期内征交完成，以利补充。

六、本件除分行区属各区专员兼保安司令公署、各县政府、各补充团外，并抄副本分呈省府、军区及分送第二补给分区、第八财务署，本部第一科、预算、经理、军医各组等各乙份。

司令　李绳武

国民党广西省第二期剿匪
关于行政上实施办法

（一九四九年九月十八日）

（一）以三个月为限全省彻底肃清。

（二）行政区内之残匪应由各专员负责清剿，不再依赖国军及省保安部队，各县自卫武力得由专员统一调遣越境使用。

（三）以后县长对于本县之匪须完全负责清剿，对匪应猛打穷追严缉，视匪情如何集中兵力使用。区县乡镇村街须互相联防，越境援剿，交换情报，并由县订颁区乡镇村街闻警赴援办法，如有闻警不援、坐视不救者，以从匪论交军法议处。各乡镇公所均须巩固周围，建筑碉堡，以资固守待援，并建全通讯网，密布侦探。

（四）本期剿匪开始前，各区专员对于各该区属县长，认为其对剿匪任务确实不堪胜任者，得全权考核调整，遴员荐保省府委派，县以下乡镇村街甲长均逐级比照办理，并准区乡镇长对反抗剿匪法令之人民（如征集不到或反抗征借民枪等）有直接逮捕送县究办之权。

（五）凡因剿匪所需人力、财力、物力，专员、县长、区乡镇长均得以命令办理，但如有假借权力舞弊营私者，以死刑处分。

（六）专员、县长、联防区长对拿获匪犯，经讯明确定，得紧急处决；乡镇长拿获匪犯，必要时得呈准县府将要犯就地处决，但如挟嫌报复或滥杀无辜者，受同等反坐。

（七）凡有通匪、庇匪、窝匪、济匪者，杀无赦；匪产一律没收，房屋建筑物等拆卸，由县府拨给当地贫民及因剿匪而残废死亡官兵或家属。

（八）严令匪家族限期召匪自首，否则悬红缉拿，重要匪犯每名酌量悬赏稻谷二百至五百担，普通五十至二百担，统勒令匪家属缴付。

（九）省县乡各级民意机关代表及地方士绅，应一律积极协助政府戡乱，如遇县府指派或地方反共团体公推担任反共工作而阳奉阴违妨碍戡乱政令者，一律由县府拿办。

（十）凡匪犯有自动自首者，政府一律宽容，不究既往；携械投诚杀匪来归者，

并予奖励。

（十一）剿匪官兵如有奸淫掳掠证据确凿者，各直辖主官得迳予枪决；其有知而不办，一经查出，主官与犯者同罪，交军法办理。

（十二）全省各机关、学校、团体一律依照下列办法，严厉整肃清除内部潜伏分子。

甲、省县属中等以上学校校长由省政府遴选人员委派，并负责考核，私立中等学校校长由董事会遴请省政府委派并考核，小学校长由县长遴员委派负责考核；各级学校职教员任免，由各该校长全权处理，校内员生警役不稳分子由校长负责清除，其证据确凿者即报当地政府扣押法办，嗣后校内如再有共匪活动应将校长撤职查办。

乙、各机关团体一律比照前款由各该首长负责清查内部分子，以后如再发现共匪，该首长应撤职查办。

丙、上级主管对直辖下级首长负连带责任，如下级首长有作匪者，上级主官应予严究。

（十三）清剿开始时，每区由绥署、省府会同派员坐督，按旬将进剿情形报核，三个月期满严格考核，无成效者其行政主官、剿匪部队长一律撤职，交军法按情节议处。

（十四）期满后辖区内匪患确已肃清者，专员、县长、区乡镇村街长、部队长均按级升用或优予奖励，其出力军政佐理人员，由各该主官报请绥署、省府核奖。

（十五）剿匪部队人员之考核，以杀伤、俘虏及投诚人数多寡暨缴获械弹等数量为标准。

（十六）因剿匪阵亡者，官佐抚恤稻谷一百至二百担，士兵五十担，一次发给其家属，重伤者官佐二十至五十担，士兵十至二十担，乡镇长、士绅与官佐同，壮丁与士兵同。上项稻谷，县队除将没收匪产抵拨外，余由县府统筹，专署、省保安团由绥署、省府筹拨。

（十七）各专署剿匪费用，除由绥署酌拨外，余由各县按富□分摊。

（十八）余照前颁修正军政工作配合纲要办理。

附注：上各项经决定后以命令行之。

国民党桂西师管区司令部
关于迅即征集马骡候拨的代电

（一九四九年九月二十一日）

一、查本区本年度第二期征兵，奉令以马代丁配征马骡，业经本部配赋各该县饬令依限征集在案。

二、兹奉桂林绥署申删电开："（一）征获马匹着各县暂垫马粮，候由接马部队归还。（二）俟军区配当即派队赴县接领，并希速催征集具报"。

三、仰各遵照，于电到日迅即征集足额候拨，并将征集情形分报桂林绥署、军区及本部以凭办理。

四、本件分行本区各专署、各县县政府。

司令　李绳武

国民党桂西师管区司令部
关于配征第二期保安兵额的代电

（一九四九年十月二日）

一、奉广西军管区司令部本年九月十五日军二字第一二六六号代电：

"一、奉桂林绥署主任李方三字第一三二二号九月十三日代电'根据本省建军方案，扩编三个保安师，尚缺兵额甚巨，希配赋本年度第二期保安兵额一五○○○名，预备兵额三○○○名，以资充实及尔后补充'。

二、兹规定各师区配额及征集日期办法如后：

1. 桂东、桂西两师区每师区配赋第二期保安兵正额七千五百名，预备额一千五百名，合计共正额一万五千名，预备额三千名。

2. 征集日期由十一月东日开始，限一个月内完成。

3. 应需服装及征集费暨主副食等，照规定概由广西省保安司令部负责。

4. 交接办法请省保部预期先行派队赴县候接。

三、希即遵照新辖县市转配征集，并先将转配县市名额列表迳报广西省保安司令部及分报本部备查。"

二、兹核配备专署及其所属各县征集该项兵额如附表随电附发。

三、征集办法着照本年第一期征集保安兵额办理，至征集日期，经奉军区申敬军二电转桂林绥署尚征字第一四三九号代电饬，现因环境需要，着改为由十月十一日开征，限至十月底完成。

四、接兵部队候桂林绥署及广西保安司令部指派到县接收，至各县所需征集费，应由本部请领转发，抑由省保部迳行拨发，仰候另令饬遵。

五、希即遵照办理，依限征交完成，并将办理情形随时具报为要。

六、本件除分行各区专署、各县政府外，并抄副本分呈桂林绥署、广西军管区及分送广西省保安司令部，本部第一、二科、预算财务、经理各组等各一份。

司令　李绳武

桂西师管区所属各区县卅八年度征集第二期保安兵额配赋表

专署别	县别	配征第二期保安兵额		专署别	县别	配征第二期保安兵额	
		正额	预备额			正额	预备额
第二区	柳江	298	55	第七区	龙津	57	14
	柳城	137	25		上金	60	11
	中渡	38	7		左县	35	7
	榴江	57	11		崇善	71	13
	雒容	49	9		思乐	48	10
	迁江	128	23		明江	36	6
	忻城	115	21		宁明	33	6
	合计	822	151		凭祥	16	4
第四区	邕宁	401	86		万承	51	9
	永淳	215	39		养利	34	6
	横县	235	64		雷平	80	18
	宾阳	268	49		合计	527	104
	上思	69	19	第九区	玉林	399	76
	绥渌	57	10		博白	335	82
	同正	53	10		兴业	135	26
	扶南	88	17		陆川	286	55
	合计	1392	294		北流	402	79
第五区	百色	113	21		合计	1557	318
	田西	45	10	第十一区	武鸣	356	66
	西隆	87	16		上林	217	48
	西林	47	11		隆山	154	28
	凌云	77	14		都安	303	56
	田东	126	23		那马	87	16
	田阳	149	28		果德	72	13
	合计	644	123		平治	110	20
第六区	靖西	206	51		隆安	128	23
	镇边	60	17		合计	1427	270
	天保	158	29	第十二区	凤山	61	15
	向都	108	20		东兰	102	25
	镇结	107	18		万冈	74	18
	龙茗	89	16		乐业	56	10
	敬德	62	11		天峨	54	10
	合计	784162			合计	347	78
总　计		正　额	7500	预备额		1500	
附记	1. 本表所列配征兵额系按各县本（卅八）年度常备兵正额及预备额人数比例为核配标准，即正额按该项比例以6.879（小数）配征一名，预备额以8.369（小数）配征一名。 　　2. 征集日期奉军区申敬军二电规定由十月十一日起开征限十月底完成。						

国民党广西省政府、广西省保安司令部
关于切实注重地方自卫武力组训工作的代电

（一九四九年十月六日）

查建立地方自卫武力之本，旨在平时维持地方治安，战时配合国军作战。顾本省目前地方自卫武力，其脆弱实非始料所及，以之维持地方治安则事实证明已深感不足倚靠，遑论配合国军作战。瞻念前途，阽危实甚，今日赤祸横流，民族存亡，千钧一发。应如何急起直追，加紧自卫武力之组训，以恢复过去本省民团之辉煌成绩，实乃当前治安部门之唯一重要工作。本主席兼司令并确认今日本省自卫队，远不如过去民团之原因，仍系做与不做问题，而非能与不能问题，绝不容许藉受各种内在因素之影响为词，漠视此项工作。嗣后各专员、副司令、县长、副总队长，应本本省过去创建民团之精神，切实遵照各项规定，建立地方自卫武力，务期达到平时能单独维持地方治安，战时能配合国军作战之鹄的。倘仍藉词推诿，敷衍塞责，致不能收预期成效时，各专员、副司令、县长、副总队长，即行立予撤职，情节较重者，并予扣押法办，决不宽贷。本府部并随时以此为各该员去留之考核依据，认真执行。各县参议会并应切实协助，不得阻挠，否则一并查究。仰各善体斯旨，切实凛遵勿违为要。

主席兼司令　黄旭初

国民党华中军政长官公署
关于检发部队驻地表的代电

（一九四九年十月十三日）

一、兹随电检发本署辖区部队主官姓名驻地表武利字第二号一份。

二、希查收密存备用，并将本署武利指字二八五三号代电检发之武利字第一号驻地表及九月份驻地异动表一并焚毁具报。

兼军政长官　白崇禧

华中军政长官公署所辖部队驻地表

部　　别	主官姓名	现驻地	同　上	备　考
华中军政长官公署	白崇禧	桂　林		
川湘鄂边区绥靖公署	宋希濂	恩　施		
湖南省绥靖总部	黄　杰	东　安		

1949.12.11

续表

部　　别	主官姓名	现驻地	同　上	备　考
湖北省绥靖总部	朱鼎卿	恩　施		
第一兵团司令部	黄　杰	东　安	指挥所金秤市	后　方
第三兵团司令部	张　淦	全　县		
第十兵团司令部	徐启明	本部开钟山途中	指挥所宁远	罗副司令官桂林
第十一兵团司令部	鲁道源	零　陵		
第十四兵团司令部	钟　彬	鹤　峰		
第十七兵团司令部	刘嘉树	锦　屏		
第二十兵团司令部	陈克非	建始龙潭坪	兵团部业务由二军部兼办不另设	
第二军司令部	陈克非	建始龙潭坪		
第七军司令部	李本一	界岭黄土铺地区		
第十四军司令部	成　刚	桃花坪以南地区		
第十五军司令部	刘　平	五峰水南渡		
第四十六军司令部	谭何易	零　陵		
第四十八军司令部	张文鸿	白牙市		
第五十六军司令部	马拔萃	由灵川开龙胜途中		
第五十八军司令部	鲁道源兼	零凌附近		
第七十一军司令部	熊新民	金秤市附近		
第七十九军司令部	龚博文	五　峰		
第九十七军司令部	蒋当翊	东　安		
第一〇〇军司令部	杜　鼎	临　口		
第一〇三军司令部	王中柱	锦　屏		
第一一八军司令部	陈希平	宣思南下中		
第一二二军司令部	张绍勋	溪　口		
第一二四军司令部	顾葆裕代	巴东珠砂土		
第一二五军司令部	陈开荣	零陵附近		
第一二六军司令部	张湘泽	黄砂河		
第一二七军司令部	赵子立	大小九湖		
华中补给区司令部	许高扬	桂　林		
空军第四军区司令部	罗　机	桂　林		

续表

部　　　别	主官姓名	现驻地	同　上	备　考
海军第二机动艇队	柳家森	柳　州		
湘桂黔铁路护路司令部	莫德宏	桂　林		
第一区铁道运输司令部	赖和平	桂　林		
湘桂边区清剿指挥部	曹茂综	零　陵		
赣西绥靖司令部	贺维珍	宁　冈		
湖南人民反共自卫救国军第一纵队	霍远鹏		尚未取得联络	
本署炮兵指挥部	姚学濂	桂　林		
本署工兵指挥部	曾汉光	桂　林		
本署通讯兵指挥部	娄品璋	桂　林		
本署警卫团	旷　斗	桂　林		
宪兵十一团第三营	罗　缨	桂　林		
重迫炮十五团	李忍济	桂　林		
独立炮兵守备第五营	刘秋成	柳　州		
独立炮兵守备第七营	董如冬	桂　林		
独立炮兵守备第九营	李远鹄	桂　林		
工兵第四团	任广铭	桂　林		
工兵第八团	何　楷	桂　林		
工兵第十五团	曾汉光	桂　林		
工兵第十六团	何绍祖	桂　林		
工兵第三团第三营	涂炯泉	恩　施		
通讯兵第二团	娄品璋	桂　林		
通讯兵第一团第二营	赖清林	桂　林		
通讯兵独立第八营	王则先	桂　林		
本署通讯连	白建中	桂　林		
铁甲列车第二纵队	赵克非	桂　林		
铁道兵第一团	潘其昌	柳　州		
装甲汽车第三连	徐鸿声代	桂　林		将开柳州
辎汽第九团	孙　发	桂　林		

续表

部　　别	主官姓名	现驻地	同　上	备　考
辎汽第十九团	郑云依	桂　林		
交警第四纵队	欧阳寿	桂　林		未取得联络
突击第一纵队	王天任	桂　林		开桂林途中
突击第二纵队	蔡雨时	桂　林		开桂林途中
突击第三纵队	王殿魁	桂　林		开桂林途中
突击第四纵队	陈炯崐	桂　林		配属湖南绥靖总指挥

华中军政长官公署辖区暂编部队保安团队驻地表

部　　别	主官姓名	现驻地	同　上	备　考
暂编第二军	陈子贤			未取得联络
暂编第三军	张中宁			未取得联络
暂编第七军	颜仁毅	迥邑市附近		
暂编第八军	尹立言			未取得联络
独立第十师	唐孟玺	零　陵		
湘保第一师	谢声溢	宁远嘉禾附近		
湘保第五师	颜　梧	沅陵以西地区		

国民党桂林绥靖公署关于颁发华中区公路整修临时征工征料办法的代电

（一九四九年十月十四日）

一、奉长官白九月培久交征字第二〇〇二〔号〕代电：

（一）为配合总体战需要，特订定华中区公路整修临时征工征料办法随电颁发。

（二）希即转饬遵照实施为要。

二、兹将原办法一份随电抄发，仰各并饬遵照。

主　任　李品仙

华中区公路整修临时征工征料办法

一、总则

第一条　为配合总体战需要完成本战区交通设施并便于各县（市）紧急施工起见，特订本办法。至本署前以华中剿匪总司令部名义于卅八年五月廿九日以培久交

蔚字第854号代电颁布之征工征料办法，因与现势不符，应同时废止。

第二条　凡各省县境内奉准整修或新筑公路时，其所需工料款项在未奉准明令补助以前，不准藉词困难推卸责任，应一面先行征工征料兴工，一面报请拨发专款。

二、工料抽征范围及标准

第三条　征工包括技工（木工、泥工、石工、铁工）及民工。

第四条　征料包括木料、铁件、沙石、砖料等。

第五条　征工征料均以县（市）为单位，由县（市）府统筹征派，并以本县材料及民工、技工负责修筑本县（市）境内公路为原则，如本县征派数量不敷时，应呈请上级机关转饬邻县征派补足。

第六条　木料分产地抽征及市场抽征两种，产地抽征系指公有或私有山林而言，市场抽征系指木行或运售木商或人民大宗存料而言。

第七条　征购木料标准，在私有产地应抽征产量百分之三，公有产地抽征百分之五，在市场抽征存量百分之二。如当地情况特殊，该项标准得呈请高级长官核示增减，其给价以市价三分之一为准，惟在军事情况紧急时，得由本署命令无价征用。

第八条　铁件包括洋（铁）钉、铁丝、两爪钉等而言，其给价以半价在该地各商店存量平均征购为准，惟在军事情况紧急时，得由本署命令无价征用。

第九条　沙石、砖料按征工法以人力采运为主，必要时对人民私有存料及公共建筑材料亦得征用，其征用标准由当地政府酌情订定。

第十条　以船及技术为生活之船夫、木泥石铁工确实穷苦者，均应补助其主副食，但此项费用在未奉拨专款前，应由地方在富裕及不能出力工作之绅商平允负担或由县附征筑路谷作为以工代赈之用。

第十一条　普通民工被征担任筑路者，须自带口粮及工作餐具。

三、征办手续

第十二条　关于工料征办，战时应由县（市）府负责，饬由县属各机关及人民团体派代表组织工料征集委员会专门调查征派、咨询及监督审查等事宜。

第十三条　各县奉令修筑公路时，应由县府建设科会同民政科（或军事科）与实施机关（路局工程机关）或工兵部队协商，根据工程大小确实计算拟具施工计划，将所属工料交由工料征集委员统筹办理，不容有浪费人力物力及勒索中饱等情事发生。

第十四条　征用木料、铁件等，由当地县（市）政府会同实施机关（路局工程机关）或工兵部队出具征料收据，以备将来中央补助费拨到时，以凭作为分配料款之根据。

第十五条　凡被征木料、铁件、沙石、砖料等之人民得免服工役。

四、附件

第十六条　本办法适用于辖区各省（市）对于各地城防工事、桥头堡构筑，电讯设施及护路等工事、工程材料之〔征〕集亦适用之。

第十七条　本办法如有未尽事宜，得随时以命令修正之。

第十八条　本办法自公布日起施行。

第十九条　本办法未尽事宜，得临时以命令增补之。

国民党华中军政长官公署关于派田良骥等兼任华中区广西省总体战实施督导团团长的代电

（一九四九年十月十四日）

一、兹派田良骥等十一员兼任华中区广西省总体战实施督导团团长。

二、附发派兼人员姓名表一份，仰即遵照。

三、本件已抄副本分送桂林绥署、广西省政府、广西军管区司令部、各行政督察专员公署、本署各室处会及表列各员。

兼军政长官　白崇禧

华中军政长官公署派兼人员姓名表

姓　名	原任级职	兼任级职	备　考
田良骥	本署政务委员会委员	华中区广西省总体战实施督导团第一督导团团长	各督导团番号即桂省各行政专员公署番号
高鸿彝	本署政务委员会委员	华中区广西省总体战实施督导团第二督导团团长	
林中奇	广西省政府委员	华中区广西省总体战实施督导团第三督导团团长	
林　茂	广西省政府委员	华中区广西省总体战实施督导团第四督导团团长	
刘清凡	本署政务委员会委员	华中区广西省总体战实施督导团第五督导团团长	
梁　津	桂林绥靖公署高级参谋	华中区广西省总体战实施督导团第六督导团团长	
萧兆鹏	桂林绥靖公署高级参谋	华中区广西省总体战实施督导团第七督导团团长	
莫　敌	第一二六军副军长	华中区广西省总体战实施督导团第八督导团团长	

姓　名	原任级职	兼任级职	备　考
王赞斌	监察委员	华中区广西省总体战实施督导团第九督导团团长	
安　舜	本署高级参谋	华中区广西省总体战实施督导团第十督导团团长	
龙炎武	总统府参军	华中区广西省总体战实施督导团第十五督导团团长	

国民党华中军政长官公署关于周祖晃等
兼任各军政区司令官的代电

（一九四九年十月十五日）

一、兹因适应战时需要，着就广西省内成立各军政区。

二、特将周祖晃等六员兼任司令副司令姓名表附发。

三、仰各遵照。

四、本件抄副本送桂林绥署、广西省政府、黔桂边区绥靖司令部、第十兵团、本署各单位及表列各员。

兼军政长官　白崇禧

广西各军政区兼任司令官姓名表

姓　名	原任职务	兼任职务	备　考
周祖晃	桂林绥署副主任	桂北军政区司令官	
莫树杰	桂林绥署副主任	桂西军政区司令官	
罗　活	第十兵团副司令官	桂南军政区司令官	
甘丽初	桂林绥署副主任	桂东军政区司令官	
张光玮	黔桂边区绥靖司令官	黔桂边区军政司令官	
梁　津	桂林绥署高参	黔桂边区军政副司令官	

国民党华中军政长官公署关于调免广西省总体战实施督导团各团团长副团长的代电

（一九四九年十月十九日）

一、兹调免华中区广西省总体战实施督导团各团团长、副团长林茂等十三员如附表。

二、附发调免姓名表一份，仰即遵照。

三、本件已抄副本分送桂林绥署、广西省政府、广西军管区司令部、各行政督察专员公署、湘桂黔铁路护路司令部、桂西师管区、第三兵团司令部，本署各室处会、政委会各处及表列各员。

兼军政长官　白崇禧

华中区广西省总体战实施督导团团长副团长姓名表

区分	姓　名	原任级职	新任级职	备　考
免兼	林　茂	华中区广西省总体战实施督导团第四督导团团长		原任广西省政府委员
调兼	李画新	广西省政府顾问	华中区广西省总体战实施督导团第四督导团团长	
免兼	龙炎武	华中区广西省总体战实施督导团第八督导团团长		
调兼	刘莘野	湘南黔铁路护路司令部少将高参	华中区广西省总体战实施督导团第八督导团团长	
调兼	萧抱愚	广西第十三区行政督察专员	华中区广西省总体战实施督导团第十一督导团团长	
调兼	何述圣	国防部少将部员	华中区广西省总体战实施督导团第十二督导团团长	
调兼	吴声镐	国防部少将部员	华中区广西省总体战实施督导团第十四督导团团长	
调兼	陈轻驭	本署政务委员会视导专员	华中区广西省总体战实施督导团第一督导团副团长	
调兼	倪渭卿	本署政务委员会文教处处长	华中区广西省总体战实施督导团第二督导团副团长	

区分	姓 名	原任级职	新任级职	备 考
调兼	唐启玉	桂林绥署组训处上校科长	华中区广西省总体战实施督导团第三督导团副团长	
调兼	刘铁武	桂西师管区上校主任参谋	华中区广西省总体战实施督导团第五督导团副团长	
调兼	黄翰廷	第三兵团上校附员	华中区广西省总体战实施督导团第十六督导团副团长	
调兼	陶 松	第三兵团上校高参	华中区广西省总体战实施督导团第十五督导团副团长	

国民党华中军政长官公署关于派兼
广西民众反共救国军各军师番号更正表的代电

（一九四九年十月二十五日）

一、本署本年十月二十二日衡才字由第二○八五号至二○九一号各抄电及衡才字第二○九二号代电分别计达。

二、查原电令颁发广西民众反共救国军各军师番号因与现时国军之番号稍有雷同，兹特将各军师番号更正如附表随电附发。

三、希即遵照更正为要。

四、本件副本分送本署各处室、桂林绥署、广西省政府、各区专员公署、华中补给区司令部及国防部第二预算财务处各一份。

兼军政长官　白崇禧

华中军政长官公署派兼广西民众反共救国军各军师番号更正表

原列番号	更正番号	备 考
广西民众反共救国军第十军	广西民众反共救国军新编第十军	
同 右 第十一军	广西民众反共救国军新编第十一军	
同 右 第十二军	广西民众反共救国军新编第十二军	
同 右 第十三军	广西民众反共救国军新编第十三军	

1949.12.11

续表

原列番号	更正番号	备　　考
同　　右 第十四军	广西民众反共救国军新编第十四军	
同　　右 第十六军	广西民众反共救国军新编第十六军	
同　　右 第十军第二十八师	广西民众反共救国军新编二十八师	
同　　右 第十军第二十九师	广西民众反共救国军 新编第二十九师	
同　　右 第十一军第三十师	广西民众反共救国军 新编第十一军第卅一师	
同　　右 第十一军第三十一师	广西民众反共救国军 新编第十一军第卅二师	
广西民众反共救国军第十一军 第三十一师	广西民众反共救国军新编 第十一军第卅二师	
同　　右 第十二军第卅二师	广西民众反共救国军 新编第十二军第卅四师	
同　　右 第十二军第卅三师	广西民众反共救国军 新编第十二军第卅五师	
同　　右 第十三军第卅四师	广西民众反共救国军 新编第十三军第卅七师	
同　　右 第十三军第卅五师	广西民众反共救国军 新编第十三军第卅八师	
同　　右 第十四军第卅六师	广西民众反共救国军 新编第十四军第四十师	
同　　右 第十四军第卅七师	广西民众反共救国军 新编第十四军第四一师	
同　　右 第十五军第卅八师	广西民众反共救国军 新编第十五军第四三师	
同　　右 第十五军第卅九师	广西民众反共救国军 新编第十五军第四四师	

原列番号	更正番号	备　考
同　　右 第十六军第四十师	广西民众反共救国军 新编第十六军第四六师	
同　　右 第十六军第四十一师	广西民众反共救国军 新编第十六军第四七师	

国民党华中军政长官公署关于颁发华中
区广西省总体战实施督导团
组织大纲的代电

（一九四九年十月二十六日）

一、本署为切实实施总体战，巩固戡乱基地，加强反共力量，配合国军迅速剿平匪乱，特成立华中区广西省总体战实施督导团暨所属各督导组，分赴广西省各区县督导推行总体战各项工作。附发华中区广西省总体战实施督导团组织大纲一份。

二、各督导团暨所属各督导组督导推行总体战工作时，得依照本署所发布之广西省军政区各级机构惩办违反总体战实施办法办理。

三、兹定于十月二十七日由驻地桂林集体出发。

四、各督导团暨所属各督导组应将到达指定区县日期、各该团组人数报署备查。

五、各督导团暨所属各督导组人员如有不遵命令出发者、到达指定地区或擅离职守者，适用陆海空军刑法第九十三条之规定，无故离去职役或不就职役者，处十年以上有期徒刑。

六、各督导团暨所属各督导组人员如有领取旅费而不出发者，除旅费追缴外，依陆海空军刑法第九十三条（十年以上有期徒刑）并依刑法第三百三十九条（五年以下有期徒刑）取财罪合并论科。

七、各督导团暨所属各督导组人员分赴各区县督导，沿途负责治安机关应派兵护送安全。

八、各督导团暨所属各督导组人员如因情势变化，各督导团人员应随同军政区司令部或行政督察专员兼保安司令公署行动，各督导组人员应随同所在县县政府行动。

九、本署前经于三十八年十月二十一日以治理创字第九九号训令附颁华中区总体战实施办法，该总体战实施办法附录（五）戒严法系二十三年六月二十九日公布，已明令废止，应遵照三十七年三月二十九日修正公布戒严法实施。

十、除分令桂林绥靖公署、广西省政府、华中区广西省总体战实施督导团、广

西省各军政区司令部、各行政督察专员兼保安司令公署、各县政府，本辖区各兵团司令部、各军司令部、各师司令部外，仰即遵照，并转饬所属遵照。

兼军政长官　白崇禧

华中区广西省总体战实施督导团组织大纲

一、目的：为切实实施总体战，巩固戡乱基地，加强反共力量，配合国军迅速戡平匪乱，特成立华中区广西省总体战实施督导团（以下简称督导团）。

二、组织：督导团设团长、副团长各一人，团员五人（分负军事、兵役、民政、财政、田粮、军法督导责任，并指定一人兼任秘书）、办事员一人、司书一人、工役二人；下设督导组若干组，每组设组长一人、组员二至三人（工役一人、事务兼文书一人，由县府调派充任之）。前项员役均由华中军政长官公署（以下简称长官公署）、桂林绥靖公署（以下简称绥署）、广西省政府（以下简称省府）调用为原则，其编组及调用另定之。

三、隶属：督导团秉承长官公署之命执行任务，并与军政区司令官切取联络。

四、区域：全省每一行政督察专员兼保安司令公署（以下简称专保公署）辖区内设一督导团，分别依各专保公署之番号于督导团全衔下冠以第○团字样，每县设督导组一组，冠以督导团（全衔）某县督导组字样，各督导团所辖督导组数与各专保公署所辖之县数同。

五、中心工作：

（一）督导推行一甲一兵一枪政令；

（二）督导彻底实施三大公开（意见、财政、人事）；

（三）动员智〈知〉识青年加强反共宣传，整肃动摇分子；

（四）加强自卫组训，编组民枪，彻底肃清散匪；

（五）督导粮食征借及整理财政；

（六）督导空室清野之准备及实施；

（七）健全保农会，实施减租限田；

（八）健全乡村组织；

（九）加强役政推行；

（十）各级人员之考核奖惩；

（十一）考查及整饬军风纪。

六、权责：

（一）团长如查有中央地方机关首长贪污违法渎职有确实证据者，应即分别密报长官公署惩处，其他各级军政人员、文职县长以下、武职营长以下工作不力，犯有重大过失或违法渎职经查确实，得分别情节轻重先行撤免或扣押，并交该主管上级机关依法惩办及进员接替；

（二）督导团如查有地方土劣动摇分子阻挠总体战有关政令或通匪资敌或盗匪分子破坏治安确有实据者，有依长官公署所颁广西省军政区各级机构惩办违反总体战实施办法处以极刑之权；

（三）督导团有接受人民申诉痛苦及呈控官吏案件并查访传讯之权；

（四）查明匪情商定清剿及防范计划并督导驻军团队实行清剿；

（五）督导团有指挥地方团队掩护工作推进之权；

（六）督导组秉承该管团长之命令执行工作。

七、工作方式：

（一）督导团应经常巡回所属范围各县工作，督导组应经常巡回所属范围各乡村工作；

（二）适时适地举行座谈会或参加民众大会、保民大会，讲解重要法令及指导作有效之措施；

（三）召见地方首长作个别谈话，听取当地有关治安情况及访问地方人士，查询民间疾苦；

（四）发动地方公正人士、纯洁青年，协助推行工作；

（五）利用各种宣传方式（文字、图画、口头、歌曲、化装、戏剧等）暴露匪党祸国阴谋与罪行；

（六）商同专员、县长及有关人员决定全面工作计划，尔后并须切实督导推行；

（七）随时抽查各机关工作以为考核之依据；

（八）各项工作应随时举行检讨会。

八、纪律：

（一）督导团所到各地不得接受供应或馈赠；

（二）督导人员如有工作不力或违反纪律情事，团长有撤免惩处之权；

（三）督导人员考察人事，执行任务，应一秉大公，尚有彻私舞弊滥用职权情事，一经查实以军法论处。

九、经费：另定之。

十、期限：暂定二个月，必要时得延长之。

十一、本大纲呈奉华中军政长官公署核定实行。

国民党广西省第二区行政督察专员兼保安司令公署关于转发桂林绥靖公署保密防谍实施计划的代电

（一九四九年十月）

一、奉桂林绥靖公署本年六月十九日参靖丰字第 01 号代电：（一）兹将本署保密防谍实施计划乙份随电颁发。（二）希遵办理具报。

1949.12.11

二、兹将保密防谍实施计划乙份随电附发。

三、仰各克日遵照办理具报为要。

专员兼司令　苏新民

桂林绥靖公署保密防谍实施计划

第一，方针

一、本署为确保军机，防止匪谍潜伏，特在辖区内各机关部队及各级行政机构与社会各阶层内组设保密谍网，严密实施解防工作。

第二，指导要领

二、保密防谍网之布置务求完密，并深入社会各阶层内。

国民党华中区桂南军政区司令部
工作计划纲要

（一九四九年十月）

一、目的

彻底实施总体战，确保桂南，使剿匪建设同时并进。动员区内所有人力、物力、武力，加强军政配合、军民配合、官民配合，凝成坚强战斗体，与共匪作殊死斗争，实现三民主义，造成保卫广西，巩固桂南，争取最后胜利。

二、指导原则

1. 以地方团队、保安部队迅速肃清当地潜匪、散匪，加强各县联防会剿，一举扫荡股匪巢穴，安定地方；配合国军防堵出击外来大股匪军，使本区不致被匪蹂躏，而于境外将犯匪歼灭之。

2. 以军事力量掩护政治革新及经济建设，以政治力量充实军事开发经济，以经济力量支持军事促进政治改善，民生相辅相成，剿匪建设毕其功于一役。

3. 发扬革命精神，实行思想战，扫荡失败心理，整肃反共阵容，肃清动摇投共分子，保障公正、贤良。

4. 剿匪第一，一切为剿匪，各县政治设施凡与总体战无关或可从缓者，暂停举办。

5. 人力动员以青年为主干，凡知识青年、学生、壮丁、公教人员一律纳入组织，成立县总体战工作队，开展各项戡建工作，县乡镇村街民众一律举行反共宣誓大会，举办五家联保，如有投匪、通匪、济匪、窝匪、庇匪分子，限期完全肃清。

6. 物力财力动员以增加生产、合理配用、充裕军粮政费、便利民生、防止资匪为主，要着眼民众负担，务求公平使用，力戒奢糜，大户富商及特殊资产分子之多余物资金银，必要时暂给政府借用，计息给据，定期归送，匪徒财产一律充公。

7. 武力动员以登记民枪编组使用，使枪不离人，枪不济匪，以为充实自卫团或

乡队担任常备使用，健全人事、整顿纪律，凡适龄壮丁一律实施就地训练，以不脱离生产为原则，实行兵农合一，有事自卫，无事工作，村村设哨，步步为营。

8. 整肃纲纪，澄清吏治，严明赏罚，凡贪污剥削不法之徒，不论官民一律严惩。

9. 树立革命作风，实行三大公开，任用贤能，分层负责，分工合作，提高新、速、实之工作效率，革除推、拖、拉之官僚习染与争权夺利、投机取巧之恶习，发扬最高度之服务精神。

10. 以村街基层为开展工作之起点，凡村街工作均以（一）清查户口健全保甲、（二）组训自卫队、（三）组织与健全农会为工作中心，以此三种组织推行政治、军事、经济一切建设与剿匪工作。

三、实施要领

1. 思想战　阐扬三民主义戡建国策及本省革命历史、省政设施，使了解目前本省地位重要与今后任务重大，振奋士气民心，扫除失败心理，务使阵容整肃，坚定戡乱必胜、建国必成之信念，向建设广西，复兴中国之目标迈进。

2. 政治战　切实奉行政令，提高政府威信，整肃政风，认真推行新政工作，铲除贪污，制裁豪劣，取缔剥削，健全各级组织，实行三大公开，防止离间分化，务使人心团结，组织严密，有效动员民众，提高行政效率，充裕我方兵源，粉碎共匪参军及夺取政权阴谋。

3. 军事战　建立自卫武力，确保地方治安，加强民众组训，险要隘口普通构筑碉堡鹿寨，健全情报网，迅速肃清当地匪患，防御外匪侵扰，粉碎共匪求战阴谋。

4. 经济战　实现民生主义，贯彻限田减租政策，推行土地改革，发展乡村经济，增加生产，节约消费，改善人民生活，加强对匪经济封锁，打击共匪求食及掠夺财物阴谋。

四、工作要目

甲、文教宣传

1. 实施反共教育，中心学校教职员学生一律参加反共宣传工作。

2. 加强各县报社宣传及组织桂南通信社，宣传政府政令，揭发共匪阴谋暴行。

3. 实施各地书店图书杂志检查，严禁推销共匪刊物。

4. 各县应经常举行各种问题座谈会，坚定反共思想及沟通各方意见，集中意志。

5. 编印宣传小册及各种戡建丛书。

6. 以各级反共保民动员委员会展开反共动员工作。

7. 经常举行村街民大会宣达政令，训练民众。

8. 实施社团思想训练，农会、商会、工会会员及理监事均须参加反共工作。

9. 考查士绅青年民众思想，号召被共匪裹胁分子自首自新。

10. 凡机关、团队、学校、社团均派设义务情报员，侦察成员言论行动，并报告匪情。

乙、政治经济

1. 实行人事、经济、意见三大公开，严办贪污无能，整肃政风及纪律。

2. 清查户口，健全保甲，颁发国民身份证，使人必归户，户必有籍，出入境界凭证通行。

3. 制裁豪劣，严禁高利贷及囤积操纵，奖励公正，保障善良。

4. 树立政府威信，贯彻法令，严惩因循敷衍及阻挠破坏分子。

5. 改善役政，力行三平原则，严办兵贩顶冒，鼓励青年壮丁从军。

6. 优待出征军眷，抚恤剿匪死伤官兵。

7. 加强军民合作，解决军民纠纷。

8. 推行勤俭运动，戒除闲散奢侈。

9. 对难民作有计划之救济，以工代赈或从事开垦。

10. 发扬互助合作精神，去除私利观念。

11. 健全各级农会组织，贯彻减租限田政策。

12. 健全村街各种合作社组织，增进民众福利。

13. 查禁漏税走私，并实施对匪区经济封锁。

14. 整顿粮赋、财政、税收及清理地方公学产款。

15. 倡导垦荒造林，推行冬耕，发展民间副业，增加生产。

16. 策励兴修水利，便利灌溉，防旱防潦〈涝〉。

17. 修筑道路桥梁，便利交通运输。

18. 改进农工技术，改良种籽、农具，复兴农村，保护工厂。

19. 健全各县银行，稳定币值、物价，举办生产贷款。

20. 管制房租，厘订贷款利息，严禁高利贷。

21. 管制车辆、船只，调剂物资供应。

22. 改善卫生环境，充实公私医院设备。

23. 诱导投资建设事业，鼓励青年服务地方。

24. 改善军公人员待遇及民众生活。

丙、军事保安

1. 专保公署成立保安师，县编自卫团，乡镇设独立中队，迅速登记运用民枪，充实人员装备。

2. 举办适龄壮丁自卫训练编组各种任务。

3. 严禁私枪济匪及私自贩卖武器。

4. 筹办修械厂，修造补充武器。

5. 严密组织各级情报网、盘查哨、巡查队、递步哨。

6. 加强保护各地通讯及交通。

7. 构筑城防工事，设置区县预备据点。

8. 举办清乡联防会哨，分击合剿。

9. 邻接匪区实施空室清野。

五、工作步骤

1. 召开辖区专员、县长会议。

2. 训练各级干部。

3. 普通〈遍〉扩大反共宣传。

4. 健全各种组织，切实开展工作。

5. 派员指导考核。

6. 分别奖惩。

六、干部训练

1. 采用分级训练方式，先训练高级干部，由高级训练中级干部，由中级训练基层干部而及民众。

2. 凡军公人员、学生、社团负责人，在乡军官、留乡大中学生，地方士绅均分别采会议讲习、小组讨论等方式，施以一日或一周之就地训练。

3. 派员担任巡回训练督导，俾利随时改进。

七、工作进度、各种工作实施办法及督导考核奖惩办法另订之。

八、本工作计划纲要呈奉核准后实施。

国民党广西省政府民政厅转发华中军政长官公署
关于甘丽初等派兼广西民众反共
救国军军师长的代电

（一九四九年十一月）

案奉华中军政长官公署本年十月廿二日衡才字第二○九三号及衡才字第二○八五号等代电：派甘丽初等六员分别兼任广西民众反共救国军各军长，虞世熙等兼任师长，附各员姓名表，仰各遵照等因。相应将各兼任人员列表□请查照为荷　此致

附兼任广西民众反共救国军军长师长姓名表一份。

民政厅启　十一月　日

华中长官公署派兼广西民众反共救国军军长师长姓名表

姓　名	原兼职务	派　兼　职　务	附　　记
甘丽初	桂东军政区兼司令官	广西民众反共救国军第十军军长	（一）各军军长由第十军起系按编制顺序排列
罗　活	桂南军政区兼司令官	广西民众反共救国军第十一军军长	（二）桂粤军政区之反共救国军军长当未委派故空出第十五军番号

续表

姓　名	原兼职务	派兼职务	附　记
莫树杰	桂西军政区兼司令官	广西民众反共救国军第十二军军长	
周祖晃	桂北军政区兼司令官	广西民众反共救国军第十三军军长	
王景宋	桂中军政区兼司令官	广西民众反共救国军第十四军军长	
张光玮	桂黔军政区兼司令官	广西民众反共救国军第十六军军长	
虞世熙	第一区专员	广西民众反共救国军第十军第(28)师师长	
罗绍徽	第十四区专员	广西民众反共救国军第(29)师师长	
冯璜	第三区专员	广西民众反共救国军第十一军第卅师师长	
周益雄	第九区专员	广西民众反共救国军第十一军第卅一师师长	
陈与参	第十一区专员	广西民众反共救国军第十二军第卅二师师长	
阳丽天	第十二区专员	广西民众反共救国军第卅三师师长	
蒋雄	第八区专员	广西民众反共救国军第十三军第卅四师师长	
蒋晃	第十三区专员	广西民众反共救国军第十三军第卅五师师长	
	第二区专员		
	第十一区专员		
莫蛟	第四区专员	广西民众反共救国军第十五军第卅八师师长	
伍宗骏	第七区专员	广西民众反共救国军第十五军第卅九师师长	
陈汉流	第五区专员	广西民众反共救国军第十六军第四十师师长	
赖慧鹏	第六区专员	广西民众反共救国军第十六军第四十一师师长	

国民党华中区桂北军政区司令部关于各
县长派兼广西民众反共救国军
旅团长的代电

（一九四九年十一月七日）

一、钧部①三十八年十月三十一日武成字第（4174）号代电暨附发广西民众反共救国军征集办法及组织系统表均奉悉。

二、谨将桂北各县长派兼广西民众反共救国军旅团长名册一份随电附呈，至本部三十八年十月三十一日总人字第○三二号代电权派蒋文度等十员兼任职务一案请予注销。

三、恳予核备。

四、另抄副本呈桂林绥靖公署、广西省政府并送华中补给区司令部、桂林警备司令部、桂林市政府。

华中区桂北军政区司令部派兼广西民众反共救国军旅团长姓名册（略）

国民党桂林绥靖公署
关于颁发绥靖计划的代电

（一九四九年十一月十九日）

一、为适应军政区之区分，特重新拟定本署绥靖计划随电颁发如配发表各一份。

二、希即遵照实施，并将收到日期报查为要。

主　任　李品仙

桂林绥靖公署绥靖计划

第一　方针

一、为确保后方治安，即以所辖部队适切配置于各军政区，以各区县武力之协力，积极彻底肃清辖境散匪，迅速恢复各县行政基层组织及自卫武力，并维护水陆交通。

第二　指导要领

二、各军政区基干部队应使用于匪情严重地区或对大股匪之清剿，对辖境内逃避山区及化整为零之散匪、潜匪，应确查其集散地点，经常派遣有力部队予以突击围剿，并不分畛域，穷剿穷追。对水陆交通及通信线路，应责成区县确实维护，如

---

① 钧部，指华中军政长官公署。本文是桂北军政区司令部呈华中政长官公署的代电。

有被匪抢劫破坏，即由该管区行政长官是问。

三、为彻底根除匪源，由军政区司令官负责，严厉督饬所辖专员、县长，运用区县武力，举行清乡及搜剿残匪。

四、剿匪或清乡时，县府、县参议会、县党部及地方公正士绅，应联合组织工作队，随同剿匪清乡部队工作，利用军事掩护，迅速树立民众武力，恢复行政基层组织。

五、进剿较大之匪帮时，专员、县长均应亲往指挥，军政区司令部并应派员督剿。

六、各军政区及区县，应建立严密之情报网，经常侦察匪谋，搜捕残匪。

七、各区县乡镇应依状况成立联防，详细订定联剿及闻警赴援办法，以防止匪徒利用边境真空地带流窜。

八、各县乡镇应于乡镇所在地建立保安城寨，必要时并应将附近村屯之粮食、壮丁、武力集中于保安城寨内，以保护人民生命财产之安全。

九、各县应发动各级民意机关及地方公正士绅组织反共肃奸委员会，扩大宣传，并遵照悬红缉匪没收匪产扣押匪家属暨匪徒自新等办法，切实执行，各县府更须勒令匪族、匪亲策动或劝导匪徒悔过自新，或缴械投诚。

十、本署本年六月靖战字第一〇〇一八号代电颁发之军政工作配合纲要及本年九月靖战瑞字第一二六号代电颁发之第二期剿匪办法，均仍适用（如附件一、二）。（略）

第三　兵力部署

十一、军队区分

（1）桂南军政区

司令官中将罗　活

第一七六师五二八团

保安独立第三团（原配属三区专署）

保安独立第九团（原配属九区专署）

辖区内各专员、县长及各县自卫队、警察队

（2）桂中军政区

司令官中将王景宋

三三〇师九八九团（现任十一区剿匪）

本署独立第二支队（缺一大队）

保安独立第二团（原配属二区专署）

保安独立第一营（原配属十一区专署）

保安独立第七营（本署直属营）

辖区内各专员、县长及各县自卫团队、警察队

（3）桂西军政区

兼司令官中将莫树杰

保安独立第十团（原配属十二区专署）

本署第二支队之一大队

保安独立第二营（原配属十二区专署）

辖区内各专员、县长及各县自卫团队、警察队

（4）桂黔军政区

司令官中将张光玮

三三〇师九八八团

一七六师五二七团之一营

保安独立第五团（原配属五区专署）

保安独立第六团（原配属六区专署）

辖区内各专员、县长及各县自卫团队、警察队

（5）桂东军政区

兼司令官中将甘丽初

二二九师（欠六八六团）

保安独立第一团（原配属一区专署）

保安独立第四营（原配属十四区专署）

辖区各专员、县长及各县自卫团队、警察队

（6）桂北军政区

兼司令官中将周祖晃

第一七四师（欠五二二团）

保安独立第八团

保安独立第五营

辖区内各专员、县长及各县自卫团队、警察队

（7）本署龙州指挥所（辖第七区及第四区之上思县）

兼指挥官全边对汛督办中将姚槐

第一七六师五二六团、五二七团（欠一营）

保安独立第七团（原配属第七区专署）

汛警大队（原配属对汛督办公署）

第七区专员、县长，上思县长及各该县自卫团队、警察队

十二、任务及行动

（1）桂南军政区应积极肃清辖境散匪，确实维护大河水路、贵玉戎公路及辖境通信线路，并于区内择定地点建立根据地，以为防剿据点。对入境友军应极力协助，严防粤桂边境匪军侵入。

（2）桂中军政区应以主力清剿迁江、上林、武鸣、隆山、都安、平治各县散匪，确实维护柳浔水路，柳长、柳石、柳宜、柳迁、邕色路武果段公路及辖境内铁路暨通信线路之安全，并于区内择定地点建立根据地，以为防剿据点。

（3）桂西军政区应以主力肃清东兰、凤山、万冈、天峨、河池地区散匪，协同

国军防剿黔南之匪，确实维护辖境内铁路、公路交通及通信线路之安全，并于区内选择地点建立根据地，以为防剿据点。

（4）桂黔军政区应以主力将西隆、西林、靖西、镇边、向都、敬德各县散匪肃清及督饬沿桂越、桂滇、桂黔边境各乡村，严防外匪窜入，确实维护右江水路，田色、田靖、百渡各公路及境内通信线路之安全，对百色飞机场应加修筑及维护，并于区内选定地点建立根据地，以为防匪据点。

（5）桂东、桂北两军政区就近归第十兵团司令部指挥，协助国军防剿粤湘方面窜入之匪及清剿境内之残匪，并于区内选定地点建立根据地，以为防剿据点。

（6）本署龙州指挥所应督剿第七区及上思之匪，确保全边治安，维护左江水陆交通，对龙州飞机场应加修筑及维护，并应于区内选定适当地点建立根据地，以为防剿据点。

十三、未列入军队区分之各区县及部队概归本署直接指挥。

十四、本署所辖各军政区清剿境内残匪任务统限于本（卅八）年底以前完成。

十五、各军政区及本署龙州指挥所辖境如附图。（略）

十六、情报、后勤事项另行计划颁布实施。

第二篇

解放广西

一、地下党的活动和武装斗争

（一）中共广西省城工委领导的地下党活动

目前形势与我们今后的工作任务（节录）

一九四九年一月本省××
干部会议总结①

六、一年来城市工作的检讨

过去一年，我党不论在领导工作方面，×组织工作方面，群众组织工作方面，或领导群众斗争工作方面，都有了很大的改进，因而都获得了很大的成绩。

首先，在领导工作方面，自从纠正了过去的多少带点教条主义及庶务主义的领导方法，转而强调采用"搞通思想"的领导方法，并且开始把组织领导提高到政治领导的水平，特别是把思想领导提到头等重要的地位之后，已普遍的提高了干部×员的政治觉悟及工作的积极性和创造性。一般来说，干部×员由于经过了思想的改造，大都能够正确地掌握×的政策及上级的指示了。这样，就造成了各方面工作能够顺利开展的前提，无疑的这是由于×方面当局的领导，及干部同志积极努力的结果。

其次，在×组织方面，由于各单位的领导机构已较过去健全，会议制度已普遍建立，所以组织生活也较过去正常得多了，不论在小组学习上、联系上，都已走上定期的、制度化的道路。一般来说，会议内容大多都能够注意到总结经验，解决问题，布置工作；而学习方法，则能够注意到对文件的重点研究，注意到与思想改造、工作反省相结合。对于审查干部也已普遍进行，各领导干部在工作方法上也大都能够做到具体帮助和鼓励下级×员进行工作了。这样，就使得整个组织工作都有了显著的进步，不但巩固了组织，教育了大批新×员，而且培养了大批干部输送到农村去，支持农村斗争，而表现在发展组织及开辟阵地的工作上则有着比过去任何时期

---

① 原件未署明作者，经陈枫同志审阅，认定是他在 1949 年 1 月中共广西省城市工作干部会议上所作的报告。

都更为巨大的成绩。在过去的一年中，尤其是在过去一年的最后二个月，新发展的×员数目平均达一倍以上（有些主要阵地竟达百分之三百）；新开辟的阵地则达十六个。毫无疑问，发展工作的这种成绩，如无健全组织工作及干部思想改造工作的配合，是不可能的。

在（再）次，在群众组织工作方面，也有了显著的进步，其中最大的成就则是组织了爱国民主青年会（简称爱青会）。由于这个青年会是针对着当时当地形势的需要及广大青年群众本身迫切的要求而组织起来的，因此在短期内即得到广泛巨大的发展。在过去一年内，会员数目，如与×员相较，则××市达一倍，××市达二倍，同时，通过爱青会去建立起来的群众组织如学习小组、核心小组、时事研究会……△等总计达几倍。由于我×同志及爱青会员不但广泛深入的分布到各秘密群众组织中去，而且掌握了许多公开合法的阵地，打开了群众关系，这就不但使我们×组织发展有了广大的基础（爱青会已成为×组织发展的一个重要桥梁），而且使得我×更能与群众取得密切的联系而成为群众性的×了。

最后，在领导群众斗争工作方面，过去一年内我×在各大城市中，不但领导了此伏彼起的、大大小小的、以学生群众为主的、合法与非法的斗争；而且曾经领导过一些公立机关职员的自发的福利斗争。这些斗争，都曾获得了相当的胜利，提高了群众的觉悟程度和斗争信心，涌现了大批优秀的积极分子，有利于将来更大更激烈的斗争。这些斗争其所以能够发动并获得胜利，主要的是由于这些斗争都是以广大群众的利益为出发点的，加上我领导干部对情况估计的准确，坚决依靠群众，给予推动和促成的结果。

以上就是我们在过去一年中城市工作的成绩。

但毫无疑问，过去一年中，我们的工作还是有许多做得不够的地方的。譬如在×的领导工作上，各级领导机构的健全及制度化还是不够的，虽然一般地已经注意到思想领导的重要，但是有些干部还不免犯庶务主义、教条主义和停留在组织领导上面。虽然一般地已经注意到"从群众中来又到群众中去"的领导作风，但这种群众路线的领导作风还没有真正的贯彻。在×的组织工作上，会议制度虽然已经普遍建立起来了，但一般地还不够健全，布尔什维克的批评与自我批评的精神也还没有养成；审查干部×员的工作虽然已经普遍进行，但大都还没有做到有计划的作出审查的初步总结，而且审查也还不够认真不够深入；学习制度还不够健全，思想改造还不够彻底，对秘工条例的遵守也还不够严格。×的发展工作虽然成绩很好，但发展的方向还没有掌握得紧，新党员的成分还是以小资产阶级出身的知识分子占多数，这证明对转向下层发展的注意力还很不够；同时，阵地的开辟也还局限于一些小圈子内，没有注意向各方面去发展，以至还有许多"真空地带"。在群众组织工作上，虽然爱青会已广泛地发展，但下层群众组织工作尚差，有些地方全无×的或群众的下层组织，有些地方则直至最近才开始有×的下层组织。在领导群众斗争工作上，虽然发动和领导了不少群众斗争并获得胜利，但还没有做到经常注意群众的实际状况，以致放过了好些本应及时发动的日常福利斗争。同时，在组织运用上的三线纵

深配备还未能做到有计划的划分及使之健全。

应当着重指出，在过去一年内，我们在迎接解放军入城的"里应外合"工作（建立城市主力军、地下军①，及调查研究）上做得最不够，这是值得我们深深去反省和应当在今后半年内集中精神集中火力来加以补救的。

七、今后半年的任务、方针及具体工作

一、任务：

认识当前形势，搞通干部城工观点，加强领导，注意新×员的教育工作，大胆放手打开各阶层关系，有计划有步骤地建立各阶层的群众组织及×的组织，集中火力组织城市群众主力军，深入进行调查研究，赶快做好迎接解放军入城的"里应外合"工作，为今后半年的中心任务。

二、方针：

随时随地依靠群众，认清敌人的疯狂，强大自己的阵线，在平时应多注意积蓄力量，提防盲冲硬打，过早损失，在有利的时机又要坚决领导群众，放开双手，大胆前进，有策略地达成×的任务，为今后工作的指导方针。

三、工作原则：

（一）城市今后的具体工作，一切都是为了争取时间，克服困难，迎接胜利，准备胜利。

（二）一切工作的布置应作长期的打算，绝不能以为胜利在望而嚣张虚浮，给敌人以有机可乘。

（三）一切群众斗争应服从最后胜利的时机，服从"里应外合"的原则，在工作中应善于利用敌人的弱点，以求得我们工作有所掩护而能够安全开展。

（四）为了适应目前形势的要求，在日常工作中要不断地改变作风及创造新的工作方式去联系群众，组织群众，脚踏实地，与群众同进退，以打下各阶层群众的实际基础。

四、基本政策：

（一）城市中革命对象，今天一般的是针对国民党反动统治机构和真正官僚资本家。对于民族资产阶级，我们的任务不是革命而是联合与改良。对城市各阶层人士，我们的任务是团结与争取。

（二）在城市中我们今天一切斗争内容，应针对三大豪门的反动措施，无理压迫与剥削；斗争的锋芒应集中三大豪门各级政权的反动代表，首要特务。有分别地打击敌人，团结与争取一切可能团结与争取的社会力量，扩大城市爱国民主统一战线的范围。

（三）在城市未解放前，广泛展开宣传攻势，解释我×保护工商业的政策，揭破敌人的各种欺骗宣传与对我的诬蔑。

---

① 建立地下军是指把国民党军队、警察争取过来，成为地下党所掌握的秘密武装。

（四）在城市解放后，我们的政策主要的是：一方面必须坚决消灭一切反动武装力量，解散一切反革命的组织，逮捕战犯，没收真正的官僚资本和真正反革命罪魁的财产，建立人民的统治。另一方面又必须切实保护除此以外的一切公私财产，一切守法的民间工商业者，守法的文化宗教团体与守法的外侨不受侵害。并尽量留用国民党经济教育机关中的守法人员及其他可以留用的人员，以便安定社会秩序，避免过渡时期的混乱与脱节。

五、具体工作：

……

（三）在群众工作上，我们应该主动地有计划地动员我×同志参加到各种公开合法的团体里去，否则最低限度也须与各团体的干部保持密切联系，才能领导工作。

在这里我们应该清除只满足于自己的小团体，忽视在公开合法的团体里工作的脱离群众的观点。要知道惟有在公开合法团体中认真为群众服务，才能树立我们的信誉，才能做好我们的工作。

此外，我们还必须主动地建立各种群众性的秘密团体，利用这些秘密组织在群众中和公开团体中起核心作用，打好群众关系，建立新民主主义青年团的基础。今后在爱青会中，应把×的领导作风及领导方法贯彻到里面去。

在进行这两种群众工作时应注意几个原则：

第一，一切从群众利益出发，群众有进步、中间、落后三部分，我们应时刻照顾大多数中间分子的利益。

第二，要善于等待群众的觉悟，善于把×的政策与主张具体地灵活地贯彻到各种日常斗争中去，不能强迫命令，使自己变成脱离群众的"英雄"。

第三，须紧握×的政策，防止群众过左过右的行动，不做群众的尾巴。假如群众不接受我们正确的意见而要盲动时，我们便应该极力解说劝阻，指出做下去可能遭受的损失。如都无效时，则须参加他们的行动，在行动中想法使群众少受损失，最后再用事实去教育群众。

领导群众斗争应把握有理有利有节的原则，斗争的提出须有充分理由，尽量减少政治色彩，未发动前应经过酝酿、试探、鼓动、组织，使中间落后分子都能起来，并及时健全领导机构。同时要知道斗争是为了生长力量，削弱敌人，因此必须预见到斗争的发展过程，要灵活运用三重配备，不过分使用力量，尽量减少损失，要求不要太大，须适可而上，迅速解决。

策略的运用须机动灵活。要善于把握时机，善于利用敌人的弱点。打击面不要太大，集中火力，打击主要敌人。须根据群众的觉悟程度决定政治路线与组织路线。口号的提出不能太低，也不能过高，并善于依情况提出新的口号。既能相机进攻，又能及时退守，并会作退兵之一战。

在斗争过程中须提防特〔务〕托〔派〕的破坏，同时须提防进步分子及某些同志过左过右的行动，经常注意群众的情绪，不断地加以鼓励，提高其斗争精神，充实生活、学习内容，尤其在斗争时间拉长的时候。

斗争的方式有多种多样。如交涉、请愿、请假待命、罢课、示威游行等；宣传方式有口头、文字（海报、壁报、快报、标语）、漫画、化装活报等，应依具体情形灵活运用。

在今天蒋管区里，合法斗争系积蓄力量，不断打击敌人削弱敌人最有力的武器；而福利的经济的斗争则是合法斗争的主要内容。但合法不是合法主义，需随时准备非法斗争。惟有敢于非法才能取得合法结束，取得胜利。

非法斗争是给敌人最严重打击的手段，政治影响最大。可以发现很多干部，可以考验我×同志的坚决性与斗争性。

自发斗争多系群众因生活压迫或其他原因迫使群众非起来斗争不可的情况下发〔生〕的。因此一开始往往多系以非法斗争方式出现。其坚决程度可能很高，但因无领导，又可能动摇与受分化。因此我们应该通过其领袖积极把斗争引向合法，引向胜利。同时要在斗争过程中把群众组织起来。

我们应善于把爱国民主运动与群众福利的经济的斗争结合起来；同时把合法与非法斗争巧妙的配合与灵活的运用。

在平时，我们应领导群众福利的经济的斗争，从斗争中去削弱敌人，去团结支持群众，不断提高其政治觉悟与斗争决心。

当革命高潮到来时或成熟时，就应将福利的经济的斗争与爱国民主斗争结合起来，给敌人以更大的打击；再在政治性的斗争中去教育群众，锻炼群众，生长力量，以保证群众获得彻底的胜利。

因为群众的政治觉悟是从日常的福利的经济的斗争中逐步提高起来的。如果不经过日常的福利的经济的斗争，一开始便进行政治性的斗争，则群众是不容易动员起来的。但如果只限于福利经济斗争，不在斗争中提高其政治觉悟，则又将陷于经济观点，结果还是不能获得最后胜利。

（四）在迎接解放军入城的"里应外合"工作上，今后应着重城市群众主力军、地下军的建立，技术人材的培养，以及广泛深入的调查研究。

建立城市群众主力军的工作，必须与×组织发展工作及群众组织工作相结合，更正确地说，在今天形势下，我们的一切组织工作都应该是环绕着组织城市群众主力军的工作而进行的。

组织地下军的工作也要同时进行，因为在三大豪门压迫剥削之下，下层军警一般地都是痛苦万分，难以生活，希望现状能够改变的，我们已有相当的条件可以争取他们、组织他们。

技术人材的培养，一方面要加紧培养自己的人材，另方面又要详细调查现有的各部门的技术人材，以便争取他们、教育他们和吸收他们。

调查工作必须认真的经常的有计划的去做。首先依照调查大纲作深入详尽的调查。然后将调查所得的资料加以整理，使之条理化系统化。必要分析研究的则加以综合、分析、研究，然后作成初步的结论，汇交上级领机。由上级领机指派专人将所汇集的材料作进一步的全面的综合，加以全面的整理，并由专人保管之，以便将

来提供解放军参考（城工调查研究大纲附后）。

（五）在宣传工作上，今后必须大胆放手展开宣传攻势，揭穿敌人的一切阴谋，向人民指出"反动政府即将崩溃人民民主政权即将建立"的前途。扩大宣传我×政策，尤其是我×的工商业政策，及对新解放城市的管理政策。为达此目的，必须广泛的接触群众，扩大影响，并有计划地散发宣传品，在可能范围内选派一些坚定勇敢的同志组织秘密宣传小组，配合各地进行散发与张贴传单的工作。

（六）在其他工作问题上：为了"里应外合"的工作做得更好，为了明了反动派的各种措施及对我的行动方法与各种阴谋，以便确定我们的对策，今后必须注意有计划有步骤的选择一些立场稳定、×性坚强、负责任、不暴露的×员同志打入敌人阵营，进行工作。

在反动政府机关工作者，必须注意：有利于人民大众的工作则尽力去做，否则可以阳奉阴违，拖延敷衍。绝不能为官利所诱，一切都应从×与人民的利益着想，认识今天的职业不过是为了掩蔽自己事业、工作的进行。因此在任何时候都应以×的工作为主，业务工作为次，决不能因职务的关系而防<妨>碍事业的发展（自然精通业务也是必须的）。至于想在应得的薪俸外获得一些额外的收入，作为帮助×之用，事前亦必须征得×的同意，保证将所得用在有利于人民的事业上，并须在不损害×及人民利益的前提下，才可进行，如离开这些原则，决不能轻举妄为。

任何×员都要有"经济入×"的观念，都要有正确的经济观点，认识自己是×的一员，自己的生命既已献给人民事业，则在经济上作更大的帮助×应是毫无问题的。因此在日常生活中应尽量节省，减少不必要的开支，将剩余的钱尽量捐献给×，以解决×的经济困难。

注意：本文件有关×工作指示的秘密，不得遗失，否则以开除×籍处分。

城 市 调 查 研 究 大 纲

一、军事方面：

1. 军事机构（包括飞机场）：主管姓名、履历、思想、目前表现；内部情形（矛盾、官兵情绪、官兵关系、武力配备等）及具体军事布（部）署情形。

2. 军械或物资仓库：物资种类、数量、地址、保护兵力。

3. 电台：性质、内部组织、人数、主管姓名、技术人员、好坏分子。

4. 绘成详细的军用地图（内标明军事、行政机关，及仓库、电台地址，交通路线、市区概况、堡垒、哨卡、兵力配备等）。

二、政治方面

1. 行政机构名称、主管姓名、履历、思想，内部概况，技术人员、好坏分子。

2. K统治城市的政策及做法。

3. 各机关间及各机关内部矛盾、中央与地方之矛盾、地方与地方之矛盾情形。

4. 特务派系、特务政策、活动状况、分布情形、特务姓名及概况（包括任务、住址、特征、派系、目前心理状态等），有什么关系可打入内线去。

5. 下层群众人数、自然群众领袖、好坏分子。公开的群众组织、工会及其主管姓名、履历、思想；内部情形，组织人数及其与伪政府、K党部的关系。

三、经济方面：

1. 统治城市的经济政策。

2. 经济机构名称，经济财政实际状况。

3. 官僚资本（包括官商合办）经营的工厂、商业（仓库）名称、地址、资产（包括动产与不动产）、营业性质、内部组织（主管姓名、职工人数）。

4. 民族资本经营的工厂、大商行，其名称、主管姓名及其思想、资产、仓库地址。

5. 水陆交通机关（汽车站、火车站、军用汽车队、船只等）主管姓名、履历及思想，内部情形（各种车辆、船只数量、机器设备、组织、职工人数、剥削关系等）。

四、文化教育卫生（报馆、学校、图书馆、戏院、外侨、宗教团体、医院）方面：

1. 文化教育卫生机关名称、性质、地址，主管负责人之姓名、履历及思想，机关人数，好坏分子。

2. 各机关内部组织，技术人员，好坏分子情形。

湘桂黔铁路职工解放联合会简章①

（一九四九年夏）

一、本会定名为湘桂黔铁路职工解放联合会（以下简称本会）。

二、本会以团结湘桂黔铁路里凡是进步与民主的职员和工人组织起来，去反对腐化的不为职工利益着想的国民党反动派之统治，与各种不合理之政策。我们是拥护中国共产党毛泽东主席之和平主张，争取广大的劳动人民有饭吃、有衣穿、有讲话的自由，联合广大工农的力量，迎接人民解放军解放华南，去建设合情合理代表人民大众利益的新民主主义社会为宗旨。

三、本会是团结大多数的职员和工人互相商谈，去争取职工之利益。在解放前保护本铁路的机器、财产、公文；探听消息；防止土匪抢劫；保护各会员之生命财产之安全；并协助安定社会秩序为目前之主要工作。在解放后，依各会员之工作能力，参加国家各部门建设工作。

四、愿为职工生活之改善，为劳苦人民求翻身而努力之职员和工人，愿遵守会之秘密及各种规定，经本会一人之介绍，得支会核准后即为本会会员。

五、本会会员每月应缴纳会费（最少一个铜仙），表示爱护本会，为本会出力

---

① 原件未署成文单位及成文时间，据考证是中共广西省城工委1949年夏所制定。

（无法缴交时可请免收）。遵守会之简章，会之事情互相商量大家应尽力去做。

六、本会会员可向联系人提出意见或指出不对的缺点。

七、因为我们在国民党反动派政府统治之下，因此，除应一个个单独秘密的联系外，可能时划分为小组，以免给外人知道。

八、在解放前本会之组织上设常务委员会，各站设支会，支会下设小组或单线联系。常务委员会有权决定会之重要工作，事情还是靠大家商量去做，但各会员未经会之介绍就不能和别人谈会之事情。

九、本会会费来源是由各会员在入会时一次缴交铜仙十枚作为基金，以后每月终时由各会员自由缴交（不论多少铜仙都可，太穷无法交时可请免收），作为本会之经常费。

十、本简章如有增加，各会员可提出意见，交由省常务委员会①去修改。

广西妇女解放联合会简章②

（一九四九年夏）

一、本会订<定>名为广西妇女解放联合会（以下简称本会）。

二、本会以团结被压迫妇女，反对广西当局三大豪门的统治与各种反动措施，拥护中国共产党毛泽东主席八项和平条件，争取人民生活之改善，言论出版之自由，积累力量，迎接人民解放军南下，解放广西，建设新民主主义的社会为宗旨。

三、本会为团结民主妇女力量，互相交换意见，在解放前保护本机关、学校〔的〕机器、财产、卷宗，供给情报，监视特务；在解放过程中，协助安定社会秩序，为目前主要任务。在解放后，依各员之能力，给予适当工作，进行新中国之建设。

四、本会会员有缴纳会费，遵守会章，执行决议，参加各种实际活动之义务。

五、凡愿意参加妇女解放运动，并能坚决执行本会决议与日常工作，严守本会纪律者，经本会会员一人之介绍，得支会核准后，即为本会会员。

六、本会会员有向本会提供意见，向直接领导人提出批评的权利。

七、由于本会目前处于国民党反动派政府统治之下，因此单线秘密联系为今天主要之组织形式。

八、在解放前本会之组织系统，上设省常务委员会，各县市设支会，支会下设小组或单线联系，常务委员会为最高决策机关，各县市支会为执行机关③，但其关

---

① 此机构实际上未成立。

② 原件未署成文单位及成文时间，经考证是中共广西省城工委1949年夏所制定。

③ 实际情况是，该会没有设独立的领导机构，会员由中共党员以单线联系的形式进行领导。由于当时各县党组织不是由中共广西省城工委领导，各县成立的妇女革命群众组织并非按此章程办理。

系仍为秘密的。

九、本会经费来源由各会员入会时一次过缴交基金东毫肆角，以后每月视各〔会〕员能力酌量经常缴纳会费，作为本会经常费。

十、本简章如有未尽之处，会员可提供意见，由常务委员会增删之。

广西民主人士解放联合会简章①

（一九四九年夏）

一、本会定名为广西民主人士解放联合会（以下简称本会）。

二、本会以团结各阶层人民反对广西当局三大豪门的阴谋统治与各种反动措施，拥护中国共产党毛泽东主席八项和平条件，争取人民生活之改善，言论出版之自由，积蓄力量迎接人民解〔放〕军南下，解放广西，建设新民主主义的社会为宗旨。

三、本会为团结民主力量，互相交换意见，在解放前保护本机关、学校、工厂的机器、财产、卷宗，供给情报、监视特务；在解放过程中，协助安定社会秩序为目前主要任务。

四、本会会员有缴纳会费，遵守会章，执行决议，参加各种实际活动之义务。

五、凡愿意参加爱国民主运动，并坚决执行本会决议与日常工作和严守本会纪律者，经本会会员一人之介绍，得支会核准后，即为本会会员。

六、本会会员有向本会提供意见向直接领导人提出批评的权利。

七、由于本会目前处于国民党反动派政府统治之下，因此，单线秘密联系为今天主要之组织形式。

八、在解放前本会之组织系统上设省常务委员会，各县〔市〕设支会，支会下设小组或单线联系，常务委员会为最高决策机关，各县市支会为执行机关②，但其关系仍为秘密的。

九、本会经费来源由各会员入会时一次过缴交基金东毫四角，以后每月视各〔会〕员经济能力自愿酌量经常缴纳会费，作为本会经常费。

十、本会简章如有未尽之处，会员可提供意见，由常务委员会审定增删之。

---

① 原件未署成文单位及成文时间，经考证是中共广西省城工委1949年夏所制定。

② 实际情况是，该会没有建立独立的领导机构，都是由各市中共组织通过党员去发展会员和单线领导。当时广西各县的党组织不是由省城工委领导，各县建立的民主人士革命群众组织并非按此章程办理。

 解放 1949.12.11

城市干部临时会议录① （节录）

（一九四九年九月）

壹、形势问题

1. 从我军战略布〈部〉署看广西局势的发展

在全面进攻最后消灭敌人残余势力的战争中，我军目前的战略布<部>署，扼要说来，就是：集中力量解决两广，威胁西南，扫荡西北，强占东南沿海岛屿。……

从最近湘境战事看，湘西及湘南可能很快就解决了，广西的解决，当不会超过今年冬季。

在我军向华南胜利进军中，敌人是不会自动退出历史舞台，而必然作垂死的挣扎，以图苟延残喘。因此反动派的做法，在政治上积极整理内部，清除动摇分子，肃清后方，实行白色恐怖。蒋匪以总裁的身份掌握实权，并从中依靠李、白、张群、卢汉等的地方实力，公开号召党内的改造，清洗不稳分子，镇压局部和平，加强特务统治，到处公开的秘密的捕人杀人，同时，实行普遍的限田减租政策，以欺骗农民。在军事上采取正面抵抗掩护撤退，保存残余力量，在方针上采取守得一地算一地，守得一时算一时，并积极布置西南，以图顽抗。在经济上一方面加强对我沿海的封锁及大肆轰炸，一方面则安定金融（如最近在广州曾以五十万两黄金发军饷），争取外援，精简节省，并加紧向人民的抢掠，变卖物资，准备逃亡。在文化教育上严密控制言论，加强反动宣传，摧残教育，解散学校。

2. 在集中力量解决两广的过程中，在衡阳战役后，广西局势可能发生什么变化？并可能用什么方式结束？

这可以分两种情形来看：

第一种情形：在衡阳战役中，白崇禧的兵力被歼灭大部分时，广西可能发生的变化是：（1）如果白〔部〕仍不离开广西，其在军事上必将一面抵抗，一面将其最后残余兵力或者向桂越边境撤退，准备依靠法帝国主义，企图最后挣扎，在无法时则出走越南；或者向贵州、四川撤退，与蒋合流。政治上，省府必将逃亡，迁往南宁或百色，企图最后挣扎，并必然进行垂死前的白色恐怖。但其军队在溃败撤退中，一部分必将逃散，一部分变成土匪，乘机抢劫，其部队中下级军官及士兵的离心力必更大，其政府机关中的中下级干部必更动摇分化。在经济上必将实行搜刮、破坏，但我各地民众武装必更活跃，各地民变必更蜂起，其经济、政治及军事上所遇到的困难亦必增大。（2）如果白离开广西，则其必逼黄〔旭初〕及其他高级人员飞逃川黔，其军队必将更溃散，一部分变成土匪，一部分可能在其阴谋计划下，转入地下，实行"游击"，扰乱我社会秩序；在政治上，省府内部中上级人员及部队中中下级

---

① 原件未署明作者，经陈枫同志审阅，认定是他在1949年9月中共广西省城工委城市工作干部会议上所作的报告。

/ 96

军官更加动摇化分，领导机构必陷于零乱崩溃状态。

第二种情形：在衡阳战役中，白的兵力大部分逃脱，退回广西。则在军事上，必将一部分兵力布防桂北，一面抵抗（掩护）一面退到左右江准备顽抗，另一方面布置所谓地下"游击队"，阻碍我接管工作，破坏我建设工作。在政治上，省府内部中高级人员虽必然动摇分化，但由于反动头子（白）的存在，和平分子还不敢抬头，此时，白色恐怖必更加强。在经济上，榨取和破坏也必定更加厉害，更加彻底。但解放军绝不容许其从容撤退，从容布置，我各地农村武装，必配合解放军追击及歼灭其残余兵力，切断其交通，其在军事、政治、经济各方面必然遇到许多无法解决的困难。

如果出现第一种情况，即白的兵力被歼灭大部分，并且反动死硬派头子白崇禧离开了广西，则广西局面的结束方式可能是以黄旭初为首的局部和平（李宗仁与蒋介石的矛盾虽仍存在，但自从被白逼迫决定去广州就代"总统"职后，及其此数月来的具体表现，已经更加投靠蒋介石，虽然其反共无信心，但在反共这一点上已与蒋更统一了）。但从死硬派头子白崇禧的历史来看，即使其一部分或大部分兵力被我消灭，可能仍不肯离开广西，而将最后残余力量作孤注一掷；并且即使白崇禧不得已离开广西，但仍可能逼迫黄旭初与他同时逃走，而就广西目前原有的地方实力人物来看，又无其他可以集中广西各派势力而统一领导的人物。因此，不仅以黄为首的局部和平的可能性不大，而且以其他人物为首的局部和平的可能性亦不大。但消灭白崇禧的主力，以和平方式解决广西局面，是广西人民和我×的希望，我们应该努力去争取。

如果第二种情形出现，即白崇禧的兵力还剩一部或大部逃回广西，则以黄旭初为首的局部和平，完全没有可能。那样，广西人民所受的损失和摧残将更大，我们今后的困难亦必更多。但就今天湘境我军的布置来看，白的兵力被歼灭大部的可能性是很大的，其欲将全部或大部兵力退回广西从容布置抵抗解放大军的可能性是很小的。

因此，总结起来说：广西局面的解决方式，和平解决的可能性不大，而逐步解决（即逐步击溃残余敌军，逐步解放城市）及真空解决（即敌军溃败逃亡）的可能性较大。

……

4. 在整个局势急转直下当中，广西各城市各阶层群众的心理状态，行动打算，基本要求及对我×政策的认识：

（一）各级反动政府机关的主管人员及一般人员，对于"反共"战争的前途，对于维持国民党反动统治的局面，一般都已丧失了信心（例）。有些军政人员常常表示，对于围剿土共也许还有一点办法，但对于抵抗解放大军是毫无办法的（例）；有许多专员及县长对于清剿土共也已大伤头（脑）筋，甚至觉得没有办法，没有信心（例）。因此，一般说来，大部分政府机关人员都相当动摇、悲观，一般都不愿再干，希望辞职，有些则打算在解放前最后搜刮一批，然后再走，以免将来没有搜刮机会。另一部分则恐怕被清算，希望赶快退出宦途，作"自由民"。省府一般职

员，及其在桂林的省级机关人员，多数不愿意跟随省府搬迁，大部分了解我×政策的公教人员亦均表示不愿搬迁，他们的基本要求是职业保障，生活安定。除了少数以外，一般尚不明了我×对 K 政府机关一般职员的政策。

（二）商业界方面，较大资本商家，因有收音机设备及与外地商人有来往，对我×城市工商业政策具有一部分认识，因此恐惧心理并不很严重。中小资本商家，因与外地少来往，对我政策还不了解，颇有害怕心理。这些商人，极大多数都不打算走，有些为顾虑遭受战争损失，故把自己的资金及货物分散到几个城市来经营；较大胆的商人，仍照常营业；胆小一些的商人则缩小营业或准备暂时停业，等待局势转变。他们都害怕战争的破坏以及散兵游勇流氓土匪的抢劫。一般都希望局势快些转变，最好是没有战争，或者混乱的时间短一些，赶快安定，恢复营业。一般说来，他们对国民党反动政府的苛捐杂税都很不满，但对国民党所作的"共产共妻"、"拆散家庭"等宣传，大部分抱着半信半疑的态度。

（三）一般市民，对我×的政策还不清楚，对"共妻共产"、"拆散家庭"等反共宣传仍抱着半信半疑的态度（经我×同志及一般进步人士解释后，有些已不相信了），觉悟的程度还很低，但对国民党反动政府都很痛恨，很希望解放军快些到来，但又害怕战争，害怕流氓土匪散兵游勇的抢劫，怀疑解放军来后对他们仍然不利。他们的基本要求是生活的安定和改善，而在局势动乱中则希望生命财产的安全。他们目前也还不打算走。

（四）城市下层贫民，对我×政策也还没有清楚，对"共产共妻"、"拆散家庭"等反动宣传，也是抱着半信半疑态度，觉悟程度也还很低。但他们对国民党反动政府更加憎恨，最希望解放军快些到来。他们没有多大顾虑，没有打算走，他们的基本要求是起码的生活保障和相当改善生活。

（五）一般外地的技术人员及大部分的铁路职工，对我×的政策比较了解，他们都希望解放军快些到来，但很害怕动乱时期本地人对他们加以杀害，所以曾纷纷打算离开广西，返回家乡。后经我×及动员进步群众进行解释及争取工作，大部分打销〔消〕离意，安定下来；但仍有些人打算离开。他们今天最迫切的要求是最低限度的生活的解决以及生命的安全。

（六）一般小资产阶级知识分子，对于我×政策大部分都相当了解，有些进步的知识分子对我×都很羡慕和崇敬。但由于他们的劣根性，在目前白色恐怖的环境下，不敢因而不愿自己参加实际斗争，他们只希望解放军快些到来，甚至对解放军不能在一两条〈个〉月内迅速到来感到沉闷，不耐烦。在白色恐怖日益加紧时，便纷纷离开城市，这在事实的表现上便是"等待胜利"。他们的要求是自由学习，自由工作，自由生活。

（七）国民党反动派的特务们，除了少数冥顽不悟的分子外，许多相当重要的头目，在无意中已表现其内心的矛盾，感觉到自己末日即将来临，因而一方面打算如果形势不好即转移阵地，另一方面企图在临死前发挥其最凶残的兽性。另外一些中下级的特务分子，心理的矛盾日益尖锐，甚至日益动摇。他们把自己的前途和生

命维系在反动的统治阶级，今天眼见着反动的统治阶级快要死亡，因此最害怕人民的抬头和人民解放军的清算。

……

叁、今后的基本任务，方针与具体工作

1. 健全领导，大胆进行组织群众与发展×的组织，加强地方上层民主人士与开明绅仕＜士＞的联系，积极布置迎接我军入城的一切准备工作，为我们今后全党同志的基本任务。

2. 在执行基本任务的过程中，为了防止以白崇禧为首的广西反动派对我们疯狂的大破坏，因此，我们应该紧紧地掌握在保卫领机，保存干部，保存原有组织的基础上争取发展的方针。

3. 具体工作：

①组织工作：加强政治领导与党员思想教育（特别是气节教育），使工作与新的形势结合，并及时纠正×元〈员〉同志在某些问题上可能发生的左右偏向，严密组织，健全领机与小组生活，严密工作制度，充实会议内容，经常督促检查，与具体帮忙〈助〉，使工作有计划有步骤的推进，并保持工作的贯彻性〔原文如此〕，发挥工作的最大效能。其次×的发展工作，在保存干部，保存现有组织基础上应大胆放手争取发展，有计划的在各种群众组织中（特别是爱青会）教育提升积极分子加入党的组织，尤其每个党员应该经常以发展×的工作为日常工作，保持与群众联系，选定教育对象，进行教育，使×不断的发展。

②群众组织工作：在群众组织工作上应有计划有步骤地打开各阶层关系进行各阶层的群众组织工作。当前的群众组织形式除原各种组织形式（名称略）外，应依群众目前要求大胆放手、突破一点，吸取经验地去进行民主人士、公务人员、文化工作者、工商界、自由职业者、工人、贫民及城郊农民等组织工作。其组织形式可用两种方法产生，一是和群众共同商量决定，一是用统一的民联、妇联、工农联会、文教联会、公解会、铁路职工联会①等形式。组织群众的目的是为了团结同情我们的进步分子和愿意协助我们去接管城市的广大中间落后的群众在×的周围。所以只要他不为特务利用，忠诚可靠，倾向×，有勇气的都是我们要教育团结和进一步的去把他们组织起来的对象，成为×的触角，这样才能使×工作更顺利发展与巩固。目前更应该注意开辟工厂、城郊的据点，至于原有的这些组织，应有计划的去加强发展与健全巩固。在今天的形势下不轻易发动政治性的斗争，但应领导群众作福利斗争，在斗争过程中，要正确的掌握群众观点和群众路线，并注意发现积极分子，吸收积极分子。

③统战工作：加强地方民主人士及开明绅仕〈士〉的统线工作，首先在领机方

---

① 民联即民主人士解放联合会，妇联即妇女解放联合会，工农联会即工农解放联合会，文教联会即文化教育工作者解放联合会，公解会即公务人员解放联合会，铁路职工联会即铁路职工解放联合会。

面要重视和有计划有步骤的督促与帮助每个党员同志作为日常工作之一。当对象选择确定后，就应大胆放手进行×的政策和约法八章的宣传启发，并倾听他们的要求及意见，注意争取稳定和抓紧时机组织他们，最少通过感情的联系，中立他们，不致为老K所利用，在紧急关头，不离〔开〕城市，帮助解放城市的一切工作。

④迎军工作：

A. 调研整理工作；a. 未完成的重要部门，要在月半以前调查清楚。b. 有新的变动的应随时补充，业已整理完竣的正副本应分别存放于安全地点，并应注意到领机的各负责人都能提取。

B. 干部的准备问题：a. 各领机现在应即开始调查登记各种的干部党员、团员、爱青会员、进步群众的能力特长和志愿，准备协助军管会接管城市。调查内容包括姓名、性别、年龄、籍贯、学历、履历、特长、志愿、领机意见（此项工作于月半以前做好）。b. 应尽量争取党外各种人材留下来以便将来帮助接管城市工作。解放前干部同志应研究接管工作经验，提防解放后的享乐思想，培养到农村去的思想。

C. 应变工作：（一）解放广西城市时，可能有用战争、真空与和平三种不同的方式。如果用战争解决则我们困难必很多，那时的情况可能是；敌人强迫民众疏散，而民众也必很多离开城市，那时的工作是：（1）动员与号召各机关工厂保护器材。（2）先把眷属疏散至城郊有群众基础的地方。（3）紧急时领机亦应迁出城郊，但需严密保持交通联系。（4）各干部同志，应有计划地随同群众疏散至郊区，如有个别同志为家庭强迫随家疏散的，可依情况作适当处理。（5）城内必须留下一部分工作人员继续工作。（6）领机预先准备相当数目的应变费。（7）领机须先组织武装小组，负责保护与联络的工作。（8）把握一切可能的机会，秘密的强迫敌机关交出档案和文卷。（9）帮助民主人士掩护或疏散。如果是真空式的解决，则主要的工作是防止破坏、抢劫，有可能时则和各界组成统一机构，维持城市秩序，不可能则分散维持，重点保护。如果是和平式解决则问题更小了。（二）无论用什么方式解放广西城市，我×须准备欢迎与劳军工作。首先要做的是贴欢迎解放军标语。其次是开欢迎大会，募捐物品、金钱慰劳。总之要把应变工作做得好，必须把城内、城郊的群众工作做好，否则困难必多。

D. 宣传攻势问题：这一时期应以宣传我×各项政策，揭穿敌人各种欺骗宣传，劝告各机关主管保护器材。方式：（略）△。

⑤加强×内教育和培养干〔部〕问题，根据我们现有的基础上，加强×内教育和培养干部，可用三种方式进行：

（1）举办定期的学习班，抽调中级干部及新×员与工农×员集中学习，总结工作，以提高政治认识、工作方法、积极性。

（2）有些限于客观条件未能参加学习班的，应尽可能的集中三四个人举办学习小组，有计划的在三两天内弄通一些基本的重要问题，以利工作的推进。

（3）负责联系特别是领机的同志要经常地和下级总结工作，从实际的经验教训中去教育同志。

柳州学生联合会简章（草案）

（一九四九年四月三十日）

一、本会定名为柳州学生联合会，其直属系统为华南学联，并接受其正确的领导与指示①。

二、本会以团结同学及各阶层人民，反对广西当局三大豪门的阴谋统治与各种反动措施，反对束缚学生自由的党化、奴化教育，拥护中国共产党毛泽东主席八项和平条件，争取学校当局的各种改善与保障同学生活待遇和人身的安全，准备一切力量，迎接解放军解放柳州为宗旨。

三、凡柳州市同学，愿意参加爱国民主运动，并坚决执行本会行动纲领与日常工作，严格遵守秘密者，均可为本会会员。

四、本会会员有缴纳会费、遵守会章、执行决议、参加各种实际活动的义务。

五、本会会员有向本会提供意见，向直接领导人提出批评的权利。

六、由于本会目前仍处于国民党反动政府统治之下，因此，单线联系与分组活动为今天主要的组织形式与工作方法，并应在秘密的状态下进行之。

七、在解放前本会之组织系统上设干事会，各校设学联支部，支部以下分设学联小组。干事会为本会最高决策机关，学联支部为执行机关，但其关系仍然是秘密的。

八、凡本市同学具备第三项条件并得本会会员一人之介绍者，经登记后即可为本会会员。

九、本会经费来源于各会员入会时须一次过缴交基金东毫二角，以后每月视各人之能力酌量缴纳作为本会经常费。

十、本简章在华南学联总章未颁发前适用，其中如有未尽善处，得由会员提供意见，然后由干事会增删之。

广西民主人士联谊会柳州分会警告柳州特务书②

（一九四九年四月三十日）

回忆蒋介石专政二十二年，所作所为，只图培植个人权势及维护豪门巨富的利益，而人民疾苦，不但不获解除，相反的，对人民愈益统治与压榨剥削，使广大人

---

① 1949年4月中旬，中共柳州地下党副特派员罗杰林负责主持筹组柳州学联。他借鉴广州市学联的经验拟定了这份章程（草案），各学联会员都是由校内的中共党员或爱青会员单线联系。

② 中共柳州地下党按照中共广西省城工委的统一部署，于1949年5月14日傍晚散发传单，此件为传单之一。

/101

民长受饥寒交迫，陷于绝境。为此，全中国广大被压迫的人民，忍无可忍，不得不起来要求从美帝国主义和蒋介石为首的反动集团的压迫剥削残杀下大解放出来，过着（上）和平、民主、自由与温饱、安居乐业的生活。

一切民主党派之所以团结人民进行革命，也无非是为了广大人民从死里求生，亡里求存。此种被迫而起的正义斗争，是非常正确的。

人民公敌的蒋介石及其反动集团，对于这种求生的斗争，一向采用一切残酷毒辣的手段来镇压，妄想根绝革命种子，俾使他独裁专制的皇朝，永继不堕，使人民永为奴隶。所以，除军事围剿之外，还豢养大批特务，散布各个角落，进行恐怖政策，大肆摧残屠杀之能事，纵虽妇孺也难幸免。因受嫌疑而被捕者，用酷刑逼供，后而秘密屠杀。在毒刑之下，有折肢断臂，或内伤过重，致成终身不治之疾，永羁残废之苦。人间之惨酷，难道还有过于这些的么？

你们，柳州的这群特务分子，或为利欲熏心，或为权势迷惑，不明是非，不辨黑白，甘心向蒋朝卖身投靠，做特务，作忠狗，不惜残民以逞，干着一切勾当，到处迫害着革命人民，以革命人民之血肉，去换取蒋主子抛给你们的一点余沥。虽然你们所得的是微不足道，但你们所造成的罪恶和遭受你们迫害的国脉生机实在太多太大了。你们清夜扪心，宁不愧死？

现在百余万人民解放军已渡长江，蒋介石二十二年统治中心的南京已经解放，上海也指日可下，国民党反动政府顷刻就被打垮，人民革命战争的全面胜利，已迫在眼前。那时你们的主子们有些被人民审判，有些还可以希望去台湾，去美国，作华丽的寓公。而你们呢？对人民写下的血账还未干，这些血账，必须清算，必须偿还！试问，你们能逃到哪里去？

不过，革命的人民到底是善良宽大的，现在还给你们留下一条最后的路，这就是要你们立即放下屠刀，革面洗心，翻然悔改，向人民立功赎罪。明白的说，不但要你们即刻停止一切迫害人民的特务活动，还必须将一切反动的战犯们迫害革命人民的阴谋毒计，向广大人民宣布或告密，并且监视或逮捕他们，交给人民审判，给以应得之惩罚。那么，你们便可得到不究以往，准予自新的宽大待遇。否则仍执迷不悟，甘作忠狗来迫害人民，那么，到末日的审判时，你们会被彻底清算，和偿还一切血债。俗语说："冤有头，债有主"，你们半个也休想隐（藏）得住，逃得脱。

你们这一群分布在各个角落的特务分子，人数之多，在此不必群列，现在只先提出一批罪恶比较昭著的公布于人民之前，以为警告，其余那些当酌情给予陆续公布。求死、求生，望你们果断抉择，局势大变，时机已迫，切勿犹疑自误，此告。

广西民主人士联谊会①柳州分会启

现将柳州罪恶比较昭著之特务姓名开列如后……

---

① 该会章程定的正式名称是广西民主人士解放联合会，此传单是柳州地下党以该会的名义发出。

粤桂边纵队司令员兼政治委员梁广致各机关主管书①

（一九四九年十月二十日）

各机关主管先生：

人民解放军已经进军到广西境内来了，以三大豪门为首的广西反动统治很快就要结束了。在这个时候，作为一个机关主管的处境是相当困难的。因为他不只是负着个人家庭妻子儿女生命财产的责任，而且还要负着自己主管下所有人员的生命财产和所有公共物资财产的责任。一方面害怕目前旧的反动政府上级责备"办事不力"或加以"动摇投机嫌疑"的罪名，另一方面又担忧着将来新的人民政府当着战犯来"清算"。先生的这种为难和苦闷，我是很了解和同情的。

不过，假如先生没有成见，看过了解放军所颁布的《约法八章》，并且清楚现在解放区对于处理国民党政府人员的实际情况的话。那么，先生一定很了解：中共及其领导下的人民解放军对于剥削和压迫大多数人民的少数特权阶级，作为一个剥削和压迫阶级说来，自然是必须加以肃清和消灭；但对于个别的人，虽然在社会关系上他是属于剥削和压迫分子，如果他能在事实上愿意并且真正做到为大多数被剥削被压迫人民而忠诚服务的话，作为一个独立自由的人说来，仍是给以改造自新及生存、工作的机会的。对于在国民党反动政府统治下的各级机关、团体、学校的主管人员及各级职员，解放军及人民政府的政策，并不如国民党反动政府自己所做的和对人宣传的那样一律排斥、清除，甚至一律格杀勿论，而是相当宽大并且合理的。只要这些人员真正决心并且事实表现为人民服务，和解放军及人民政府采取合作友好态度，不持枪抵抗，不乘机破坏或偷换公共物资器材，不挟带公款、公物、档案潜逃，不拒绝移交，解放军及人民政府决不加以逮捕、审问或处分，更不会没收其财产（除非是官僚资本）或危害其生命。并且，如果在社会秩序紊乱的紧急关头，能够切实保护公共物资器材确有成绩的，即使过去曾有危害人民行为但非罪大恶极者，人民政府仍准许将功赎罪，合理处理。至于这些人员中，凡有一技之长而无严重的反动行为和严重的劣迹（如贪污）者，人民政府仍准予分别录用。这就是人民政府处理旧的反动政府人员的真实政策。我想，先生不会怀疑的。

先生学识渊博，经验丰富，是社会上有声望的前辈，也是社会建设事业的领导者。过去，由于旧的社会制度不合理，由于反动政府的反动统治政策，社会上造成升官发财的风气，政治上形成独裁专制贪污无能的现象。许多有心为社会、国家建设事业及人民利益服务的人，都不能本着初衷图谋事业的发展。现在新的社会来了，新的人民政府产生了。只要我们自己有学识有能力，真心诚意为人民服务，个人的事业（亦即人民的事业）是不愁没有发展的机会的。

---

① 此传单是中共柳州市城工委借用梁广的名义编写和散发的，原件无标题。现标题是编者所加。

现在，广西三大豪门的反动统治就要结束了，他们在溃败的过程中，在自己即将垮台之前，对于广西境内各种机关、学校，尤其是工厂、铁路及水电厂等公共设备，一定会加以摧残和破坏。但这些东西是人民血汗的结晶，是国家的物资器材，是将来建设新社会以造谋（福）人民的必要手段。我们不应该让反动政府破坏，应该珍惜它、保护它，而这个责任首先就落在各机关首长及全体工作人员的身上。因此，我们诚挚的希望先生能切实的保护你主管下的所有一切公共物资、器材、档案和财产，不让土匪、流氓、散兵游勇抢劫偷盗，也不让反动政府及军队实行破坏或搬走。这责任是重大而艰苦的，希望先生能英勇的肩负起来。

最后，恭祝先生珍重，健康。并致人民解放敬礼。

粤桂边纵队司令员兼政治委员 梁 广启

中共南宁市城工委组织发展概况① （节录）

（一九四九年十二月）

一九四七年春天，南宁师范学院②自桂林搬来南宁时，地下党的同志即随院南来。当时师范学院中有广西党的旧组织和直接由华南分局③领导的地下党（组织）。……"六二"运动旧组织提出要游行示威，那时我们的力量很薄弱，各学校又没有我们的基础，（根据）各学校的反动派已先印好反动标语、传单、口号，准备我们发动反饥饿、反内战的游行时，即作反苏反共的游行，同时派打手打人捉人，反动派布置南（宁）高（中）在游行时打师院和附中的游行队伍的，准备一发生冲突即捉人。后来师院学生代表会没有通过"六二"游行示威的提议，只发动南宁八间中等以上学校的同学罢课一天，（并）发出宣言。

一九四七年暑假，……师范学院旧组织的关系由师院地下党负责人罗杰林同志领导。（一九）四七年暑假时，一些旧组织的同志撤退，暑假后旧组织留下来的同志只六人：梁健（任宽）、唐平（毓荆）、谢德璋、谢兆麟、韦竞新。那时提出的方针任务是"储蓄力量，等待时机"。寒假以后，提出"储蓄力量，配合时机"。（一九）四八年暑假后，罗杰林同志毕业离校，许多同志也因毕业到别地工作，剩下的同志共十六名，那时由梁健（任宽）暂时负责地下党工作。那时提出的方针、任务是"积蓄力量，争取时机"。到寒假时，发展到三十一名党员。（一九）四九年寒假即成立临时工作委员会④，由梁健、谢兆麟及梁成业三人负责。当时的方针是集中

---

① 这是中共南宁市城工委书记梁健同志于1949年12月下旬给中共南宁市委的报告。原件没有标题，现标题是编者加的。

② 南宁师范学院的前身是桂林师范学院，搬到南宁后被改为南宁师范学院。

③ 应为中共桂柳区特派员。

④ 此机构实际上未正式成立。

力量打击敌人，准备迎接胜利，一切服从最后胜利的时机。任务是组织群众，尤其是工人，做好里应外合的工作。组织上分成三线，第一线由谢兆麟负责，第二线由梁成业负责，第三线由梁健负责。四月，谢兆麟同志去北京开青年代表会。第一线由韦竞新负责。暑假时，韦竞新及梁成业两同志毕业，当时师院黄华表已走，陈一百①未来，学院没人管，一些同志没有饭吃回家，一些同志没饭吃到戏院当招待找饭吃，坚持工作。七月份即成立南宁城市工作委员会。胡中萍（平）委员兼接管（工作），韦元良委员兼宣教，梁健组织（委员）兼书记。（一九）四九年上半年组织了党的外围组织，有十多（个）工农解放联合会员②，多是各校的工友。地下青年团及爱国民主青年会也组织起来。

（一九）四九年下半年，集中力量准备接管工作，如收集材料，建立城郊据点，准备组织武装小组，布置保护各机关学校及维持秩序的工作。（南宁）解放时，党员八十三人，地下团员六十四人（爱青会员（在）解放前后发展为团员），工农解放联合会员六十多人（其中有四十人在横塘乡）③。配合整个胜利形势。争取伪警察局保存武器，真空时间维持秩序。

师院来南宁后作风突出，反动派在师院周围布置有三个特务小组监视师院同学，而且在南宁市中等学校校长会议上决定不用师院毕业同学当教师。随师院南来的同志又多系桂北的，在南宁和群众联系少，同时一年有一批同志毕业后要到别处工作，所以在南宁生根的工作差，主要的力量还只在各学校中，在广大的工人和城郊农民中党的基础十分薄弱，在工商界中没有基础。

这就是南宁市地下党④发展的概况。

桂林市工人的英勇斗争⑤（节录）

……在解放前二个月，桂林市共产党地下组织开始在工人中动员组织，在尹伊、龙芝宇、刘才惠、票毅诸同志的领导下组织了"邮电交通公共事业员工解放联合会"、"湘桂黔铁路桂林职工解放联合会"，一百多个进步职工参加了组织。……

白匪溃退时，大施破坏，工人们就展开了反破坏的斗争。湘桂黔铁路的员工，将物资器材隐藏起来，怠工拖延开车时间保存物资。全县到苏桥二十一台机车，只破坏了九台，保存了四百多台车辆，军用品、弹药、西药、器材很多。苏桥车辆制造厂在工人黄刚、王锡瑞的领导下，全厂工人展开英勇的护厂斗争。黄刚同志将敌

① 黄华表被赶走后陈一百继任南宁师院院长

② 1949年上半年建立的是"工人翻身队"，中共南宁城工委成立后，在工人翻身队的基础上成立"南宁工农解放联合会"。

③ 横塘乡是安吉乡之误。

④ 此处所说的"南宁市地下党"仅指中共南宁市城工委。

⑤ 原载《广西日报》1949年12月11日，作者余英。

人在改造动力机上两旁挂的六包炸药，在爆炸前奋不顾身拉下三包，使机器损失减轻。他们又组织了保护器材委员会晚巡上路看守，使全厂仅损坏五百分之一。水电厂在工人合力保护亦未受损失，廿一日敌人去破坏水厂，因不知道地址亦被工人骗过去，工人防止敌人破坏，早已把器材、机器放在地洞里。电厂工人用谈判的方法拖延敌人破坏时间，结果因解放军迅速进城亦未破坏。电讯局虽然受到敌人严重的爆炸而使房屋严重烧坏，但因工人在燃烧中奋不顾身地抢出机器四十余件，使电讯工作经修理后亦能迅速恢复。

解放后工人认识到自己是主人翁了，工作更积极了。湘桂黔铁路工人成立了护路大会，迅速展开恢复交通工作，他们正在抢修机车、桥梁和铁路，苏桥车辆制造厂在解放军到苏桥过大溪江时，因桥被破坏发生困难，苏桥车辆制造厂工人六十余人，下水修桥，只有三点二十五分就把便桥修好，使解放军大队顺利前进。水电厂工人没有间断地工作着，解放前电灯常坏也不明亮，解放后不但继续供电而且电力还增加了。水厂工人积极帮助接管工作，整理清册，等候军管会接管。

与白匪破坏作斗争①

——记中共柳州工委②领导各厂职工英勇护厂经过（节录）

柳州是白匪全部"家产"的集中地，在这次我军解放柳州的战斗中，一切都未有遭到损失和破坏，这与我军神速的前进有很大关系，同时与中共柳州工委的配合，也是分不开的，这是我们取得胜利的两方面。

……今年8月长沙和平解放以后，中共柳州工委就大量印发我军的《约法八章》，号召全市人民起来准备迎接我军到来与防止白匪破坏。今年10月衡宝战役以后，由于白匪在溃退中的大肆破坏与抢劫，给各地人民带来很大的苦痛与灾难，中共柳州工委就又一面大量印发《告职工书》、《告伪人员书》与《警告特务书》等，进一步的号召全市人民坚决执行《约法八章》，同时另一方面又集中自己的力量，分别在全市三十三个工厂、学校与公用企业机关，以各种不同的名义出现，大量组织群众，积极进行迎接我军到来〔和〕防止白匪破坏的教育与准备，当即掀起一个热烈的群众运动。

……白匪就在我军解放柳州的时候，便给部下下了一个狠毒的命令，要以四十吨TNT烈性炸药，毁灭柳州。中共柳州工委根据这一严重情况，当即一面积极向全市人民，用各种方法揭露这一阴谋。同时又发动全市人民实行武装自卫，坚决粉碎白匪的这一破坏阴谋。当时他们的口号是这样的，"防止白匪破坏"、"不让白匪破坏"与"动员一切力量！粉碎白匪破坏"等，致使白匪破坏阴谋全部破产。

---

① 原载《广西日报》1949年12月26日，作者常工。
② 中共柳州工委的全称是中共柳州市城市工作委员会。

　　白匪企图破坏的地方，除在市内一些重要机器与公用企业外，主要的是湘桂黔铁路车站、柳州电力公司与伪国防部三十兵工厂等。湘桂黔铁路车站是柳州白匪"家产"最多的地方，当着全站职工接到中共柳州工委关于白匪企图破坏的通知后，就首先分别举行紧急会议，研究和讨论防止白匪的破坏，同时并决定组织武装自卫，坚决粉碎白匪的破坏。果然在我军解放柳州的前一天，即 11 月 24 日的夜间，白匪便用 6 辆十轮卡车，载满炸药前来破坏。全站职工立即紧张起来，一面派赴代表与匪军交涉，争取不要爆炸，一面又积极拿起枪支，准备与匪军战斗。哪知匪军不但不理〔会〕交涉，并且更乘交涉的机会，便将南站的水塔和水泵进行爆炸。全站职工立刻愤怒起来，机务段的全体员工，首先拿起准备好的 20 个手榴弹，与刚从仓库拿出的 30 支步枪，成群结队的前往南站与匪军拼命。机务段与修理厂的全体职工，也都在这时拿起木棍与铁铲一起出动，匪军处〈慑〉于群众的威力，不但不敢继续炸，并且连炸药也不管，就仓忙逃命，全部职工就迅速回去布告〈置〉岗哨，防止白匪残军与无业游民的破坏。在我军第二天进入柳州的时候，全站职工就将白匪遗弃在车站的"财产"完整地交给我军，作为第一次见面礼物。

　　柳州电力公司与第三十兵工厂的职工，也和湘桂黔铁路〔职工〕一样，也胜利地粉碎了白匪的破坏。在柳州解放前一天。白匪也分用两辆十轮卡车，满载炸药前去破坏，企图将这个电〔力〕工厂全部毁灭。柳州电力公司的职工，在接到中共柳州工委通知后，事先就在公司四周架起高高〔的〕铁丝网，同时还以"消防队"的名义，组织了二十支步枪的武装〔护厂队〕，使得白匪不敢破坏机器，只在空地上放下炸药，便都仓皇逃去。第三十兵工厂的职工，也在接到中共柳州工委的号召下，不但拒绝白匪强迫继续南移的命令，并且在白匪前去爆炸的时候，有三百多名职工从兵器库拿出枪支，便把匪军全部吓跑，也保证了全厂的安全。

　　全市其他各级工厂、学校与公用企业机关，大部分都是由于中共柳州市工委的领导与号召，先后起来与白匪的破坏作斗争，也都取得很大胜利。特别是在我军解放柳州以后，军管会人员来到以前中共柳州地〈市〉工委更配合我军，组织了"柳州临时治安会①"，防止了白匪残余与无业游民的破坏。对于今天柳州的迅速恢复，也起了很大的作用。

柳州电厂解放前夕的护厂斗争②

　　1949 年 4 月 21 日，解放大军胜利渡过长江后，向南迅猛推进，革命形势发展很快。中共柳州地下党根据上级指示，加紧进行护城迎军的准备工作。柳州电力公司（简称柳州电厂）是全市工业的动力和万家灯火的光源，装机容量虽然只有 2500 千瓦，却是当时广西单机容量最大的电厂。敌人撤退时，它将是一个重要破坏目标。

---

　　① 全称为柳州市人民临时治安委员会。
　　② 作者韦荣章，根据曾公朗、韦竞新、林云的回忆以及柳州电厂老职工提供的史料撰写。

为了保护柳州电厂，这年夏初，柳州地下党组织指示住处邻近电厂的地下党员、柳州高级工业学校教师曾公朗负责这一工作。也是在这个时候，国民党当局加强了对电厂的控制，由宪兵第5团派一个班驻厂日夜警戒，对出入人员严加搜查，使我们的工作遇到很大困难。曾公朗遂通过该校附属中学一位教师的介绍，认识了电厂助理工程师黎国庆，又通过该校学生在电厂实习的机会，从侧面了解到黎国庆对现实不满，思想倾向进步，和群众关系密切，在群众中有一定威望，认为可以教育培养他作为护厂工作的骨干。经过一段时间的启发、教育后，黎国庆于10月经韦竞新介绍加入了党的外围组织广西民主人士联谊会。

同年秋，柳州国民党当局为了分散削弱学校的进步力量，强迫柳州高级工业学校搬迁柳州沙塘乡，曾公朗被迫转到龙城中学任教。由于当时国民党当局对龙城中学进步师生严加监视，曾公朗不便经常出入校门去开展护厂工作，城工委书记梁山即派工委委员韦竞新负责领导电厂的护厂工作。市城工委主要通过三条线进行活动，一条是由韦竞新直接与黎国庆联系；一条是由韦竞新通过柳庆师范学生、地下党员麦超与电厂发电车间工人、爱青会员李景泽联系；还有一条线是由高级工业学校地下党员杨永善与电厂实习技术员、爱青会员梁肇贵联系。根据城工委的布置，几条线的同志都开始着手了解电厂职工的思想及收集该厂主要人员名册和固定资产清册等工作。当时电厂的一部分职工因不了解我党的政策，对随厂撤走还是留下来，彷徨不安；有的受到反革命谣言影响，准备逃往外地；而大部分职工则因国民党贪污腐败，物价飞涨，日子难熬，而迫切期望成立护厂组织，保住电厂，迎接解放。

韦竞新根据城工委关于加强护城迎军工作的指示，布置电厂地下工作者依靠进步力量，团结中间力量，做好中上层人物的工作，以挫败国民党煽动职工离厂外逃的阴谋；同时，广泛发动群众，壮大护厂队伍。他还亲自到电厂与黎国庆接头，明确交代黎，当前的任务是由经济斗争转向护厂斗争，要教育群众把自己的命运和前途同工厂的命运和前途联系起来，不要听信谣言，离厂外逃，留下来参加护厂斗争。并强调我们一定要掌握护厂队的领导权。电厂的地下工作者明确了任务及要求之后，即积极串联群众，宣传革命形势，宣传我党政策，并在群众中提出："保电厂就是保饭碗"的口号。经过一段时间的工作以后，原来一部分有疑虑的职工解除了顾虑，打消了往外逃跑的念头，越来越多的群众认识到保卫好工厂事关柳州市人民的利益和个人的切身利益，纷纷要求组织起来，保护工厂。黎国庆看到时机已成熟，便去找公司经理林培深商量成立护厂队的问题。与此同时，李景泽、梁肇贵等把柳州地下党城工委印刷的革命传单（内容是劝告和警告国民党各单位负责人要保护好国家设备、财产、档案等，不得破坏转移，准备人民接收，要求工厂职工组织护厂队，防止敌人破坏。）散发在厂区主要上下班通道上及经理办公室门口。这一行动对国民党宪兵严密控制下的电厂，犹如一声惊雷，震慑了敌人，激发了群众对敌斗争的勇气，也给厂方上层人士指出，只有同群众一起保护工厂才是唯一的生路。电厂的一批高级职员，如经理林培深、财务课长林云、发电课长常振汉、营业课长陈

秉权等逐渐认识到：解放军节节胜利，步步穷追，反动政权崩溃在即，大势所趋，民心所向。林培深原打算买飞机票逃走的希望又落空，形势所迫，唯有顺应历史潮流才有出路，于是同意成立护厂队。为了避免引起国民党当局的注意，对外名义叫消防队。护厂队成立后，群众推选黎国庆担任队长。林培深出于种种考虑，又补提陈秉权也任队长，并把厂警卫班也掺杂进来，还通过进步工人叶福铨（曾参加过港九大罢工）掌握的电厂机器工会（虽然是黄色工会，但领导权由叶掌握），发动其部分会员，加入护厂队，以扩大护厂队力量；固定警岗仍以原厂警班为主，流动岗哨和巡逻则以护厂队为主，统一听从护厂队指挥。为了进一步提高群众护厂的信心，护厂队经常开会学习，研究护厂和应变的策略，黎国庆、陈秉权还领着大家唱《义勇军进行曲》，群众情绪很高。林培深也到场讲要保护好电厂这个"饭碗"的话。电厂地下工作者又通过叶福铨掌握的电厂机器工会会员，进一步扩大串联。这时群众广泛发动起来了，值班工人日夜坚守岗位，守候在机器旁。临近解放的前几天。护厂队把职工家属和休班人员安排到厂房后的驾鹤山山洞和球场边的旧壕沟内，以躲避枪战危险和防止土匪散兵抢劫，使护厂队及值班人员无后顾之忧。护厂队及机房工人日夜轮流值班，保证发电机正常运转。同时，通过柳州商会买了几条枪，使护厂队共配有轻重机枪各1挺，冲锋枪6支，步枪10余支，驳壳枪4支。护厂队员日夜在厂区四周巡逻，特别注意对机房门口和水池边的防范。为了加强对发电设备的守护，还在厂房后面山洞口架设轻重机枪各一挺，准备在敌人前来强行炸厂，经过劝阻和收买无效时，就用火力干掉他们。对厂区周围原来的电网也予以利用，合闸带电，防止国民党反动派撤退前狗急跳墙，窜入厂内。

11月24日下午，市区内一片混乱，敌军政人员风声鹤唳，纷纷逃走。为了"坚守城市"，垂死挣扎，敌柳州警备司令秦镇给电厂下了一道手令："在首脑机关未撤走前，不准停电，违者以军法论处。"护厂队正好利用这张手令作为拒绝任何敌人进厂破坏的挡箭牌。11月25日凌晨2时许，驻厂的国民党宪兵班见势不妙，以"换防"为名，全体逃之夭夭。护厂队当即派人接管电厂大门岗哨的守卫工作。凌晨4时，国民党工兵10团突然派一个工兵班，带着4箱炸药驱车前来炸厂。护厂队员何琨一边叫他们稍等，一边派曹瑛向护厂队报告。护厂队派林云等赶到大门口拿出秦镇的手令说：警备司令部下令不准停电！领头的敌军官满脸凶相地说：是最高上司派我们来执行任务的，先让我们进去看，什么时候炸厂由上峰决定，不让进去，绝对不行！护厂队不得已，放他们进来。为了稳住敌人，安排他们在厂门旁一间房子就地休息，还派人弄东西给他们吃。同时把他们的两个头目"请"到厂部办公室，由黎国庆、林云、叶福铨和他们谈判。为了防止意外，敌工兵进来不久，护厂队借口发电机有故障，随即停机"检修"。在办公室谈判的护厂队员与敌人软磨硬缠一直拖到天快亮。但敌工兵连副态度顽固，声言一定要炸厂，说上司交代要听到爆炸声才算完成任务。叶福铨毫不示弱，拍起桌子怒斥敌人："你们一定要炸毁工厂，你们一个也出不去！我们的枪也不是吃素的！"敌人的态度随即软了下来，护厂队的谈判代表随机应变，提出可以在厂房外出线架下爆炸，让"上峰"听到爆

炸声，并许诺以黄金酬赏。敌连副似已动心，但又说先到机房看看，选择爆炸点。于是黎国庆、林云、叶福铨、常振汉等一边跟他走进机房，一边严加监视，伺机行事。顿时整个电厂笼罩着极为紧张和恐怖的气氛。护厂队员不停地在机房内外巡逻游动，严阵以待。敌连副看到工人们荷枪实弹守护厂房内外，轻、重机枪居高临下封锁厂房门口，只得答应不在发电机房重要部位爆炸。护厂队说机房内所有设备都是重要设备，坚持不给在机房内爆炸，于是引他到厂房外去选择爆炸地点。这时天色大亮，隐约听到远处传来的枪炮声，敌兵神色慌张。护厂队抓住时机大声说，共军快到了，你们再不走就逃不了啦！接着林云将几两金子塞给连副。敌人急于逃命，便在机房外面出线架下点燃几包炸药，以便向上级交代。"轰"的一声，只炸了一个宽深约几十公分的小坑，除了出线木头架被炸断，机房的几只电气仪表和厂房玻璃窗受震坏之外，其余设备完好无损。敌工兵随即仓皇逃走，电厂保住了。

25 日上午，柳州解放！在护厂队的带领下，全厂职工以无比喜悦的心情，立即投入抢修工作，两台发电机组先后于 26 日上午 11 时及 27 日 16 时恢复运行对外供电，新生的柳州城一片光明。

（二）中共粤桂边区党组织领导的地下党活动

南宁师范学院全体学生敬告社会人士书

（一九四九年四月五日）

全国父老兄弟姐妹们：

为了保留我们目前仍有的一点生存权，为了抢救学院濒于死亡的危机，我们全院的六百学生，谨以万分沉痛的心情，向社会人士发出绝命的呼救。

自从元月十一日黄院长华表接长本院后，未及三月，便做出种种狂妄贪虞足以绞杀学院的事来，如：否认学生代表，拒绝学治会任何请求，公然派员遍撕同学之通告〔海报〕，宣布三月份膳费由同学自筹，外省籍同学膳费由各人自理（后经全体同学一致反对，现已取消），因区区细故，同学遭记大过者五六人，未经系主任同意，擅自解聘教授多人，学院任何兴革事项均不经过院务会议通过，独断独行等。此外更公然辱骂同学，诬蔑教授，挪用公款，按<拖>发公费，种种无法无理的措施，不胜枚举。三月来，师生已忍受了最大的惨痛。

往后，正当学院迫近开学日期（三月十日），全院师生员工生计无着，面临断炊的时候，黄院长又突于二月二十八日起，畏难潜逃，行踪莫明，迄今月余。其间教授同学为情势所迫，虽曾登报寻访，并恳托地方行政当局查询，然终无结果，以致开课时间，改三改四，终至渺无定期。眼看各地学校均已纷纷上课，而我等众多学生之宝贵学业，竟由渠一人任意破坏糟塌〈蹋〉，□之不能令人痛心？

不仅如此，黄院长还在外间散布谣言，百般恐吓教授同学，陷学院于恐怖不安之境地，并公开集会①，诋毁教授，诬告同学一向所敬爱的老师，谎指教授会为少数"把持院政"、"排除异己"之非法组织，声称此等教授若一日不走，则渠一日不回院（详情均见本市各报），诸般苛扰，真欲逼走学院所有好教授而后已，以致教授不能安住，纷纷筹谋他往。据可得而知者，即有十人之多，其中具〈且〉有一部分已行离院。虽然全院同学曾以学院及整个国家整个广西教育前途计，痛哭流涕，椎心呐喊，再三提出抗议，并诚心奔走，恳请省当局及地方人士、地方行政贤明长官极力调处，而黄院长竟置若罔闻，悍然不顾一切，蛮干到底，致令学院危在旦夕。而类此摧毁，究竟何日休止，实无从预期。

更有进〈甚〉者，黄院长非仅赶走教授，且已纷电教〔育〕部，意图解散学院，使此历经八载，集千万人之心血，艰苦缔造，并已获得光辉成就之学府，毁于一旦。其抹<漠>视社会舆情，仇恨教育文化之心理，诚令人百思不解。现在学院已陷在水深火热之中，朝不保夕。

目击此种惨情，吾人内心痛苦，真无与伦比，然痛何益，容忍终必有限。为此，我们全体同学经一致决定，坚决拒绝黄华表再长本院，并已电请教〔育〕部速派贤能接充，以解院危。我们坚信，南宁国立师范学院绝非任何个人可以毁灭，教育尊严岂容全部破毁。敬请社会人士主持正义，速予有力声援。幸甚！幸甚！

南宁国立师范学院全体学生谨启

中共南宁市工委第三次会议记录②（节录）

（一九四九年十一月十六日）

时　间：一九四九年十一月十六日
地　点：（邕宁县）稔水
出席者：阮、苏、罗、梁、陈、黄、曾③
主　席：阮
纪　录：曾
会议程序：
第一，审阅收集得来的资料
第二，报告新情况（略）

---

① 指3月7日黄华表在桂南酒家召开的邀请机关"首长"、地方"绅士"、新闻记者参加的"茶话会"。

② 系中共南宁市工委第三次会议记录。

③ 阮为阮洪川、苏为苏仁山、罗为罗平、梁为梁增瑜、陈为陈权、黄为黄韦爵、曾为曾东江，均南宁市工委委员，阮为书记。

第三，工作报告（略）

第四，批评检讨：

……

第五，形势研究

第二次领机会议以来新形势的发展，说明我们过去的估计仍嫌过慢，事实纠正了我们的偏向。例如我们以前曾估计：（1）要先解放广西，然后才能解放西南；（2）西南解放在时间上不会这么快，且将不是全面解放，而是一个省一个省来解决。目前形势的发展证明这些估计都是错误的。解放大军在未解放广西前，先乘敌无备，内部空虚，进军贵州，威胁重庆，这一行动很多人都没有意料到。大军进军贵州的主要意图是切断广西与四川的联系，最后消灭敌人残余的有生力量，……在解放广西、四川、贵州后，云南由于人民力量的强大，很可能有特殊局面出现，而不须（需）要大进军。我们估计新历今年以前，将可能全部解放广西、贵州、四川、云南。

至于广西局势，解放大军已全面完成了包围的态势，由桂林，由梧州，由粤桂边进军，（解放）广西的时机已经成熟，已经到了盘马弯弓，如箭在弦的时机。大军已向我们地区挺进，大军已与我粤桂边（纵队）主力会师，并解放大部地方。（粤桂边）区党委指出广西战局包括南宁在内，半个月内将有重大进展，急转直下。我们是完全同意的，问题是怎样紧急依限期提前完成南宁市的接收准备工作了。

第六，工作讨论——

阮：这个（段）时间中成绩是有的，而且是难得的，缺点当然有，但不是基本的。若根据目前形势的要求，则这些成绩仍是不能令人满意的；必须竭智尽忠去克服困难，纠正偏向，做出成绩，以完成任务。当前的工作中心应该是：立刻展开猛烈政治攻势，及时筹建各机构的接收小组，积极有效的开展统线工作，继续有方向有重心地搜集材料。

决议：

（一）关于政治宣传攻势：

1. 内容：重要声明、约法八章、告国民党官兵书、中央人民政府成立公告，以上各四百份；告南宁人民书六百份，（湛江）西营起义捷报两千份。

2. 期限：廿二（日）晨印好，由宣传部负责；廿二（日）晚送上（入）城，由总务部负责；廿五日发出，由梁（增瑜）负责；廿三日以前各单位报告清楚，布置散发关系，向梁报告。

……

（二）关于统线：

1. 团结开明，争取中间，分化顽固落后，孤立反动。写三种统线信。给开明的、中间的、落后的。

2. 在开明人士面前，可公开身份，要求他们参加工作；中间分子先用旁敲侧击，等到其政治觉悟提高才能暴露，要求他们供给情报；落后的分子要警告，然后

争取，要他们不反对我们。

……

（五）关于迎军工作决定：

时机成熟，发出号召，酝酿准备。至大军来时动员各阶层人民发动迎军工作及慰劳，用南宁人民解放促进会名义发出传单，作普遍号召，事先党团有计划地领导动员组织。首先用学校中的党团与桂北党组织①联系，共同进行做好学生工作。欢迎慰劳方式：唱歌、街头剧、标语、口号、迎军大旗等，发动人民团体舞龙舞狮、慰问、（送）茶水、献花、捐赠慰劳品，张灯结彩。

（六）领导问题：

阮：完成任务，实现决议，扭转工作偏向的关键是领导问题。首先要求领机不仅要提高领导艺术程度，而事先预见也是重要的。在执行工作，特别（在）政治攻势、统线活动展开的过程中，白色恐怖必然加紧，所以在领导：

①加强对各级同志的秘工教育。

②为了保证工作迅速执行，领导上是直接的单线领导，不再设间接领机。才能息息相关，联系密切，迅速传达，迅速反映。如情况严重，（则）不设小组，改为分级单线，个别接头。现在有小组的仍维持，未编小组的，即保持个别接头。

中国共产党粤桂边十万山区南宁市党委②
南宁解放前工作报告（节录）

（一九四九年十二月二十九日）

一

一九四九年九月底，十万山区地委奉粤桂边党委电，由十万山区地委接收滇桂黔边领导的南宁地方党（负责人是苏仁山、梁增瑜、谢以平）加强统一领导，并倾全力抽调干部准备南宁的接管工作。来电提到，如南宁解放前后陷于混乱状态，应由十万山区地委负责。

十月初把滇桂黔边南宁地方党的组织③接收清楚后，成立中国共产党十万山区城市统一接管委员会，地委书记陈明江兼主任，阮洪川等为委员，并以阮兼南宁市（工委）书记，曾东江、苏仁山、梁增瑜为常委，为南宁的最高领导机关。

十月廿八日开第一次领机会议。

当时我们对于形势的估计是：衡阳、广州解放后，广西的解放战事已提到议事

---

① "桂北党组织"是指属中共广西省城工委领导的南宁市城工委。当时中共南宁市工委与中共南宁市城工委在工作上有联系，但不了解对方的组织系统，误以为南宁市城工委是隶属于桂北党组织的，故有此说。

② 南宁市党委实为南宁市工委。

③ 该组织的名称为中共南宁市特支。

日程，根据敌我力量的对比，两广在十一月底至十二月中全面彻底的解放是完全可能的。

当时南宁的主客观情况基本上来说是相当恶劣的：

（一）南宁当时是反动派视为支撑广西残局的最后反动堡垒，李、白匪帮用全力来加强南宁的反动统治，伪省府、伪绥署搬来南宁，广西省内的全部反动力量都集中在南宁，如匪帮大量移来，国特省特①集中南宁。过去残坏的飞机场重新修理使用，在南宁市内来说，敌我力量的对比是敌强我弱，悬殊很大。

（二）广西南宁党在历史上受过两次严重的破坏摧残，重新建党的时间仅有两年多，……党团员数量亦少，留在市内的党员只二十余个，团员四十余人，加以在十万山区地委接收前，大批主要干部转移农村，形成市内极度空虚，因此之故党的群众基础是薄弱的，党在南宁还没有真正生根。

（三）南宁一贯是在李、白、黄匪帮长期反动统治下处于稳定状态的，反动派对人民进行了技巧的反动的欺骗宣传，加以过去我党在南宁的政治影响不大，绝大部分群众对我党我军是不了解的，对我政纲政策甚少认识，人民对李、白、黄虽觉（得）不好，但仍有浓厚坚固的正统观念。

在这样的紧急形势下，在这样短促的时间中，加上如此的主客观情状，党给我们的任务确实是艰巨的，但我们仍应竭力尽忠，不怕困难，不怕牺牲，去限期完成这一光荣任务——胜利地搞好接管南宁的准备工作。

我们决定的工作方针是加紧进行调查研究，猛烈扩大政治宣传攻势，开展统战，布置社会关系，广泛团结各阶层人士，进行策反工作，一切为了接收。

二

十一月七日开第二次领机会议，检查第一次领机会议以来的工作，研究南宁新的情况。认为对第一次决议基本上是完成了的，例如：初步建立了一些社会关系，收集了一些敌人的资料，调整好了各级组织。但形势在飞快发展，干部对决议仍不能迅速确实的执行，仍存在着各种缺点：

（一）领导上未有周详深入打算，忽略了从组织上、思想上紧急动员干部，有些干部仍不重视任务，生活散漫，思想麻痹，政治落后，用升平时期的态度执行工作，有严重的慢吞吞的拖延现象，上面急，下面松，上下不配合。

（二）过去松懈的组织生活弄成组织观念不强，干部对决议重视不够，提不起情绪来加紧工作。

（三）十月三十日南宁反动派大逮捕，捉去十七人中……无我党同志，只捉去一个群众干部叶景山。由于过去的脆弱基础，加上这一事件，的确给同志们颇大的威胁，影响了同志们勇敢工作的精神。

（四）在了解情况，搜集材料上，距离要求甚远，具体表现在搜集材料忽视区

---

① 国特省特系指国民党中央的特务和广西省的特务。

党委指示的具体内容，缺乏军事，财经，特（务）托（派）材料，已得材料亦嫌粗枝大叶，不够深入，如对统战对象掌握程度、各伪机构的内部具体情形等。

（五）还有不遵守秘密纪律，随便发生横的关系，轻视敌人的麻木观点。

我们根据此种情况，开了一个主要负责干部的动员大会，并作出了"紧急动员抢救完成任务"的决定，指出过去缺点，从形势方面教育干部认识今天伟大光荣的使命，号召全体同志（开展）立功竞赛运动，并再详细具体规定领导方法与工作方法。

其次，这次会议决定组织群众性的外围的秘密的"南宁人民解放促进会"以团结党外力量，组织各阶层人民促进工作，最重要的还是用这个会的力量展开敌方人员的策反工作。

三

十一月十六日开第三次领机会议，除审阅收集得来的材料，研究南宁新情况，（作）工作报告与工作检讨，同志间的批评与自我批评外，还进行了当二野大军解放贵阳后对形势的重新估计，并作了六个工作决议。

我们认为这个时期，以调查情况，布置关系，收集资料，一切为了接收为工作中心是正确的，在干部经过思想动员，对工作布置经过修正和强调以后，我们是收到了难得的成绩的：

（一）干部的思想准备与政治认识，已提到应有的程度，上下一致，兴奋热情空前，工作忘我，一人做二人的事，责任加强，很多同志在白色恐怖下被列上黑名单，被特务追踪，如苏仁山、陈权等，但仍出入市面，毫不退缩，不顾生死地工作。

（二）这一时期收集了卅多种伪机关资料，和敌方军政情报。这个时期，我们工作紧张而又复杂，全体干部积极性和为党为人民立功，不怕牺牲的精神提到空前高度。我们为了更科学地来处理问题，建立了油印室和资料室，觉得城外的半公开领机不够，又在城内设立秘密领机。领机全体同志经常潜伏市内，以便及时决定问题，以利残酷斗争的展开，以身作则亲自执行决议，进行工作取得经验来检查工作，加强领导工作，并捐借大批经费，作为活动资本。

（三）工作有了展开，具体表现在：

（1）统线工作不但团结了一批社会人士，而且加以组织，参加到"南宁人民解放促进会"去。

（2）策反工作，由个别走向集团，由局部走向全面，争取了杨震伟，掌握了青红帮，并进行了合法方式组织了他们，在国民党白色恐怖下，也掌握了他们的全部武装，警（察）局，三三〇师一部分，二二九师一个连等。

（3）进行了普遍的口头宣传，群众慢慢倾向我们，团结了广大的党外人士，打下了更进一步展开工作的基础，活动范围是大大的打开了。

（4）工作人员由党团员扩展至群众，很多和我们有关系的群众，都能为我们收集资料和情报，并通过他们进行四面八方的策反工作。

但是缺点也是很多的，我们一开始就没有留意到配备干部，准备接管，以支撑

解放后的局面，是一个重要的偏向。

其次，未能确实完成任务，执行决议的关键，主观上是不能善于动员全体干部，上下一心，加紧努力，仍陷于事务主义，见一件做一件，不能从思想上去领导，政治上去教育……

再次，我们在（第）一次和（第）二次决议均提到展开政治宣传攻势，但直至（第）三次会议时还无显著成绩，例如传单还没有发出一张，统线信、警告信也没有发出过。

……

至于广西局势，解放大军已全面完成了包围的形势，由桂林，由梧州，由贵阳，由粤桂边进军广西的时机已经成熟，区党委来电指示，广西战局包括南宁在内，半个月，将有重大进展，我们是完全同意的，问题是我们怎样紧急依期（以至）提前完成南宁的接收准备工作。

为了促进解放，迎接胜利，再决定了五个决议，把过去的工作提高一步：

（一）关于政治宣传攻势：加强油印室工作，定期散发大批传单，详细布置散发纲（网）。

（二）关于统线工作：（1）团结开明，争取中间，分化顽固，孤立反动，发大批给开明分子、中间分子的统线信，和警告顽固反动分子的警告信。（2）准备在开明中间分子面前公开我们工作同志的政治身份，以便更进一步的争取。

（三）调查研究：关于这方面，我们手中的军事、财经、特（务）托（派）的材料还是缺乏的，这是一个大缺点，我们必须突破社会关系的限制，克服困难，从无到有，创造出成绩来。

方法是重新研究调整干部关系，不能全部掌握，只要找到一点一个关系也好，不能详细了解也要轮廓了解。

（四）接收干部配备。

（五）关于迎军工作的决定。

四

三次领机会议后，各同志都分头工作，现将十二月十八日（应为 11 月 16 日）三次领机会议后至十二月四日晚南宁解放前的工作情况略述如下：

（一）关于政治宣传攻势：

在十一月二十五日和三十日连续二次有方向有重点地发出大批油印传单，第一次六种，共约四千余份。内容是：1. 约法八章；2. 告国民党官兵书；3. 粤桂边纵队成立宣言；4. 中华人民共和国中央人民政府成立公告；5. 告南宁人民书等。第二次十种，共约六千余份。内容是：1. 再告南宁人民书；2. 城市政策；3. 工商业政策；4. 南宁人民解放促进会告南宁同胞书等。方法分邮寄、张贴、散发，散发方法除由同志在更深夜静出街散发外，还创造了用小孩玩的弹弓射入邻家及在黄昏街市最热闹时由最高的楼上投大批的文件下来，恰似飞机撒传单一般。

在两次传单散（发）的次晨，如商店、机关、团体、学校、住户、街头巷尾、

公共场所、汽车、厕所到处都布满了我们的传单，各阶层人民纷纷讨论传单内容，他们传说昨夜共军先头部队已经入城。人民兴奋异常，很多人都把传单小心收藏起来阅读。反动派在此沉重打击下，弄得手忙脚乱，大开特务会议，说十万山区至少已有四五十多（个）共产党进城啦，共产党的技术高明，完全不被人察觉啦，这些传单都是由钦州来的啦，乱猜一顿，并决定加紧邮电检查，入黑后加派巡查队，检查户口等对付办法。

另外又用"中国共产党十万山区南宁市特派员阮洪川"的名义发出了三百多封统战信和警告信，警告反动分子赶快停止作恶，立功赎罪，号召各伪机关首长保存物资档案，等待接管，号召学校员生安心上课，集体护校，反对解散。

（二）关于统战工作与策反工作：

通过各同志的社会关系，通过统线信的方法，通过"南宁人民解放促进会"的组织，团结争取了大批商人、社会士绅、敌伪人员等，具体的成绩就是：

A. 争取各敌伪机关人员保护物资档案：

（1）争取了梧州、南宁、桂林、柳州在南宁的（中）央（银）行经理，中国、农民二银行负责人，广西银行经理等留下来保护各该行财产。

（2）争取伪省货物税局第一科长蔡光谟和该局进步分子，海关杨副税务司，及该关主管何宝深。

（3）争取路局进步分子，争取电讯局主任梁建华及水电厂人员。

B. 进行策反工作。

（1）争取了伪华中军政长官部工兵团何团长拒绝执行白匪破坏水电厂、飞机场、电话局、电讯局等交通公用事业的伪令，使南宁不受任何破坏，使我军进城前水电供给如常。

（2）争取了伪二二九师山炮连全连起义。

（3）争取了伪华中补给区电台人员保留了全部器材及伪三三〇师电台人员全部起义，电台二部全部器材、人员已全部（调）回粤桂边第三支队。

（4）争取伪南宁警备司令部司令石望元，给我们在情报的搜集和保护全市物资上很多方便，如时间许可，伪三三〇师师长兼南宁警备司令秦国祥也有可能争取起义，那时他的参谋处长已住（往）第三支队司令部接头，但回来时（南宁）已经解放了。

（5）争取伪南宁警（察）局长唐超寰及全体人员，与青红帮领袖护商大队长杨震伟维持全市治安，使南宁在解放前后，秩序极为良好，没有一家被抢、被劫、被火烧。

（6）进行争取伪内政部警察总队起义，这项工作是由罗平同志（党干部）的弟弟罗灿纲（群众干部）去担负。由于时间迫促，罗灿纲同志为求达成任务，不惜冒着生命危险，大胆过早公开暴露了自己的政治面目，卒至事败，被该队押解至钦州附近枪杀，并砍断其手指，而罗同志就此为了革命，为了胜利而壮烈地作了光荣的牺牲。

（三）关于调查工作：这个时期我们也收集了廿多种资料，一个多月来我们共收集和整理了共六十种资料，写了各伪重要人员的鉴定表，调查了伪省府迁来南宁的各机关，缺点是军事财经方面的资料还很缺乏。

（四）关于情报工作：党团同志每天供给各种情报，每天派出二位通讯员送情报给三支队司令部，收集到的大批军事情报现在都抄写成本，留存下一份。

又冒了极大的危险把伪内政部警察总队的军用地图偷出六十四份，差点牺牲了一位同志，现该地图亦已送三支（队）司令部。

（五）关于大军入城前治安工作：十二月四日那天，敌人留在本市的部队，除三三〇师谨（仅）答应我们的条件，将全部人员开往亭子准备投诚外，所有队伍均被我方掌握和愿受指挥调动，维持本市治安，保护公共事业机构和一切重要建筑。在十二月四日晚，我大军进城前，市内警察、护商大队、工兵团以及军（用）公（用）车辆全受我方控制，掩护我同志指挥巡逻，有效地镇压了特务分子、流氓宵小的破坏扰乱活动。因此，在解放前后，市内秩序如常，人心亦极镇定，全市没有任何建筑、任何公用事业被破坏，没有一家商店、民户被抢劫、被火烧，全市安然地渡过了解放前后时期。

阮洪川、曾东江、梁增瑜、苏仁山（签字）

护 城 迎 军 在 南 宁①

1949 年 9 月下旬，我们一行人带着中共粤桂边区十万山区地委交付的重任，由位于防城县山区的粤桂边纵队第三支队司令部所在地启程，向南疆的重镇南宁进发。行前，地委书记、支队政委陈明江，支队司令员谢王岗，政治部主任李超都分别同我反复谈了话，郑重地嘱咐我说：目前，人民解放军挥戈南下，广西的解放为期不远，护城迎军和接管城市的工作已突出地摆在我们面前；叫我迅速带领一批同志到南宁，与当地党组织一起，发动群众，共同搞好护城迎军工作。地委领导同志还说，中共粤桂边区党委严肃指出，如果南宁市在解放前夕和刚解放时陷入混乱状态，就唯我们地委是问。

重任在肩，这是组织上对我的信任，也是对我的考验。我是广东人，到南宁工作，语言和生活习惯不成问题，我在珠江抗日根据地任过县的督导处主任，做过政权工作，又先后两次在香港、澳门等地，搞过地下党的联络工作和较长时间的海外华侨工作，为部队筹粮筹款，广泛发动华侨支援抗日战争和解放战争，与各方人士打过交道，对党在城市的工作有一定知识和经验。1948 年底，香港分局分配我到中共粤桂边区十万山区地委工作。翌年初，我从香港到南宁，和李超同志一起，同中共右江地委副书记余明炎同志谈了接收中共南宁特支组织关系的问题。后来我到离

① 作者阮洪川。

南宁不远的扶南、绥禄（今合并为扶绥县）接收了当地党的组织关系，开办了游击训练班，不久又担任扶绥工委书记。五六月间，我又一次到南宁了解情况。这些，也是我到南宁工作的有利条件。但是，接收城市的工作对我是一项全新的工作，要在这天翻地覆的时刻，在很短的时间内，紧密配合南下解放军将国民党桂系军阀长期经营的这个据点完好地夺回到人民的手中，不是一件易事！

我和罗干、陈权、黄韦爵以及两名警卫员沈明方（外号甲仔）、骆振东（外号阿泰），夜行晓宿，两天时间，便赶到了地下党在南宁城外东南方向的重要据点——离南宁10多公里的稳水村。这个村是中共南宁特支党员周福新的家乡，群众基础好。抗战期间，我们地下党就在这里活动过。我们在这里与南宁特支的负责人苏仁山、梁增瑜等同志接上了头，了解了近来的情况；我也传达了上级给我们的指示和任务。我把这些情况向十万山区地委汇报后，地委决定成立中共十万山区城市统一接管委员会，由陈明江兼主任，我是委员之一，同时任命我（当时我是地委委员，中共粤桂边区十万山区灵山、扶南、绥渌、邕宁四县特派员）兼中共南宁市工委书记，任命曾东江（在我之后从十万山区地委到达南宁）、苏仁山、梁增瑜为市工委常委，黄韦爵、陈权、罗平为委员。我们还组织了"南宁市接管工作研究委员会"（委员和常委同上）。这些，是10月上旬的事情。

经过一段时间的了解，我们对南宁有了进一步的认识。南宁市的地下党组织有光荣的斗争历史。近两年来，南宁特支就在市内和邕宁县发展了60多名党员、120多名新民主主义青年团员，当时还留在城里工作的有20多名党员和40多名新青年团员。与此同时，还有中共广西省城工委领导的南宁市城工委组织，他们和中国民主同盟南宁地方组织在学校和文教界开展民主运动很有成绩。城工委的一位负责人胡中平同志早就与南宁特支保持联系，目前正和市工委互相协调配合工作，这是我们工作很好的基础。为了全面推动工作的开展，10月28日，由我主持，在稳水村召开了市工委第一次领导成员会议。会上，大家分析了形势，认为南下大军可能于11月底至12月中旬解放广西，南宁将是国民党白崇禧集团作为支撑残局的最后据点，反动势力仍相当强大，但他们已如惊弓之鸟，有的将分化瓦解，有的会顽抗到底。因此，斗争将是激烈的、复杂的，形势变化是急速的。为此，我们决定今后的工作方针是：一切为了配合南下大军接收南宁。要求主要做好三个方面的工作：一是加紧进行调查研究，为解放军入城时的接管工作和支援前线工作做好准备；二是迅猛地扩大政治宣传攻势，鼓舞人民信心，动摇敌人斗志；三是对在南宁的国民党中上层人士开展统战策反工作，广泛团结各阶层人士，发动群众，保护城市的各种设施和做好社会治安工作。根据上述任务，我们常委作了分工，决定在调查研究方面主要由梁增瑜负责，宣传工作由曾东江负责，统战策反工作由苏仁山、陈权和罗干负责，并决定将市工委领导机关暂设在城外，由我负责，活动于稳水、蒲庙、良庆一带。苏仁山等同志在会议后仍回城内工作，随时将重要情况向我汇报，具体问题由他们负责解决。我也将情况及时向十万山区地委汇报。在工作打开局面之后，11月7日，我们又在稳水村召开了第二次领导成员会议。会上，针对迅速发展的形

势和敌人在 10 月 30 日进行大搜捕后（因地下党及时得到情报，未受损失），同志们思想上受到压力的状况，为鼓舞士气、保卫组织，我们加强了秘工工作，作出了"紧急动员力争完成任务"的决定，号召同志们开展立功竞赛。会上，我提出要成立一个叫做"南宁解放同盟"的群众性外围组织，以便吸收党外人士参加护城迎军和接管城市的工作。同志们都同意，但觉得"同盟"两个字政治色彩浓了些，于是将名称改为"南宁人民解放促进会"。

在统战策反等工作顺利进展的时候，我们接到了地委转来的粤桂边区党委的电报。电报指出，广西战局包括南宁在内，半个月内将有重大进展，指示我们加紧工作。地委也来信，指出我们市工委领导在政治思想上还不够敏感，行动还不够果断、迅速，要求我们扫除一切麻痹思想，紧急行动起来。于是，我们于 11 月 16 日又在稔水村召开第三次市工委领导成员会议。会上，我们总结了这段工作的经验教训，肯定了成绩，明确找出了在宣传攻势，在调查敌军事、特务的情况和策反、支前等工作上的薄弱环节，关键是领导本身思想行动上还跟不上形势。因此，我们各自作了自我批评，我承担了主要责任。随后，我们作了五项决议，具体布置了工作，任务到人，限期完成。会议决定，要在城内及时建立我们的领导机关，我立即准备入城，以便加强对工作的具体指导。

在城内建立领导机关，必须有一个好的落脚点。根据前段统战工作情况，我们认为，担任南宁护商大队大队长、警探队长和青红帮首领的杨震伟（又名杨亚瑞）家的条件较为合适。经过苏仁山、黄廷机同志做工作，杨震伟已表示要跟人民走一条光明路，只要我们进一步提高他的认识，稳定他的思想，促进他起义，这不仅对掩护我们的领导机关有好处，而且他作为地方势力头子，掌握 200 多武装，对护城工作也是有益处的。于是，在市工委第三次会议后的一个晚上，我和一名警卫员在一位同志的带领下，冒着小雨直奔在德邻路（今解放路）石巷口的杨家。我装成富商。披着我爱人从香港买来给我的一件英国呢子大衣（俗称干湿褛），还真有点派头。到杨家门口递上一封杨震伟亲启的信后，一会儿，我们两人（那位带路的同志没有进去）。就在杨的马弁的引导下直奔三楼杨震伟的住处。正在抽鸦片烟的杨震伟见我们到来，有点惊怕。待他的马弁走后，我就坐在烟榻旁和他谈了起来。我向他进一步指出，你是地方实力派，跟国民党反动派走是决然没有出路的，只有坚决跟共产党走才有前途，你是该下决心，见诸行动的时候了。他连忙答应"是、是"。接着我要求他，第一，要积极配合各方面力量搞好解放大军入城前的护城工作，以保证水电正常供应和邮局通讯畅通，维持社会秩序，使市面安定，商店照常营业，方便人民生活；第二，未经我同意，不得逮捕任何人，特别是被怀疑为共产党的人；第三，我是不回十万大山去了，我要在南宁和全市人民一起迎接解放，为了安全和工作方便起见，我就住在你家里，你看行吗？听着我的话，他连大烟也忘记抽了。我讲完了话，他放下烟枪，想了想，九条要求都答应了。于是，我就住在三楼他原来的住处，他搬到二楼住。他向其他人介绍我时，说是从广州来的李老板、李大哥。我有时也大摇大摆地在他家出入，到与我直接联系的几位市工委负责同志那里了解

情况，研究处理问题。这样，工作方便得多了，对敌人的动静也从杨震伟口里知道不少。南宁市解放前几天，我们在市内设立了护城指挥小组，由陈权和参加起义的原市警察局长唐超寰等人负责，组织力量保护城内的重要设施和社会治安，我在杨家也成立了指挥所（杨家有电话）主要负责同党内同志的联系工作。

为了迎接南宁的解放，地下党的同志们勤奋、英勇、日以继夜地工作着。曾东江等同志负责进行宣传攻势，想方设法建立了自己的资料室和油印室，日夜赶制各种传单运进城里，交梁增瑜等同志负责散发。记得在11月25日至30日几天里，就两次散发了20多种传单，一次4000余份，一次6000余份。散发传单的方法很多，有的夹进公文、放进商品中寄出，有的趁黑夜到街头张贴，或从高层建筑向街道散发，有的还用小弹弓夹上传单，打进有关人员家里。另外，还针对性地给各界人士投统战信，给特务、反动军警头目投警告信。我们以"中共十万山区邕扶绥灵特派员兼南宁市工委书记阮洪川"的名义发出了这类信件300多封。这些无声炸弹到处开花，弄得敌人胆颤心惊，各界民主人士和广大人民群众则暗地里欢喜，有的传说共产党的先头部队已入城了。敌人则估计十万大山的共产党至少有四五十人进入城里了。

负责进行统战策反工作的同志们冒着生命危险进行活动。苏仁山和陈权等同志被敌人通缉，也照样机警勇敢地活跃在战斗的第一线。罗平同志过去在广州等地常出入国民党的中上层社会，熟悉各方面情况，到南宁后，发挥了他的特长，在策反工作中积极工作。经过同志们的活动，先后吸收了曾任桂系第七军少将师长的马宗骧和原国民党军官总队中校参谋卜圣阶。军统局越桂边工作站站长陈卓峰等在南宁的国民党中上层人士40多名加入了"南宁人民解放促进会"。在"解促会"的配合下，策反工作取得了显著成绩。（1）争取了奉白崇禧命令要炸毁水电厂、邮电局、飞机场等重要设施的华中军政长官公署工兵团起义，使南宁的重要设施保存了下来；（2）争取了南宁警察局和护商大队全体人员起义，这两支拥有600余人枪的武装，成为受我地下党指挥、维持城市治安的重要力量；（3）争取了国民党军229师山炮连、330师电台人员起义及"华中补给区"电台人员和全部器材为我军所用；（4）对国民党南宁警备部队330师进行了策反工作，虽然未达成协议，但该师斗志已被瓦解，他们逃出南宁不远，即被我军歼灭；（5）争取了从桂、柳、梧迁来南宁的中央银行、中国银行、农民银行、广西银行的负责人留下来，保护各行的财产，等待解放军接管。

在调查研究、为接管城市和支援前线做准备工作方面，有的同志冒着生命危险。深入虎穴窃取军事地图等机密资料，许多同志利用多种关系对市里的国民党军、政、警部门和团体、企业、学校等单位进行调查，在解放前夕，已将南宁的主要单位作了调查，并将资料综合整理成册。同时还分工了一批干部，准备在解放大军到来时协助大军接管城市的各项工作。筹粮工作主要通过南宁商会理事长林烈庭等人活动，以商会名义向粮食行业筹备了数十万斤粮食。作为解放大军入城时的军粮。筹款方面，由于几家银行金库都留了下来、交大军接管，因而没有再向私人筹借。

12月4日晚十时许，中国人民解放军第39军第116师的指战员们浩浩荡荡开进南宁市。市内灯火通明，秩序井然，城市主要设施完好无损。南宁，终于完好地回到人民的怀抱来了。我们心头上的千斤重担也放下来了。第二天，我和市城工委的胡中平同志参加了市临时治安委员会，并担任了副主任（解放军的同志担任主任）。市工委和城工委的同志们，满怀胜利豪情，投入了新的战斗。

（吴忠才、何存整理）

（三）中共广西省农村工委领导的武装斗争

大军入境前我们应注意的工作①

（一九四九年七月一日）

由于我们的工作做得不够，地区不够巩固，工作未能深入下层，动员农民和组织农民的工作仍相当幼稚，这是一件极为遗憾的事。今天形势急转直下，大军逼近边境，日甚一日。我队为要配合南下大军，号召我军上下全体同志，对这一工作提起万分注意，严格纠正形势的胜利发展而冲昏头脑，单纯军事观点，脱离群众，不加深群众的组织工作的严重错误思想。除曾经口头传达外，特再明文规定，希望各级同志深入地认真地检查自己的工作是否能够配合大军。

工作重点如下：

一、猛烈发动群众，武装农民，每乡每村成立队伍，给予名义，受我领导指挥，所以目前应从组织农民着手。

二、大胆的推向平原，山区只留小部分队伍，主要是推向平原。如山区农民武装可能抽出部分到平原来的应大胆的抽出，所有空隙应该填满，所有交通线应加以控制。

三、摧毁与接收区乡级政权，造成乡村完全是我们的，有些接收过来，有些用武装解决之，有些用政治办法去瓦解之。

四、猛烈展开政治攻势，大量散发传单，安定人心，加速国民党的内部分化。

五、尽量扩大队伍，扩大名义，其他的地方队伍，我们可以委编他，建制不一定与我同，但一定要受我指挥。

六、收缴散兵游勇、地主武装等。

七、逮捕和监视战犯分子，镇压一切反革命分子，维持地方治安，不给地方坏蛋分子有机可乘。

————————

① 作者长白山，即桂北人民解放总队总队部的代号。

八、广泛组织群众，以各种名义组织起来，如民夫队、向导队、担架队、运输队、情报网、青年、妇女、儿童、常备民夫交通队等。

九、发动地方开明士绅、公正名流，出头协助我维持地方治安，或联名发表迎接大军到来的政治攻势，有计划地有组织地做好宣传，加大反动分子的动摇，利用他们的名义去进行。

十、组织城市维持治安的准备工作，进行保护一切机关、学校、工厂、商店的档案、器具。

十一、调查研究收集材料，如哪些人可利用的，哪些地方可以收缴多少武器，哪些地方一定要用军事解决的，哪些是战犯分子，应该有系统有组织的有准备的调查研究。其他如交通联络情报等，应有严密的准备和组织的工作。

桂北人民解放总队成立宣言

（一九四九年七月二十三日）

本队的前身是桂北人民翻身队，它坚持在桂北地区的斗争，已经整整两年了。两年来，在风霜雨雪、饥饿疾病的重重威胁中，在国民党反动派疯狂残毒的不断"围剿"中，已经壮大起来了，成为一支不可战胜的力量。这是由于正确的执行了人民路线，全心全意为人民群众服务而战斗的结果。

今天，当全中国的形势已胜利的急转直下，人民解放军渡过了长江，继续向我们广西推进，叩响了我们桂北的大门。处在广西占有战略地位的我队，负有配合解放军解放广西、解放华南的重大任务。现在本队人员不断增加，队伍不断壮大，活动十一县的地方，拥有近百万的人口。近更粉碎敌人的兴、全、灌、资、灵、临、恭七县的分区"围剿"，打下了巩固的基础。因此，必须集中领导，统一指挥。今后将更有力量和更有信心的来担负起配合解放军作战，加速解放桂北人民的目的。

桂北的工人、农民、知识分子、青年学生、工商业家，开明士绅、民主党派、人民团体等各阶层人士，为着自己最后的解放，应该珍视本队的成立，一致的动员团结起来，以积极的行动来支援本队的战斗，广泛的展开反对蒋、李、黄匪帮的征兵、征粮、征税的斗争，广泛展开借粮救荒，组织民兵，保卫生产，参加本队的作战工作和解放事业，共同粉碎李、白、黄回师割据，以及正在桂北组织所谓自卫团的败兵之卒的陈恩元等匪帮的阴谋。至于国民党反动政府的文武官员，只要他认清是非，翻然悔悟，出于真心诚意的向人民立功赎罪而确有事实表现，因而有利于人民解放事业的推进，减轻人民的痛苦者，不问何人，我们均表欢迎。

本队目前的主要政策：

第一，集中火力打击反对人民及我队的反动头子、地方恶霸、首要特务，并消灭其武装组织及没收其财产；联合与中立不反对我现行政策的地主富农和一切可能联合与中立的社会力量。本队对蒋、李政府文武人员依照"首恶者必办，胁从者不

问，有功者受奖"原则处理。即使过去曾反对我们的人员，只要他决心停止其反动罪恶行为，我们也以宽大对之。

第二，反对三征，救灾救荒，适当的执行减租减息和生产合作的社会政策。

第三，以合理负担的原则决定财政政策。

第四，凡一切遵守本队现行政策的人士，其人权财权均予保障。

本队全体指战员同志们，为了革命事业的彻底胜利，我们就应更密切的依靠人民与更无限忠诚的为人民服务，更积极的学习，武装头脑，武装手脚，必须做到学会打仗、做群众工作与生产的三套本领，提高自己的战斗力和坚决执行命令，执行政策，执行三大纪律八项注意，以完成配合南下大军解放桂北、解放广西的光荣任务！

总队长兼政治委员　吴腾芳

副　总　队　长　全昭毅

副　政　治　委　员　阳雄飞

政　治　部　主　任　陈亮

参　　谋　　长　傅一屏

桂北人民解放总队总队部公布
桂北局部和平条件①

（一九四九年八月）

中国共产党领导的人民解放军，自胜利的渡过长江后，第二个新的战略攻势已于七月十五日开始了，分三路大军（东路由江西进军，包围衡阳，中路由粤汉铁路南下，西路由湖北插进湘西）正以排山倒海之势，解放湖南，逼近广西，无论广西统治者如何死硬，也决不能阻挡解放军解放广西。本队为着减轻人民痛苦，避免人民生命财产的损失，特依据中共中央八条二十四款和平协定的精神，公布下列和平条件，以作桂北国民党各级政府及所属武装部队的局部和平解决方案。希望我桂北各人民团体、开明绅士、农工商学各界同胞，团结一致，督促桂北国民党各级政府，接收此项条件，为实现和平而奋斗。

一、桂北一切国民党军政机关的人员，不问何人，如果认清是非，翻然悔悟，出于真心诚意，确有事实表现，因而有利于人民解放事业之推进，有利于用和平方式解决问题者，准予减免罪过，或减轻罪名，给以宽大待遇。

---

① 本文是根据当时桂北游击队队员（姓名不详）保存下来的笔记本中抄录的原文翻印。原标题为"公布局部和平条件"，为便于查阅，标题全写为"桂北人民解放总队总队部公布桂北局部和平条件"。

二、桂北国民党军政机关的人员，不问何人，凡属怙恶不悛，顽抗革命，阻碍人民解放事业之推进，不利于用和平方法解决问题，或竟策动叛乱者，本队予以从严究办，其率队叛乱者，决予以讨平。

三、桂北国民党政府所属的一切武装部队（包括省保安队、县保安队、警察队、交通警察、自卫常备队及一切乡村反动武装），于接收〈受〉和平条件后，均应依法开赴指定地点，向本队实行和平移交，并应严格遵守纪律，不得破坏地方秩序。

四、桂北国民党政府所属一切武装部队，在其驻地之城市、乡、镇、村、街，交通要道，当本队尚未到达接收前，不许有任何破坏事件发生。

五、上述一切武装部队，经本队接收整编后，其官兵中老弱残废，经查验属实，确须退伍，并自愿退伍或转业者，本队均给予回家便利和生活的安置，务使各得其所，不致生活无着，发生不良现象。而改编为人民队伍后，应严格遵守人民解放军三大纪律八项注意，和本队的一切建制，忠实执行人民解放军和我队的军事、政治制度，不得违反。而退伍官兵应尊重当地人民政府，遵守当地人民政府法令。地方人民政府及当地人民，亦应对退伍官兵给予照顾，不得歧视。

六、桂北国民党政府所属一切武装部队，当本队尚未接收前不得再行征募兵员，对其所有武器、弹药及一切装备，一切军事机关设备及一切军事物资，均须负责保护，不得有任何破坏、藏匿、转移或出卖行为。

七、在本队尚未接收前，桂北国民党各级政府及所属的武装部队，应负责保护当地人民的利益，亦不得有摧残镇压危害等行为，并不得妨碍本队活动。

八、在本队尚未接收前，桂北国民党各级政府应负责保管一切政府机关、学校、国家企业（包括银行、矿山、铁路、邮电、公司、商店、仓库及一切交通设备）及各种属于国家的动产不动产，不许有任何破坏损失、迁移、藏匿或出卖。应将一切文件、图书、档案及一切产业资财，准备等候用和平方式向本队移交，并宣告自己的结束。当移交时，本队各部必须注意吸收其工作人员中一切爱国分子及有用人材，给以民主教育，并任用于适当的工作岗位，不使流离失所。

本和平条件公布后，不问何人，愿意停止战争，接收〈受〉上述条件解决问题者，均可派遣全权代表与本队接谈签字。

漫谈桂北形势及其任务①

（一九四九年 八月二十五日）

一、战略形势的形成

桂北是一个狭长地带，中间以湘桂路割分为路东、路西两大山区，每边有条主要山脉，均为我队以星罗棋布式地占领着，都龙山脉有湘漓、爱群的活动，越城山

---

① 本文是根据桂北总队副政委阳雄飞同志保存下来的笔记本中抄录的原文翻印。

脉有翔云及资源（小股）、龙义等队的活动，南峰和翔云部分，则分布在桂北湘桂路的两腰，威胁湘桂的交通，陷敌于处处防躲的被动地位。敌人虽有时集中兵力向我们进攻，但总不敢时间过长，像前次（阳历七月初）敌人集中兵力进攻翔云，我们则向资源一插，和向高原方面一扬，敌人的视线马上转变，待敌人想集中兴、灵、临、灌围攻高原时，灵川西部解决了公平、群益、蔡岗，缴获机枪五挺，步枪百余，爱群、湘漓向平板巨望进攻，越城（翔云）在兴安西部一扬，敌人就手忙脚乱了。灵川之敌刚到小平乐两天，就马上拉走了，灌阳之敌挨［被］拉住在下灌阳，无法来配合，兴安之敌搞不出什么就溜走了，这就是战略配合作用，也就是战略形势构成后才可能有的产物。

至于桂北各县的情形，全州的反动势力虽然较大，但因这些反动头子均比较聪明投机，今已半数找我们搭线了，未搭线的亦不敢过分反动了。兴安上层反动分子部分已经动摇（蒋西×已与我谈判），中层分子（乡长之流）一部分还相当顽固，但亦无法建立反动阵线。灌阳地势处于边省，受我上下夹击之下，真是首尾难顾。地方反动势力也不见得什么抬头，资源县长是一个孤立傀儡，被周、王两派操纵，但这两派均倾向我们的，王派比较可靠。灵川除了少数有成见及特务反动外，上、中、下层绝大多数是不反对我们的。义宁县长亦来与我们搭线，这些都是有利的。

二、敌我战略之运用

自我们战略形成之后，敌人一贯采用集中兵力重点进攻，企图达到各个击破的目的，但宣告失败之后，敌人马上改变了他的战略计划，采取较平均的使用兵力，各区同时进剿，同时在高原、海洋、义宁、越城（翔云）……等区进攻。今天据不完整的情报，我们的人员、地区并没有多大损失，高原地区仍能全部坚持，只有个别人员损失了一些，但敌人的伤亡却比我们重大。海洋林军的牺牲，而是在第二次扫荡前，他们二个人外出工作，在途中偶与灌阳新任的伪县长遭遇（听说伪县长亦受伤）。这是犯了政治的麻木的缘故。越城对某些新区作战时转移，和个别人员有负伤，但亦有些小缴获。以整个桂北来说，还谈不上有什么损失。而我们不像前次反扫荡中获得重大的收获，其原因：对敌人的战略改变的预见不够，加上发现时又因交通建立不好，不能及时改变我们的战略计划，将各区留下少数与敌周旋，集中几区兵力，选择敌人弱点进行小股歼灭战，也可以说我们没有采取重点进攻来粉碎敌人之平均使用兵力的战略计划，今后是可以灵活运用的。

我们今后军事斗争应积极寻找条件和制造条件，不断地向敌人进攻，才可能摆脱被动地位，这样不管敌人集中或分散使用他的兵力，我们都是有利的。例如敌人想集中兵力进攻高原时，后因受到湘、爱、越、南各区向敌人进攻，高原之围即解。像这次敌人较平均的使用兵力，各区便表现进攻力量不大，而空隙很多，如敌人进攻高原内南时，漠川是太平世界，进攻漠川时，内南又是太平世界，挺出的武工队活动区更是照常发展工作。灌阳更加是挨我爱、湘、海三区夹击后，敌则放弃了观音阁全乡，变成无政府状态，三面逐渐压缩敌人于县城附近。灵川亦然，敌人向西边进攻时，东边完全抽空了，若我们不因误了时间的话，可能打了一个有把握的攻

坚战。这些事实都可以说明了敌人平均使用兵力更不可怕，只要我们掌握进攻的精神，同样是可以使敌人手忙脚乱，争取我们的主动发展。

三、政治进攻的策略方针

我们队伍经过一个大发展后，刺激了敌人发动二次全面性的向我进剿，我们能在这两次反扫荡中获得了胜利与发展，因而更提高了我们队的威信，加上大形势日趋有利，已经搞开了大搞之门，准备大搞了。军事上应该选择吃得消的尽量吃，政治上也应该猛烈地展开攻势，使反动阵营益形动摇分化，更方便我们大搞。

政治攻势应掌握的精神，我们号召大家研究《成立宣言布告》、《桂北反动派应抉择的道路》和刚公布的《桂北局部和平条件》等几个文告，我们应掌握这些精神，用各种各样方法（写信、写文告，通过他们的亲友关系），向可能动摇的使他们更动摇，以致接受我和平条件，既搭线的叫他们准备和平移交，可能时就采取公平式（集中部队接收，交则接，不交则失）接收，若解放军进入广西境时，则向未搭线的家伙提出警告，并命令搭线的反动武装先行移交，来扩大自己的队伍，顽固的经警告后，再不悔悟即刻集中兵力逐个围歼，使政治攻势与军事攻势紧密配合，加速解放桂北，准备再去解放其他地方。

四、关于坚持发展问题

上面指出发展的前途，均是基于战略形势的构成及主力的建立起来，我们为了使指出的前途变成事实，我们还要好好的坚持发展这有利的战略形势和善于运用这批主力。最近发觉有些地区冻结了自己的主力固守老区，不敢大胆挺出开辟新区，被敌人经常集中兵力围剿，老区被动挨打，摧残群众，造成工作上的困难，这是受了保守主义思想的影响，都是对坚持发展两途不利的。另又有些区将全部力量挺出，留下一些不关痛痒的坚持，几乎等于放弃老区。既挺出之后又有不按照预定计划挺进发展，结果造成了新区打不开，老区又弄了去，发生经济困难流亡于友区，这也是对坚持发展两途不利的。今后希望各处要注意到老区，同时要注意到发展新区，才能够保持我们已形成的有利战略形势，来发展将来更有利的形势去完成我们的任务。

五、桂北形势的发展

今天桂北形势发展的规模已日趋扩大，情形日趋复杂，我们要使它行动一致，必须建立起健全的统一领导指挥关系，曾与上级共同决定成立桂北人民解放总队，并设路东支队与路西支队。路东各区按照发展人枪多少而组成一个或二个大队，统属路东支队部指挥。路西亦同样于路东。而路东、路西二支队，则直属总队部指挥。现在党政军民一元化，统属于部队指挥，不容许任何杂牌部队的合法存在和破坏建制等行为，凡我桂北党同志务须服从此项决议，并贯彻部属，肃清一切假借名义，投机取巧，或无纪律无政府等不良现象，并改正这种不正确的思想，来建立我们的正统的队伍、正统的思想、正统的作风。

六、目前的基本任务

1. 尽量扩区扩员，壮大队伍。

2. 普遍的破坏敌人的交通（包括铁路、公路，县、乡交通电线）。

3. 有计划有步骤的进行群众总动员的准备工作。

4. 有计划的进行调查，可以进攻的对象，俟条件成熟时即予进攻围歼之。

5. 动摇和分化敌人内部，准备将来实现局部和平或现在尽可能采取公平式接收。

6. 有计划的扩大宣传形势和解放军及我队的政策，尤其是公布《桂北局部和平的条件》。

附：上面这些问题可向党员同志传达或发动小队职务干部研究。

新形势新任务与我们的搞法①

（一九四九年九月）②

一、桂北形势发展的趋向

（一）桂北在怎样的情况下解放？

自七月十五日解放军发动渡江的第二次攻势以后，八月四日长沙和平解决，八月七日大军亦解放重庆，包围衡阳，战事一天天逼近广西，桂北形势起了一个根本上的变化。现在，衡阳虽未攻下，而桂北反动派已根本上动摇，这已到了桂北解放的前夜。但敌我对比，我当处劣势，故我的胜利还须看解放大军的促进。因此，解放大军何时到桂北，桂北在怎样情况下解放，是值得研究与正确的估计的。

我们可以把桂北形势发展的趋向分为两个阶段：

1. 从现在起到衡阳解放。

2. 从衡阳解放到大军入境时。

单纯在军事上我可以从哪里到哪里，因为：

①我军力量的绝对优势（50万与10万比）

②衡阳不解放，白决心死守的据点。

③衡阳是孤立的突出的据点。

④解放军进军日程也应如此，因为年底解放全中国。

但为什么不在长沙解放后马上长驱直入呢？因为：

①赣江西、粤汉东的一大片地方次第要接收肃清与建立政权。

②程、陈部队的改编与整顿。

③湘赣战场东西两路军的齐头并进（赣州、湘西、湘西南）。

④军粮的补给须要稍待。

---

① 本文是根据桂北人民解放总队第三大队某同志保存下来的笔记本中抄录的原文翻印，文件作者为桂北人民解放总队。

② 时间是编者根据内容判定的。

⑤促成K①内部分化，争取局部和平解决。

⑥更有计划的歼灭衡阳之敌。

这些步骤的完成，大概一个月左右继续进军一定开始，那时衡阳的解放是毫不成问题。

（二）两个阶段、两种任务：

大军入境前（即从现在到大军抵达桂北边境时）的任务：

1. 政治上——加强政治攻势，促成敌人的动摇瓦解，分化反动阵营，加速发动组织群众，思想动员作大搞准备。

2. 军事上——配合解放军的军事攻势，作直接的战略配合。

主动出击，用军事行动配合政治攻势，大军入境时（即大军到来反动派主要军事力量已撤退或歼灭后）：

1. 政治上——①接收政权，维持治安，动员地方人士建立临时政权；②大量筹粮，支援前线，尽量动员群众成立各种组织。

2. 军事上——①接收搭线武装，壮大自己，团结地方残余反动武力；②编整部队，继续南下，协助其他区域的解放。

二、敌人崩溃时的状况

（一）死硬派的最后挣扎：

1. 白、李②无法守桂北。

2. 桂北反动地主武装仍可能割据，陈恩元、蒋雄割据湘桂边，蒋余孙割据全资外巴山川大湄岭一带，蒋文度割据全州金山一带，石觉在义宁，林秀山等土匪队伍，钟祖培据恭城，蒋要谷、唐明之据兴安，吕竞存、李宗仁死党据临桂西南区。黎行恕地主在阳朔。

3. 其余作恶过多的反动〔派〕，自知必死，可能各自带领一部死党，破坏地方秩序，当土匪，如灵川秦明，灌阳伍明勋，兴安赵壁，全洲蒋钦熙、蒋三，龙胜黄治权、鲍钧。

（二）动摇分子的变化：

1. 派人与我搭线。

2. 率队来降。

3. 设法逃跑。

4. 立功赎罪，杀其首恶首长赎罪，带领物资。

5. 号召反动分子来降。

（三）反动派内部分化：

1. 县长逃跑，其余人员星散，或投降。

2. 县属重要人员包围县长相率投降。

---

① K，指国民党。

② 白、李，指白崇禧、李品仙。

3. 县长跑了，大军未至，反动军未撤，另选出来维持，我可与其定条约。

4. 有实力有企图的保安队，脱离 K 不受指挥或局部降我。

5. 杀县长，互相杀害，以图立功赎罪。

6. 乡长逃走，地方另找人来维持。

7. 各乡变成无政府状态，实则归我。

8. 保匪集聚县城不敢出来，乡间为我活动地带。

9. 发一个宣言，马上转过来挂起革命的招牌。

三、各阶层的变化

1. 地主富农资本家：

（1）过去反动，现在看形势不对纷纷逃跑，或派人认错，并愿立功赎罪。

（2）过去不反动，但不满我，现在心里也向我，被迫捐款，现在反觉光荣。

（3）自动捐献军粮慰问劳军，并开会筹款，借粮救贫等。

（4）号召地方上层组织迎我，但实际想取得统治权，保障其利益，并统治人民。

2. 野心的投机者：

（1）假借我名义，或不用我名义组织武装，实际不受我领导指辉，不实行政策纪律，趁机混水摸鱼，发洋财，搞搅压迫人民，他以为在我到后当能投过来，又有地位，又发了财。

（2）组织武装割据一方，不对敌斗争，企图将来取得地位，并有为解放军不为我的野心，企图与我争地位。

（3）流氓土匪趁机而起，打家劫舍，扰乱治安，混水摸鱼。

（4）并不是地方知名之士，或过去是反动的，也挂起欢迎旗，企图取得地位捞它一水（把）。

3. 开明士绅上层分子：

（1）虽知大局发展趋向，但明哲保身，不愿管事，闭门不开。

（2）不愿地方太乱，人民受损失，出来主持正义，组织临时机构，了解我。

（3）号召上层分子请愿宣言，迫使地方反动投降。

（4）积极分子起来号召各阶层人士，一致反对反动派。

4. 公教人员与知识分子：

（1）一般来说投向我，希望能为人民事业尽力的居多，积极参与各种活动，自动组织武装，从事斗争，并归我编。

（2）落后的只希望谋个出路，找个饭碗。

（3）积极拥护我政策，参与接收工作或准备移交。

（4）但也有不明我政策，而害怕清算掩蔽起来。

5. 农民：

（1）积极大量参军参政，参加各种组织，或自动的组织队伍出力，自动的反 K、打 K，击杀个别恶霸特务。

（2）参加支援前线的各种勤务。

（3）自动起来斗争，但应防止过于斗争没收倾向。

四、我们的具体搞法

（一）大军入境前（即目前）：

1. 发动政治攻势，有目标、有计划、有步骤的发出四个文告。

2. 发出便函，警告反动头子、反动分子，争取动摇分子，号召开明人士向我。

3. 局部的命令搭线分子和平移交。

4. 组织民主人士逼迫包围反动分子向我投降，或签定协定。

5. 作大搞的思想动员，尽量扩展群众关系，加强群众组织。

6. 作接收准备工作，接收干部的训练与分配。

7. 配合大军作战，牵制敌人，破坏交通，打乡公所，打保匪，丧敌胆，壮士气。

8. 巩固部队，扩大部队。

9. 学习攻坚战，打下一两个反动据点。

10. 高度流动，扩展新区，多多放出武工队，把真空地带突破。

11. 把分割的我地区、我部队连成一线，最好打成一片。

（二）大军入境时：

1. 接收搭线武装，壮大自己，消灭反动武装。

2. 扫清重要反动据点，逼反动投降，整编队伍。

3. 直接袭击溃退败兵。

4. 收缴地方反动地主、散兵游勇武装。

5. 下最后通牒，逼反动投降（不答复即歼灭）。

6. 接收政权，维持治安，建立政权机构。

7. 捕捉战犯及反动头子。

8. 政府机构大量筹粮，支援前线，继续进军。

9. 尽量扩大队伍，动员群众建立各种组织。

10. 动员地方人士（知识青年、教师）协助接收工作。

中国共产党柳北区工作委员会
柳北人民解放总队宣言

（一九四九年九月十五日）

今天，中国人民的解放战争，已即将在全国范围内获得胜利，一切残余的中国反动力量即将迅速肃清，中国人民的大翻身，已在眼前！

由于南下大军的迫近和地方人民武装力量的迅速壮大，广西的革命斗争形势，即将出现大变化，柳北地区的革命斗争形势，也即将出现大变化。柳北人民解放总队的前身——桂黔边人民保卫团正式成立不久，在七月份起以后的两个半月期间，只以一、二大队来说，已歼灭敌兵共约八十三名（最后战果未清查，此项未有确

数），毙特务十六名，解放了七个伪乡公所，缴获轻机七挺，手提机一挺，步手枪七十七支，粉碎了敌人对融南区、融罗边每次动员四百人以上的两次"围剿"，使伪二区专署、伪十五区专署和融、罗、柳等县伪政府及一切反动派受了沉重打击，使广大的人民欢欣鼓舞，并提高了斗争情绪，壮大了人民武装，更使数乡人民完全解脱了国民党反动派三征毒政的压榨。而这一些只不过是一个开始，柳北人民解放战争的更大胜利，必将继续出现，以至完全解放。如果任何反动派敢于组织"围剿"，也必定要受到更大的痛击，以至于全部消灭。

在这里，我们再一次郑重宣告：本地区国民党反动派所属机关、部队人员，如果还敢怙恶不悛，继续进攻、屠杀、逮捕、掳掠、压榨人民和人民武装的，我们必定予以坚决消灭。如果真心悔悟，决然停止恶行，保护一切武器公物，和平移交本总队，或者戴罪立功，向人民赎罪的，就会得到宽恕或嘉奖。根据最近有些反动机关的负责人，在和我们进行谈判的时候，有拖延欺骗的迹象，有些一向为害人民的野心家，则一方面宣称维护人民利益，向我们要求联系和领导，一方面勾结和协助反动派进攻人民，现在我们特再提出警告：如果他们蓄意玩弄阴谋，不即改过，必定要受严厉惩办。

本委员会和本总队，将领导全区人民进行社会改革，减租减息，保护民族工商业，保障人权，维护少数民族利益，尽量减轻人民负担，使被剥削被压迫的万千人民，抬头翻身，建立独立、民主、自由、统一、富强的新民主主义社会。

受尽千痛万苦、挨冷挨饿的工人们，男女农民们，教师学生职员们，开明士绅们，民族工商业家们，苗、瑶、侗、壮等少数民族的兄弟姐妹们，组织起来，奋勇斗争，参加部队，支援前线，大步向前，迎接南下大军，解放自己，解放整个被压迫被剥削的阶级！

中国人民解放战争胜利万岁！

中国人民民主共和国万岁！

司令员兼政治委员　莫　矜

副　政　治　委　员　谢之雄

政　治　部　主　任　林润葱

桂中区人民解放总队政治部
警告各乡村街甲长及顽固豪绅书

（一九四九年九月二十六日）

各乡村街甲长及顽固豪绅们：

国民党反动派二十余年来独裁卖国内战的统治，造成了中国有史以来最黑暗最悲惨的局面。另一方面，中国人民在中国共产党领导之下，前仆后继地坚决地反抗

国民党反动派这种罪恶滔天的法西斯统治。现在全国范围内基本上已经获得胜利，国民党反动派在经济上、政治上已经彻头彻尾的垮台了。军事上由于解放军最近猛烈的进展，在西北解放兰州，深入青海，歼灭马家军；在华南解放福州、长沙，下曲江广州，歼灭白家军。国民党反动军队，现在剩下的已经是残余之残余。最后的全部干净彻底肃清这些残余匪军，解放广西，解放华南，解放全中国，绝不是长久的岁月问题，只是个把两个月的时间罢了。

你们过去在国民党反动派欺骗宣传蒙蔽之下，或多或少，曾替他们做过一些坏事，论□□□，该当何罪？你们会说，我是奉命行事，何罪之有。或许又会说，我之所为是出之被迫，为着自己的生活和生存，不能不应付应付。这些想法都是愚蠢的欺人自欺。你们这种行为，对少数国民党反动派来说，是他们的好助手，对广大人民来说，是敌人的帮凶。例如最近广西国民党反动政府为着拖些活人来陪葬死尸，到处疯狂地向人民进剿，你们则奉命：

（一）帮助伪政府迫丁迫粮迫夫，支援伪进剿部队，向人民及人民解放军进攻。

（二）勾结土匪流氓，出团配合伪进剿部队烧杀奸淫，掳掠人民及人民解放军工作人员及其家属。

（三）替伪进剿部队放哨守卡，逮捕和阻难解放军工作人员及其活动。

（四）替伪进剿部队作侦探，送情报，造谣惑众等。

以上这些及类似这些行为，近在贵县、武宣、桂平、象县各地推行。你们凭着良心讲，这能说是无罪吗？你们为着生活和生存而危害人民，能说是无罪吗？

国民党反动派最后的任何挣扎，都挽救不了他们的死亡，这已经是中外公认，连反动派自己也默认了的。人民审办处决他们不久就要到来，你们这些帮凶要和主犯殉葬呢，还是要生存？放下屠刀，立地成佛，立即停止作恶，向人民悔过自新，立功赎罪，就是生路。否则，你们忠实于国民党反动派到底，本军必予以严办，绝不宽恕。

桂北人民解放总队命令

（一九四九年十月十日）

桂北人民解放总队路东支队暨各大队基干队、武工队同志们，桂北人民解放总队路西支队暨各大队基干队、武工队同志们，桂北人民解放总队独立大队全体指战员同志们：我于八月间公布桂北地区的局部和平条件后，桂北国民党各级政府及其所属武装部队，已接受我局部和平条件进行谈判。准备和平移交者有之；动摇不定、模棱两可、保持观望态度者有之；企图反动到底、拒绝接受我局部和平条件、顽抗本队者有之。当中国共产党领导的人民解放军最后彻底歼灭国民党反动派残余势力的今天，我队为肃清桂北反动势力，配合解放军解放桂北、解放广西，我命令你们：

（一）奋勇前进，坚决彻底干净全部地歼灭桂北境内的一切敢于抵抗的国民党

反动势力，解放桂北人民；

（二）奋勇前进，逮捕一切怙恶不悛的反动头子及战争罪犯；

（三）向桂北一切国民党地方政府、地方军队发出最后通牒，令其接受我局部和平条件并即实行移交；

（四）对于接受我局部和平条件者，令其按期移交。

总队长兼政委　吴腾芳

桂北人民解放总队最后通牒

（一九四九年十月十日）

中国共产党领导的人民解放军已浩浩荡荡进入广西，继续追击国民党反动派的残余势力。广西反动统治者三大豪门已经完全崩溃，李、白、黄及其走狗们已到了最后死亡。本队为着减轻人民痛苦，避免人民生命财产的损失，曾于八月间公布桂北地区的局部和平条件，以作桂北国民党反动派各级政府及其所属武装部队的局部和平解决方案，不意你们竟敢观望漠视，甚或企图顽抗革命，阻碍人民解放事业之推进。现特严重发出最后通牒，限即答复，并即派遣全权代表与本队接谈移交。否则执行军事解决。倘胆敢顽强抵抗，则坚决予以全部消灭。

此致

桂北国民党反动派各级政府及其所属武装部队知照。

柳北人民解放总队布告

（一九四九年十一月十一日）

解放大军进入省境，广西反动残余即将全部肃清，本总队逐步接管本区各城镇圩场，以使各该地人民，迅速从反动统治下解放。凡本总队所部进入城镇圩场时，希各该地人民安心从事原来事业，并协助本军维持该地公安，检举潜伏之反动分子，保护大众利益。至于残留各该地之反动分子，应即向本军报告投诚，不得再有丝毫妨害人民之行动，否则严惩不贷。至若本总队人员有违反中国共产党政策及中国人民解放军纪律时，均可向本军人员或领导机关报告，本军绝对查明办理，决不宽容。现订定本军进入城镇圩场规则，希我军民，一律遵照，此布。

司令员兼政治委员　莫　矜
副政治委员　谢之雄

柳北人民解放总队命令

（一九四九年十一月二十四日）

本总队全体指挥员、战斗员、工作同志：

解放大军已在广西人民的渴望中进入柳北，疾扫广西反动派核心地区，广西即将全部解放，柳北地区革命高潮已经来临，群众情绪空前高涨，反动残余力量全部溃窜，现在我们命令你们：

（一）依照中国人民解放军命令，奋勇前进，消灭一切敢于抵抗的国民党反动军队，逮捕一切怙恶不悛的战争罪犯，在中国人民解放军第四野战军领导之下，严守纪律，解放全柳北地区。

（二）向本地区一切国民党反动残余武装或个别人员提出最严重警告：即依各所在地区向各大队缴械投降，依照中国人民解放军约法八章及本总队约法八章予以处理，如有违抗，依本命令第一项予以坚决消灭。

（三）向本地区一切非中国共产党领导之武装要求，即刻依照各所在地区向各大队接洽收编，服务人民。

（四）领导人民，在一切前哨工作、后勤工作上，尽全力协助解放军，全部消灭敌人，完成人民解放事业。

司令员兼政治委员　莫　矜

副　政　治　委　员　谢之雄

政　治　部　主　任　林润葱

中国人民解放军桂中支队司令部布告

（一九四九年十一月二十五日）

解放大军分五路进入广西，截至本月二十二日止已解放了桂林等二十三县市，广西全面解放指日可期。本支队奉令统一领导桂中区人民武装斗争，配合大军作战，消灭一切敢于抵抗的国民党残余军事力量，迅速摧毁国民党各级伪政权，建立人民民主政权，坚决执行中国共产党、中国人民解放军各种政策。如国内和平最后修正案、中国人民解放军约法八章、华南人民武装当前行动纲领、中共华南分局负责人说明华南时局有关政策等。兹特宣布我们当前的主张和态度如后，愿与我全体人员共同遵守之。

（一）坚决执行中国共产党、中国人民解放军、中华人民共和国中央政府各种

政策。废除苛捐杂税、实行减租减息；合理负担，生产合作，救灾救荒，保护工商业，保护人民生命财产，安定社会秩序。

（二）依照"首恶者必办，胁从者不问，立功者受奖"的原则，凡过去反对本军、危害群众的反动分子、反动团队，只要悔过自新，热心出枪出粮，或自动投诚，或光荣起义听候收编者，则保证其生命财产的安全，给予为人民服务的机会。如执迷不悟，敢于继续顽抗者，则予彻底、干净、全部歼灭之。

（三）国民党各级伪政权及机关社团的工作人员应立即停止执行危害人民的反动政令，并切实保管公共财产及物资、档案等，静候接收，不得变卖、偷换、盗窃与破坏，否则决予依法究办。

（四）解放大军已到达本区范围，仰我全区民众一致奋起，为大军准备驻地、积极筹粮及慰劳品等，热烈迎接大军。

此布

司 令 员 兼 政 治 委 员　廖联原
副 　司　 令　 员　韦志龙
副政治委员兼政治部主任　韦纯束
副 政 治 部 主 任　李捷三

桂西北人民解放军第五团奉令改编为
都宜忻人民解放总队成立宣言

（一九四九年十一月）

桂西北人民解放军第五团现奉令改编为都宜忻人民解放总队，特发表宣言如下：

本总队作战目的，在如（于）配合中国人民解放军第四野战军，摧毁国民党广西反动政府军队及地方反动势力，迅速解放广西，使广西人民翻身作主，为实现民主自由、丰衣足食的新民主主义而奋斗！

本总队目前的主要政策：第一，集中火力打击反对人民、反对我军的反动头子及地方恶霸、首要特务，并消灭其武装。一切赞助我现行政策的各社会阶层、民主人士，我们愿与之联合而奋斗；愿守中立的一切社会力量，我们当以友好态度对待之；对蒋及李、白、黄之各级军政人员，依"首恶者必办，胁从者不问，立功者受奖"原则处理之。故即使过去反对我们的人，只要他重新改邪归正，我们也宽大对之。第二，反对"三征，实行减租减息、生产合作、救灾救荒的社会政策。第三，以合理负担原则，决定财政政策。此外，并忠实执行华南人民武装行动纲领。第四，一切遵守本军政策的人士，其人身财产俱予保障。

本总队接受中国共产党伶（领）导，服从中国人民解放军指挥，对中共每一主张，以及中国人民解放军每一指示，当具体而坚决执行。

在本总队活动地区，人民政权尚未正式成立之前，一切保卫人民的利益的行政事宜，以及本军活动地区内之接收工作及其他部队起义敌军之改造教育工作，概由本总队政治处处理。

桂西北人民解放军第五团。以艰苦奋斗之精神，一年中由小到大，在人民罪犯莫树杰、陈公展等不断进攻中、在广大人民支持维护之下，壮大起来。今年七月间，更以化整为零，敌进我退之方针，打破反动派之围剿，扩大地区，扩展队伍，迅速积聚了更壮大之力量。当兹奉令改编为都宜忻人民解放总队，负担起更重大战斗任务之时，决当发扬第五团爱护人民、英勇作战、严守纪律之传统精神，效忠于我本区之广大人民。第五团所建立之各种人民团体、武装工作队、民兵，概由本总队伶（领）导。第五团与各方面一切未完成之事务与手续，概由本总队负责进行。所发出的一切文告、单据，一切账目、物资关系，概由本总队负责。桂西北人民解放军第五团番号正式取消，其所属机关部队及番号，亦一律取消，另外命令颁发新番号，一切冒用其番号者，决予严办。

国民党反动派最后仅有一点残余力量，已被我大军歼灭干净。我大军现在从北东南绵长战线上，向广西大举进军，省内各兄弟部队如两（南）路之粤桂边从（纵）队各部、西部之桂黔滇等纵队各部、桂林以北之桂东北人民解放军总队、柳州以北之柳北人民解放总队，正以一日千里之速度在发展起来，各地人民也大量发动起来、组织起来，做翻身作主的最后斗争。反动之广西省政府已迁逃南宁、百色。今日人民力量已无比强大，任何的反动势力都可指日消灭。我们在解放大军、省内外兄弟军、广大人民配合支持下，完全有信心争取区、全省的迅速解放。

本区的工人、农民、知识分子、工商界、开明士绅、民主人士们！一致动元（员）起来，支援本总队活动，为彻底扫除李、白、黄三大豪门二十年来的血腥强盗统治，争取人民翻身作主，实现新民主主义而奋斗。

本总队全体指挥元〈员〉、战斗元〈员〉、同志们，必须以高度的政治觉悟与胜利信心去提高战斗能力，和坚决执行命令、执行政策，遵守三大纪律八项注意，以完成配合大军迅速解放广西的光荣任务。

中国共产党都宜忻工作委员会

都宜忻人民解放总部〈队〉

司令员兼政治委员　路　璠

副　司　令　员　覃宝龙

周庭杨

副　政　治　委　员　吴师光

政　治　处　主　任　覃　展

政　治　处　副　主　任　陆昌荣

我 们 的 主 张

我们是人民自愿组成的队伍，全心全意为人民服务。我们的主张如下：

一、坚决反对美帝国主义侵略中国，奴役中国人民。为解放中国一切土地，争取民族完全独立而奋斗。

二、坚决消灭蒋李白黄残余的反动力量，解除封建专制的压迫和剥削，建立一个人民作主的新中国。

三、反对国民党的三征暴政，废除苛捐杂税，保护人民利益。

四、保护人民经营的工商业，没收反动派经营的工商业归人民所有。

五、国民党的公教人员，如不持枪抵抗者，不加俘虏，如过去与我对立，今天能觉悟悔改，并有事实表现者，可将功赎罪。

六、欢迎国民党各级政府及官兵起义，起义的官兵与解放军同等待遇。公教人员量才录用。

七、社会上公正士绅、开明人士，欢迎其参加民主政权。

八、反对民族压迫，各民族一律平等，扶助少数民族建立其民权及武装。

都宜忻人民解放总队政治处印

一九四九年十一月

柳北人民解放总队司令部、政治部发布十、十一月份战绩初步统计

（一九四九年十二月）①

主要战果：解放县城一座，乡十八个，毙伤敌一一九名，俘敌十四名，缴重机一挺，轻机十三挺，冲锋枪十三挺，步枪二四一支，驳壳十一支，其他手枪五支。

十月六日——九日：敌攻融南大塘、北山一带，七日广东坳战役、八日北山下岭脚坳战役，共毙敌五十名以上（据敌六八六团对其上级之报告），敌精锐第四连被完全击溃，连长毙命。

十月七日——二十日：敌屯兵龙岸准备进攻融西永乐。十日公景后岭战役，十一日我赴寨胜摸营，十三日鹅颈坳战役，二十日攻克龙岸，共毙伤敌二十三名（内连、班长各二名），俘一名，缴重机枪一挺，步枪二支，驳壳一支。事后罗城敌自卫中队刘绍光等放下武器，缴轻机一挺，步枪十支。

十月二十八日：解放罗城的黄金、寺门，缴寺门乡公所步枪十支。

十月卅一日：在柳城的龙头毙特务杨同荣一名，缴长、短枪各一支。

---

① 时间是编者根据内容判定的。

十一月三日：接收和睦自卫队轻机三挺（其一为事后退回），步枪二十二支。

十一月十一日——十二日：解放龙头，进军大埔，俘敌十三人（包括柳城敌自卫总队副甘达霖），缴步枪十六支（内龙头乡公所五支），手枪二支。

十一月十一日——十三日：接收融北浪保乡，及伏击伪区长，毙伪区长江文显一名，两役共缴轻机一挺，冲锋机［枪］一挺，步枪二十二支，驳壳四支，白朗宁手枪一支。

十一月十三日——十九日：接收小长安（罗城南）、云峰、龙美、古岩（柳城西北）四乡，共缴轻机二挺，步枪三十七支（包括罗城敌在小长安农场步枪二支），驳壳枪一支。

十一月十五日——十七日：十五日我攻太平，十七日敌攻古老，共毙伤敌十六名（内连、排长各一），俘二名。

十一月十八日——十九日：敌进犯黄金，被我击退，毙伤敌四名，俘敌四名，缴步枪四支。

十一月二十日：解放融县县城。

十一月二十三日：解放东起（融东），俘敌二十七人，缴轻机一挺，步枪十四支，驳壳二支。

十一月二十六日：接收冲脉（柳城西），缴轻机二挺，步枪十支，驳壳二支。

十一月二十七日：接收德里，缴步枪十七支，事后又续缴指挥所步枪九支，驳壳二支，左轮一支。

十一月　　日：接收融北安江，缴轻机二挺，冲锋机二挺，步枪十四支。

十一月　　日：接收浮石，缴轻机一挺，步枪四十八支。

附补：

九月二十五日东岭战役毙伤敌安江自卫队二十名以上。

九月二十七日融北袭击镇东同华村公所，缴步枪二支，驳壳一支。

总结五个月（七——十一）战果

1. 总共毙敌二九一名（内俘七十一名），缴重机一挺，轻机二二挺，冲锋机三挺，手提机一挺，步枪三三六支，驳壳二十六支，其他手枪十三支。解放县城一座（融县），乡二十五个（永乐、玉高、和睦、四联、四和、荣安、潭头、东岭、大良、德理、东起、浪保、安江、龙头、云峰、龙美、古岩、冲脉、龙岸、黄金、寺门、小长安、大浪、白云、泗里）。

2. 起义者：融县四安大队梁直三、苏炳南、梁甲六以下四十五人枪，轻机一挺；融县敌自卫队第二中队第三分队李仲福以下九十三人枪；罗城黄金自卫队韦启华以下九人，二十支枪。

3. 由解放大军解放者：丹洲、长安、西隅、柳城、大埔、太平、沙埔、沙塘、洛崖等处。歼敌及缴获数量另计。

最后补充：

接收鼎安，缴轻机一挺，驳壳二支，步枪二十二支。接收带安，缴轻机一挺，

冲锋机一挺，步枪二十支，驳壳一支。接收盘安，缴轻机一挺，步枪二十支，驳壳二支。接收镇东，缴轻机一挺，步枪二十支，驳壳二支。共计轻机六挺，冲锋机一挺，驳壳七支，步枪八十支。此项未计上列总数。

（四）粤桂边区、滇桂黔边区的武装斗争

中共中央华南分局
对大军渡江后华南工作的布置①

（一九四九年五月七日）

甲辰虞致乙冯梁魏李周庄梁并报告大兄②：急

大军渡江以后我们工作布置如下：

（一）大军渡江以后特点是：甲、局部和平可能性很多，但必须在大军打在残敌头上才会出现。乙、如蒋桂残敌退粤桂滇闽，而我大军未到，我们仍然应加紧准备打破敌之进攻（敌有放弃华中西南，死守闽粤计划）。丙、由于我游击战争胜利，大军又将南下，对敌政治争取获得成就，敌矛盾困难完全不能解决，可能形成各地暂时相持状况。

（二）南下大军是攻打城市，因此在大军未到以前，我们必须将农村完全解放，控制在我手内，以便到时大军可集结力量解决城市工作及追歼残敌，不必分兵帮助我们下乡，肃清残匪。

（三）加紧城市接收准备工作，使大军到达时立即有计划接收。

根据以上三个问题，因此我们的工作部署计划：

第一，督促各区完成打成一片的战略部署计划。

第二，成立各边区临时行政委员会，建立县、区、乡政权（不要边县）以便接收。

第三，督促各地准备组织进城市部队，大县为一团，小县为一营，加强干部配备及城市政策教育。

第四，分局负责研究接收广州、桂林材料，林处负责研究曲江、惠州材料，魏处负责研究厦门、汕头材料，冯处负责研究江门高要材料，梁处负责研究广州湾、南宁材料，庄处研究昆明材料，冯处研究文昌、海口材料，每个地委，则由区党委

---

① 本文录自《华南党组织档案选编》，广东省档案馆 1982 年 3 月编。原题为《对大军渡江后华南工作的布置》，原编者注这是华南分局 5 月 7 日给各地的指示和给中央的报告。

② 乙即尹林平，冯、梁、魏、李、周、庄、染依次为冯燊、梁嘉、魏金水、林李明、周楠、庄田、梁广，大兄系中共中央的代号。

指示其研究一二中心县材料，各县委应研究各该县材料。将材料在二三个月内整理好，以便交给军管会参考接收。

第五，准备大批城市干部，以便大军到达时，交给军管会使用（各地熟认广州、桂林干部，必须准备由分局调动）。

第六，帮助乙魏二地先搞银行、侨汇贸易工作，以便取得经验帮助别区，准备夏收秋收时吸入大批米粮物资，迎接大军南下，并培养大批财经干部。

第七，根据约法八章，广泛展开搭线①工作，在目前求得冻结残敌于大据点，以便利我农村之发展，在必要时发动其起义，以粉碎残敌可能的进攻及把根据地联成一片，在将来，便利于大军的和平接收。

第八，用最大力量去进行部队教育及开办革命青年训练班，集中力量学习土改及双减政策、工商业政策、税收政策、政权建设。必须做到使三年来参加部队战争的优秀战士，能懂得搞乡政权工作，那时不怕无下层干部。

第九，物色及培养适当民主人士及各小党派中接近我们分子，以便解放时吸收他们参加政权工作。

第十，完成发展党，建立新青团及农会、工会、青年、妇女各种群众组织计划。

对于如何与南下大军配合作战，如何在敌可能进攻时的作战部署，如何在适当时机发动敌军起义，则将根据实际情况，临时讨论通知。

各地有何其他意见，望提出供我们参考。

中共十万山地委、粤桂边区人民解放军第三支队关于紧急动员迎接胜利的指示

（一九四九年五月三日）

（一）华南人民日久盼望的大军渡江，已于上月廿一日成为事实了。因为国民党反动卖国政府竟敢拒绝接受代表全国人民公意的"国内和平协定方案"，毛主席和朱总司令于廿一日发布总攻击命令，长江下游我军即在江阴、扬中、荻港等地登陆后，一举攻克南京，国民党反动军队望风溃处〈退〉。截至上月廿九日止，我军以破竹之势，连续解放无锡、苏州、吴兴、宜兴、长兴，前锋进入浙江省境，迫攻杭州，上海已被〔抛〕在后面。京、沪、杭三角地带，是蒋匪残余主力麇集之地，我军的铁锤首先打落这个地方，把它和桂系残余主力割裂开来，加以围歼，将使整个局势急转直下。

（二）渡过长江，进军华南，是把革命进行到底，彻底解放全中国的今年主要的军事任务。所以这次渡江必然一直打到华南主要部分的两广来。又因为经过三个多月的整调和后勤工作的准备，经过三个多月的政治攻势，我已充分揭露国民党反

---

① 搭线，指与国民党方面机构或人物建立联系。

动派的"和平"伪装,并加速敌人内部的分化混乱。在力量对比上,我以四百万精锐对敌六十万残余,我解放区连成一片,敌人则各不相顾。中国迅速取得全国胜利,是对全世界和平的伟大贡献,所以这次渡江必然是大规模的,是进展迅速的。渡江部队在湘赣地区组织两三个较大的战役,捕歼了敌之残余主力,问题即可基本解决。而为了迂回包围敌人,断绝其退路,又必然分出多股挺进支队四处突入,和华南各地游击武装汇合起来,猛烈发动广大人民参加斗争。所以,估计至迟新历六月底左右,南征的挺进支队就可以和我们两广部队会师边境。

(三)虽然现在反动派又叫嚣"准备决战"等等,实际上他们没有什么可打的本钱,他们所想到的只是如何设法逃兵[跑]。桂系加紧作固守老巢的准备,但还处在动摇投机中。广东军阀集团想依靠美帝国主义的支援,积极反动,可是扩军也已来不及了。十万山区周围的敌人政治上悲观绝望,彷徨分化。军事上广东钦防一带现在兵力纵不抽调应急,也决无兵可增的。广西思、明、上、绥各县现在就很空虚,大搞起来敌人纵来镇压一下,兵力也不会多,来也不能久留,不出新历□□底,混乱的局面,就会出现。大军渡江是华南局势急激变化的一大关键,是华南人民斗争高潮迅速上涨的开始,这对于我们的斗争,是空前地大大有利的。

(四)根据以上的分析估计,地委认为把"关于执行分局八月、十一月指示的决定"的各项工作,择要提早完成,[有]把斗争提高一步的必要。因此,决定在本月(新历五月)之内,一面展开斗争,一面压缩敌人,搞乱敌人统治,创造下一步斗争更有利的条件,一面即须以最大努力,把要准备的工作限期完成。下一个月(新历六月)我们就放手大搞,迎接大军。

本月内必须加紧准备的工作:

1. 把原有部队的主力整编完成(具体整编计划分别通知),这个主力准备随时由地委调动集中使用,可以脱离原地区外出作战。各地区则马上组织地方部队(大约一个县至少成立一个至两三个地方大队),加强领导,以便代替主力担任坚持原地区的任务。

2. 抽调强有力的干部组成军需工作部门,设法筹款(如加紧推销胜利公债)、筹粮(不能马上筹到,也要调查清楚哪处有存谷,以便主力开来打开取给)、筹弹(买得多少,就买多少,没有钱买,也要搞好买的路数,借的路数,捐的路数),立刻建立有效率的供应机构和制度,准备大股主力行动时的需要。

3. 系[统]地了解敌情,专人主持又按级交带,把本地区内敌据点驻地详细侦察其兵力、武器、设防、警戒、官兵情绪、群众关系、接近道路等项情形,并绘出详图以便进行攻击,歼灭夺取之。

4. 积极进行策反工作,布置内应工作,在原有队伍的基础上,有选择地扩军。在遵守纪律,服从指挥的原则下,大胆[改]编连络"掘尾龙"及绿林武装,以便大搞时壮大声势。

5. 二十、二十一两团必须在本月之内打两场至三场歼敌有生力量的或是以提高军威扩大政治影响(不是消耗仗)的伏[仗],其他地区部队、武工队以至□队、

民兵，由接到这个紧急指示之日起，领导干部必须带领他们积极地到处打敌人（打他下乡的小股员警，打他出来游耍的长官或散兵，虚张声势，骚扰敌之据点驻地，但要注意节省子弹，可用粉枪等），不能两三天打一次，也要五六日打一次（打的次数要登记下来，以便检查），绝不能藉口准备，停下来不打仗。不打的要受处罚，这样才能使敌人草木皆兵，愈加惊惶，推动形势发展。

政治上：

1. 紧急进行干部、全党、全军、各处地区的群众大动员，讲明形势，宣布任务，发布号召（如"到××食水粽"、"到××过中秋"之类），定立功计划，热烈鼓舞全体军民的高度斗志。

2. 猛烈展开政治攻势，一方面进行"出榜招贤"，团结一切有志之士，共对反动派；一方面普遍进行"劝降运动"，瓦解分化孤立敌人。

3. 群众斗争要把一般的反三征斗争提高到反抗难官逃兵的劫夺，推翻反动伪政权的剥削压迫。除了留作第二、第三线准备力量的乡村据点外，所有地区都作总的武装起义的准备（起义时间等候地委决定通知）。

4. 防城、钦县（包括灵西）、上思三县（其他地区有条件的，该区委通过先行建立，再行报告地委批准）全面宣传建立区、乡、村三级的民主政权。可以根据实情，有步骤的来，有地方干部可以担任政权首长的由地方干部担〔任〕，没有地方干部，由武工队、地工组（不是秘密的）甚至部队首长来兼任，在人民中确立起以我为正统，国民党政权是伪政权的明确观念，以利于号召广大群众，发动斗争（各级的组织条例随即发出）。

5. 支队司令部、政治部及新番号准备公开，县级政权准备下月建〔立〕，干部调进配备要及早物色人材。

六月行动计划另行通知。

（五）为了完成党与人民所给予我们的伟大光荣的任务，我各级领导干部同志必须深刻认识渡江以后的形势，必将一日千里愈激猛烈向前发展，绝不容许我们稍有观望犹豫。因此，我们思想上必须敢于胜利，一切都走前一步，占先一着，先发制人，积极努力，敢于创造，敢于负责，应〔反〕对因循敷衍的保守主义和任其自流的自由主义。政治上必须站稳立场，坚持政策，不因形势有利就关门，〔搞〕宗派，盛气凌人，时刻注意到扩大团结面，缩小打击面的基本原则，反对左倾冒险主义；组织上重视领导，严格遵守纪律，坚决执行决议，要识大体，顾全面，反〔对〕无政府无纪律状态，反对小气狭隘的本位主义；作风上，必须提倡大刀阔斧，反对"摸摸挲挲"的事务主义。必须将这个指示的全部精神，限期迅速贯彻到全党全军每个〔指〕战员的头脑中去，把指示所开列的工作更具体地布置执行，不断检查其执行程度。

（六）中国人民百余年来的解放斗争，我党领导进行了二十多年的新民主主义革命所追求的胜利的日子已经走到我们面前，这是一个光荣伟大的时代，这是一场紧急激烈的斗争。十万山区的所有同志们，我们要奋不顾身，竭智尽能，一往无前

地团结一致去加紧完成任务，迎接大军，迎接胜利。

中共桂中南地工委对目前斗争方针的补充指示①

（一九四九年六月）②

地委会最近决议的"放手小搞，猛烈发展，推开局面，迎接胜利"的方针，是综合了上级指示及本区斗争经验作出的结论，基本上是完全正确的。但对敌人做作的残酷性认识尚有未足，至少是不够明确强调指出，而在我们做法里头也缺乏具体的、有机的、艺术的、多种多样性的结合，所以特作这个补充指示，望各县工作同志深入研究具体执行。

一、对我们阶级敌人、广西反动政府的做法，我们应再次指出，而且着重地告诫全党全军的同志们，千万不可存丝毫幻想，他们不独决心作垂死前的挣扎，而且正在疯狂的大屠杀、大抢掠，以求肃清内部，维持垂死的统治。从永淳廖哲的乱捉、乱杀、乱抢到这次梁村的被难，梁瀚嵩的牺牲，我们看得十分明白，敌人对于异己分子，对付他的敌人的进攻是万分坚决与迅速的，他决不让我们与人民有任何一点喘息机会，有任何点滴的安宁，除非乖乖地服从他们的统治。因此，在我们面前提出了严重的任务，只有坚决的强化对敌斗争，才有生存与发展。谁要是尚存在丝毫幻想，谁就会吃亏，以至于被打垮。

二、在对付敌人疯狂的进攻，我们组织有力的拳头打出去是对的，没有这个拳头，真是不能谈得上打击敌人。但这个拳头要怎样打法，才能收到最好效果，都是值得用心思想清楚好好地解决的问题。

1. 必须在广泛的群众斗争基础上拳头才打得响。如果各地的群众没有发动起来，没有配合我们斗争，那主力队所到之处，就没有情报及给养，"拳头"简直打不出去。因此，必须普遍发动各地的武斗③活动，处处打击敌人，疲敌、弱敌，主力队机动突击，才能收到宏大效果。从而又加强了各地武斗，一步步提高，从小胜到大胜。

2. 必须有多种多样的斗争相配合，单有主力队去打敌人的武装部队及反动政权是不够的，这样敌人会集中兵力专打我的"拳头"，集中力量来保护上述那些被打的部分，要不断取得胜利是不可能的。因此，应发动群众性的破击战，打车、打粮食、打船、割电话线、破坏桥梁、发传单、捉特务、扰敌据点等，使之神经乱得不堪，捉摸不到我们的行动规律与主力所在，从而呈现许多弱点给我们取得胜利，我们既与活的敌人斗，又要与死的敌人斗。

---

① 本文是根据梁寂溪同志保存下来的笔记本中抄录的原文翻印。
② 时间是编者根据内容判定的。
③ 武斗，即武装斗争。

3. 地区更要好好配合起来，不能把战争胶着在农村里，这样会使我们的基本群众——农民及村庄不堪其苦，必须把斗争的另一线放在敌人的交通线上及敌人要害的地方，使他的兵力冻结在那些地方，使他注意力集中在那些地方，减轻敌人对农村的压力，方便我们先解决农村问题进而解决城市与交通要道。

4. 因此，除了组织主力队之外，还应该组织一个二十人左右的突击队，专门活动在交通线领导群众武斗，展开对敌的各种破击战，使〔敌〕疲于奔命。但这只是领导的队伍起模范作用的，决不是用它来代替群众的斗争。如果代替包办了，那又错了。

5. 普遍发动群众对敌斗争，不是一句空话能够做到的，必须脚踏实地将群众组织起来，行动起来。因此，凡是我们能活动的村庄都应将壮丁们组织起来，实行放哨联防，互相帮助等，并着重组织民兵，领导民兵斗争，有机会就打击敌人，不让他们有长驱直入的勇气，必须使他们知难而缩回去。

三、我们积极打击敌人之后，敌人自然会增加力量来压我们的，特别是破击敌人交通线后，这一线上的斗争更加尖锐，公路两旁的村庄同时受到扫荡。但那时，我们已有了更好的群众基础，群众更多的帮助我们，问题也不大的。即使是交通线上我们吃紧了，但农村又得到更大的发展，不是我们的胜利吗？我们估计：积极斗下去，敌人会可能增多一个团以上的兵力，会强迫公路上的村庄组织护路队，但增来的兵如分散防守，又有被我各个打击机会，集中又不能保护交通，各村的护路队已可能争取，又不能塞得密，割电线，烧桥梁，还是一样可行的，千祈不可怕刺激敌人，怕斗争！所谓放手小搞的精神就是大胆地领导已经要求斗争的群众行动起来。

中国人民解放军粤桂边区第三支队成立宣言

（一九四九年六月十五日）

百万雄师渡长江，南征月半，我人民解放军已连续解放南京、杭州、武汉、南昌、上海等名城重镇，全部歼灭了蒋何嫡系，粉碎了蒋匪帮的最后抵抗防线，现在正追奔〔南〕逐北，扫荡残敌，锐锋深入闽赣，箭头指向广州，两广人民翻身解放的日子，已经十分迫近。我十万山区军民，当此时机，只要全体一致动员起来，坚决勇敢向垂死的残敌猛烈进攻，就以〈能〉犁庭扫穴，最后地结束国民党的反动统治，和全国解放了的其他各地一样，步入新民主主义建设的新时期。

几年来我们这一支十万山区人民的革命队伍，坚持华南边疆的游击战争，由抗日时期的小董起义、那良起义，以至日本投降后反对蒋匪统治的光企起义、上思起义、思明起义，在南路人民抗日解放军、钦防华侨游击队、农民翻身总队和粤桂边区人民解放军第二十、二十一两团及思明大队光荣旗帜下，以中国共产党做领导核心，团结广大劳动人民，为民族和人民的彻底解放，进行了不屈不挠可歌可泣的艰苦斗争。两广的国民党反动派用尽残忍毒辣的手段，要想扑灭这支队伍而后快。但

是我们这支为人民尽忠服务而又紧紧依靠人民的队伍，它以人民为父母，人民视之如骨肉，因此就能打退了敌人无数次的围攻，克服了罕见的困难，战胜敌人，壮大自己，改正本身弱点，继承优良传统，到今天，星星之火，已经燎原，锻百千练〈炼〉，化成钢铁。在扫清盘踞在这个地区的残余反动势力和反动军队，配合大军解放华南的伟大战争中，主客观条件都要求这支队伍统一集中起来，负担起历史和人民给予我们的任务。

当我们敬谨接受中国人民解放军粤桂边区第三支队这个番号的时候，我们以能成为伟大的无敌的中国人民解放军之一部分，成为毛泽东主席和朱德总司令所指挥的队伍，获得中国共产党的英明领导，引为无上的光荣。这是我们无〔数〕先烈英勇牺牲，全体指战员共同奋斗，本地区人民爱护督促我们的结果。今后我们全体指战员、工作人员，必将奋不顾身，加倍努力，使无愧于这个光荣的称号，无负于人民的殷切〔期望〕。

国民党反动统治的黑夜已经过去，全国胜利的阳光迎面而来。我们当前紧急任务，就是坚决执行毛泽东主席和朱德总司令四月廿一日发布的命令，奋勇前进，彻底消灭本地区内外一切敢于抵抗的国民党反动派，解放钦防和桂西南的人民，逮捕一切怙恶不悛的战争罪犯，依法惩办，动员组织广大人民，武装起来，把国民党反动伪政权扫荡精光，建立人民民主政权，实现真正的和平统一，安定社会秩序。

全体指战员同志们！人民扬眉吐气当家作主的时代已经开始，但是敌人不会自己灭亡，还要我们再接再厉，最后彻底歼灭他，所以必须保持不骄不躁谦虚谨慎的作风，发扬艰苦奋斗的英勇牺牲的精神，一往无前，积极努力，迅速达成任务，缩短战争的时间。

同时我们在此要向钦防和桂西南各阶层各界人士有所说明：我们是中国共产党直接领导下的军队，是中国人民解放军的一部分，中共的政策主张和中国人民解放军总部的命令，就是我们一切行动与政策实施的准绳。我们在本地区当前一切行动措施，则均以中共华南中央分局负责人五月八日发表的声明为根据。简而言之，就是：

全体人民的生命财产，不分阶级、信仰和职业，均受保护，不得侵犯。如果乘机捣乱，抢劫或破坏者，定予严办。

除怙恶不悛的战争罪犯，罪大恶极的反革命分子之外，对于国民党的大小官员，凡不持枪抵抗，不阴谋破坏者，均一律不加俘虏，不加逮捕，不加侮辱。他们在我军或人民政府到达之前，必须切实保护各机关的资财档案等，听候接收。保护得力者赏，偷窃破坏者罚。在各级伪组织供职的中小公务人员，我军和人民政府接收后量才录用，不使流离失所。对国民党教育文化卫生机关中供职的人员，一律保护。

从前曾经反对我军，甚至协助过蒋匪军进攻危害我军的人员，只要他们从今以后，停止作恶，赶快立功自赎，所〈有〉事实表现者，本军亦一本宽大，不究既往。如敢不听劝告，继〔续〕反对我军，压迫人民，我军和人民政府决不宽恕他们，定必追缉归案，按情节轻重惩办。

除没收官僚资本外（其中如有民族工商农牧业私人股份，经调查属实，当承认其所有权），凡属私人经营的民族工商农牧业一律保护。我军所到之处，维持行旅安全，废除国民党的苛征暴钦［税］，进入城市圩场时，望各工厂照常生产，各行商店照常营业。

农村中的封建的土地所有权制度是不合理的，应当废除。但是废除这种制度必须有准备有步骤，先进行减租减息，重新进行分配土地。我们准备在今后一两年内，坚持实行减租减息政策，并使减租限于二五减租的范围。我们于帮助农民完成了减租减息任务之后，将以最大注意领导农民发展生产，恢复历受蒋匪摧残的农村生产力。为减轻民众负担，［民国］卅八年以前所欠公粮一律豁免。过去我们各部队所借的一切军费粮食，我们始终全部承认，本地区完全解放之后，即全数归还，不使帮助我们的人有所吃亏。

我们切实维护华侨生命财产的安全，对于如法帝国主义者在越南对付我国侨民那样的暴行，定当严重抗议制止，并要求其道歉赔偿。

在本地区的外国侨民，不问其国籍、宗教信仰为何，其生命财产一体加以保护，但有间谍行为，对中国民族独立与人民事业，包庇中国战犯、反革命分子及其他罪犯的，我们必断然加以制裁。

华南各地过去各民主党派所组织的武装队伍，现已由其负责人李济深、蔡廷锴先生发表声明，并分别正式命令他们向我各地人民解放军接洽收编改造。我十万山区各县境内，如有是项武装队伍，必须从速派人前来本军商量归缩。今后如果倘有冒各民主党派队伍招摇为祸地方者，本军为人民利益计，定必加以歼灭，并追究恶［惩］办其首作恶分子。本支队是本地区内唯一的中共直接领导的人民革命军队，除本支队所属各部队外，本地区再没有中共领导的其他队伍，如有冒用中国人民解放军名义或用其他名义，□帮［标榜］是中共领导的队伍者，那是国民党反动派或其类的阴谋，我们亦必须坚决逮捕肃清之。

经过几个月来的干部学习，部队整军，我们的队伍无论在质的提高，量的扩大，都有了显著的成绩。我们不只可以在运动中歼灭敌人，就是敌人想回守据点，我们也能把它一举全歼。今天的敌人是如此的士气消沉，惊慌惶乱，人人叫打，孤立无援；而我们则是如此的战［斗］志激昂、气吞河岳，处处拥护，队大势壮。我们必须发动全面性的勇猛进攻，不让敌人喘息地连续作战，如果敌人不投降，那就无情地消灭它！

十万山区的全体革命人民，一齐拿起武器，团结起来，参加主力，普遍组织地武①民兵，协助部队作战，支援前线，杀敌立功，复仇雪恨，布下天罗地网，把反动派一个个活捉起来，加以审判，彻底推翻国民党的反动统治，建立人民政府，抛去背上千年重压，从此解放翻身！

老区的同胞们！几年来我们亲如家人，情似手足地一同挨苦，一同战斗，现在

---

① 地武：即地方武装。

面临胜利的大决斗中，希望大家发动坚贞苦干的模范精神，巩固老区，支援部队打到新区去！

新区的同胞们！你们遭受国民党反动统治的剥削压迫，既久且深，现在我们打出来了，快快动员起来，和我们携手合作，争取自己的解放！

大进军的号角响了，胜利的旗帜飘扬，全军的指［战］员工作人员，全十万山区的革命人民，一致勇敢起来，争取我们的最后解放。在热烈庆祝中国人民解放军粤桂边区第三支队宣告成立的光荣日子里，让我们雄壮地喊出胜利的呼声！

奋勇前进，彻底消灭残余反动势力和反动军队！

结束国民党反动统治，建立人民民主政府！

完全［解放］十万山区，配合南征大军，彻底解放华南！

中国人民解放军粤桂边区第三支队万岁！

领导全国人民取得全面胜利的中国共产党万岁！

司 令 员　谢王岗

副司令员　黎 政

参 谋 长　朱守刚

政治委员　陈明江

政治部主任　李 超

中共桂中南地工委关于克服困难、迎接胜利的指示[①]

（一九四九年七月十三日）

一、时局发展的新形势

1. 我大军发动了江南第二期新的进攻，势如破竹，摧毁了国民党的两〈江〉南防线，国民党的残余主力再次被消灭了，国民党反动政府企图固守华南的阴谋，已被粉碎，华南革命已进入全面解放的新阶段。

2. 广西已成为大军进攻的总目标，大军入桂，广西解放战争全面爆发的时机很快到来，广西反动势力将很快被肃清。斗争的孤立形势基本上已经转变，广西人民革命力量正在迅速发展，将配合大军，完成全面解放广西的任务。

3. 广西反动派企图作垂死挣扎，一方面实行抢、杀、烧三光政策，镇压人民革命力量，造成流寇条件；一方面伪装进步，训练特务，用组织破坏组织，目的只有一个，就是保存反动力量，继续破坏革命。

4. 我宾、贵两县个别地区，因过早从小搞引起大搞，招致敌人集中仅有的残余军事力量，实行重点扫荡，群众害怕，造成胜利前的困难。但敌人兵力不足，士无

---

① 原件无作者，现作者是编者根据文件内容判定的。

斗志，不能全面重点〔进攻〕我们，只要我们及时克服左右倾的偏向，定能克服困难，争取胜利。

二、克服困难的有利条件

1. 大军从四面八方入桂，即将改变敌优我劣的形势为我优敌劣的形势，在大军的勇猛攻势下，广西反动军队的主力在湖南不堪一击，全部崩溃或全部被俘，广西反动派没有了反动的本钱，地方反动没有了反动的依靠。

2. 在大军胜利向广西进军的情况下，在广西各边区武装斗争日益发展的情况下，反动势力捉襟见肘，内部矛盾，上紧下松，反动阵营动摇分化。广大人民得到鼓舞，对敌人愤怒的烈火，在新的斗争形势下，将似燎原一样，势不可挡，要求我党我军领导。

3. 我地区辽阔，已有多少群众基础，已有多少革命本钱，我党我军经过多次战斗的考验，威信日高，建立了革命正统，到处得到群众的爱护。

4. 到了秋收的时候，稳阵有包粟吃。

三、新的困难，胜利的困难

1. 敌人有计划的向我发动最后一次攻势，捣乱我们准备大搞的步骤，使我们不能充分动员，顺利组织大搞力量，我们的斗争还被分割着，各自为战，这是基本的困难。

2. 在敌人疯狂毒辣的抢、杀、烧三光政策下，基本群众受到深重的灾难，无食无住，一般群众动摇害怕，不敢接近我们，使我们活动增加困难。

3. 地方反动派抬头嚣张，压迫我干部群众，而干部和群众，看不见自己的力量，看不见自己的胜利，在困难面前动摇，怯敌害怕，不敢进行顽强的斗争，积蓄革命本钱亦有困难。

四、克服困难的办法

加强领导，弄通思想，改变战略战术，善于运用革命本钱，普遍发展农村游击战争，从游击到正规，从小到大，积小胜为大胜，配合大军，克服困难，争取翻身解放的彻底胜利。

中共粤桂边区党委对桂中南地区工作的指示①

（一九四九年七月十四日）

甲、国内外的有利形势

一、两条阵线摆得很明显，国际民主阵营力量远超过帝国主义反民主阵营力量，第三次世界大战的可能性目前是更少了。

---

① 本文是根据韦立仁、张声震两同志保存下来的笔记本中抄录的原文翻印。标题是编者拟加的。

现在，国际间的两条阵线是摆得很明显的，以苏联为领导的民主阵线，与以美帝国主义为首的反民主阵线。美帝国主义集团，为了解救他们本身的危机，拼命煽动与积极布置第三次世界大战。但由于第二次世界大战的结果，德、意、日被打垮了，法已受重伤，自救不暇，英跛着一条狗腿，只有美还算是强大的。英美之间有矛盾，英表示对苏商业合作，澳洲准备中国民主联合政府一成立，即予承认。美经济危机日益严重，失业工人已达八百万之多，美国库空虚，要继续以大量经济支援各国的反动战争与反动建设，已感困难，美恐吓欺骗的宣传已经破产。美要远涉重洋负主要作战责任，不是一件很容易的事情。由于中国革命的胜利，美对华的态度内部意见分歧。为此种，尽管帝国主义好战分子喊打连天，而他们的实际困难是无法解决的，而且这些困难正在不断发展中。虽然这样，帝国主义者并不放弃他们的阴谋，他们仍在作最后的挣扎。相反的全世界的人民在第二次世界大战中受到了前所未有的教育，力量空前的壮大，民主阵线的地盘与人口占世界的一大半，西欧十多个新民主主义国家的建立，东方与西方十多个国家正在进行着革命解放战争，各弱小民族独立民主运动的发展，特别是苏联胜利的伟大建投，中国人民解放战争的胜利，全世界民主力量团结一致，不断发展，在苏联领导之下，这条战线愈来愈大，超过帝国主义反民主阵线的力量。

我们的结论是：新民主主义阵线的力量一天天扩大，帝国主义反民主阵线的力量一天天缩小，这就决定世界的发展方向，决定于反帝国主义的和平民主力量，不决定于帝国主义和各个国家反动派，第三次世界大战是不容易搞得起来的。

二、美支持蒋介石不成问题，但支持的程度与方法不同。

美帝主义，为了维持他远东殖民地的统治命运，为挽救它走向灭亡的命运，对于支持蒋介石到底是不成问题的，但现在的支持远不及马歇尔来华的时候了。这在美主观上已有困难，国库空虚，在蒋介石方面，地盘丧失，不能容纳大量援助，而且对解放军起着大量的输送的作用。因此，解放战争越加迅速胜利，美援蒋的程度亦越加减少，美也可能冒险出兵援蒋的，但亦由于我的不断胜利，这种可能性也更加减少。因此，我们可以肯定"美援"只能增加我们多少的困难，绝不能挽救蒋介石毁灭的命运。正因为这样，美对华的政策便由一面转为两方面，即：一面继续援蒋，可能在边境出兵侵扰；另一面组织反对派，隐藏在革命阵营内，进行内线破坏，待机而动。这是我们必须提高警惕的，我们不单要坚决消灭拿枪的敌人，而且要彻底消灭不拿枪的敌人。

三、全国很快就胜利，民主联合政府即将在全国范围内建立。

毛主席在新政协筹备会上宣告："我军歼敌五百五十九万人"。这样，国民党的残余力量为数不多，我们基本上已取得胜利。但基本上取得胜利并不等于彻底消灭了反动力量，敌人仍作最后挣扎。但他们已没有主力，不可能组织战略防御，解放军不难在半年至一年内消灭国民党全部残余部队力量（任弼时在三月十二日新青团代表大会上报告），解放全国。

过去指出有两个前途：首先解决三北后，建立民主联合政府，或在打倒国民党

反动政府后在全国范围内建立民主联合政府。无疑的，现在是走向后一前途了。新政协就要召开，全国性的民主联合政府就要建立。这不仅在党内、在全国人民的思想上取得一致，而且在各民主党派、民主人士的思想上取得一致。加上国际对我有利条件，就决定民主联合政府顺利的产生与光明灿烂的前途。

四、大军即将继续前进，解放两广，可能包括在今年作战计划之内。

大军渡江后，歼敌近六十万人。敌残余兵力约五十万人左右各地分散，不能集中。在两广，除了老白可能拖回较为完整的十把万桂系部队之外，广东地方军、省防军、国防军，总共约六七万人，内部矛盾重重，残缺不全，战斗能力脆弱；在广西地方军、省防军，总共算来不够一万五千人（不完全的材料），战斗情绪低落，敌人这点残余力量应付两广的人民武装已感不足，当然无力抵抗解放大军，只要大军打到两广，他们就很慌乱，他们的战略不是如何抵抗，而是如何逃跑，保全力量。

目前战争沉寂的原因：第一，休养整补；第二，安定民心，巩固成果，消化接收的一切包括俘虏在内；第三，水灾暑热，不利进军；第四，青黄不接，前线供应须作充分准备。现在，所有这些，已渐成为过去，大军可能在最近重又大举进攻，打击的主要的目标，可能是歼灭老白这帮契弟。

各阶层人民群众的斗争情绪，比任何时期高涨，他们团结在共产党的领导之下，充满信心，风起云涌，如雨后春笋投入革命的洪流，展开了各式各样的斗争。敌人则困难重重，内部四分五裂，经济破产，金圆券已成废纸，银圆券也快要变成废纸，官僚们垂头丧气，没有信心，只有一件是积极的，他们猛扒猛抢，各人找各人的草鞋费。

我们不能肯定，两广的敌人不一定走吴化文或傅作义的道路，但这可能性是存在的，当然这必须我们有强大的力量，逼他们这样做，不是他们自己愿意做的，如不是这样做，就彻底干净的全部歼灭它，结果也是一样被解决。

我们也有困难，在青黄不接的时候困难比较多，现在差不多已经过去了，敌走向川滇从大陆线撤退或在粤桂滇黔山地打游击，他们可能有此打算，这会增加我们暂时的困难，我们在思想上应有所准备。但困难是可以克服的，他们没有群众，怎样打游击？他们不能挨苦，又怎样打游击？他们要撤退，但走得及不及还有问题。

乙、一年多斗争的成果与缺点

一、自力更生，打下基础。

根据吕、莫①两次报告，我们对××的情况，有进一步的了解。××一年多的斗争是有成绩的，党在政治上给群众良好的印象，党在群众中建立了威信，党和群众有密切的关系，党在群众中开始生根，党由数十党员发展到数百党员，组织群众一万七千余人，群众工作有全面地开展，掌握武工队、连队千余武装，组织地下军、民兵二千余武装，改造与培养了一批坚持地区与开辟地区的干部。这些工作基础，虽然还不够巩固与扩大，但已打下了创造游击根据地、迎接胜利的基础。

---

① 吕、莫，吕即吕源，亦即刘一桢同志；莫，名字不详。

1949.12.11

在斗争中没有遭受到大的损失，在政治上没有犯原则的大的错误，打反动、抄家的错误现已开始转变，这是很好的。同时，同志们有许多创造，比如，走群众路线、有群众观点、群众性的政治攻势、群众性的开辟村庄、群众性的游击式的突击式的培养干部、整风整党、建立民主作风等等，应该发扬。

在与上级联系薄弱的憎况下，同志们有这样的成绩表现，是很好的，这主要的是靠同志们自力更生所创造的。

二、保守思想不敢放手大胆，是主要的弱点。

有了上面所说的基础，在政策上没有大的错误，如果大胆放手去搞就会搞得更好的局面。但××的军事斗争是落后的（除上林外），害怕打仗，害怕刺激敌人，缩手缩脚，没有放手发展积极进攻的精神，这便是保守思想的具体表现。缺点产生的原因：与上级联系不密切，干部经验缺乏，广西斗争屡次失败的影响，主要的还是干部对目前形势的估计不够，对敌人估计过高，只看到敌人的疯狂，不深刻认识敌人的弱点，不够大胆向他们进攻；对我的力量估计不足，只看到自己个别的弱点，不深刻认识自己的力量，忽视主观能动性的作用，在思想上有了偏向，在行动上就难免束手束脚，做了群众的尾巴。今后主要的必须克服保守思想，斗争才有新的发展。

丙、我们的方针任务

一、方　针

大刀阔斧，坚决进攻，放手发展，有计划有步骤创造×××游击根据地，配合南下大军，解放桂中南而战。

（一）大军在××之间向两广进军，我们没有大刀阔斧的精神，就赶不上客观的需要。大军进攻主要的是歼灭桂系的主力，那时敌人是无法抵抗的，他们一定很紊乱，他们主要的企图是保存力量，卷土重来。我们应如何更有效地配合主力歼灭敌人呢？只有我们能在军事上打开局面，建立初步游击根据地，我们才能完成任务。同时我在广西的基础薄弱，所谓民主人士，他们可能投机搞几个师几个团起义，来同我们分天下，掩护保全广西反动势力，如果我们力量不够强大，控制不住，我们就不能成为主体，我们就要吃亏。

（二）形势对我们有利。我一年多斗争过程已打下了基础，今天敌人比过去更加动摇，我们愈坚决进攻敌人的动摇就愈大，死硬到底的敌人究竟是少数的。只要我们打胜了仗，群众的斗争情绪就更加高涨，敌人的困难就更加增加。当然敌人也可能进行局部的重点进攻，但这是不会长久的。我们暂时的困难是可以克服的，但我们必须认识这点，否则在执行方针过程，在困难面前，可能动摇起来。因此问题是很明白的了，我们已有充分的条件执行这个方针，首先就要在党内进行思想动员，而思想转变必须有个过程，搞通思想是有困难的，因此就要领导干部自己动手突破一点，以事实来教育整个干部。

（三）有重点有步骤就是首先建立一个主力团、一个地方团，各县建立一个营，将来发展为一个团。而以××山，××关，以××一带山地为战略基地，把这些地方的

敌人据点首先全部摧毁或部分摧毁，越摧毁得彻底就愈有利。同时利用一切可能的条件，迅速建立人民政权，但这必须经敌我反复扫荡的过程。因此，第一时期应以摧毁伪政权为主，第二时期就应准备反扫荡。要以山地为重点，也要以平原配合，有基础的地方要加紧巩固，没有基础的地方应用武工队先去开辟，要以建立一面政权为主，但按实际情况不同及需要，也可建立两面政权或两重政权，不要暴露全部力量，犯拔根政策的错误，而应逐步扩大队伍，要着重政策的运用，缩小打击面到最小的程度，做到少杀人或不杀人的地步，要善于选择反动典型人物来搞，逮捕首要分子，给予教育宽大，从政治上去瓦解敌人，不要犯纯军事观点。所有这些，必须按实际情况，分缓急、分轻重，有效地进行。所谓有计划、有步骤，就是这个意思。

二、任　务

（一）发动政治大攻势，使敌人首先在精神上做我们的俘虏。攻心为上，在对我十分有利的形势下，明确指出大军就要打到两广来，敌人不投降就被消灭。利用一切条件，进行各式各样的宣传，打击、分化、动摇、瓦解以及争取敌人起义或投诚。

（二）集中主力，扫荡乡村反动政权，建立民主政权；成立支队，组织主力团、地方团或地方营，有计划地配合作战。调查研究敌情，主动积极进攻，先从中心区开始，能摧毁的就摧毁，能征服的就征服，能逼走的就逼走，暂时没有条件摧毁的，就以面包围点，困死他们。要以疾风猛雨，不断进攻的精神，在敌人措手不及的时候扫得越精光越广阔，我们就越有利。机动灵活作战，打伏击、打袭击、打歼灭战，不打消耗战，扫荡残敌，也准备粉碎敌人重点扫荡。

已经摧毁的反动政权，就着手建立人民民主政权，能控制三个乡委派民主县长，有条件就设督导处。一重政权是主要的，两重政权是次要的，但当还没有建立一面的条件时，也须争取与利用，过渡到一面政权。

（三）大胆发动群众斗争，广泛组织群众，支持战争，巩固政权。必须根据实际情况，抓住中心具体问题，比如：反三征，反恶霸，实行双减等，按当时当地广大群众的要求，号召他们广泛热烈展开斗争，在斗争中采取不同的方式方法，进行各式各样的组织，把群众普遍组织起来。在群众组织中，必须特别注意阶级成分，着重团结与提高下层群众，使他们成为一切组织的骨干。贫农团应着重发展与巩固，农会应该开始逐步进行组织，或由贫农团有计划地扩大为农会。只有把群众普遍组织在后援会、同志会、贫农团、新青团、妇女会、农会等等之内，战争才有力量，政权才有基础。

（四）大量发展党［员］，加强一切斗争的领导力量。建立地委、县委或县工委，今年年底党员须增加三倍（2000人），没有这样起码的党员数量是很难领导××斗争的胜利。以××的群众基础，大量发展党［员］，完全是必要的、有条件的。在发展工作中应该特别重视苦力工人、贫雇农的成分，必须从实际出发，不能把条件提得过高，犯关门主义的错误。但特别重要的，必须按党章办事，严肃审慎不能随

便马虎，犯拉夫主义的错误。广西党的复杂的历史与广西复杂的政治环境，同志们必须特别警惕，保证大量发展党［员］，不让一个坏蛋分子混入。为了工作需要，有可能的条件，可以适当给予某些后补党员特别提前转党。由上而下，审查干部，保持组织的纯洁性，只要政治上没有问题，则大胆提拔干部，大量培养干部，解决干部荒。

（五）开源节流，打开财经出路，建立财经制度。开源是主要的，节流也不容忽视。反对经济紊乱浪费的现象，保持俭约与朴素的作风。按公平合理负担原则，建立征收公粮制度，建立税收制度，有条件地、有计划地推销公粮债券，有计划地发动群众募捐，搞游击税收，搞官僚资本，搞反动献粮赎罪等。必须积极活动，创造条件，增加财经收入。组织筹委会与审委会，有计划地进行接收、保管、分配的工作，保证财经处理合理化、科学化。

（六）建立接管城市的调研工作，找专人负责选择中心，有计划有组织地进行。

（七）搞好交通联络工作，保证与上级联系密切。争取一切条件，作主观足够的努力，克服困难，多搞几条交通线，公开的和秘密的。今后每问题须向上级报告情况一次，二月须作一次有总结性的报告。

中国人民解放军粤桂边纵队
成 立 宣 言

（一九四九年八月一日）

中国人民解放军粤桂边纵队，奉令于八月一日正式成立，在这伟大庄严的人民解放军建军二十二周年纪念日，我们谨发布纵队成立宣言如次：

解放大军已在北起秦岭南迄东海的万里前线上，向未解放区英勇进军，全华南和全中国的彻底解放即将实现，国民党反动残余及各地方反动力量，如不投降或依照国内和平协定最后修正案实行改编，就将被彻底、干净、全部地歼灭。全国革命高潮涌到华南，粤桂两省已面临全面解放的前夜。

粤桂边区人民在中国共产党的领导之下，自日寇占领雷州半岛时起迄今进行了两年的抗日战争和四年的人民民主革命战争。六年来，几经艰苦曲折，但由于中国共产党的坚强领导，全体指战员的英勇奋斗，及广大人民的热烈支持，不但一次又一次地粉碎了敌人的进攻，在斗争中壮大了自己，创立了主力，打下了建立边区根据地迎接最后胜利的基础，而且作了三次历史性的远征，协助兄弟军开辟了新区，这是我全党全军及全体人民的光荣和胜利。

现在，边区各地革命武装已经统一编组，正式成立粤桂边纵队加入了中国人民解放军的战斗序列，我们坚决执行毛主席和朱总司令四月二十一日的"进军命令"和四月二十五日的"约法八章"，拥护迅速召开新政治协商会议，成立民主联合政府，坚决执行中共中央华南分局五月八日对华南时局及有关政策的声明与《华南人

民武装行动纲领》，奋勇前进，配合南下大军，解放两广，歼灭一切拒绝投降及敢于抵抗的反动武装，逮捕一切怙恶不悛的战争罪犯。而为着提早结束战争，减轻人民痛苦，使人民祖国的财产避免不必要的损失，我们遵照毛主席及朱总司令的指示，愿意依照国内和平协定最后修正案，与边区境内一切国民党地方政府及军事集团，签订地方性的和平协定，以期早日实现边区的真正永久的和平。

本军目前的主要政策是：

第一，集中火力打击至死不悟坚决反对人民及反对我军的反动头子、地方恶霸、首要特务，并消灭其武装组织；联合与中立不反对我们现行政策的地主、富农和一切可能联合与中立的社会力量。对国民党各级文武人员，依照"首恶者必办、胁从者不问、立功者受奖"的原则处理。即使过去反动作恶，只要决心改邪归正，向人民立功赎罪，确有事实表现者，我们决以宽大对之。这些人员，今天必须服从解放军及人民政府的命令和法令，负责保护国民党反动政权中党、政、军、民、财、经、文教各机关团体的一切资财、档案、建筑物，听候接收处理，保护有功者受奖，阴谋破坏者惩办。

第二，实行反三征。减租减息、调剂耕地、发展农村及城市的生产合作，赈灾救荒的社会政策。这些政策我们不仅在过去和现在都已坚决执行，而且准备在今后一两年内继续执行。土地改革工作，只有在具备土改条件后，才能有步骤有计划地实施。

第三，实行合理负担、有借有还的筹粮筹款的办法，保障合法的财权，保护并扶助民族工、商、农、牧业，执行"公私兼顾、劳资两利、城乡互助、内外交流"的照顾四面八方的经济政策，以发展生产，繁荣经济。

第四，过去华南一些民主党派，激于义愤，曾组织武装，反抗蒋匪统治，这种行为是完全正确的，但是中国的社会条件与历史条件规定了只有中国人民解放军是中国人民唯一的革命军队，今天革命形势的胜利发展，又决定了一切革命武装必须统一在中国人民解放军的指挥之下，进行一定的革命工作。今年五月，中国国民党革命委员会及中国国民党民主促进会的负责人李济深、蔡廷锴两先生，已命令其所领导的武装，即交由华南各地的中国人民解放军接收改编，因此，今后除中国人民解放军外，不可能有别的武装部队，如有这种部队竟敢假借民主招牌，实行招摇撞骗，企图浑水摸鱼，而不肯接受人民解放军的收编改造，我们将视为反动武装坚决予以消灭。

以上各项政策，向为粤桂边区人民武装所执行，如有个别地区、个别部队，违反上述政策者，立即纠正，并向人民诚恳承认错误。

曙光在前，胜利在望，全边区的工人、农民、知识分子、工商业家、华侨、开明士绅，各民主党派、人民团体，紧急动员起来，团结一致，支援本军，为解放边区，解放两广，建立新民主主义的新中国而奋斗！

本军全体指战员同志们！我们要唤起民众，提高技术，英勇战斗，消灭敌人，用胜利来接受纵队的光荣称号！坚决服从命令、执行政策、遵守三大纪律八项注意，

努力加强军民合作，巩固部队团结，配合南下大军，完全解放粤桂两省，解放全中国的光荣任务！

司令员兼政治委员　梁　广
副　司　令　员　唐才猷
政　治　部　主　任　温焯华
暨全体指战员同启
参　谋　长　杨应彬

中国人民解放军粤桂边纵队政治部
告国民党军官兵书

（一九四九年八月一日）

国民党军队的官兵们：

你们现在正处在最危急的生死关头，我们为着你们的前途，特向你们发出如下的忠告：

强大的人民解放军在歼灭了国民党军队五百五十九万人之后，数百万大军又开始新的强大攻势。目前已到了最后肃清蒋介石匪帮反动残余力量，解放全中国的时候了，两广解放在即，你们已经面临着如不投降、不起义，就会被彻底歼灭的命运。很明显的现在摆在你们面前的只有两条路：第一条是站到人民方面来，戴罪立功，走向光明新生的道路；第二条是跟蒋介石反动到底走向毁灭死亡的道路。除此之外，你们是没有第三条路可走的。

我粤桂边纵队，坚决执行毛主席和朱总司令四月二十一日的进军命令，配合南下大军，奋勇前进，坚决、彻底、干净、全部歼灭一切敢于反抗的国民党反动军队，逮捕一切怙恶不悛的战争罪犯。不管他们逃到哪里，都要缉拿归案法办。同时对于边区境内的国民党地方政府和军事集团，凡愿意停止战争，用和平方法解决问题者，我们愿意根据国内和平协定最后修正案和你们签订地方性的协定。即使过去反对过我们，有过罪恶行为，只要决心悔过，有戴罪立功的行动表现者，我们决予宽大对待。我党我军对傅作义的宽大处理，就是最好的证明。如果你们真正决心寻求生路，立功自赎，脱离蒋介石匪帮，站到人民方面来，那么，你们就应该立即这样做以证明你们的真心诚意。

一、目前蒋介石反动政府已覆没，残余匪帮很快就会被肃清，再也没有任何危险和困难可以阻碍你们的行动。你们应该立即组织起来，实行自救，勇敢地行动，活捉或枪杀一切至死不悟和强迫你们执行反动命令继续屠杀人民的反动头子，把部队带到人民解放军来，陈一林将军就是你们行动的好榜样。

二、如果被迫与我军作战，则应向天打枪，并迅速停止抵抗，放下武器，或举

行阵前起义，像张翰将军那样做。

三、坚决停止执行一切反动命令，停止扫荡、围捕、奸淫、抢掠、屠杀的罪恶行为，释放一切无辜被捕的人民。

四、如果你们要回家，则应迅速组织逃亡，我们愿给予你们必需的路费和各种方便，遣送你们返乡；如果你们愿个别参加本军，我们亦表示欢迎。

国民党军队的官兵们：枪是美帝国主义及其走狗蒋介石的，命是你们自己的，你们是继续卖命给蒋介石反动派做替死鬼来保护这班匪徒逃命呢？还是拿着他们的枪投到人民方面来，为争取自己的光明前途而斗争呢？时机紧迫，稍纵即逝，你们应该当机立断了。

组织起来，一齐动手，配合南下大军解放十万山区

（一九四九年八月二十五日）

工人们、农民们、青年们、妇女们、学生们、儿童们，知识分子、工商业界、民主人士、各界同胞们！

我们想缩短战争时间，获得解放翻身，唯一的办法，就是加紧团结起来，组织起来，跟着共产党走，彻底消灭蒋匪反动派，争取彻底胜利！

有人说："人民解放军和人民政府的事是'你们共产党的事'。"这种人希望共产党胜利，害怕共产党失败，但是他们当作"你们的事"看，不当作我们自己的事去办。

又有人说："你们共产党好是好的，可是恐怕你们在这里站不住脚。"因此，他在旁边观望，这种看法与做法的人，是极端少数的人。

上面两种人的说法与做法都是错误的。我们应该明白，共产党是我们劳动人民中最优秀的儿女组织起来的，共产党领导的人民政府是我们人民自己的政府，人民解放军是我们中华民族优秀的儿女组织起来的，人民政府的工作人民〈员〉与人民解放军的指战员完全是为我们全体人民而工作而打仗的。所以人民政府和人民解放军的事，就是我们全体人民的事，就是我们全体人民自己的事，不是"你们的事"，而是"我们自己的事"。因此，我们大家要一致关心，一齐动手，配合南下大军，解放十万山区，现在长沙已解放，人民解放大军已向两广进发了。

怎样动手呢？就是团结起来，组织起来，工人组织工会，农民组织农会，妇女组织妇女会，学生组织学生会，儿童组织儿童团，商民组织商会，参加民兵自卫队，参加人民解放军，参加人民政府工作。总之，我们组织起来，一齐动手，办好下列的事：第一，实行减租减息，改善我们的生活；第二，实行合理负担，交好公粮给人民政府，遵照民主法令纳税，保证人民军队的给养；第三，支援前线，组织运输队运军粮，运弹药，抬担架救护伤病员；第四，民兵自卫队配合主力军，盘查放哨，

扰乱敌人，牵制敌人，打击敌人；第五，大家一起防止反动特务分子暗藏活动，检举惩办恶霸，建立革命秩序，安定地方；第六，大家多多出主意，多多讨论我们要办的事，集中好意见，好办法，定成人民政府的法令，公布大家实行；第七，大家努力生产，互相帮助，恢复生产，增加生产。

同胞们！我们要翻身，要过太平日子，就要依靠我们自己组织起来，一齐动手，才能够得到彻底的胜利。

中国人民解放军粤桂边

纵队第三支队政治部发

中共桂中南地工委
关于广泛发动妇女群众配合抗粮大搞的指示① （节录）

（一九四九年八月）

由于形势的转变，在这次的地工委会的工作上有了新的指示，因此，我们妇女工作亦有不同的做法。

为了适应新形势，达到工作的要求，首先总结我们几个月来的妇女工作，接受过去的经验教训，使工作能更进一步。

工作总结

一、目前环境特点

1. 解放大军将打进广西来了，四邻的友军亦正一步步的接近我们的地区，敌人虽然不能在部分地区进行大扫荡实行三光政策，群众因受到损失而害怕，但基本上靠近我们，对敌人恨之入骨，都一致要求打击敌人，才有出路，自身的痛苦才能解除。

2. 这些地区虽有了多年的武斗时间，但妇女工作还是今年才开始，在这样短短的时间内，敌人又不断扫荡，加之妇女干部还存在着小布思想意识②，又缺乏工作经验，理论基础差，而且同群众结合得不够，敌人一扫荡，就无法坚持地区。由此，妇女工作除了少部分地区有了组织（而且也不大健全），大多数地区还停留在一般宣传上，没有强固的基础。

3. 在前几次会议上检讨出过去上至领导同志，下至地方干部，对妇女工作不够重视，现在已有了新的转变，男女同志在思想意识都开始重视妇女工作，同时把群工同妇工结合。

---

① 本文是根据张声震同志保存下来的笔记本中抄录的原文翻印。原文无标题、作者、时间。现标题是编者拟加的。时间是编者根据内容判定的。

② 即小资产阶级意识。

二、工作检讨

1. 工作成绩：在几个月工作时间内，我们男女同志共同努力，已组织了几十村的妇女会，掌握了一百左右的妇女积极分子，发展了×个农村妇女党员，建立了×个支部，很多村的妇女群众，自动地同我们部队担水、煮饭、打柴、簸米、送信、送茶饭上山去给我们打仗的部队吃，有些妇女还把自己的私有谷子捐给解放军，做鞋子送给我们的同志穿，帮我们同志车衣服……

2. 工作缺点：（略）

目前的工作方针

一切为了动员广大妇女配合抗粮与大搞，迎接南下大军，争取胜利，争取妇女本身的解放。根据以上的方针，具体的任务怎样呢？

组织方面：

干部的组织，要从上而下的建立组织，各县区都要建立正统机构，按级负责，在县的领导机关专设一男同志负责经常督导。

群众方面：

要普遍的猛力组织各村妇女会，在妇女会之下，按工作需要，设立各小组。

宣传方面：

在群众大会上，个别谈话中，都要以抗粮及大搞为中心的宣传内容，宣传用如何办法达到我们的目的？不抗粮对我们老百姓及解放军的利害关系。同时要他们鼓励自己的儿子、丈夫及亲戚参军，及各项抗粮与大搞工作，自己又应该做什么工作？同时进行与解放军合作。

干部问题：

大量发展干部，提拔干部，通过亲戚、朋友、同学关系，尽量动员她们参加工作，在工作中如发现有热情积极分子，无论是知识分子或农村妇女，都不妨放手的大胆的提拔她们，使她们从做中去学，慢慢的进步、健全起来，使知识分子妇女与农村妇女相结合。

发展女党员：

地委的指示，要我们在年底全党要发展100名党员，依照这个指示，我们就要猛力地展开组织，达到党的要求，同时也要健全原有的组织，用党的力量去推动一切工作，使党能在工作中起核心作用，完成我们的工作任务。

学习问题：

我们的学习中心应以抗粮及大搞的文件为中心，其次以改造思想意识的文件或小册子，也是我们学习的重要内容，还有业务知识亦要经常不断的学习。

中共桂中南地委关于"大搞方针"的形势宣传大纲①

(一九四九年九月)

一、什么叫做大搞？

大搞就是大家来搞、大多数人一起来搞，就是动员我们能出动的一切力量对敌作战略性的进攻，最后消灭敌人，完成解放战争的任务。它的特点是：挂大招牌。拖（扩）大部队，打大仗，建立公开政权，大踏步前进，大踏步后退，消灭可能消灭的敌人，吞食可以吞食的据点，坚决进攻，横扫千里。

二、为什么要大搞呢？

1. 解放大军已打到了衡阳，正沿粤汉路、湘桂路向两广进军，广西的解放日益迫近了。为了迎接大军入桂，解放全广西后保证接收政权建设工作的顺利进行，就必须在不大强固的基础上面，大刀阔斧，猛烈发展，打开局（面）。所以就要大搞起来，不然，老是慢慢地一点点来搞，地区仍是巴掌大，军队还是几十个人，简直谈不上什么迎接大军与胜利接收政权的。

2. 现在敌人正作垂死挣扎，实行武装的逼兵逼粮政策，广大民众在敌人疯狂进攻与重重的榨取底下，一致要求抗粮大搞，如果我们不坚决保卫人民利益而奋斗，实现人民的要求，将必然脱离群众，拖延胜利时日，增加人民的苦难。

三、为什么大搞一定能取得胜利？

这就是敌我斗争形势与力量对比已起了基本变化的结果，是敌弱我强、敌劣我优这一新形势特点下的必然结果，正像一个大力士打一个小孩子一样，胜败之数是很明显的。

（一）敌人方面：

①兵力不足。广西反动政府的省防军全数不过一万五千人，各县的特编团队多则三四百人，少则一二百人，全省合计不过二三万人，即使白崇禧匪军能从湖南车运退回三五万人，连死铜烂铁算齐都不足十万人，桂中南全区敌机动兵力不足千人。

②战斗力薄弱，不堪一击。由于敌主力被打垮，大势已去，士气已低落到极点，又由于敌兵都是强迫拉捉而来，不愿作战，逃亡日众，真是土崩瓦解一样的溃败，这里不打算举敌主力军被我解放大军打得如何惨败的事实，只举我们桂中南地区与敌省防军地方团队以少胜多的战例就可证明了。

a. 旧历五月初七日，我某连四十余人与敌省保安第一团第一营主力连李克辉部九十余人在宾东华罗打了一日的山头仗，结果将敌击退，敌死伤逃亡合计去了70余人，整连差不多被打垮，我仅牺牲一人，轻伤四人。

_____

① 本文作者和时间是编者根据内容判定的。

b. 六月十九日，贵县山东石龙某村战斗，敌二二九师一个连90余人，包围我某部30余人在村内，卒被我某武工队及民兵不足百人的队伍，突破了敌人的包围，将敌击退，并缴轻机一支（挺）、步枪十余技，我无死伤。

c. 永淳田僚村血战，敌省保安队一个营180余，民团120余，合计300余人，包围田僚村，我守村部队武装15人，与敌激战终日，敌死伤37名，我仅牺牲6人，余皆安全突围而出。

d. 六月十九日，横北龙平乡冷水之役，敌横县扫荡队200余人围攻我某部三十余人两昼夜，敌发炮四十余发，冲锋四五次，皆不能攻入村，结果毫无损失，安全撤出，敌死八名，伤五名，逃亡了一个分队。

③经济崩溃。由于大部分地区被我解放，敌人的地盘就愈来愈小了，经济来源就更少更难了，它显得更穷困了，征粮征不到，发银元又无来路，迫得发行银元券去压人民使用，但因为纳税不收，又为商人拒用，弄得它一切补给都无办法，士兵面黄肌瘦，死亡日众，大有不战死也饿死之势！

④群众一致反对它。因为敌人正作最后挣扎，拼死征兵征粮，到处围村捉人，激得民怨沸腾，叫打连天，群众武装抗丁抗粮的热潮日益增涨，并将汇成巨大的洪流，淹死敌人。

⑤国际孤立。李宗仁、白崇禧、黄旭初，这批反动头子是取得美帝国主义的支持的，因此他更敢于向我们人民进攻，但由于他不中用，美国老板对他的帮助也减低了，对华二亿元的援助案又被国会否决了，这就说明了敌人更加孤立无援了，欲作最后挣扎，都是有心无力了。

（二）我军方面：

我们方面刚刚与敌人相反，无论兵员数量、战斗能力、经济基础、群众条件等，都较敌人优良得多，这里只就军事力量与群众条件两点加以说明。

①军事力量方面

a. 最重要而且起决定作用的是解放大军数当在十万以上，即将入桂，解放广西，它将如一个强大的铁锤重重地打在反动派的背脊上，敌人是无法阻挡的。

b. 粤桂边的主力军也打到了灵山、合浦，不久即将打入广西的横、贵、邕、永等县，配合大搞。

c. 广西内部的革命力量日益壮大，而且全面配合起来，桂东北的富、贺、钟、怀集，桂东南的玉林、博白、陆川、兴业，桂西北的东兰、凤山、平治、万冈，桂西南的龙州、凭祥、宁明、上思、思乐，桂中的隆山、忻城、上林、迁江、来宾等县到处都搞起来了，迫使反动政府不得不增设到十五个专署，五个指挥所，各率一部分兵力来对付了。

d. 我们桂中南区经过两年武斗已打下了强固的群众基础，兵力可以动员二〇〇〇人以上，大可做作一番了。

②群众基础方面

我党我军在桂中南人民中的威信是好的，我们曾组织了十二万以上的群众，领

导了五六十万的群众，在全区八个县份三分之一的地区打下了基础，力量是不会大（太）少的。最近由于敌人征兵征粮的变本加厉，我党我军坚决为保卫群众利益而斗争的号召，已得到广大群众的拥护，群众大多数团结在我们周围，热烈要求大搞抗粮，参军运动也蓬勃开展，"民心的向背是胜败的关键"，我们有了这一着，胜利是毫无疑义的。

总之，形势对我空前有利，我们应有充分的胜利信心，只要大军铁拳一打入广西，敌人就会土崩瓦解，无法抵抗，我们就可胜利到底！

四、大搞的中心工作是什么呢？

1. 抗粮

①这是敌我生与死的斗争。今年的粮征得特别重，每元要纳 170 斤谷子，如果我们照样纳足给敌人，我们军民皆白白被饿死，所以非抗粮不可。

②"无粮不动兵"。敌人正在组织军事力量向我进攻，如果我们不纳粮给敌人，简直制敌死命，就会饿死敌人，我们就可更有效地迅速地消灭它，所以抗粮又是战胜敌人武器之一。

2. 参军支前

①当前抗粮是和武装分不开的，除了坚决武装斗争之外，不足以谈抗粮，因为敌人武装逼粮，而且围村捉人，空口说话或赤手空拳有什么用呢？所以应发展武装斗争。

②参军工作应分两方面进行

a. 踊跃参加解放军打击敌人，有枪带枪来，无枪借枪来，借不到枪，徒手也来，然后解决枪的问题。

b. 组织民兵为保卫生命财产奋斗！村村自卫，村村联防，有难相救，大家努力，打败敌人。

③热烈捐助财物、弹药、粮食给解放军，维持后方治安等支前工作。

五、反对几种不正确的思想偏向

很明显的，由于我们党内存在着浓厚的小资产阶级的意识及前年大搞失败的影响，特别由于对形势的认识不足，所以在思想上存在一些不正确的偏向，这就是右倾怕敌的保守等待思想和盲动乱撞的左倾思想，而主要危险的是右倾的偏向，因此，我们必须着重反对它。

右倾的保守等待主义思想是什么呢？①

有人说："现在不搞先，等力量壮大了，甚至等大军入境才大搞，不然会是不合算的"。这就是说，现在搞不得，搞就会遭受失败的，这种看法是不对的，可从下面几点说明：

①你想等力量壮大，或大军来才搞，但敌人不让你等，敌人正在作疯狂的进攻，逼兵逼粮，假如不及时进行斗争，乖乖地任由敌人抢、杀，恐怕捱（等）到大军来

---

① "很明显的……右倾的保守等待主义思想是什么呢？"这段，原抄件是用线条括起来的。

时，我们通通饿死光净了，这样大军到来还有什么意义呢？何况群众要求搞时，我们不搞，徒令群众失望而已。

②愈是单纯等待，大军愈难来，因为大军入来是要有配合的，不然的话，来到找不到向导，取不着给养，怎么入来呢？而且愈是停滞不搞，敌人的□□愈是少受打击，他愈能从后方抽兵抽粮去支援前方战争，不是直接增加大军入来的困难吗？

③敌人虽然现在在数量上较优于我，但士无斗志，一打就垮，质量上比我差得多。我们大搞起来后，立刻可以增加人枪，这样在数量上与质量上都是我占优势了，现在全桂中南敌人的机动兵力不过千人左右，我们动员起来就是2000以上，怕它什么呢。

④大搞后，即使敌人一时集中兵力向我压来，我顶不住了，也可在广阔的地区上面与敌周旋，大踏步前进，大踏步后退，使敌疲于奔命，奈不得我何。更何况大搞起了，群众看见我有力量，并坚决为群众利益而斗争，就会风起云涌的参军与自动打击敌人，造成群众性的斗争，迅速发展壮大。

⑤即使敌人实行惨无人道的烧杀政策，也是不能阻止人民的反抗怒火的，因为愈烧愈恨，愈恨愈坚决斗争，直到最后消灭敌人而后已。

中共粤桂边区党委关于紧急动员起来 配合大军作战给桂中南地委的指示信①

（一九四九年九月二十五日）

桂中南地区诸同志：

彻底解放华南的大战，即将发动，可能大军解放广州、衡阳之后，即将进军广西，或同时进军，两者必取其一。到时大军会抵你区，那时边区主力亦将开向桂南推进，配合大军作战。

大军对衡阳发动进攻和解放衡阳之后，白匪残军会有很大部分退回广西，胜利前你们会更加艰苦，但是必须向全党、全军及广大群众讲明，胜利前的黑暗时间是很短促的了，解放军主力入桂彻底解放广西的时间很快就会到来，败退下来的敌人是不可怕的了。应立即号召党政军民紧急动员起来，支援大军，配合大军作战，歼灭敌人，解放桂中南。

你们在军事上应即发动全军积极进攻，大刀阔斧地推向邕、柳之间发展，歼灭地方反动势力，打开大路迎接大军，配合大军作战。支队司令部应马上成立，公开号召，扩大宣传，应放手扩大主力与地方部队。

目前地方党政民的中心任务是"动员一切人力、物力、财力，支援前线"。你

---

① 本文是根据韦立（即韦立仁）同志保存下来的笔记本中抄录的原文翻印，文件原标题为："区党委的指示信"，现标题是编者拟加的。

们应该着手进行如下几件工作：

（一）发动群众，普遍组织民工团，准备好人力量，俟大军进境，即刻调上前线随军服务（运输粮食、弹药、枪枝，运伤员、打扫战场等）。应每乡组织一个民工连，每区组织一个民工营，每县组织一个民工团，每连百人，每团千人，编制应和武装部队相同，以便利管理指挥。组织民工团时防止强迫命令，从思想上、政治上去动员，做到群众自动自觉的参加，党员干部应起带头作用。应切实解决民工的家庭生活困难与生产困难，使他们安心上前线服务。应配备坚强的军政干部到民工团中工作，要使临时组织起来的群众能好好地在炮火下担任艰巨的任务，没有坚强的干部管理与指挥是办不到的。民工团组织好之后，应加强其政治思想教育与基本军事训练，听候命令调上前线。

（二）应全力把秋季征粮工作做好，把公粮债券的发行工作做好，储存大量粮食，供给大军。目前就要着手准备这两项工作，最好组织推销公粮债券委员会，筹划领导全区的推销工作，应根据征粮办法的精神，应即发动各级党委与各级政权机关讨论布置；征粮工作，最好能组织粮食保管委员会，有计划地保管粮食。应该加强对各阶层的政治宣传工作，号召各阶层多出粮食，多购公粮债券，支持大军，歼灭敌人，解放自己。

（三）应发动全党展开广泛的借捐运动，向各阶层借捐粮食，借款捐款支援前线。

（四）动员群众参军，大量扩大主力与地方部队。

（五）各县立即组织支前委员会，由县政府主持领导，由县长任主任，由党军民各机关派代表参加，统一领导筹划全县的支前工作。

秋收将至，秋冬之间是群众斗争的季节，不应因支前战争工作而忘记了或忽视了群众斗争，应把支前工作与群众斗争工作结合起来，不发动群众斗争，并从群众斗争中提高群众的觉悟程度与组织程度，支前工作的任务是不能彻底完成的。动员群众参军与参加民工团时，不要实行"拔根政策"，不要把骨干抽空，不要把基础拉空，影响群众斗争。

接收城市工作也要马上准备，应组织接收委员会（地委领导），在大军未到达之前完成各城市的接收准备工作：

1. 了解调查各部门的详细情况；

2. 配备好各部门各城市的干部；

3. 从事接收工作的同志，要研究学习有关政策与接收方法；

4. 做好一切物质准备，如：安民布告、传单、标语、毛主席、朱总司令肖像。……

应发动大规模的宣传攻势，以掀起群众迎接大军的热潮。应备大批宣传品，当大军进入广西后，立即展开大规模宣传攻势。我们正在准备印发大批大量宣传品，以供给各地区需要。

中国人民解放军粤桂边纵队司令部、政治部

联 合 训 令

（一九四九年十月十三日）

全军指挥员战斗员工作人员诸同志们：

中华人民共和国中央人民政府已经于十月一日在北京成立，从此中国人民真正当家做主，真正做了共和国的主人翁，五颗大小光耀夺目的亮晶晶红闪闪的五角星旗帜在世界上飘扬，普照着人类，中国人民热烈欢呼庆祝自己光荣的日子到来！

朱总司令于当日发出命令，我们坚决执行毛主席一切命令，坚决的迅速肃清一切尚不肯投降的反动残余力量、特务、匪徒，使全国早日获得全部解放。前月廿旬，大军便已打进广东，残敌已土崩瓦解，不是起义，便是被歼被俘或投降，两广全面解放很快就实现了！

我边区一切武装部队，当前的紧急任务即是紧急动员起来，积极的大胆的向尚图抵抗的残敌展开猛烈的攻势，歼灭残敌以迎接与配合大军行动，解放全边区，并迅速恢复与发展生产建设，使边区人民早日享受共和国安定的幸福生活。对于接管城市、收缴敌军武器、改编敌军的准备工作，除另有专文指示及军事行动另有计划命令外，兹为使我军向正规化发展，以适应当前紧急任务的要求，特训示如下：

（一）各级部队应即依照本部最近颁布的暂行编制表及各种暂行纪律制度条令，迅速统一编制，充实组织，提高战斗力。对于各种人员的配备，应按战斗员为比例，先充实战斗员为原则（非暂行编制表所有人员应即裁撤）。至于武器弹药的配给，则以向敌人去解决为原则。

各种条例制度应迅速传达讨论，严格执行。过去所严重存在的无政府、无组织、无纪律状态，必须加以检讨与纠正。

（二）加强军事纪律制度、政策及整肃军容的教育工作。

1. 军事术科，每天至少有二小时以上的军事教练，以提高部队作战指挥技术与作〔战〕能力（除作战行军的紧急状况下，不得有任何藉口停止）。科目除了实际应用的科目，战士的如散开、利用地形地物、投掷、突刺、构筑工事等，连排班级的如指挥技术动作等，至于营级以上，则每周至少有四小〔时〕以上研究战术问题及总结战斗经验外，对于制式教练也不容忽视，以要求队伍整齐、动作一致。一方面进入城市时，表现着我们的雄姿，以壮观瞻，另一方面，作为战术教练的基础，而达到提高战力的要求。

2. 加强三大纪律、八项注意与约〔法〕八章及各种政策的教育。由各部队根据自己的实际情况与特点决定进度时间，订出自己短期的必要的教育计划，务使全体

成员皆熟习三大纪律、八项注意及约法八章各种政策的要点与意义，并配合检讨过去实际行动中的表现，根据所得材料定出以后严格执行的方法。

3. 整肃军容。过去由于游击环境，各部队对于军容向不注意，尤其对于礼节方面，不但随便视忽甚至没有，缺乏尊重上级观念，这种无礼节的现象，在现在走向正规化的时候，应该终止了！今后，应即以支队（或团）为单位，严格整肃军容，尽可能做到有制服，并要尽可规定统一的着法（以取用方便确定、整齐为原则），讲究军风纪，对于礼节的动作，应于最短时间来演习，依照本部所颁发的礼节暂行条例认真实施，养成"军人礼节"的习惯，对于初时可能发生的"扭怩"、"怕羞"的不惯状态，要从思想上去纠正。

（三）对于即将颁发的"接管工作须知"及各种有关政策（如约法八章、工商业政策、俘房政策、入城守则……），必要迅速展开有组织的热烈讨论研究教育工作，深入到全体指战员、工作人员的脑海中，体会力行，学会大军进入平津上海等大城市的严守纪律、保护人民利益、保护城市的精神。比如在上海战役中战斗结束后，狂风大雨之时，都绝不入民房商店躲雨，宁可在街头露宿，不犯人民一针一线，使中外人民交口称赞、极力拥护。这种秋毫无犯的优良传统，我们边区全军应发扬光大。兹郑重规定入城部队的守则如下：

1. 军队必须保护城市人民的生命财产，不许侵犯，对现状态，各机关部队不得自行更改。

2. 凡遵守人民政府法令的工商业，坚决予以保护，其有违反或破坏行为者，应报告上级及军管会处理，不得自行处理。

3. 为照顾群众利益，密切军政关系，部队在城市驻扎者，禁止强住及租住民房，非经上级许可，不得借用民众家私用具，以免引起城市居民的不便与不利，而应驻扎在兵房、公共机关、庙宇、祠堂、公所或会馆等场所，使用自备的或公共的家私用具。军人假日看戏、理发、洗澡、游览公共娱乐场所及乘公共汽车者，均须照章买票、照价付钱，不得要求免票或减价。部队担任守卫时，须认真执行职务，但对群众要和蔼，不得摆架子蛮横无理。

4. 为保护城市建设，部队对公共房屋建筑、公园及家具设备，不得移走拆毁或破坏。

5. 为保持部队公正廉洁，未经上级许可，不得接受人民的慰劳或邀请食饭赴家宴。

6. 为整顿军风纪，维持城市纪律，部队必须遵守纪律，提倡礼节。关于市内卫戍勤务，执行军风纪、交通规则、娱乐场所规定及公共卫生等，军队必须服从当地军管会、警备司令部及公安局之指挥，遵守规矩。军队应组织营房的文化娱乐活动，要严格执行请假制度，不准上街游逛，无故不许鸣枪，如须举行一些演习或试枪，应得警备司令部或最高军事指挥机关批准，并事先通知当地民众，在市郊举行。

以上所列各项，乃我部队准备进入城市与进入城市后最低限度的要求，我们命

令你们立即具体布置，认真执行，并将实施计划及执行过程的优缺点经过情形，随时报告。

此令

司令员兼政治委员　梁　广
副　司　令　员　唐才猷
参　谋　长　杨应彬
政　治　部　主　任　温焯华
政　治　部　副　主　任　支仁山

告 左 江 人 民 书

（一九四九年十月二十二日）

亲爱的左江同胞们：

人民解放军在本月九日解放了衡阳，打开广西的大门，广西反动头子李宗仁、白崇禧匪帮的仅有本钱号称"精锐"的第七军和四十八军在衡阳战役中已全部为人民解放军歼灭，国民党反动政府所在地的广州亦已于十四日获得解放，匪帮的"政府"现在已成了无主孤魂，它的大小喽罗们亦已纷纷作鸟兽散。这个形势说明了人民解放军的大军不日就要打入广西，加上广西人民武装的日益壮大，解放了从玉林、博白到桂滇边境，从十万大山、桂越边境到桂北之间的广大地区，并与粤、滇、黔等省的解放地区广泛地连成一片，人民解放军左江部队亦已与右江和十万大山的兄弟部队取得了密切联络，只要解放军打入广西，我们就要共同呼应进军龙州、南宁，配合打入广西的解放大军解放全左江，解放广西全境。

左江解放地区的同胞们：当此广西即将全部解放的前夕，我们应该紧急有组织的动员起来，支援解放战争，彻底扫除残敌，协助接管乡村和城市，建立革命秩序，恢复和发展生产，这就是我们的总任务。

左江待解放区的同胞们：你们现在正处在水深火热之中，但是苦难的日子不会很久了！团结起来，在本军未到之处，自动拿起武器，实行抗丁抗粮，利用敌人空隙，发展游击战争，争取自己的早日获得解放。

农民同胞们：组织起来，帮助解放军筹粮筹草，帮助运输，修桥补路。在解放后，则把大量粮食、燃料运到城市交换回日用必需品，使城乡生产品迅速交流。在乡村中则坚决肃清土匪、特务和进行反对恶霸的斗争，收缴反动武装，发展农村生产。

工人和技术职员们：组织起来，热情的支援人民解放军。在解放军未到之前，要很好地保护工厂、桥梁、公路、车船和各种器材，使国家的财富不受国民党匪军的破坏和搬走。在解放后，要帮助接管工作，肃清潜伏反动势力，迅速恢复与发展

生产和交通。

革命的知识分子、学生、公教人员、医生、护士、编辑、记者们：很好地保护学校、机关、医院、报社、书店和其他文化公益事业机关，帮助接管工作，向群众宣传解释人民解放军的约法八章和人民政府的一切法令。凡在这些机关供职的人员，均得照常供职，人民解放军一律保护。

私营工商业的同胞们：人民解放军对于私人的工厂、商店、车船、仓库、农场、牧场等是一律保护，保证不受侵犯的，希望各业员工照常生产，各行商店照常营业。人民解放军和人民政府是忠实执行中国共产党的城市政策和工商政策的。

亲爱的左江父老兄弟姐妹们：人民政治协商会议已经成立，中华人民共和国已经诞生，强大的人民解放军正向着广西前进，我们正在处在全部解放的前夕。帝国主义加诸我们的侵略，数千年来的封建压迫和数十年来官僚资本剥削，将要从中国的土地上永远地消灭了。让我们亲密地团结，勤劳地工作，早日肃清国民党匪帮的残余军事力量，建设新民主主义丰衣足食的新左江。

全力支援人民解放军！

解放左江，解放广西，解放全中国！

中国人民解放军万岁！

中华人民共和国万岁！

中国人民领袖毛主席万岁！

中 国 共 产 党 左 江 工 委 会

中国人民解放军滇桂（黔）边纵队左江指挥部

中国人民解放军粤桂边纵队第三支队司令部、政治部
为动员边区人民参军、参战、支前，配合大军解放边区的紧急号召

（一九四九年十一月五日）

一、解放广州后，广东残余主力在阳江地区为我解放军全歼，现我军主力正向高［州］、雷［州］、钦［县］、防［城］等地迅速前进。兹可以断言，无论高、雷、钦、防等地反动派及其残军如何挣扎，此一两个月内必可全部肃清，广东全省必可彻底解放。

二、本部为配合我大军迅速解放各地，解除民众痛苦起见，决即对本区各残余据点，残余敌伪，举行最后攻击彻底歼灭之。

三、为使迅速与有效完成上述紧急任务，希我党、政、军各级人员加紧努力工作，努力歼敌；我解放区各界踊跃参军、参战，参加民工队、民兵队及各种战时勤务工作，踊跃完纳公粮，踊跃运输，以实际有力的行动支援前线，迎接大军解放钦、防。我各级工作人员、全体指战员必须充分认识今日即为本区面临全面解放之日，亦即各同胞彻底翻身之时，因此人人必须以最高之热情及最大之努力，迎接即将到

来之最后胜利。

四、我钦县、防城、东兴等，以及未解放区的各界同胞，务须团结一致，一方面以各种方式努力援助并积极准备迎接我解放军，另方面则以有效办法阻止敌伪临死挣扎、破坏、抢劫、蹂躏地方等的阴谋企图，努力维持社会秩序，保护各种公共机关及一切资财物品，不得资助、包庇与窝藏敌伪人员，不得收购盗卖各种公物。我各未解放区的同胞必须晓得，今日系你们争取解放最好机会，反动派们虽仍尽力吹嘘他们的力量，制造无数无耻的谎言及疯狂的压榨民众，但他们的内心是人人自知末日已到，惊慌失措与惶恐万状的。因此，我们不要给他吓缩，必须大胆的积极的与他斗争，以我们集体力量粉碎他一切的挣扎企图。

五、在国民党、政、军各级机关供职之大小员役，必须立即停止执行各种损害人民利益之反动措施；努力保护各项公物使免受破坏及损失；努力保护当地居民的生命财产；军官与士兵必须努力争取起义，携枪参加解放军，即无起义条件，亦须联合一致，停止抗拒解放军，并向解放军投降。上述种种皆是国民党各级人员立功自赎改过自新的最有效办法。今日时势的发展，不但没有给你们挣扎的条件，而且也没有给你们豫疑等待的可能，此为最后的时机，觉悟改变即有生路，否则就是死路。

中国人民解放军滇桂黔边纵队桂西区指挥部政治部命令

（一九四九年十一月）

我人民解放大军，刻正向广西进兵，追歼桂系残敌，预计于最短期内，即可到达桂西，在此形势之下，接收国民党各级地方反动政府，实为本部当前重要之工作，特发出郑重的命令，仰所属本部管辖的国民党地方反动政府，认真督促所属各级人员，切实保护各县政府、学校、医院、文化机关及一切公共建筑，各项资料、公款、公物、武器、档案等，并派□□□□□□前往接收，任何人不能破坏或偷藏，着即分别移交清楚。至于各县反动政府暨各级机关官员、警察、区乡镇村街甲人员，凡不执枪抵抗与阴谋抵抗，本军及民主政府决不加以俘虏和逮捕，并量材录用，切实遵照约法八章指示实行，着各安职守，勿听信谣言，自相惊扰，上令各点仰各地方反动政府官员切实遵照。如有违抗情事，即予依法严办。此令。

右令

县伪政府

指　挥　员　赵世同

政　　　委　周中平

副　政　委　余明炎

政治部主任　黄　耿

中国人民解放军滇桂黔边纵队桂西区指挥部紧急命令

（一九四九年十一月二十九日）

大军已到南丹，河池运输团已动员前往迎军。在此情况下，区属各县应即迅速执行下列任务：

一、立即发动群众舂米集中，派员点验，随时准备运往迎军。

二、召开群众迎军大会，进行政治动员，并在大会中检阅运输团，具体规定各运输部队起运之村屯。

三、各县独立大队应即开至县城附近（平治除外）监视敌人，随时准备歼灭弃城逃跑之敌军，并对县城加紧政治攻势，加紧进行调查研究，积极布置接收县城工作。

四、干校第五期暂缓调训。

此令

县　政　府

县独立大队

指　挥　员　赵世同

政　　　委　周中平

副　政　委　余明炎

政治部主任　黄　耿

中国人民解放军滇桂黔边纵队左江支队司令部、政治部命令

（一九四九年十一月）

一、匪徒姚槐、韦高振、赖彗鹏、伍宗骏、钟福标、王赞光、任敏、叶瑞廷、钟秀毅、杜光华、古兆璜、施世光等十二名，积极进攻残害人民，极尽其烧杀抢劫之战争，罪大恶极、死不容诛，成为左江人民的公敌，是左江地区的重要战犯。为此，我们责成全体指战员，务须把他们追拿归案，严予法办。

二、解放大军已进广西，全省就要解放，左江就要解放，一切曾经参加残害人民的作恶分子，应该当机立断，回头是岸，停止作恶，悔过自新，脱离反动阵营，回到人民方面来。本区各地部队，务须坚决执行中央"首恶必办，胁从不问，立功受奖"的政策，给予愿意回头的一切反动分子，有更多的自新机会。

三、解放大军猛烈追歼下，李、白、文残匪更加疯狂残害人民，压迫群众"出安"，压迫群众参加做反动，我们全体指战员必须援助人民，把一切被迫"出安"与被迫参加反动的群众救出来。

四、我们的解放大军来了，我们号召全体指战员，坚持执行毛主席、朱总司令的命令，奋勇前进，英勇作战，配合解放大军，歼灭一切敢于继续抵抗的反动派，迅速解放全左江。

司　令　员　陆　华
政　　　委　黄　河
政治部主任　梁　游

二、大军南征

（一）中央军委的部署和指示

中央军委关于向全国进军的部署① （节录）

（一九四九年五月二十三日）

总前委，刘张李②，粟张③并告林罗④彭贺⑤：

……

（三）四野现有两个军渡江，尚有六个军已至陇海、长江之间，约于六月上旬可渡江，另有四个军正由新乡、安阳地区出发，约六月中旬可以渡江。四野主力（六个军及两广纵队）于七月上旬或中旬可达湘乡、攸县之线，八月可达永州、郴州之线，九月休息，十月即可尾白崇禧退路向两广前进，十一月或十二月可能占领两广……

（五）胡宗南全军正向四川撤退，并有向昆明撤退消息。蒋介石、何应钦及桂系正在做建都重庆，割据西南的梦，而欲消灭胡军及川、康诸敌，非从南面进军断

---

① 本文原件存中央档案馆。

② 刘张李，刘指刘伯承，当时任中国人民解放军第二野战军司令员；张指张际春，当时任中国人民解放军第二野战军副政治委员；李指李达，当时任中国人民解放军第二野战军参谋长。

③ 粟张，粟指粟裕，当时任中国人民解放军第三野战军副司令员；张指张震，当时任中国人民解放军第三野战军参谋长。

④ 林罗，林指林彪，当时任中国人民解放军第四野战军司令员；罗指罗荣桓，当时任中国人民解放军第四野战军第一政治委员。

⑤ 彭贺，彭指彭德怀，当时任中国人民解放军第一野战军司令员；贺指贺龙，当时任西北军区司令员。

其退路不可。因此，除二野应准备经贵州入川之外，四野在消灭白崇禧占领广西之后，应以一部经百色入云南。请林罗即令曾泽生军早日出动南下，该军是否已从热河出发，盼林罗查告。

（六）你们意见如何，盼告。

军　委
辰梗

中央军委关于歼灭桂系主力的作战部署①

（一九四九年五月二十五日）

林萧赵聂②，并刘张李③，总前委：

（一）林萧赵聂二十四日电即转刘张李知照，请刘张李迅即电知陈赓兵团暂时不渡赣江，在丰城、临江、新淦、峡江之线收集船只完成渡江准备。待桂军七师深入宜春一带后，突然向敌后方挺进，断敌退路，与四野部队配合歼敌或抓住敌人。

（二）伯承、陈赓两电台均应与林彪电台通报。

（三）二野应准备以四个军或三个军由陈赓统率，归林罗④指挥。第一步在宜春一带配合四野歼灭桂系主力；第二步待命入湘，抄击白崇禧后路，尔后即待命入川。

军　委
辰有

中央军委关于歼灭白崇禧部的作战方针的指示⑤

（一九四九年七月十六日）

林邓萧⑥，并告刘张李⑦

十四日二十时电悉。

---

① 本文原件存中央档案馆。

② 林萧赵聂，林指林彪；萧指萧克，当时任中国人民解放军第四野战军第一参谋长；赵指赵尔陆，当时任中国人民解放军第四野战军第二参谋长；聂指聂鹤亭，当时任中国人民解放军第四野战军副参谋长。

③ 刘张李，指刘伯承、张际春、李达。

④ 林罗，指林彪、罗荣桓。

⑤ 本文原件存中央档案馆。

⑥ 林邓萧，林指林彪；邓指邓子恢，当时任中国人民解放军第四野战军第二政治委员；萧指萧克。

⑦ 刘张李，指刘伯承、张际春、李达。

（一）广东只有残破不全之敌军四万余人，而我则有超过四万人之游击部队，只需要两个军加上曾生两个小师，即够解决广东问题，至多派三个军加曾生部即完全够用，不需要派出更多兵力。

（二）判断白崇禧准备和我作战之地点，不外湘南、广西、云南三地，而以广西的可能性为最大。但你们第一步应准备在湘南即衡州以南和他作战，第二步准备在广西作战，第三步在云南作战。白部退至湘南以后便只有十万人左右了，宋希濂、程潜两部是退湘西、鄂西，不会往湘南。

（三）和白部作战方法，无论在茶陵在衡州以南什么地方，在全州、桂林等地或在他处，均不要采取近距离包围迂回方法，而应采远距离包围迂回方法，方能掌握主动，即完全不理白部的临时部署，而远远地超过他，占领他的后方，迫其最后不得不和我作战。因为白匪本钱小，极机灵，非万不得已决不会和我作战。因此你们应准备把白匪的十万人引至广西桂林、南宁、柳州等处而歼灭之，甚至还要准备追至昆明歼灭之。

（四）歼灭白匪应规定我军的确实兵力，我们提议为八个军，以陈赓部三个军、四野五个军组成之。此八个军须以深入广西、云南全歼白匪为目的，不和其他兵力相混。陈赓之另一个军在湘南境内可以参加作战，但不入广西，准备由郴州直出贵阳，以占领贵州为目标。陈赓之三个军则于完成广西作战后出昆明，以占领并经营云南为目标。此点已和邓小平同志面谈决定（刘邓共五十万人，除陈赓现率之四个军外，其主力决于九月取道湘西、鄂西、黔北入川，十一月可到，十二月可占重庆一带。另由贺龙率十万人左右入成都，由刘、邓、贺等同志组成西南局，经营川、滇、黔、康四省。你们经营之范围确定为豫、鄂、湘、赣、粤、桂六省，但你们的五十军须准备去云南，如白匪主力退云南，则还须考虑加派一部入滇助战）。

（五）陈赓四个军到达郴州之道路，请考虑全部走遂川、上犹、崇义，分数路前进。未知该区有几条汽车路否，如有适当道路，似以这样走为好。

（六）专门担任经营江西的两个军，不应担任其他任务。专门担任经营广东之两个军，应取道江西大庾岭前进，而不走湘南，因湘南敌我屯兵太多，粮食必感困难。

（七）准备深入广西寻歼桂系之八个军（四野五个军、陈赓三个军），进到郴州地区后，如能利用湘桂铁路运粮接济，最好全部取道全州，直下桂林、南宁，以期迅速。否则，四野五个军取道广州、肇庆西进，迂回广西南部，陈赓三个军则经全州南进。或者以陈赓三个军协同四野专任经营广东之两个军共五个军走大庾岭出广州，但陈赓不担任广州工作，只经过一下即出广西南部，而以四野五个军（其中包括五十军）由全州出桂林。

（八）曾生部应即速出动，走江西入广东。

（九）以上是否适宜，请你们考虑提出意见。

军　委

午铣

中央军委关于歼灭白崇禧部的补充指示[1]

(一九四九年七月十七日)

林邓萧，并告刘张李[2]，陈饶粟[3]：

午铣电谅达。兹补充数点，请你们连同午铣电一并考虑电复。

(一) 基于白匪本钱小，极机灵，非至万不得已决不会和我决战之判断；基于四野之总任务在于经营华中及华南六个省，二野之任务在于经营西南四个省，以及进军之粮食道路等项情况，我们认为你们各部应作如下之处置。

(二) 陈赓四个军即在安福地区停止待命，不再西进。待十五兵团到达袁州后，由十五兵团之一个军为先头军向赣州开进。这个军即确定其任务为占领赣州及经营赣南十余县。陈赓三个军、十五兵团两个军统由陈赓率领，经赣州、南雄、始兴南进，准备以三个月时间占领广州。然后十五兵团两个军协同华南分局所部武装力量及曾生纵队，负责经营广东全省。陈赓率四兵团三个军担任深入广西寻歼桂系之南路军，由广州经肇庆向广西南部前进，协同由郴州。永州入桂之北路军，寻歼桂系于广西境内。然后，陈赓率自己的三个军入云南。在此项部署下，陈赓四兵团以外之另一个军即由安福地区入湖南，受十二兵团指挥，暂时担任湖南境内之作战，尔后交还刘邓[4]指挥，由湖南出贵州。曾生两个小师应即提早结束整训，遵陈赓道路或仍走粤汉路速去广州。

(三) 四野主力除留置河南的一个军，留置湖北的重炮部队，留置赣北的一个军，留置湘西、湘北、湘中的三个军以外，以五个军组成深入广西寻歼白匪的北路军，利用湘桂铁路南进，协同陈赓歼灭桂系于广西境内。

(四) 上述这种部署是不为白匪的临时伪装布阵（例如过去在赣北，现在在茶陵，将来在郴州、全州等处）所欺骗，采取完全主动的部署，使白匪完全处于被动地位，不管他愿意同我们打也好，不愿意同我们打也好，近撤也好，远撤也好。总之他是处于被动，我则完全处于主动，最后迫使他不得不和我们在广西境内作战。估计桂系是不肯轻易放弃广西逃入云南的，因为云南卢汉拒其入境，云南还有我们的强大游击部队，至少桂系要留下一部在广西，而以另一部逃入云南，那时我则以陈赓三个军配以你们的曾泽生军，就可以在云南境内歼灭之。到十一月间，我二野主力六个军已入黔川，他想逃入黔川也不可能。西北胡宗南部主力已于午文在郿县、扶风地区被我一野歼灭，其残部仅剩七万人逃往汉中一带。我一野决以九个军西入

---

① 本文原件存中央档案馆。

② 林邓萧，指林彪、邓子恢、萧克。刘张李，指刘伯承、张际春、李达。

③ 陈饶粟，陈指陈毅，当时任中国人民解放军第三野战军司令员；饶指饶漱石，当时任中国人民解放军第三野战军政治委员；粟指粟裕。

④ 刘邓，指刘伯承、邓小平。

甘、宁、青寻歼马匪，而准备于今冬或明春抽三个军出川北，协同二野经营西南，使西南残匪获得全歼。你们意见如何望告。

军　委
午筱

中央军委关于迫使白崇禧部退入广西等问题的指示①

（一九四九年九月一日）

林邓萧赵②

三十日电悉。

（一）你们歼灭宋希濂的计划是很好的。

（二）程子华兵团主力在澧州、常德以西地区歼灭宋希濂以后，请考虑该部取道沅陵向芷江前进，歼灭该地区之黄杰部，然后沿湘黔桂三省交界向柳州前进，迫使白崇禧退入广西，而不使他退入贵州，以利我军在广西境内歼灭他。因贵州太穷，运输不便，广西较贵州为富，又可取得广东接济，又有我们的游击区及游击队以为协助，较利于我军作战。

（三）叶剑英、方方③、陈赓、邓华等九月上旬可在赣州会合，中旬可会商完毕，下旬即可开始向广东进军。若萧劲光、程子华各部亦能于九月下旬或十月上旬进至芷江、宝庆、衡州之线，则可与我入粤部队互相配合。我们希望能于十一月占领广州及粤汉全路，十二月或明年一月全路通车则对全国财政经济有很大利益。

军　委
申东

中央军委关于赣州会议和部队南进问题的指示④

（一九四九年九月八日）

叶方陈邓诸同志，并告林邓⑤：

（一）你们业已聚会于赣州，极为欣慰。你们会议内容应照中央迭次电示及面告剑英者，扼要做出决定。

---

① 本文原件存中央档案馆。
② 林邓萧赵，指林彪、邓子恢、萧克、赵尔陆。
③ 叶剑英，当时任中共中央华南分局第一书记；方方，当时任中共中央华南分局第三书记。
④ 本文原件存中央档案馆。
⑤ 叶方陈邓，指叶剑英、方方、陈赓、邓华。林邓，指林彪、邓子恢。

（二）方方等同志领导的华南分局及华南各地党委和人民武装有很大的成绩，新的华南分局及即将进入华南的人民解放军主力，应对此种成绩有足够而适当的估计，使两方面的同志团结融洽，互相学习，互相取长补短，以利争取伟大的胜利。

（三）你们一面开会，一面即可命两兵团开始向南进军，第一步进至韶关、翁源之线。准备在该线休息若干天，然后夺取广州。我们认为不应分兵去惠州，待夺取广州再占惠州为适宜。因为四野主力九月中旬即可向芷江、宝庆、衡州之线前进。白崇禧必然不战而向广西撤退（他决不会在湖南境内和我决战，所布疑阵是为迟滞我军前进之目的）。我陈、邓两兵团应争取于十月下半月占领广州。陈兵团预计十一月进至梧州区域。四野主力则于同时进至柳州、桂林区域。十二月即可深入广西，寻找白部作战。刘邓率二野主力，十一月可入贵州境内，十二月可入重庆。如此，则我各路军可以互相配合。你们对进军时间及攻击目标等项，有何意见，盼告。

军　委

申齐

中央军委关于歼灭白崇禧部的部署①

（一九四九年九月九日）

林邓②：

关于进攻部署。

（一）陈赓、邓华两兵团，第一步进占韶关、翁源地区，第二步直取广州，第三步邓兵团留粤，陈兵团入桂，包抄白崇禧后路。陈兵团不派任何部队入湖南境，即不派部去郴州、宜章等处。

（二）程子华兵团除留一个军于常德地区，另一个军已到安化地区外，主力两个军，取道沅陵、芷江，直下柳州。

（三）另以三个军，经湘潭、湘乡，攻歼宝庆之黄杰匪部，与程子华出芷江的两个军摆在相隔不远的一线上。对衡阳地区之白崇禧部，只派队监视，而不作任何攻歼他的部署和动作。

（四）这样一来，白崇禧部非迅速向桂林撤退不可，而这就是我们的目的。判断白部在湖南境内决不会和我们作战，而在广西境内则将被迫和我们作战。因此，陈赓兵团不要派部出郴、宜。现在茶陵、攸县之我军，亦不要作攻歼衡阳白匪之部署。而应两路齐出芷江、宝庆，位于白匪西侧。然后，以芷江之两个军，先期突然出柳州，在柳州地区占（建）立根据地。估计白匪三个军（第七军、第四十六军、第四十八军）及鲁道源之五十八军，在我主力威胁面前，不敢过早分散其主力。李

---

①　本文原件存中央档案馆。

②　林邓，指林彪、邓子恢。

品仙防御柳州一带之兵力必不甚多。我军（两个军）可能在柳州以西以北区域即融县、罗城、天河、宜山、思恩、宜北区域建立根据地，并切断柳州通贵州的铁道线。陈赓兵团，则于占领广州后，即经梧州向宾阳、南宁地区前进，位于广西南部。我在宝庆之三个军（主力），则于白匪向桂林撤退时，尾敌南进。

（五）以上三路我军（共八个军），在进入广西后，第一步不是急于寻找白匪主力作战，而是立稳脚跟，查明情况，联系群众和结合我在广西境内的游击部队（桂南、桂北均有）。第二步，再各个歼灭白匪主力。白崇禧是中国境内第一个狡猾阴险的军阀，我们认为非用上述方法，不能消灭他。

（六）白崇禧的最后一条退路是云南。他以回云南的口号拉住了鲁道源，故在白、鲁退入广西后，可能即令鲁道源军或再配以一部桂军入云南。如果是这样，那时我们应考虑从陈赓兵团先抽一部（例如一个军）出云南，配合我在云南的游击队在云南先建立根据地。

军　委
九月九日

中央军委关于对白崇禧及西南各敌均取
先完成包围然后再打之方针的指示①

（一九四九年九月十二日）

邓张李②，并告林邓谭③

　　申灰电悉。

（一）同意二野在华中地区通过时的作战事宜统由四野首长指挥。

（二）如果白崇禧占领贵州省城，无论二野、四野均暂时不要去打他。二野的两个兵团以主力一直进至重庆以西叙府、泸州地区，然后向东打，占领重庆。以一个军留在乌江以北（以遵义为中心）。二野之陈赓兵团，在配合四野五个军完成广西作战以后，即进占云南，完成对贵阳之包围。然后，四野以一部由广西向北，二野以适当力量分由云南黔北向东、向南包围贵阳之敌而歼灭之。总之，我对白崇禧及西南各敌均取大迂回动作，插至敌后，先完成包围，然后再回打之方针。

军　委
申文

---

① 本文原件存中央档案馆。

② 邓张李，指邓小平、张际春、李达。

③ 林邓谭，林指林彪；邓指邓子恢；谭指谭政，当时任中国人民解放军第四野战军政治部主任。

毛泽东关于围歼白崇禧主力给林彪的电报①

(一九四九年十月十二日)

林彪同志:

因为〔据〕你们十日七时电,白崇禧全力增援祁阳以北之敌,该敌已完全陷入被动地位,有在湘桂边界聚歼白匪主力之可能,故我们同意你们以陈赓兵团由现地直出桂林抄敌后路之意见。但据你们十一日十时电,敌原拟增援之兵力,现已停止于东安、冷水滩、零陵之线,并未北进。似此,无论祁阳以北地区之敌被歼与否,白崇禧均有可能令其主力退至广西中部、西部及西北部,背靠云贵,面向广西东北部及东部,采取游击战术,不打硬仗,与我相持,我军虽欲速决而不可得。此时,因陈赓已入广西,广东问题没有解决,广西问题亦不能速决。如我军向广西中部、西部及西北部迫进,则白匪退入云贵。如四野跟入云贵,则不能分兵解决广东问题。如四野不入云贵,则解决白匪的责任全部落在二野身上。因此,请你考虑这样一点,即在桂林柳州以北祁阳宝庆以南地区采取围歼白匪的计划是否确有把握,如确有把握,则你们的计划是很好的。否则我军将陷入被动。为了使问题考虑成熟起见,目前数日内陈赓兵团以就地停止待命为宜。

毛泽东
十月十二日三时

毛泽东关于占领广州和围歼白崇禧部的电报②

(一九四九年十月十二日)

林彪同志,并告叶、陈、方、邓、赖,及刘、邓、张、李③

(一)你们十一日二十一时电的意见很好,即如敌守广州或我军有可能在广州或广州以外求得消灭敌人有生力量时,则陈赓、邓华两兵团仍继续向广州前进,但请陈、邓注意先以必要力量直出广州梧州之间,切断西江一段,断敌西逃之路,不使广州敌向广西集中。如查明广州一带之敌向广西逃窜时,陈赓兵团即不停留地跟踪入桂。如广州一带之敌并不向广西逃跑,则陈、邓两兵团仍执行原计划占领广州不变。

(二)祁阳以北被歼之七军四八军四个师,是桂系精锐。桂系正规军虽尚有四

---

① 本文原件存中央档案馆。
② 本文原件存中央档案馆。
③ 叶陈方邓赖,指叶剑英、陈赓、方方、邓华、赖传珠。刘邓张李,指刘伯承、邓小平、张际春、李达。

六军三个师、四八军一个师、及五六军两个师（此军位于桂林全州间），但都不是精锐。桂系以外各军更差。因此，四野以主力由祁阳、武冈之线向桂林、柳州之线前进兵力已很充足。但如何进法，值得考虑，数日内可以看清白崇禧的部署。如果白崇禧集中全力守零陵全州一带，你们可以集中兵力南进，试行抓住该敌。如白崇禧鉴于此次精锐被歼的教训（此次被歼是出于白崇禧意料的），向桂林柳州之线大规模撤退，则我军似不宜集中前进，而宜分两路并列前进；以一路出柳州以北，以一路出桂林，两路互相策应，仍可随时集中作战，使白匪不能向贵州退却。

（三）二野五兵团请令其迅向贵州前进，并令十八军先出贵阳。

毛泽东
十月十二日六时

毛泽东关于兵力部署的意见给林彪的电报①

（一九四九年十月三十一日）

林彪同志，并告子恢、剑英、陈赓及刘、邓②：

关于兵力部署的几点意见：（一）我们已占领广州及广东的大部，广州香港澳门之间的海上残敌尚未肃清，陈赓兵团即将入桂作战，内外敌人可能窥伺广州。白崇禧匪部如被程子华、陈赓切断逃往云南安南③的道路，有东窜入粤可能。因此在广西问题彻底解决以前，邓华兵团（两个军）必须全力镇守广州（主力）韶州（一部）之线，不要进攻雷州半岛，更不要攻海南岛。华南分局决定邓华兵团迅速离开广州南进的计划是不妥当的。必须等候广西问题解决以后，从广西调出四野一个至两个军到广州韶州线，邓华兵团方能南进。（二）全国国防重点是以天津上海广州三点为中心的三个区域。二野入云贵川康后，三野只能防守华东，置重点于沪杭宁区域，以有力一部准备取台湾，没有余力兼顾华北。现在华北只有杨成武三个军及其他六个二等师位于京津山海关一线，一旦有事，颇感兵力不足。除令一野以杨得志兵团（三个军十万人）位于宝鸡天水平凉区域，有事可随时调动外，四野在广西问题解决后，拟以五个军位于两广，担任广州为中心之两广国防；以三个军位于河南，准备随时增援华北；其余各军，位于湘鄂赣三省并以主力位于铁道线上，可以向南北机动。在目前三个月至五个月内，四野除完成各省剿匪任务外，如能做到（甲）解决广西问题，（乙）修通粤汉湘桂两路（这是极重要的），（丙）利用铁路运输完成上述国防部署，就是完美无缺的。请你们十分注意粤汉湘桂两路的修复和守备。（三）陈赓程子华须同时向柳州南宁动作，方能完成围歼白匪任务。现

---

① 本文原件存中央档案馆。

② 刘邓，指刘伯承、邓小平。

③ 安南，即越南。

敌鲁道源兵团似正准备由桂林以南转入柳州地区，估计是准备去云南的。而我陈赓部刚才解决粤敌，须休息若干天方能行动。程陈两部何时可以开始入桂作战，望告。（四）据有经验者称：由百色入云南的道路上瘴气（恶性疟疾）为害，不利行军。因此陈赓部在解决广西问题后应准备循柳州贵阳道路入滇，不一定走百色。（五）你们意见如何望告。

毛泽东

十月卅一日

毛泽东关于歼灭白崇禧部的部署给林彪等的电报①

（一九四九年十一月二十四日）

林彪同志并告陈赓：

　　根据四野二十二日谍息，白崇禧决于二十三日起令其所部共十六个师，由博白玉林北流容县岑溪之线，向廉江化县茂名信宜之线攻击。这是歼灭该敌的好机会，为此请你们注意：（一）陈赓所率四个军，除一个军仍照陈赓前提部署由罗定容县之线迂回敌之左侧背外，主力似不要进入广西境，即在廉江化县茂名信宜之线布防，置重点于左翼即廉江化县地区，待敌来攻而歼灭之。同时以一部对付余汉谋之配合进攻。（二）桂林方面之我军迅速分数路南下，攻敌侧背，置重点于左翼，即宾州贵县玉林之线，但未知时间上来得及否？（三）白匪主力既确定向雷州半岛逃窜，我程子华兵团即应分数宽正面，第一步向百色南宁之线第二步向龙州南宁之线攻进，以期尽歼逃敌于龙州海防国境线上。（四）以上是否可行，请按情酌定。

毛泽东

十一月二十四日十六时

（二）征战过程和胜利成果

挺进广西，全歼蒋白残匪！②

（一九四九年十一月）

　　在二野兄弟部队与我并肩作战以及在华南人民解放军与广大人民的有力配合下，

---

　　① 本文原件存中央档案馆。

　　② 原载一九四九年中国人民解放军华中军区、第四野战军政治部出版的《政治工作》创刊号。

我们一举于衡宝地区歼灭白匪主力，又迅速解放了国民党残匪所曾据为中心的华南最大都市广州，并在广东两阳（阳江、阳春）地区追歼逃敌四万余众，这一伟大胜利是我华中前线人民解放军庆祝中华人民共和国建立的第一项贺礼。由于广州的解放，迫使国民党残匪只好在西南数省和台湾等海岛上流散逃亡，心悸胆颤地扮演他们已自料不久的滑稽丑角；由于白匪主力的被歼，使桂系军阀赖以起家的军事赌本仅一交手即输掉大半，而美帝国主义者所幻想的这张"猴九王牌"原只是一副"蹩十"而已。这一胜利完全表明了我人民解放军战无不胜、攻无不克的强大无比的力量，也表明了帝国主义者和国民党残匪流寇穷途末路的窘态。

我前线部队的英勇奋战和广大人民的积极援助，是获得此次伟大胜利的根本原因。在此次作战中，我前线部队中涌现了许多积极作战、奋勇歼敌的英雄单位，也涌现了许多秋毫无犯、团结群众的模范单位。我二野四兵团首先以勇猛果敢的战斗行动，迅速搀入衡阳与广州之间的曲江以南地区，并迅速解放曲江，迫使敌人不得不仓卒全线撤退。我一三五师以二十一小时的连续急行军，出敌不意地搀入衡阳西南灵官殿地区，抓住南逃白匪主力，顽强地给逃敌以堵击与截击，歼敌一七二师师部及其两个团。我一一九师以两昼夜的猛追，并排除井头江敌人的阻击，迅速越过五峰山，前进一百六十里，于杨家桥地区封闭了敌军的退路，在击退敌人的多次冲锋后，卒于反击中歼敌一七一师师部及其两个团。我一三四师在追击战中，以五昼夜的连续攻击作战，歼敌一七六师大部。我参加此一战役的其他各军各师，特别是迂回至湘黔和湘桂边境的各军各师，也均以神速的动作，不顾疲劳，忍着饥饿，冒着倾盆大雨，翻越崇山峻岭，或实行包围，或对敌阻击，或对敌顽强追击，终于造成歼敌的各种条件，我挺进广州的部队，在连续二百多里的行军作战中，抵达了花县、从化一线，但一听说广州残匪正在逃跑，就不顾一切疲劳，在三小时内赶进了广州市区。我二野四兵团尾追广州逃敌，一夜前进一百六十里，接连几天几夜，终于□逃敌全部包围并歼灭，并创造了以两个连歼敌一个整团的模范战例。至于在部队的群众纪律上，各部也普遍有所改善，好的单位不仅做到了秋毫无犯，而且做到了助民劳作和口头宣传。一一三师的拥政爱民模范连——三三七团机枪连，在此次战役中，不论在任何紧急的行军和作战情况下，都能一贯保持良好的群众纪律和进行群众宣传。正是因为我们部队具有这样坚强的战斗意志和严明的群众纪律，才能使敌人一触即溃，才能取得广大人民的拥护，是值得大大表扬和全军学习的。

白匪主力四个师的被歼，严重地打击了桂系反动部队的实力和士气；广州残敌的不战而逃，充分表现了敌人的狼狈和恐慌；两阳地区逃敌的全部被歼，大大削弱了残匪企图负隅西南进行顽抗的力量。而在我军方面，由于新的胜利的鼓舞，士气倍加旺盛、战志倍加激昂，更完全有利于我们全歼残匪，争取最后胜利的早日到来。但是，敌人现在还没有最后的全部的被歼，毛主席谆谆教训我们："帝国主义者和国内反动派决不甘心于他们的失败，他们还要作最后的挣扎。"现在白匪崇德已经收拾其残余部队退窜广西老巢，广州逃敌除在两阳地区被歼外，尚有一部已向西收

缩，这就是他们仍图最后挣扎的表现。因而入桂作战，全歼蒋白残匪，尤其是全歼白匪的战斗任务就摆在我们的面前了。我全体指战员对入桂作战，全歼白匪，在今后的肃清国民党残匪和统一全国的重大意义上，必须具有明确的认识。由于蒋匪介石嫡系部队中的精锐师团悉数被歼，其漏网残生或仓卒拼凑的若干支离破碎的残匪，没有什么战斗力，因而尚握有少许军事赌本的二三等喽啰，但又穷凶极恶的桂系军阀，就特别承蒙其美国主子的垂青，把它当做了妄想给国民党匪帮死灵魂复活的巫婆；同时，散布在西南数省的国民党残匪，除桂系军阀外，多为割据一方的地方反动势力，互不联属，而少数蒋匪嫡系部队，亦非一个建制部队，所以白匪的残存，实为西南数省负隅顽抗的首恶分子。因此，白匪既已退窜广西，我们即将其在广西境内予以歼灭，这是给内外反动派的最后挣扎企图以绝望的打击，是奠定西南，争取最后胜利中带有决定意义的一战。因此，乘我军衡宝歼敌和解放广州的声威及有利形势，继续发扬我军的英勇战斗作风，一鼓作气，再接再励，挺进广西，团团围剿，敌人逃到哪里，我们就长追到哪里，务求全歼白匪及其他一切残匪，是我们全军上下所应一致具备的决心。

桂系军阀嫡系，除一个新编军留守广西外，布于华中前线者为四个军十一个师，而以七军、四十八军为其主力。在抗日战争中，桂系军阀盘踞大别山区，消极抗战，专力反共，曾是国民党匪帮中反共有功的宠儿。在人民解放战争中，桂系军阀少和我大军正面接触，所以幸免于被歼。而蒋匪介石嫡系及其精锐之不断被歼，反成为桂系军阀鼓吹其封建地域观念及宣传其夜郎自大的政治资本，使桂系反动部队中浸染着一种踞傲而凶顽的臭气。此次衡宝战役，我歼其主力四个师，给其实力与士气以严重打击，但在长期欺骗和强力控制下所造成的桂系反动部队的特点还是不容许我们忽视的。特别是白匪率其残部退窜广西老巢后，必然会利用其二十余年的统治经验，依靠其地主阶级的社会基础，更加鼓吹其封建地域观念，一面搜刮兵源，重整残部，一面强化地主武装，增强其耳目爪牙，以图凶顽抵抗；而在作战方法上，很可能利用广西多山地区，节节退缩，甚至到处流窜，集散无常，以求拖延时日。而在我军方面，交通线延长、供应不便，与群众少联系，语言又不通顺，因而所遇到的困难，虽然是暂时性的，但一定会有，而且会不少，我们宁可作高一些的估计，绝不应无端轻视。因此，更加加强我军内部团结，特别是官兵团结，在团结的基础上，正视困难，战胜困难，勿骄勿燥，是极端重要的。在作战方法上，应从此次衡宝战役中取得经验，分析敌人作战的优点和弱点，抓紧利用其弱点并扩大之，以粉碎敌人的抵抗；并针对山地运动战的情况和敌人战术的特点，将我军作战指挥的集中性和统一性，同发扬干部的当机立断以及每个战士的独胆独战很好的结合起来，才能不失战机，痛歼敌人。同时，为了削减敌人的凶顽，便应从政治上瓦解敌人，便应加强敌军工作和严守宽俘政策。对俘虏的教育，除一般形势教育外，应着重于广西军阀和地主阶级所加于农民阶级的剥削和压迫，从其切身体验中提高其阶级觉悟，进而打破其封建地域的盲目崇拜观念，这不仅对于争取俘虏参加我军是很重要的，即使释放之后以之进行群众宣传也是非常必要的，特别是在我与群众语言困难

的情况下，这一工作应给以重视。

广西全省人口约一千五百万，土地集中情形与湖南、广东相似，山地多自耕农，肥沃之区土地则较集中，尤以苍梧、博罗〈白〉、全县等地为甚。广西土地较贫瘠，但地主阶级的剥削却很残酷，租佃关系一般的为主佃平分，更加上商业资本发达，高利贷的剥削很厉害，所以一般农民，无衣无食，且负债累累，吃的是一半粗粮，一半野菜，卖儿卖女以还债还租的事，到处皆有。而地主阶级为剥削镇压农民，用顽石累成村落，内设炮楼，自立军队（民团）、法庭，与官衙互通声息，狼狈为奸，特别是李白匪帮在广西所实行的军阀地主统治，美其名曰"三自政策"和"军政教统一"，即以村长（自治）兼任民团后备队长（自卫）和小学校长（自给），就更为强化了地主阶级的统治。因此，广西地主阶级与农民阶级的矛盾与对立是很突出的，农民阶级中蕴藏着强烈的革命怒火。但在农民的阶级觉悟未经启发之前，因受封建地域观念的欺骗宣传，所以在地主阶级的统治下，广西人民常表现出浓厚的排外观念和行动，又因民性强悍，常常发生械斗事件。而在白匪退窜广西后，必定一面增强地主武装，强化地主统治，一面更加鼓吹封建地域观念，煽动群众的排外情绪，诸如坚壁清野，扩充民团，村村联防等毒辣办法都会出现，以增加我军入桂作战之困难。因此，我们必须充分估计到所可能遇到的困难，并应对之有正确认识，划清农民与地主军阀的阶级界线，认清群众的被欺骗与被控制的实际情形，并准备在任何困难情况下，均须坚持良好的群众纪律，严格遵守三大纪律，八项注意，展开群众宣传工作，只有严明的群众纪律，才能促使群众从匪帮们的欺骗与控制下觉悟起来。

广西为民族复杂的省份之一，少数民族有苗、猺〈瑶〉、猓猓、回回等族，计人口二百余万，猺〈瑶〉民最多，居住于湘桂边境和中部桂平一带。苗民次之，居住于桂越边境。这些少数民族，备受汉人土劣势力的欺压，比如买卖不公平，侵占土地等，都是很平常的事。他们不堪忍受压迫，会起而反抗，但都遭受残酷的镇压而陷于失败，因而他们有传统的浓厚的排斥汉人的观念。李白匪帮对他们的政策，是拉拢上层，镇压下层。我军入桂后，白匪必然更加拉拢这些少数民族的上层分子，经过他们转移排汉情绪而对我。因此，在少数民族的区域里，更应严守群众纪律，尊重其风俗习惯，丝毫不侵犯其利益，完全以平等的和睦的团结的精神来对待他们，并对之宣传我党我军的少数民族政策。

由于广西人民遭受封建地主军阀的残酷剥削和压迫，所以广西人民有武装反对统治阶级的历史传统，太平天国的洪秀全，就是起义于桂平北面的金田村，在土地革命时期，在党的领导下，广西人民曾创造了右江苏维埃区域和英勇的红七军，现在，在粤桂边境和湘桂黔边境，还有我党领导的人民武装和人民政权在那里坚持斗争，他们在坚持斗争和保卫当地人民利益上，是有功绩的，他们和群众是有联系的，因而在和他们会合的时候，应该抱定热诚欢迎，尊重团结和向之学习的态度，才能把关系搞好，才能更加充分发挥我全党全军的力量。

总之，继续进军广西，全歼蒋白残匪，是一种重大的光荣的战斗任务。只要我

们更加发扬战志，再接再励；只要我们内部团结，忍受艰苦，战胜困难；只要我们正确地掌握各项政策，团结广大人民；只要我们全体干部切实负责，以身作则，带动全军，我们就一定能够完成这一重大任务，就一定能够胜利。

我军入桂林情形① （节录）

（一九四九年十一月二十三日）

……

职师于二十二日十四时五十分攻占桂林，除在甘棠渡河时消灭敌暂编第一师第二团一个团外，桂林市郊全无抵抗，我部即整装入城。此时已有地下工作同志发动学生及部分商民排列欢迎。我部队比进入北京时较为活泼，向群众道谢，组织街头宣传，张贴标语，表示亲热。在我入城前因白匪欺骗强迫，破坏建设，商店关门，学校停课，群众恐慌造成恐怖。匪敌于七时开始即全部撤离后，当我［部］入城前曾发生抢劫。计有省政府、中国银行、省参议会、个别商店及北站市郊零散物资等。我部队入城，除北关有部分群众抢走一些零散物品外，市内秩序尚好。我［部］入城后主要的进行以下工作：维持地方治安，恢复秩序，加强宣传，主要公共建设仓库均派部队看守，不准动用，组织纠察队维持治安。二十三日上午召开工商联合座谈会，宣传我党城市政策并商讨部队粮食问题。部队除必须之油盐菜等，以团为单位，按市价组织买菜外，其他一律停止买东西，骡马概未进街。敌撤退时除电讯局之发电机破坏外，其余皆未破坏，电灯厂因工人用钱收买，亦未遭破坏，北站一部武器弹药等品，机器未及运走，用火烧了十分之一。火为我救熄，并已派部队看管，待后续部队接替。现城内散兵很多，因职师奉命急进，无暇收容。我市委负责人陈光同志，据息已于九月五日被捕②，被白匪秘密处理，现无准确消息。其余与我接头者甚多，因无组织介绍一时也很难辨别清楚，只能作一般的接待。

江张郭李江③

二十三日④

---

① 原载《解放战争时期党领导的城市工作》，中共广西壮族自治区委员会党史资料征集委员会编。

② 陈光系于 10 月 5 日被捕。

③ 江即第四野战军第四一军第一二三师师长江燮元；张为政委张秀川；郭为副师长郭家洛；李为参谋长李洪茂，后一个江为何人不详。

④ 发电日期为 1949 年 11 月 23 日。

广西解放重镇梧州①

（一九四九年十一月二十七日）

【新华社华南前线二十七日电】人民解放军第四野战军某部②，于二十五日晚六时解放广西东部重镇梧州市。守敌弃城逃窜，当解放军入城时，市民夹道欢迎，掌声雷动，鞭炮不绝。城内一切公共建筑在解放军迅速挺进及员工英勇保护下，未遭匪军破坏。梧州商店组织义勇警察队维持秩序，发电厂、自来水厂、海关、电报局、电话局及医院等设备均完好，各该单位员工均准备解放军接收。解放军入城部队当晚均露宿街头，天明始获房住宿，部队看管的物资仓库等均原封不动，因币值未定，部队规定三日内不向商家购买物品，以免商民吃亏，博得市民极好印象。

中国人民解放军第四野战军司令部
关于占领南宁的电报③

（一九四九年十二月五日）

各首长并报刘邓张李④华中局：

我三十九军先头——一六师已于四日二十二时进占南宁，正与敌战斗中，敌人大部已南撤，该师现已打下汽车百余辆。

四野司⑤

十二月五日八时

对白崇禧匪军大围歼战胜利结束第一阶段⑥

（一九四九年十二月六日）

【新华社华南前线六日电】人民解放军在粤桂边境对白崇禧匪军所进行的大围歼战已经胜利结束第一阶段。人民解放军在这一阶段的作战中，歼灭了白匪残部第三、第十一两个兵团大部，并活捉匪"华中军政长官公署"副长官兼第三兵团司令

---

① 原载《长江日报》1949年11月28日。

② 某部，据考证为第四十军——一九师先头部队。

③ 题目是编者拟加的，原件存中央档案馆。

④ 刘邓张李，指刘伯承、邓小平、张际春、李达。

⑤ 四野司，指中国人民解放军第四野战军司令部。

⑥ 原载《广西日报》1949年12月9日。

张淦、第十一兵团参谋长李致中等大批匪军高级军官。自上月二十二日至本月二日，向广西进军的东路和南路解放军，在粤桂边境的容县、玉林、博白、化县、信宜、廉江地区，捕歼企图向海南岛逃窜的白崇禧匪部主力第三兵团及其所指挥之第七军、四十八军（以上两军在衡宝战役中均各被歼灭两个师，此次为白匪重凑杂色部队组成）、一二六军，十一兵团及其所指挥之五十八军，以及由雷州半岛北上策应白匪南逃之余汉谋匪部第四兵团之二十三军、七十军及该匪广州绥署所属一〇九军之三二一师等残部及粤桂边纵队等部。经一周之猛烈追击和堵截，人民解放军首于上月二十六、二十七两日，在化县以北迎击企图南逃之匪七军、四十八军，予以重大杀伤，该敌即掉头北窜。

其时，我军另部则自罗定向（脱漏五字）在容县以东向匪十一兵团及五十八军攻击。一经接触，敌又急速逃窜。解放军跟踪猛追，于二十八日攻占容县、北流，并在容县之杨梅墟及北流两地一带将匪十一兵团部及其五十八军和九十七军暂一师大部歼灭，俘匪十一兵团参谋长李致中，毙匪十一兵团副司令胡若愚、五十八军参谋长程学玉、二二〇师师长王少才等甚众，并于战斗中击落匪机二架。

此时，匪第三兵团指挥七军、四十八军、一二〇〔六〕军迅速向博白以东、以南地区收缩。而攻占北流的人民解放军即以一昼夜三百里的急行军兼程疾追，于上月三十日及本月一日迅速攻占玉林、博白两城，并在博白城消灭匪三兵团部指挥所，俘匪"华中长官公署"副长官兼第三兵团司令张淦、匪四十八军一七五师师长李映等多名，在人民解放军各路追击大军会合围攻下，经本月一日整日激战，匪七军、四十八军、一二六军三个军大部被歼于博白、陆川间地区，逃者无几。

当白匪主力南逃时，余汉谋匪部第四兵团二十三军、七十军及一〇九军之三十一师等残部与粤桂边纵队等部曾于上月二十八日自雷州半岛北上策应南进，余匪第四兵团部并于二十九日窜抵廉江。上月三十日，解放军即由廉江东北及西北地区向匪展开反击，夺回廉江城，将匪二十三军匪三三一师、粤桂边纵队等部全部歼灭，俘匪前"桂边东区剿匪指挥部"中将司令兼匪三二一师师长喻英奇及粤桂边纵部（队）司令雷英等。匪第四兵团及七十军狼狈窜回湛江。至此，人民解放军已胜利地结束了粤桂边大围歼战的第一阶段。刻正分路堵击，追击匪徐启明兵团、黄杰兵团、刘嘉树兵团等残部中。

白匪三个兵团大部覆没经过①

（一九四九年十二月八日）

【新华社华南前线八日电】前线记者报道粤桂边白匪残部第三、第十一兵团及第四兵团大部覆没的经过称：华中南下大军三路进入广西，并迅速解放桂林、柳州、

---

① 原载《广西日报》1949 年 12 月 10 日。

梧州等广大地区后，桂系残匪没命南逃，妄图夺路雷州半岛越海逃往琼崖。白匪特令张淦第三兵团及鲁道源第十一兵团两兵团五个军向粤桂边窜犯，粤系匪首余汉谋则令原在雷州半岛南端的匪六十二军与粤桂边境的匪沈发藻第四兵团残部北上接应。上月二十日前后，白匪军窜抵容县、玉林以南地区后，二十五日开始向我雷州半岛廉江、茂名、信宜线窜犯。但敌连日遭我穷追，已如惊弓之鸟，士气颓丧，进展极缓，二十七日始达粤桂边境廉江、博白地区线。此时广东境内人民解放军大军兼程西进，业已严阵以待，二十七日匪第三兵团在炮火掩护下以匪七军主力攻信宜，四十八军、一二六军主力攻茂名，竟日向我阵地猛犯，皆未得逞。匪十一兵团向信宜攻犯，亦毫无进展。当天下午，我军开始出击，首在信宜城西宝圩附近击溃第七军，歼匪一七一师及二二九师六八六团各一部，毙俘敌五百余，另路强大解放军则向敌侧背奋勇进军，迅速进入桂境。二十八日晨解放容县，当晚进占北流，沿途截击歼匪第五十八军大部，并于二十九日（前误为三十日）晚解放桂东南重镇玉林，击溃鲁道源匪第十一兵团部，进而于一日拂晓解放博白，歼灭匪第三兵团部，活捉敌兵团司令张淦。此时匪军混乱不堪，全线崩溃。同时，信宜地区正面解放军奋勇西进，于三十日上午二时解放桂境陆川县城，迅速与解放博白部队会师。然后一路跟踪追击，二十九日至三十日间在陆川西南地区歼敌四十八军一七五师五二三团全部，五二一团一部及敌一二六军三〇五师九一三团全部，毙俘敌五二三团团长杨磊以下两千余名。

张淦兵团原是白匪起家老本，桂系主力，今年十月中旬在衡阳西南五峰山区之役被歼四个师，元气大丧。此次连日又遭我大军穷追，士气低落，甫经接触，敌即丢掉大炮辎重，狼狈南窜，沿路拥挤不堪，在宝圩过河时更争相夺桥，因而挤入河中溺毙者甚多。溃败匪军或肩挑行李、或丢帽弃鞋，一路大肆抢掠，并强卖其武器给居民。经我大军勇猛追击，残匪满山遍野奔跑，小部溃败逃走，大部皆被俘虏，或自行投降。

当北线白匪南逃时，原在合浦地区的匪第四兵团沈发藻部残匪纠集其二十三、六十三、七十军残部及一〇九军三二一师、伪粤桂边挺进纵队等于二十九日晚进犯廉江。预伏南线之解放军即以迅速动作从廉江西百里外地区分三路向沈匪腹背猛击，将敌拦腰割成数段。三十日晨，窜据廉江附近的匪军于睡梦中惊醒时，发现已陷重围，仓皇应战。但立被我军打得七零八落，四散溃逃，敌三二一师及伪粤桂边挺进纵队在城西南十里外被干净歼灭，匪"粤桂边剿匪总指挥部"中将司令喻英奇被俘。接着踞守城北、城东敌二十三军残部亦纷纷缴械投降。沈匪后卫六十三军残部见势不好，扭头西窜。我军乘胜追击，二日在廉江县西龙潭圩、公术圩地区将敌六十三军击溃，我军战士们在山谷道旁竞相捕捉俘虏。我军一部则沿粤桂海岸向西挺进，于三日晚解放粤西南滨海重要港口合浦县城，沈匪残部仅兵团部及七十军残匪一部侥幸脱逃。

大围歼战胜利结束　桂系残匪被俘三万①

（一九四九年十二月九日）

【新华社华南前线九日电】歼灭桂系匪军的粤桂边大围歼战已于八日胜利结束。人民解放军在围歼战第二阶段（一日至八日）以钦县为中心的作战中，歼灭匪"华中军政长官公署"直属队大部，一二五军全部及十兵团所辖之四十六军，五十六军各一部，俘匪三万余名。

自围歼战第一阶段结束，匪军主力被歼后，白匪崇禧慌忙命令其"华中军政长官公署"、一兵团、十兵团及十一兵团等残部分由南宁以及粤汉边各地迅速向钦县撤退。是时，我南路及东路大军于博白、廉江地区大规模歼敌后，不顾一切疲劳，乘胜疾进；而我中路大军亦自桂林、柳州间兼程南下，我西路大军则直取南宁，布成重重之拦截网，多路追击逃敌，桂系残匪全部入我网罗。

我南路大军首于三日到五日连克滨海城市合浦及北海市，并在前进途中歼灭余汉谋匪部二十三军残部四千余，随即乘胜西渡钦江，与逃匪平行前进，直奔匪军企图赖以脱逃的最后海口钦县，并〔于〕七日晨三时攻占该城，将由南宁逃集该地的匪"华中军政长官公署"直属队一部全部歼灭，计有三个炮兵团、两个工兵团、两个保安团、一个警卫团、一个补充团，共俘敌万余，缴获汽车、重炮及大批物资。

我自梧州南下的东路大军则于五日攻占灵山，同日又在该县西北之平南圩地区截获自东北方向逃来的匪一二五军，经十小时激战，全部将其消灭，俘匪军长陈开荣、一八三师师长王光伦、副师长杨兴国、代理参谋长段元悌、三六二师师长陈绍桓、参谋长鲍德英、暂□师师长杨又齐等以下近万人。

我中路大军则于四日占领横县，南渡郁江后，六日在灵山以西地区追及逃匪十兵团的后卫四十六军二三六师，歼匪千余。

此时，我中、东、南三路大军遂于灵山以西地区会师，各兄弟部队相互协同在钦州以北之小董圩一带，将逃匪十一兵团残部、四十六军及匪国防部突击总队一、二、三中队，交通警察总队第三纵队各一部悉数聚歼，俘匪亦达万余名。

其余逃到钦县以西的匪军，则遭我由南宁沿邕（宁）钦（县）南下之西路大军截击。我军六日首于钦县西北之大塘圩歼灭匪十一兵团部残部及七十一军八十七师大部，七日又于那娓圩歼匪五十六军一部。至此，围歼战第二阶段乃告胜利结束。

现我军已越过十万大山，向明江、思乐、龙州一带国境线上猛追少数漏网之匪。在粤桂边境被击溃后流集武宣地区的匪军一部，亦正被我包围清剿中。

---

① 原载《广西日报》1949 年 12 月 11 日。

追歼残匪到边疆　解放军雄踞镇南关①

（一九四九年十二月十五日）

【新华社华南前线十五日电】中国人民解放军已胜利地将庄严的五星国旗插到华南的祖国边疆镇南关上。由粤西西进的解放军于九日进驻粤西沿海的边防要城东兴，十日解放桂西南的明江、宁明两城，十一日，在追击途中歼灭逃匪九十七军三十三师。同日，解放凭祥，并进驻与越南接壤的边关要地镇南关。当解放军的指战员们登上此一岗峦环抱、形势天成的边疆雄关时，无不感觉到无限的兴奋。

林彪 谭政 萧克
嘉奖桂粤战役参战部队通令②

（一九四九年十二月十八日）

【新华社华南前线十八日电】人民解放军第四野战军司令员林彪、副政治委员兼政治部主任谭政、参谋长萧克顷通令嘉奖桂粤战役各参战部队全体指挥员战斗员称：

广西及越〔粤〕南前线全体指战员同志们：

（一）你们在广西、广东的南路，业已赢得了具有历史意义的胜利。从十一月七日开始以来为期一个月的作战，为白崇禧匪部所指挥的张淦兵团、徐启明兵团、鲁道源兵团、黄杰兵团、刘嘉树兵团和广东的残敌余汉谋所部，除了一小部分逃窜以外，已经被我全部歼灭。一个月时间，我军解放了桂林、柳州、梧州、南宁和广西全境，及广东南路各城镇和全部海港，华中南所辖范围除海南岛一隅外，至此业已全部解放。为美帝国主义及其走狗国民党反动派所豢养并奉为王牌、在全国残余反动势力中经常在精神上、实力上起支持作用的白匪部队之被消灭，不仅对以后的海南岛作战有着重要意义，即对各省的解放和全国范围内提早结束战争，亦具有重大意义。

（二）这次作战中，我第二野战军第四兵团与第四野战军各兵团协同甚为密切，高度地表现了团结友爱的精神。我各作战部队在进行大的迂回、包围和猛打、穷追的行动中，皆以奋不顾身的勇气，战胜了大山、河流、泥泞、饥饿、难以忍受的疲乏，神勇前进，使敌人闻风丧胆，尽管他们狡猾，并逃得那样的快，但始终无法逃

---

① 原载《广西日报》1949 年 12 月 17 日。
② 原载《广西日报》1949 年 12 月 19 日。

出我军各部的包围圈，而于最后悉数被歼。为着发扬这次作战的自觉精神和艰苦精神，特向我各部指战员致亲切的慰问与慰劳，向受伤的同志致敬意，向牺牲的同志表示吊唁，他们的精神永垂不朽！

（三）白崇禧匪部被消灭了，但盘踞乡村的土匪反动武装尚待肃清，逃往海外的残敌尚待追捕，海南岛尚待解放，在休息一个时期之后，你们即须执行上项任务，并胜利地来完成它。我们的胜利是很大的，同志们的功劳也是很大的，但是决不可因此发生骄傲或在精神上、实际工作上松弛懈怠起来。须知我们的任务仍然是艰巨的，在战争全部最后结束以前，我们必须坚持作战，而在战争一经结束，我们即须转入整训，更高地、有步骤地提高我军军事与政治素质，提高文化，同时发展生产，以改善部队的生活与减轻人民负担。这里必须记着毛主席宝贵的指示：人民解放军永远是战斗队，人民解放军的指战员必须捍卫祖国，永远为祖国、为人民服务。

四野发表解放广西战绩①

（一九四九年十二月三十一日）

【新华社汉口三十一日电】人民解放军第四野战军司令部顷发表解放广西战役的战绩公报称：我军在二野兄弟部队一部及广西人民游击队的积极配合协同作战下，自十一月七日开□□□行动，至十二月十一日占领镇南关为止，业已将桂系匪帮全部及其所指挥下的蒋匪军一部共十七万余，干净彻底地歼灭于粤桂边境（除小部窜入越南、云南及海南岛外），解放了广西全省及粤□沿海部分，胜利地结束了华中南大陆作战的最后一役。兹公布解放广西战役的战绩如下：

一、歼匪十七万二千九百九十名

甲、歼匪数目：歼匪正规军十六万三千四百六一名，俘匪一五二九四四名，匪军投降者九四二名，起义者二千名；歼匪地方军九千五百四十三名，其中毙伤匪一九三名，俘匪四〇一六名，匪军投诚者五三三四名。

乙、歼匪番号：正规军：匪华中军政长官公署直属队（包括：炮一团、七团、十五团，两个工兵团，一个警备团，一个补充团，两个保安团）全部；三兵团部及其所辖之七军军部及二二九师、一七一师、二二四师，四十八军军部及一三八师、一七五师，一二六军军部及三〇四师、三〇五师全部，四十八军之一七六师大部；十兵团部及其所辖之四十六军军部及二三六师、一八八师、一七四师，五十六军军部及一七二师、三二九师、三三〇师全部（以上均系桂系匪军）；十一兵团部及其所辖之一二五军军部及三六二师、一八三师、新二师，五十八军军部及二六五师、

---

① 原载《广西日报》1950年1月3日。

二二六师、新一师全部；第一兵团部一部，七十一军军部及八十七师全部、八十八师大部，九十七军军部及暂一师全部、八十二师、三十三师大部，十四军之六十二师、六十三师大部、十师一部；十七兵团之一〇三军军部、三四七师全部、二三四师大部。四兵团部一部，一〇九军之三二一师全部，六十三军军部及一□六师、一五二师全部，六十二军一部，七十军军部及一三九师、九十六师大部，二十三军一部。

以上共歼匪正规军一个军政长官公署直属队（即白匪总部），三个兵团部，十二个军部，二十五个整师；歼匪九个师大部，二个兵团部和两个军另一师的一部。

地方军：匪粤桂东边十二纵队，粤桂交警纵队，桂北纵队，湘桂黔护路军，伪梧州、南宁、柳州专署部队，匪国防部突击一、二、三总队，桂中军区司令部及保安团等全部。

匪军投诚者：五十六军之三三〇师一部，九十七军暂一师及三十三师各一部，一七四师五二一团一个营，输送团一个营，桂□军区部队全部五千人。

起义者：湘南绥署及新七军共二千人。

丙、毙伤及俘虏匪将级军官共七十七名，名单如下。

（一）俘匪将级军官六十八名，计：正规军五十六名，其姓名为：匪华中军政长官公署副长官兼第三兵团中将司令张淦，副司令王景宋，参谋长李致中，副司令兼第七军军长李本一、副军长马展洪〔鸿〕，一兵团副司令兼七十一军军长熊新民，十一兵团少将高参李皎，九十七军副军长郭文焕、参谋长伍同光，四十八军军长张文鸿、参谋长陶衍江，一二五军军长陈开荣，一二六军副军长王卫仓，新七军军长阎〔颜〕仁毅，三兵团政工处长侯松亭，一〇三军高参高明钦，参议黄〔高〕如岳，八十七师师长吴涛、副师长刘珍汉、参谋长龚敬民，一七五师师长李映，二二四师师长刘昆阳、副师长李竹航，一八三师师长王先伦、副师长杨兴国、代参谋长段元悌，三六二师师长陈绍恒、参谋长鲍德英，二二九师副师长潘乔，三四七师师长潘汉逵、副师长张砥中、参谋长向日升，新二师师长杨文齐，三二一师师长陈植正，一七一师参谋长朱梦麟，三〇四师参谋长陈政，华中长官公署炮兵指挥官姚学廉，华中长官公署军事干部训练班中将主任刘振清，中将副主任吴世奇，少将班副孙春德，少将教育长段绿春、刘景宗，新兵训练处少将副处长刘达仁，参谋长陈雪风，高参常百川，华中军政补给区少将司令朱荣，参谋处长刘仲武，少将医务部长蔡单德，少将设计委员况汝林，伪国防部工校少将教育长李乐中，少将视察林祖，后勤司令莫御，特别党部组训处长高澜波，华中军政长官公署总务处少将部员陆廷远，华中长官公署少将部员王家本、余耀龙。

地方军将级军官十二名，计为：湘桂黔护路军中将司令莫德宏，少将参谋周天柱，南宁专署少将专员莫蛟，粤桂东边区司令喻英奇，粤桂东边挺进第二纵队副司令雷英，广西保安纵队少将副队长兼保四团长张权，交警少将副司令陈阜东，桂林绥署少将高参高义云，桂北纵队长蒋铁民，少将副纵队长刘金一，少将联队长龙超，交警纵队少将副队长廖彦生。

（二）毙匪正规军将级军官四名，计为：十一兵团副司令胡若愚，五十八军参谋长程学玉，二二六师师长王少才，一三八师师长张泽群。

（三）匪将级军官投诚的五名，计为：三三〇师师长秦国祥，柳州警备司令秦镇龙，桂林绥署第五支队少将司令莫仲庆、桂北军区司令周祖晃、副司令霍化南。另有前国民党湘南行署主任欧冠，又新七军副军长曹茂琼二人起义，未计入以上统计内。

二、解放城市八十座

计：贵州省之黎平、榕江、从江，湖南省之通道、靖县、道县、永明、江华、东安，广东省之灵山、钦县、防城、合浦、廉江、海康、徐闻。广西省省会桂林及南宁、柳州、梧州、三江、融县、罗城、宜山、思恩、宜北、河池、东兰、万冈、百色、田阳、都安、忻城、柳城、隆山、迁江、宾阳、来宾、武宣、象县、修仁、贵县、桂平、平南、藤县、蒙山、雒容、榴江、荔浦、阳朔、钟山、贺县、信都、昭平、富川、全县、兴安、灵川、龙胜、义宁、资源、百寿、容县、北流、博白、陆川、玉林、兴业、岑溪、横县、永淳、绥渌、思乐、上思、明江、宁明、凭祥、崇善、龙州。（按：广西全境均已获得解放，其余县城不在此次战役中解放者，未列入统计）

三、缴　获

各种炮一千二百五十八门计：榴弹炮三十三门，野炮四十七门，山炮九十七门，平射炮六十四门，机关炮十一门，高射炮七门，步兵炮二十三门，战防炮三十九门，火箭炮四十四门，加农炮二十门，化学迫击炮二十一门，轻重迫击炮二七四门，六零炮五七八门。另缴：掷弹筒三百〇三个；各种枪五万二千六百三十五枝计：重机枪六三九挺，轻机枪三六二二挺，高射机枪三十八挺，冲锋枪□三八六挺，战防枪二十枝，卡宾枪一〇三二枝，自动步枪三九〇枝，步马枪四三〇五五枝，短枪二二八八枝，枪榴筒一三三枝，信号枪三十二枝；刺刀一七〇九把；各种子弹五百七十四万六千六百六十五发；各种炮弹五万六千二百五十九发，手榴弹一万七千六百二十一颗，枪榴弹九百三十六枚；汽车一千五百十六辆，装甲车四辆；骡马二千一百四十九头；电台二百六十二部，电话总机八百三十五部，单机二千六百二十一部，无线电话六十三部，被覆线一千四百七十五里；炮艇一艘，击落匪机两架；缴获其他仓库、卫生器材、通讯器材、火车头与车皮、以及兵工厂、被服厂等多所，物资堆集如山。

三、庆 祝 解 放

广西全省解放的经过①

（一九四九年十二月二十四日）

（一）

解放广西，消灭桂系匪军的这一具有历史意义的战役，是从上月七日开始的，到本月八日粤桂边大围歼战第二阶段结束为止，恰是一个月的时间。在这短短的三十天内，白匪所指挥的五大兵团（张淦兵团、徐启明兵团、鲁道源兵团，黄杰兵团、刘嘉树兵团）十余万人，美帝国主义和国民党匪帮寄以无限希望，妄图借此再向中国人民打反攻的最后一点赌本，歼灭除一小部分残敌逃向海南岛和越南，再去找他第二个干爸：法帝国主义以外，其余全部被我歼灭。广东残匪余汉谋所部也遭到同样命运。

（二）

十一月七日，我人民解放军第四野战军五路大军齐向广西进发。我西路大军六日从湖南南部武岗，沿湘黔边出发，为了完成一千五百里的远距离迂回作战，一路上排除了高山峻岭，雨淋路滑，通过少数民族地区语言不通，粮食缺乏等困难，对敌人采取了猛打穷追，二十五日解放了桂北的宜北和思恩；二十六日打下了河池，歼敌一〇三军军部、三四七师和二三四师部的七〇〇团；二十九日克东兰；本月一日进占万冈，五日解放了西南重镇百色和都安。在此期间，我第二野战军早已控制了贵州省境，这样完全切断了白匪向西南黔滇西窜的逃路。

中路大军分两路南下，克服了白匪对公路桥梁疯狂破坏，战士们忍受了一切疲劳，兼程疾进。一路沿湘桂路进军，自上月七日至二十日，一连攻占全县、兴安、灵川和桂林。在全县击溃敌二三六师、一七四师、八八师和八七师，在灵川歼敌暂一师一部；二十二日解放桂林时，歼敌四六军和九七军各一部。二十七日又自桂林南下，到本月四日止，连克修仁、象县、武宣，贵县和横县五城，俘匪第三兵团副司令王景宋等以下千余人；攻占横县时，歼敌四六军二三六师。另部于七日解放桂平和平南。

---

① 原载《广西日报》1949 年 12 月 24 日。

另一路沿湘黔边境经靖县、通道入桂，七日至廿四日间，解放古宜（三江）、长安镇、融县、罗城，二十五日解放柳州。同日另路解放柳江、柳城后追歼敌六二师大部。本月一日解放迁江，二日攻占宾阳，生俘匪十一兵团参谋长李致中。至四日解放了南宁。缴获了□援军用物资及白匪从□军渡江以来掠夺各省运邕的全部资财。

东路大军于上月七日解放贺县、信都，廿五日进占梧州，本月一日又克濛江。

（三）

自从我军接连解放了桂林、柳州、梧州和广大地区以后，白匪见大势已去，便拼命南逃，梦想从雷州半岛越海跑到海南岛，没想到我解放军分路从北直向粤桂边齐压下来，广东境内我第二野战军某部劲旅也兼程西进，早已断绝了敌人的海上逃路。白匪虽然阴谋毒辣，诡计多端，但终难逃出解放军的天罗地网，而遭到全军覆没。

对桂系匪军的大围歼，从上月廿二日开始到本月八日结束。大致分为两个阶段：

第一个阶段（十一月廿二日至十二月二日）歼敌第三兵团、十一兵团和第四兵团大部，这次战役是在粤桂边的容县、玉林、博白（以上在广西境内）、化县、信宜、廉江（以上在广东境内）地区进行的。我东、南两路大军以神勇动作，将匪鲁道源指挥的第十一兵团大部歼灭于容县、北流一带，毙匪兵团副司令员胡若愚。在博白、陆川地区，白匪赖以起家的老大第三兵团三个军（七军、四十八军、一二六军）全部就歼，兵团司令张淦也被活捉。向称匪军最精锐的第七军军长李本一潜逃后，到本月十七日在容县西北的山沟里被我捕获。廉江也为我夺回。

第二阶段（十二月一日至十八日）俘匪三万的战役是以钦县为中心。白匪主力被歼后，慌忙命令"华中长官公署"、一兵团、十兵团和十一兵团残余赶忙向最后的一个海口逃路——钦县撤退。这时我东、南两路大军不顾一切疲劳，乘胜猛追逃敌；中路大军也自桂林、柳州向南疾进；西路大军（即中路大军之另一路）直取南宁；南路大军则西渡钦江，横插过来，和逃匪平行前进，直奔钦县。这时我大军一路又一路，一层又一层的布成了重重的拦截网，使敌人插翅难逃。首先，我南路大军在三日至七日间，连克合浦、北海市和钦县，先后歼余匪汉谋之二十三军残部四千人，和匪"华中军政长官公署"直属队一部，包括三个炮兵团、两个工兵团、两个保安团、一个警卫团和一个补充团，共俘匪万余人。东路大军五日攻占灵山，以十小时的时间，将逃敌一二五军三个师全部消灭，并俘军长陈开荣和六个师级军官以下万人。中路我军占领横县歼匪千余。三支大军会合后，又在钦县北将匪十一兵团四六军及匪国防部突击总队三个中队，交通警察总队各一部，全部歼灭，也俘敌万余。西路大军则于钦县西歼逃匪十一兵团残部和七一军八七师大部。在钦县地区俘虏群中，后又查出匪将级军官十一名。

（四）

此后，在本月九日至十四日的五天内，我军继续完成了清剿粤桂边残匪的任务，

共俘敌万六千人，内有师以上军官四十八军军长张文鸿等十一名。并分路解放了西南出海要地防城和上思（八日）、东兴、思乐（九日）、明江、宁明（十日），十一日我军又解放了凭祥，和越南接壤的边疆要地镇南关，五星国旗第一次庄严的插在祖国边境上。

今后的任务，正如□□□□□在武汉欢迎会上所说的："华中战事□海南岛后，已告结束，今后的任务是静清华中各地的残匪，今后应当努力从事经济建设，恢复生产，以提高人民的生活。"

庆祝广西全省解放①

（一九四九年十二月二十五日）

广西全省解放了！中国革命已经基本胜利了！这是中华民族有史以来的第一次大翻身，这是中国共产党和毛主席英明领导，人民解放军的强大无敌，全国人民与广西人民努力奋斗的结果。旧的广西，国民党反动派所代表的封建主义、官僚资本主义和帝国主义统治下的广西，从此一去不复返；新的广西，以工农为主体的，团结独立劳动者、知识分子、自由资产阶级和进步人士的、人民大众的、人民民主专政的广西从此诞生了。

广西虽有太平天国的革命传统，解放前又有许多优秀的广西人民在坚持斗争，写下了许多可歌可泣的壮烈革命行动，然而大多数人民是处于西南反革命营垒统治下，并且是与反革命罪魁蒋贼争雄的第二流反动丑角——李白匪帮的老巢，这些祸国殃民的匪徒们，为了争权夺利，曾经伪装进步，欺骗过人民，但到了人民真正进行革命行动时，这些匪首们便丑态百露现出原形，搬用法西斯惨无人道的手段——屠杀和镇压，成千成万的革命人民被陷害、被杀戮，成千成万共产党员、工人、农民在敌人刑场上慷慨就义。人民在它抽丁、派款、招兵、买马苛捐杂税种种压榨下，过着饥寒交迫的生活，陷于"求生不得，求死不能"的境地。但，不管反革命者如何屠杀镇压不能熄灭了广西人民的革命怒火，无数先烈前仆后继，牺牲流血，以求生存，现在终于胜利了。值此庆祝伟大解放之日，我们谨向英勇斗争的广西人民致崇高的敬礼！向在广西革命工作的中共地下党致敬！向遭受蒋李白匪帮迫害压榨的同胞致亲切的慰问；为革命而流血的烈士们与漓水长存□，永垂不朽！

我强大人民解放军渡江作战以来，大军所至势如破竹，敌人土崩瓦解、望风披靡。为了迅速解放全国，在□□□□□□的指挥下，衡宝一战即歼灭了桂系的四个主力师，给李白匪帮以致命的打击，残兵败将，则狼狈退守广西，企图继续与人民为敌，负隅顽抗，事实上已成为螳臂挡车而已。人民解放军当时为了给李白匪帮以最后悔悟机会，停止进军，等待二十多天，但毫无效果。当我解放军大举进军，为

---

① 原载《广西日报》1949 年 12 月 25 日。

时仅一月，李白残余将近二十万兵力，全部在我雷霆万钧的威力面前，迅速崩溃，其盘踞山区的股匪，也在我政府宽大政策的感召下，纷纷向人民靠拢，受编或放下武器。如伪桂北军政区周祖晃先生率领五千之众来归便是一例，这正是□愿意站在人民方面的敌人，一个很好的示范。我们希望那些仍盘踞山中的匪军们，不要再徘徊观望了，更不要做李白匪帮卷土重来的迷梦，赶快打消所谓"打游击"的幻想，毅然决然地迅速来归，是会受到人民宽恕与欢迎的。我们郑重的警告那些顽固分子：你们如再继续与人民为敌，继续危害人民利益，广大受难人民是与你们誓不甘休的，人民解放军与你们也誓不两立的。不投降，只有被消灭！

另外，我们还要劝告那些隐藏在各种面目下的国民党一切反动特务分子，赶快悔过自新，自动到人民政府公安局登记，停止活动。除反动到底罪大恶极者外，只要能洗心革面，改邪归正，人民政府均予立功赎罪与自新之路。在"首恶必办，胁从不问，立功受奖"的原则下，宽大处理。另一方面，我们广西人民要千百倍提高警惕，严防少数反动分子戴着各色各样假面具活动，或者潜伏隐蔽下去，千方百计来破坏和阻挠我们的革命事业，我们应坚决与之进行斗争。

广西解放了！在军事、政治、经济上推翻了李白统治之后，我们全广西的人民应团结在毛主席的旗帜之下，在中央人民政府领导之下，恢复与发展广西的经济建设和文化建设，将落后的反动的广西，建设成人民的、进步的、民主的、繁荣的新广西。彻底摧毁李白匪帮过去为争取权利所倡导的危害革命团结的"大广西主义"和排外思想，与来自老解放区的干部亲密合作，迅速稳定社会秩序，恢复交通，肃清土匪。农村中广大人民应加紧生产、缴纳公粮公草、支援战争。城市中各公营企业员工应立即复工，私人工商业应了解人民政府"发展生产、繁荣经济、公私兼顾、劳资两利"的基本政策，而安心恢复与发展自己的事业，拥护与使用人民币，执行人民政府一切法令，为完成建设新广西的任务而奋斗！

第三篇
接管广西

一、中共广西省委回桂工作

到广西去的工作与任务

——邓子恢同志对广西干部的报告

（一九四九年十一月）

一、广西工作的重要性

我们有些同志怕到广西去，对广西印象不好，认为广西又"穷"又"蛮"，又多话不好懂，实际上不是这样。广西如与广东、江苏、四川比的话要苦一些，但如果与河南比那就强，与陕北比就像上了天堂。说广西话难懂，那广西土话是不好懂，但一般的说，在桂林、柳州、南宁一带交通要道，都说南方官话，近似普通话，不难懂。实际上，中国话是各省不同，广东、福建、浙江、湘西等地方一部分话，恐怕比广西话更难懂。而且我们参加革命，开始从南方到北方，也是不懂话，可是我们能学话，什么困难都能解决，这种坏印象首先要去掉。

广西工作很重要，对外来说，广西是边防，与越南交界，在巩固国防上来说很重要。对内来说，广西是有名封建军伐〈阀〉"李白"统治的老巢，从民国十二年起，一直到现在二十八年没有换过朝代。因为李白的统治方法比较巧妙，利用反蒋的口号欺骗知识分子，抗战前提出"抗日反蒋"的口号，但实际上是"联日反蒋"，抗战时提出"焦土抗战"的口号，欺骗广西人民，因此有些广西人民曾认为"蒋"不抗战，"李白"抗战。李白的军队能打不亚于蒋介石的主力。因为李白在广西有相当统治基础。所比〈以〉我们不能忽视，如果工作做不好，就要起祸根。中央这次决定张云逸、陈漫远同志到广西去，也就是这个原因，他们都是过去红七军的干部。

李白虽然在广西常〈长〉期统治，但实际上这纸老虎在老百姓中以〈已〉揭穿了。抗战时，与蒋介石一样退却逃跑，没有英勇抗战，十年来的实际教训，李白在广西要粮要款，苛捐杂税，抓丁杀人，屠杀青年，并不比蒋介石好。因此不愿受李白统治的百姓纷纷参加游击队。广西大学的学生参加游击队的很多，据说曾有一个时候离桂林城三十里就有游击队的活动。在十万大山、左右江、百色一带，游击队很活跃，这说明李白的假面具被揭穿了，李白在广西的统治已逐渐崩溃。另外在军事上也被我们消灭的差不多了，衡宝战役，我们把第七军、第四十八军李白两个主力军消灭了，这是李白老本钱，曾在大别山和我们摩擦了七八年；其次是四十七〔六〕军，六个主力师，已消灭了五个只剩一个了，其他零零星星二、三、四等的

部队还有，但没有主力带头，力量就不大了。而且今天我们还在继续消灭他，并且争取全部消灭在广西，至少也要消灭一部分。因为工人、农民、小资产阶级、知识分子都反对他，统治阶级内部矛盾也逐渐激烈，离心作用更大，因为他们要跑，到安南、西藏、喜马拉雅山、帕米尔高原是不行的，就只能众叛亲离。另一方面，广西人民是有历史的革命传统，土地革命时就有红七军，在那里打土豪分田地，农民对我党印象很好，抗战时，也发展了一二万游击队。根据以上具体情况，我们在工作上，要善于运用策略，同时要认识到工作是艰巨的，任务是光荣的，因为你是共产党员，共产党的干部，党才要你到艰苦的工作岗位上去，这是给你的光荣，我们要不怕麻烦不怕困难，才是一个好的共产党员。

这次到广西去的领导干部是很强的，总负责人是张云逸同志。张云逸同志是老革命，参加过黄花冈起义，大革命时是二十五师参谋长，一九二九年在广西领导农民革命，组织红七军，红七军撤到苏区编成三军团，他任中央苏区军委作战局长，西安事变后到广西、广东、福建做统一战线工作，新四军成立后，任新四军参谋长，后来又任华东军区副司令员、山东军区司令员，他是党中央的中央委员，在这次新政协中又被选为中央人民政府委员会委员，这次派张云逸同志去广西，就说明党重视广西工作。广西省委的几个同志也很强，莫文骅同志，是广西人，红七军的老干部，现在任十三兵团政委。陈漫远同志兼任副主席，也是红七军的老干部，是一野的参谋长。何伟同志是内战时的党员，抗战初期是湖北省委宣传部长，后为大别山区负责人之一，八一五后，在东北任省委副书记，武汉解放后，是武汉军管会秘书长。李楚离同志，抗战时就是冀东区党委书记。这四个人都担任副书记，李楚离同志兼组织部部长，何伟同志兼宣传部长，他们对根据地建设工作的经验很丰富，在这样领导下工作，一定能搞好。广西省在长期的残酷封建统治下，农民负担太重，农业生产力降低，生活很窘困，如果把土匪消灭了，再完成了土地改革，那广西就会变成很好的地方。广西接近热带，矿产也很多，交通有贯通南北的湘桂铁路，从衡阳经桂林到柳州，将来修到龙州，贯通东西的有西江，可通小大轮船，公路也相当多，所以交通也很便利。

二、广西的工作与任务

要把旧的、封建的广西，变成新的、人民的广西，这是广西工作总方向。中国第一届人民政治协商会议开的很好，产生了人民的宪法人民政协共同纲领。但如果没有做好下层工作，□就不□那上层的架子还是空的，如果上层是革命的，下层是封建的，那就不是全新的中国，不是名副其实新中国。所以必须要把地方工作搞好，让广西人民从反革命的统治下解放出来，成为我人民的、新民主主义的新广西，建立名副其实的人民统治。要完成这个任务，一般的要经过三个步骤：

1. 军事开辟时期：军事消灭敌人，把敌人武装力量扫光。这可分为两个步骤：

第一步：消灭敌人的主力。无论是歼灭、投降、起义的，均是彻底消灭，仅是形式不同。今天中国能成为新民主主义国家，主要是靠四百万解放军，国民党垮台，主要也□为他数百万反动武装被消灭了。武装革命是中国的特点，我们今天首先消

灭持枪抵抗的敌人，坚决消灭白崇禧的主力，争取在广西境内全部消灭他，不让他跑到云南去。所以现在我们集中力量来大包围，兜到后边去，对坚决不投降的，就歼灭他；对起义的武装，可以慢慢来，叫他听从指挥，遵守纪律，听候分配；人民防匪自卫武装，可以暂时保存；地主隐蔽武装，也可暂时不动；旧统治阶级的保安团队，在乡军人等，要解散，收缴其武装。要宣布停止民枪买卖，在乡军□第一步工作进行时要注意集中力量消灭敌人主力，不要多竖立敌人。

第二步：消灭敌人残余。实行剿匪，分区清剿，武装分散下乡，坚决消灭土匪，哪里有匪就到哪里去剿。首先消灭股匪，其次是散匪，然后在发动群众地区，将地主武装转为农民自卫武装。同时，展开政治攻势，从政治上瓦解敌人，执行"首恶必办，胁从不问，立功者奖"政策。处理民枪必须慎重。土匪有各种各样，有政治土匪、惯匪、新匪、在乡军人匪、流散军人匪。土匪一定要消灭，但必须要有步骤、有计划的逐步消灭。

2. 政权建立时期：军队把天下打开［下］了，就要建立政权。在政权建立时期，应做下面几个工作：

（一）建立组织——先把架子搭起来，搭党、政、军的架子，建立分区、地委、专署，县政府、县委、县大队，一直到区政府、区委。解放了一个地区，要安定人心，首先要"□"，有了人负责，老百姓就知道："解放军不走了"，按上政权，就是安了天下。广西是"新县"制，没有区只有乡，我们在干部缺乏的条件下，一般暂时不设乡，由区直接领导保（村）。关于如何在新区建立组织，有下面四条经验：

（1）主力地方化，将主力分散到地方，指定干部建立武装。武装很重要，没有武装，不但没有饭吃，脑袋还要搬家。开头主力要打仗，一县可以留一个连。当地如有游击队或地下党，我们就可以和当地游击队或地下党取得联系，建立武装。如没有游击队或地下党，就要通过政权建立武装，我们可以向保长要枪、要人、要子弹。建立起来的新武装要特别注意审查，防止特务、坏分子钻进来，必须亲自掌握，发现［展］忠厚老实诚恳的农民当骨干，否则还是有危险的。一县至少要有二三个连，二区一个排。有了武装，好应付情况。湖南、江西、河南在开始时，没有抓紧武装，就吃不少亏，牺牲不少干部。

（2）迅速配备干部，到各地区去，很快散开。干部少一个县派二三个也行，可给他们一部分知识分子，让他们自己去想办法进行工作。

（3）大胆利用保甲。因干部不多，顶多派到区，区以下都是旧政权，但是支前征粮、征草的任务很重，因此一定要大胆利用保甲。但利用保甲，绝不是依靠保甲。一般的说，保甲长，大部分是中间分子，坏的是少数，我们可以召开保甲长会议，宣布保甲制度是国民党下层反动统治基础，你们过去做过许多坏事，有罪恶，但这是被迫做的，责任应该由"李白"负，只要你们今后好好干，为人民立功，可以将功折罪。经过训话后就交待任务，要粮、要草、要枪等，并且说明不能照过去旧办法去征，要照我们的办法去做，不许贪污中饱接授［受］贿赂，如有人干坏事，就要加倍处罚。利用保甲时间不能太久，但在新组织尚未形成前，不能取消旧组织，

我们应该很快的成立农民代表会，建立农民自己的政权。我们要让农民知道，我们是利用保甲而不是依靠保甲，我们依靠的是广大农民。

（4）大批培养知识分子。大革命时期，抗战初期，共产党干部也不多，但大批吸收知识分子后，工作就铺开了。去年刘邓大军南下时，带来老干部很少，在土地改革时不敢吸收知识分子，因此工作搞不起来。后来停止土地改革，实行减租减息后，大批培养知识分子，各县办知识分子训练班，来者不拒。新参加工作的知识分子，开始可让他做工作队的宣传队员，下乡宣传，或者帮助征粮征筹草工作，在工作中实际考验他，如思想比较进步为人正派，能联系群众，能刻苦者，就可提拔他当组长当队长，以后再提拔区，或县里来工作。知识分子还可以作为联系群众的桥梁，我们通过当地知识分子，了解情况，与农民联系。吸收当地知识分子也可以稳定当地中小地主情绪，因为他们的子弟参加了工作，他们与革命也有了关系。大批吸收培养知识分子是一个很大的经验，在广西干部少的条件下，就有重要的意义。我们老干部不能犯经验主义，不虚心，摆架子，就会坏事。对新干部的要求也不能太高，要相信他们，帮助他们，慢慢的就进步了。

（二）安定人心——县长上任后，县长就出安民布告，公布各种条例。安民，安什么民？就要要知道那些民不安，工人不安，怕没有饭吃；资本家不安，因为不了解我们的工商业政策，结果工厂不开工，商店不开门；学校不复课，学生不安。新解放区有三种人的顾虑顶大，（1）地主阶级，怕我们共产，扫地出门，怕斗争。（2）工商业资本家，怕没收商店、工厂。（3）干过坏事的国民党员、三青团员、特务分子，因做过坏事不知我们如何对付他们。我们的安民布告，主要的根据约法八章，再结合当地具体情况为主要内容。如：（1）保护工商业，劳资两利，自由贸易。（2）土地改革前实行减租减息，交租交息。（3）对国民党、三青团员、特务分子则执行"首恶必办，胁从不问，立功者奖"的政策。另外可出金融布告，银元券低价收回，银元暂时流通，定期禁用（低价收银元券，有两个意义：政治上说，使老百姓少吃亏，经济上说使人民币很快占领市场。在收时，收基本群众的，价格可高些，其他阶层低些，但如果解放前当地银元券已不通用，就不必再收）。出安民布告后，县长、区长可到处讲话，解释政策，开各阶层的座谈会，与进步的工商业家开明士绅、有学问的名流学者交朋友，联络感情，可以请客谈心征求意见，并给他们解决困难。今后我们还要吸收进步的民主人士参加政府做领导工作，如副主席、厅长、专员、副专员、县长等。我们这样做，是为了安定许多人的心，他们就不会跟李白跑。统一战线的作用很大，这样做对人民有好处，如毛主席亲自迎接了程潜，请了客，这消息传到了香港后就哄起来了，作用很大。我们一定要做统一战线工作，否则就不能安定民心，巩固天下。古语谓："武定天下，文治天下"，武装与统一战线是中国革命的两个基本特点。今天军事胜利是肯定了，主要的是看统一战线这一环，能不能做好。我们应该开开大门，给他们门路，让他们参加工作。

对国民党的政治机构，要打乱其建制，但大部人员都要留用。如警察除特务警察外其他交通警、户口警、卫生警均可保存，甚至管理监狱的人也可留用。企业、

教育机关、学校均暂原封不动，采取原职原薪，学校里只要取消训育科，不教□□公民其余不动。旧职员不能随便清洗，清洗回家没有饭吃，就失望，不满，甚至捣乱破坏当土匪，结果使社会不安。上海解放后曾裁减了二万多人，遣散一些企业部门的人，后来中央知道了，不准这样做，登了报找他们回来。你们到广西去，对旧人员要好好的使用。只有三种人可以不用：一罪恶昭彰有反动行为，罪大恶极的，对有反对思想者，要进行思想改造，仍可留用。二严重贪污，为广大群众反对者。三靠门子吃饭，无一技之长者。其余人都要留用。我们对这些人有三个原则：一生活上照顾，使他们有饭吃，二业务上尊重，向他们学习，三政治上领导帮助他们逐渐进步。

（三）筹粮征粮：广西的公粮至迟到明年一月要征齐，筹好粮，部队才有饭吃。国民党时期征收的正税，我们一律要收。主要的是营业税、所得税、屠宰税、印花税、娱乐捐、田赋等，苛税杂税如牛头税、狗头税要取消，鸦片税可按货物税抽，以后鸦片是要禁种的，但目前为了经济，为了保证吃上饭，我们也还应该收。不要单纯从群众影响出发，没有饭吃影响更坏。

对税收机关与税收人员原封不动，我们派军事代表去工作，收税时他们先盖章，我们代表再盖章，错了他们负责。在这个时期内，我们应该了解情况，研究情况，向他们学习业务及科学管理方法，我们学好了在〈再〉经改造，这样工作就可以搞好了。因为这些人对国民党是离心的，对我们是向心的，就怕我们不信任他。我们政治上比他强，就应该从政治上帮助他。

收税款一定要收人民币，可在税务所旁设个兑换所，这样可使我们人民币的地位在群众中逐步稳固。

3. 群众发动时期：军事任务完成，政权建立后，就要进一步的把群众发动起来。在城市里主要是发动工人、学生，在农村中主要的是发动农民。在农村中发动群众的步骤：首先是肃清土匪，打倒恶霸（北方叫恶霸，南方叫土豪），就是地主首脑人物，当权派。这阶级约占全人口百分之一。在反霸时期，大部分中小地主可以中立，甚至各［个］别中小地主也参加反霸，我们要团结百分之九十农民，争取百分之九的其他阶级的群众，打倒百分之一的恶霸。这一时期不是一下子把所有地主都打倒，我们要有步骤，要运用策略。土匪，是地主当权派的爪牙，他们互相勾结，甚至有的土豪，本身就是土匪，土匪消灭后，农民就不怕土豪了，就会起来要求打倒土匪后台的"诸葛亮"——恶霸，这样就很自然转入反霸的斗争。抗战时的"抗战锄奸"，抗战胜利后的反奸清算，都是打倒地主当权派，这叫做与地主阶级斗争中的各个击破。这一步完成后，农民的觉悟逐渐提高了，也有了积极分子，就可以转入第二步。

第二步是减租减息。减租减息是削弱地主阶级，向整个的地主阶级开火，打击面比较宽，约占全人口百分之十。抗战时曾有三起三落，今天是不会在［再］有了。这时期不会很长，有些地区甚至不经过减租减息，就可以进入土改。在这时期不能机械的划分阶级，是错综复杂的，一个县一个村大体上分三个步骤，从反霸，

双减到土改，但因各地区工作基础不平衡，不一定能同时反好霸，同时进入双减，有些地区可以先进入双减，不必等别的地区。如湖南、江西有些地区经过土地革命，没有土匪和恶霸，或者有也不很厉害，就可以在减租减息中结合斗争恶霸。土改要一个地区同时进行，统一搞，因为一个村单独搞，地主慌了，容易搞乱，不能犯急性病。

第三个时期，是土地改革时期。土地改革需要具备三个条件：（一）环境安定，没有敌人。（二）经过斗争锻炼培养出群众自己的干部，在群众中有信仰、懂政策、大公无私。（三）群众有组织，有自己的武装。何时进行土地改革，主要要根据具体情况来决定。一般说广西工作如进行得好，后年冬天就可进行土地改革，根据各地实际工作情况，发动组织农民群众的新办法，是组织农民代表会，开始下面不组织农会，县区可有农民协会的架子，设筹备会，下面先在村里召开农民代表会，逐步组织区、乡、县的农民代表会，凡是与农民有关的工作如减租减息、剿匪、负担等问题，让农民自己来讨论，发扬〈动〉群众民主解决问题。代表会成分开始可能不纯，会有地主、流氓混入，但开了几次代表会以后，就可以发现那些是忠厚老实的农民积极分子，那些是投机分子，就依靠农民积极分子，逐步改造农民代表会的代表，不能代表群众利益的代表，群众就不选他。农民代表会很重要，是教育农民办法之一，中央很重视这方法。在代表会上不但要达到教育农民的目的，更要紧的是解决农民的切身问题。

我们外边去的干部，同当地农民没有联系，要通过代表会和农民联系，只有农民自己信仰的领袖，才能更好的领导农民。我们要在农民中发现为人正派大公无私的积极分子，耐心的加以培养，这样干部问题才能解决。

中共广西省委组织部关于广西工作队组成及干部任命的通知

（一九四九年十一月十三日）

省委决定：

1. 由孙德枢同志为总队长、金泽霖同志为政委，并决定陈岸、王大中、孙德枢、金泽霖、丛振东、萧一舟、刘君达七位同志为总队党委会委员，以陈岸同志为书记。

2. 总队下分为四个大队，省委为第一大队，包括组织部（柳邑〈邕〉干部）、报社与文教接管部、秘书处、文工团等单位；桂林市军管会为第二大队，包括：物质接管部、军政接管部、交通接管部、桂林市委（青委、职工、公安、省府、公安局均在内）；平乐〔地委〕为第三大队；桂林地委为第四大队。

3. 物质接管部。除前决定由李发南同志为部长、金泽霖为副部长，孙以瑾、侯昭炎两同志亦为该部副部长。

4. 桂林市委会由郭伟人负责书记、段远钟为副书记，王全国为社会部部长、徐

江萍同志为副部长，王全国同志为副市长，徐江萍同志为公安局长。

5. 病员、小孩及怀孕或带小孩之女同志均在武汉留守，组织留守处，由王劲同志为留守主任，陈业农、李士华等同志协助之。

除通知上列同志到职办公外，并通知全体人员以便商洽事务。

中共广西省委告广西人民书

（一九四九年十一月十五日）

亲爱的广西同胞们！

国民党反动政府已宣告灭亡，中华人民共和国和中央人民政府已经诞生，人民解放军的胜利大军，在歼灭了蒋李白匪最后剩下的几个主力师之后，现在进入广西了，广西人民渴望已久的解放已经到来了！

二十多年来，在蒋介石、李宗仁、白崇禧匪帮统治之下，我们广西人民受尽了苦难，抽壮丁使我们多少人弄得妻离子散家破人亡；征粮征兵、苛捐杂税、滥发纸票，把我们老百姓的血汗吸个精光；许多工厂店铺被霸占、垄断，工商业被糟蹋得不像个样子；学生、公务员天天受失学、失业威胁，到处是特务横行嚣张；少数民族被当作奴隶牛马，许多人民被杀害，流离失所，惨不忍闻，痛心已极。广西人民在深痛的苦难日子里，看清了蒋李白匪帮是自己血海深仇的敌人，我们早已忍无可忍，正因为这样，广大的人民英勇的参加了二十年来的革命斗争，特别在三年来的解放战争中，我们的人民扩大了自己武装，和蒋李白匪帮进行顽强的斗争，创造了桂西、桂西南、桂粤南、桂北及广西各地之游击根据地。

亲爱的同胞们！为着迅速解放自己，大家紧急动员起来，支援自己的军队和解放战争，彻底肃清残匪特务，协助接管城市乡村，建立革命秩序，恢复和发展生产，这是广西人民当前的光荣任务。

工人们动员和组织起来！领导群众以无比的热情来支援人民解放军。在解放军未到的地方，要为保护工厂、矿山、铁路、公路、桥梁、机器及一切国家财产而斗争。在解放军到来后，要帮助接管，为肃清土匪特务，建立革命秩序，恢复和发展生产而斗争！

农民们动员和组织起来！帮助解放军筹粮、筹草、运输、修桥、补路、当向导、送消息，在乡村中坚决肃清土匪特务，反对土豪劣坤，收缴反动武装，发展农村生产，迅速沟通城乡贸易。

革命的知识分子、学生、公教人员、医生、编辑、记者、科学家、艺术家及民主人士们动员和团结起来！保护学校、医院、报社、通讯社、书店及一切科学文化等机关，帮助接管工作，向群众宣传解释人民解放军的约法八章和人民政府的各项法令。

工商业家们！安心的照常营业，恢复生产，人民解放军和人民政府一定坚决执

行共产党的城市政策和工商业政策。

人民游击队员们！你们坚持多年敌后游击战争是辛苦了，现在全国胜利已经到临，你们全体指战员应更勇敢的起来配合解放军作战，消灭残敌，肃清匪特，安定社会秩序，遵守群众纪律，服从解放军的指挥，解放全广西。

各少数民族的同胞们！人民解放军和人民政府实行国内民族自治、民族平等、团结互助，使中华人民共和国成为各民族友爱的大家庭，大家动员起来支援解放军，打倒蒋李白匪帮的万恶统治，粉碎反动派一切压迫和分裂各民族团结的阴谋，为建设新民主主义的新社会而斗争！

国民党政府机关的职员们！站到人民方面来，好好保存文件、档案和财物，等待人民政府和解放军接管，人民政府和解放军实行首恶必办，胁从不问，立功受奖的政策！

最后，我们警告反动派残余军队中的军官们！人民的胜利是肯定的了，蒋李白匪帮的失败也是肯定的了，你们立功赎罪的机会不多了，但解放军仍给你们最后机会，赶快投向人民解放军来！

国民党官兵的家属们，你们不是希望和丈夫、儿子团圆吗？快快叫你们的丈夫、儿子放下武器，站到人民方面来！他们如仍执迷不悟，继续反对人民，就决定逃不了人民的惩罚的。

亲爱的父老兄弟姐妹们！我们翻身的日子到来了，几千年的封建压迫，百年的帝国主义侵略，二十多年的官僚资本的压榨剥削，从此要在中国一去不复返了，让我们紧密地团结起来，为建设新民主主义的广西而努力吧！

全力支援人民解放军！

解放广西！解放全中国！

中国人民解放军万岁！

中华人民共和国万岁！

中国共产党万岁！

中国人民领袖毛主席万岁！

中共广西省委、广西军区关于目前征粮支前工作的指示

（一九四九年十一月二十二日）

一、我解放大军正在追歼蒋白残匪，解放全广西，所需粮草甚急，我广西党政军民目前支前的首要工作亦仍供应粮草修通道路以利运输。人民秋粮基本收完，秋征即应开始，稳定物价金融保证人民生活，恢复发展生产从事今后建设，均有赖于足够的粮食的支持，故今年秋征任务异常繁重，并为我党目前中心工作，各级党政人员必须积极努力完成此任务。据一般材料广西今秋收成中等，但连年被李白匪帮之剥削，最近匪帮又在到处要粮要款，人民负担是很重的，为达歼灭蒋白匪帮残余

势力，就必须尽力迅速完成秋征任务。除我解放大军在前进途中就地筹借一部粮草外，我各地委、专署须即集中力量在交通干线上及产粮较多地区进行突击征粮工作。如当前有急需，可向粮多之地富借粮以应急需。

二、我们征粮标准，应按全年总产量征收百分之十二，负担比重必须贯彻中共（央）关于新区征借粮草的政策，即地主征借其粮食总收入量的百分之四十至五十，富农征借百分之二十五至卅五，中农征借百分之十至十五，贫农尽可能不征收，不得已时亦不得超过百分之五。负担面在土地分散地区可为百分之七十至八十，土地集中地区负担面以百分之六十至七十为宜，但最低不应低于百分之六十。免征户不得少于总户口百分之二十，也不得多于百分之四十。目前省委因对广西全省的地亩数与其总产量及各区具体情况，尚无确实材料，故未能确正全省征收公粮总数及各专区之应征数。现各地委、专署及主力部队与地方武装等立即按以上征粮原则，根据当地情况计算，拟定其征收总数或以县区为单位亦可，由上而下适当分配下去，特别应注意保甲的合理分配，同时亦应注意各地人口、产量及灾荒等不同情况而适当增减之。各专区或县所定之征粮数及其意见均须报告省委批准后执行。今年各地征粮任务，须于明年一月底全部完成。

三、征粮宣传口号是粮多多出、粮少少出、无粮不出的合理负担原则。因为各级尚无工作基础而需粮又紧急，所以应采取简便而为群众所易懂的办法，先除了免征户与确定大户的负担，其余可按六级至九级的互比分担，必须以各种大小会议及座谈等方式，广泛的宣传我党的征粮政策，使群众了解而起来与地富作斗争，完成征粮任务。

四、动员一切力量进行征粮工作。目前干部数目还是很小的，除必须依靠当地党政及地方军的力量外，必须充分利用乡保甲长为我征粮，如有个别坏乡长可适当更换之，一般不可更动，但对乡保甲长的利用必须与农民进行解释，并加以教育控制之，防其舞弊。农村的教职员学生与靠近我们的当地各种武装，及开明绅士也可吸收帮助我们征粮工作。在布置动员征粮支前工作中，必须分别召开区乡的各界人民代表会议、乡保甲长会议及农民代表会、村民大会等，宣传战争胜利形势及我党征粮政策，并在代表会议上宣布乡保甲长应受农代会的监督，由农代会组织评议小组或评议会，以便讨论公平负担，防止舞弊。这种动员与组织工作，必须发扬民主评议，走群众路线，一切账目要公开，上级要及时有重点的检查，表扬好的，分别轻重处罚坏的，这样才有保证征粮任务的完成。总合来说，通过行政、民主评议、账目公开、上级检查是完成征粮任务不可少的四个原则。

五、为了贯彻征粮政策的实施，必须短期集训在当地招收的大批革命知识分子及征粮的干部，深入政策教育，组织征粮工作队，选择产粮较多而又是交通要道的地区，加强领导集中力量加紧检查以便取得经验，推广全局。在思想领导上必须防止将一切负担加到地富身上，使地富受打击过重的过左思想，同时要防止一切平均摊派的国民党方法的右的思想。在征粮运动中，要注意地富隐瞒产量与隐瞒土地。只要我们掌握正确情况，就不会轻信地富叫苦而动摇，并严禁乱打乱杀现象。我们

必须很好的了解情况，掌握政策，依靠群众，才能正确的执行党的政策，完成征粮任务。

六、各专区、各县均须组织支前委员会，并由专员、县长兼主任，认真讨论进行支前工作，有计划有步骤的完成修路、修桥、整理航运，并送粮运输等支前工作，并随时将工作报告省的支前委员会。

附：

一、凡以大米、杂粮交纳者，以中等大米七十斤折合稻谷一百斤。杂粮折合稻谷之折合率，由各专署根据当地比价统一规定，但只限收麦子、豆类、包谷、高粱。

二、柴草随粮附征，每稻谷三斤附征稻草一斤，每稻谷二斤附征柴一斤，以干木柴为标准。

中共广西省委关于收剿敌匪与整建地方武装工作的指示

（一九四九年十二月三日）

为了达到安定人心，巩固革命秩序，保证目前征粮支前任务的完成，逐步地发动群众，进行各种建设工作，必须首先肃清敌伪、土匪武装，同时开始整顿原有地方部队及建立县区地方武装，壮大人民力量。

当我军解放各城镇时，许多敌伪专员、县区乡长，率领保安团队逃散山区乡间，继续为害人民，但因势单力孤，恐被就歼而观望等待。亦有被打散的股匪流窜，勾结土匪地主武装，剥夺群众财物，破坏秩序。但其中相互间矛盾很多，互不信任，各自为政，自求出路，有因粮款无着而急求为我收编，有怕我军进剿而动摇，有积极搜罗人马，扩大势力，企图巩固与换得其地位。据现在材料，企图与我为敌，顽抗者为数较少，其绝大部分则徘徊观望，等待及愿向我靠拢，寻找出路，但这部分人只要我们有正确的政策，利用各种方法，积极争取他们过来，适当宽大处理，使他们了解李白残匪已全绝望，又感到来归我方的好处（本是他唯一的出路），加上军事上进剿压力的配合，必能迅速争取更多的来归我方，达到迅速肃清匪患。最近全县伪县长在我争取下，已率领三百多保安队来投降，放下了武器，听候处理，如此事情应很好扩大宣传，争取更多的来归我方，是完全可能的。

我们收剿敌匪的原则，凡不愿与人民作对而愿来归我方者，一律表示欢迎，过去错过，可按情况分别从宽处理。来归之部队或个人，一般均需放下武器，如有特殊情况，不愿放下武器，而愿服从指挥者，须报告省委、军区请示解决。我们为慎重处理起见，凡来归部队之人员放下武器后，须把官兵分开，进行两个月左右的训练，适当照顾其生活，防止其逃跑，查明了解后按其进步不同情况处理之。其军官按进步较好者可适当分配其工作，身体老弱其家又能生活〔者〕，可资送回家或取保还乡，其余继续训练。士兵经诉苦教育后，老弱残废者遣送回家或分散农村参加

生产，能当兵者全送主力部队补充。最反动的武装经过争取而不来归，继续与人民为敌，必须调查清楚，充分准备，采取包围奔袭，达到一举全歼，勿使漏网。歼灭后迅速广泛宣传，以收打一警百之效。同时扩大政治上的争取工作，使政治争取与军事进剿相结合，各股匪基本被我解决以后，如尚有散匪隐藏各地民间，则以发动群众清匪的运动，并以政治争取相配合。总之应按具体不同情况，把发动群众、政治争取与军事进剿三者适当的相配合，达到彻底消灭敌匪之目的。

关于整顿地方武装，已成为我党目前重要工作。我广西地方党坚持了多年艰苦斗争，并在最近几年在各地组织了相当大的地方武装，开展了游击战争，取得了伟大的胜利。现在我们开展收剿敌匪运动及开展地方群众与征粮工作，均必须当地人民游击队的配合。但各地游击队因长期处于游击战争环境，装备急需适当补充，而政治军事上均须提高一步，首先应着重于干部的短期轮训，使他成为更健壮而有力的部队，这都是各地委、分区必须很好的研究具体帮助解决的，并注意爱护与团结。他们其中如有不好的分子及不良作风，均应提高教育与改造，以达更加巩固与坚强。同时注意培养地方党及游击队的积极分子，以便充实地方区县级组织。地方党及游击队的同志，必须虚心积极学习老区来的干部所带来的许多经验，发扬互相学习的精神，达到提高与团结的目的。

除了许多地方已有了我党的游击队，但有许多地方还没有的，特别是县区级的武装缺少更多。我们要达到肃清土匪与封建势力，则必须建立很好的地方武装。目前建设县区级地方武装的原则，应是有组织的个别扩大，必须是纯洁的农民青年，成分不好、作风不正的均不要。地方武装的干部应由地方化的主力部队及当地原有游击队的积极分子中抽调一部充任之，数量暂不求多而求精干，故县大队暂定一百五十人，区小队二十人，成立后必须加强领导和教育，发扬民主，严格群众纪律，克服脱离群众的一切行为和思想，这是我党建军的主要原则。各地委接此指示后，望根据当地具体情况讨论执行。

中共广西省委关于征购木料供给抢修铁路的决定

（一九四九年十二月九日）

为了恢复交通，支援前线，解决人民必须物质，安定人民生活，对抢修湘桂黔铁路，是我们目前紧迫的任务。根据中央铁道部的计划与指示，要求尽一切可能争取于今年年底修复通车至柳州，并派铁道兵团三支队来桂抢修，如能按期完成，对广西军民物质生活困难的解决，有着莫大的意义。但在抢修中最感缺乏与困难的是木料问题，我们应尽一切努力来帮助克服这一困难。为此特作如下决定：

（一）征购原则：

1. 敌伪遗留下来〔的〕公山、公林、公料与村族之公山、公林、公料一律征用。

2. 私人的山林，富农地主之山林木料，原则上征用，富农与中农特殊情形者，可付部分给价。

3. 中农以下的山林木料以本地市价或稍低于市价购买。

（二）征购办法：

由铁道兵团及路局派员到各县进行采购，各级政府应指定专人负责协助，依据征购原则，应严格考查阶级，不得将富农混为地主，贫农混为中农，如因款项接济不及可由铁道兵团采购员及政府派去之专人，共同出具正式收据，容后统一向铁道支队兑款。

（三）目前暂规定桂全段征购任务：

全县：元木①五〇〇根，方木一六〇根，桥梁枕木三四〇根，普通枕木二〇四〇根。

兴安：元本五〇〇根，方木八〇根，桥梁枕木三三〇根，普通枕木二〇四〇根。

灵川：元木五〇〇根，方木八〇根，桥梁枕木三三〇根，普通枕木二〇四〇根。

说明：元木六米至八米长，小头直径二四生的以上。方木四米至五米长、三〇生的见方，枕木三米长、二五生的宽、二〇生的高。方木与枕木只需尺码足够之元木即可。目前急需用的是元木、方木、桥梁枕木，至于普通枕木可暂缓。

（四）集中办法：

征购之木料应向工地集中，如系远距离和大批运送，可以采取半动员半顾〈雇〉工，或采取以工代账〈赈〉的办法运送之，但最低要保证来回之生活费用为标准。以上希望各地严格执行。

中共广西省委关于处理旧职员的指示

（一九四九年十二月十日）

解放战争已在全国范围内取得基本胜利，全中国和全广西省的解放又是指日可待。随着这一胜利形势的发展，残余国民党的旧军政公教人员已是无路可退，无处可去，都将一一留散在广西境内，其出路只有归向我们。因此，"要收容多数国民党军政公教人员，不使流离失所，引起社会骚乱，则是中央人民政府的既定政策，并且是一个聪明的利多害少的政策。"我们必须按照毛主席的指示：三个人的饭五个人匀着吃，挑起这个担子。同时，这些旧人员中许多是熟习各种业务，有一技之长，并有许多专门人才，这正是我们今天所需要的，不收留、引用他们，将使我们在工作中招致极大的困难。为此，目前对旧人员的处理，不可采取"推出门不管"、"留散在外的不问"的轻率不负责的态度，或是采用"好的留下，坏的洗刷、遣散"的简单办法。应根据各地经验，对旧人员的处理，必须非常慎重，认真负责，适当

---

① 元木，即原木。

处理，以免发生错误，造成恶果，增加更大的麻烦。

桂林市的旧军政人员大部已被李白匪帮带走（全省解放，不久又会回来），留下的只是少数。另有不少家在本地，作恶不多的中下级官员未跟白匪南逃，仍散居家中，现已有不少到原属机关报到或找我们接头的。一般企业、机关学校的旧公教人员大部未走，只是少数的畏罪他逃。这些留下的人员中除极少数可能是留下有计划的搞特务外，大部分是为了饭碗问题，一般的情绪是"怕失业、要饭吃"，他们都急待我们收容处理。根据这种情况，特作如下规定：

一、对留在原企业机关与学校的员工与留在国民党军政机关的公务人员，要区别其不同性质，采取不同办法：对前者基本上是原职留用，照常发薪，个别调整；对后者是目前发给生活维持费，暂时分别留用（不一定原职），如有多时，以一部集中短期训练，情况了解后，再作处理。两者中之特殊情况者如有罪大恶极的特务分子等作为个别问题处理。

二、逃散在市内或留居家中的旧人员（解放前早被李、白匪裁减或遣散的不算在内）由各部门分别出通告，令其速来登记、报到，查明确是原机关的可分别录用，凡马上不能留用的全部集中学习（统一由□□□□□□负责），学习后，根据情况，分别处理。遭受敌人破坏目前不能复工的工厂，而〈如〉该厂的员工已走散暂不登记，个别有专门技术的员工，可由有关单位分别留用或送学习，暂为收容。

三、分别处理的几个原则：

（1）对旧人员的洗刷只限于下列三种人：

第一，确系有反动行为的反动分子，有确实证据者（仅有反动思想者不算反动分子）。

第二，确系依势安插，因人设事，吃闲饭，而本人又无才能，太不称职者。

第三，过去严重贪污，刻〈克〉扣员工，为广大群众所反对或现在又有严重贪污行为，理应开除者。

（2）凡确有工作能力或有一技之长者，均可分别给予工作或送学校学习。

（3）不能学习又无法转业或回家者，可由原机关额外留用，必须对他们说明国家财政困难，为了照顾他们，各人能维持最低的生活就好。

（4）年迈身衰，长期在原机关服务之老者，家庭有办法的资遣回家；无家可归者，设法给以补助，帮助转业或安插。

（5）各单位查出之特务分子，统由公安机关负责集中管训。

四、伪中央、省级政权机关人员由军政接管部负责处理；旧军事人员由警备司令部政治部负责处理。

五、以上集中学习之人员，其家属十分困难者，应酌情照顾，唯特务分子例外。

总之，我们对待旧职员的基本精神，是生活上照顾他，政治上改造他，技术上学习他。

以上各点，除桂市外桂省各市都有同样情形，希望桂市及各市军管会、党委根据具体情况，认真研究，慎重处理，并将处理情形及发生的问题随时报来。

中共广西省委、广西军区
关于主力部队地方化初步指示

（一九四九年十二月十日）

我解放大军，以雷霆万钧之势，不到一月即将李、白匪帮统治二十多年之广西全部解放，歼残敌十万，今后全党任务是支援前线，剿灭散匪，收编游杂武装，安定社会秩序，经营广西。为了达到此任务，由主力抽调一个军及三个师变为地方军，并抽调干部千余，以配合地方干部及当地游击队共同执行此光荣任务。现各部应即进行以下工作：

一、打通主力地方化的思想

我们的队伍，是从零星游击队发展而成的。为了集中主力作战，歼灭敌人，从地方军升为主力军，这是很光荣的。经过廿多年的战争将敌人基本消灭，为了开辟新区工作，现又将一部主力化为地方军，这是适合当前环境与任务的需要，也是光荣和必要的。由于地区广阔，地干缺乏，尚须一部军队干部改任地方干部。毛主席在党［的七届］二中全会中提出"人民解放军是一个战斗队，同时又是一个工作队"的指示，是完全正确的，全体同志应坚决执行。

现在部队同志，正在进行积极经营广西工作，这是很好的。但部分同志有几个错误思想，应受到批判，如："广西苦不愿干"、"不愿到桂西"、"不愿下乡"、"要提升一级"等，这完全是个人主义，怕艰苦，图逸乐的想法，与党的任务、人民利益不相符合的。我党我军与全国人民，经过廿多年的流血牺牲，今天才能将敌歼灭，把已解放地区不愿经营，是必被匪所盘踞，造成损失。至于广西贫穷，乃敌多年统治剥削结果。正因为如此，我军来解放人民，有责任把贫穷的广西变为繁荣的新广西，不能因此而厌弃。其实广西并非太穷困，只要我们政策正确，努力工作，会有改变的。有人不愿下乡，这完全忽视了今后广西任务是以农村为主，希望全体同志坚决拥护毛主席指示，毫无条件服从党的分配、上级指挥，到最艰苦的地区工作。下乡去工作不求地位、不讲享受，树立生根立业长期工作的革命思想，为建设新广西，并表现每个党员、干部的优良品质。

二、建立优良作风

中国革命的特点：是以武装开辟地区、建立政权，因此开始一个时期各项工作，主要靠部队去进行，部队工作好坏，足以左右局势，这便加重了部队的责任。但我们不应因此而不照顾一切，蛮横无理，要主动的帮助与参加地方工作，团结地方干部，团结游击队及地下党干部，特别现时许多地委，都以军队师政委负主要责任，更应照顾全局，提倡团结虚心商谈的民主作风，如果与各方关系弄不好，由军队及军队中党员负主要责任。

广西各地缴获甚多，这是我们全国人民财产，其中有许多很贵重的资财，如散

失、打埋伏，或随便处置，便受大损失，各部接收物资应一秉至公，照顾全局，防止打埋伏，本位主义，这不仅对人民财产有利，而且一开始便建立了优良的工作作风。

部队地方化，适合环境需要分散一定程度的独立活动，但我们不能因此而强调地方性、分散性，各自为政独立行动，忽视了统一思想行动、方针政策，应强调的是党政军一元化。

主力地方化后，最主要任务是剿灭股匪，因此，须发动群众，为了歼匪，须提高吃苦、爬山、奔袭精神，发掘勇敢作战作风。不能因"地方化"、"工作队"，而松懈战斗意志，抛弃优良作风，正因"地方化"、"工作队"，对于主力军各种优良传统、作风，务须保持与发扬，并以此来建立地方部队的作风。至于建立优良作风之关键，在于各级主要领导者作风之正派、无私心。

三、坚决执行党的政策与纪律

广西全省即完全解放，但这仅是军事占领，并不等于建立了根据地，广西残敌未灭，人民受多年来李、白匪帮统治，遗下了思想毒素，对他们的幻想，并未完全根绝，而有不少尚对我军隔膜、怀疑、观望，甚至某些误会。因此，我们须要正确掌握党的政策，适合广西当前具体情况来实施。广西环境较为复杂，执行一切政策应慎重，须有调查研究，避免急躁与冒昧决定政策。关于带全局性或重大问题，应报告省委、军区请示，亦不要为了局部利益而忽视政策。政策问题在大胜利的时候，固然注意右倾的发生，但主要防止左倾。与游击队会合时，应指示他们掌握政策，防止乱打、乱杀报复主义，同时须严格群众纪律，坚决实行三大纪律八项注意，爱护人民，替人民劳动，不可因某些地方人民被迫而坚壁清野及个别不良分子对我军伤害，因而怨恨人民，如此，则中敌人离间我与人民的毒计。人民军队之一切行为，是代表我党的政策、纪律，人民从此以判断党与军队是否真正代表人民利益，我们要把军事占领的广西变成巩固根据地，地方化的部队之坚决执行党的政策、纪律，是有决定意义的。在桂林市所了解情况，人民对我军先头部队纪律甚为佩服，但对四十九军纪律很多议论，认为大不如前，现该军开始地方化，应对此大力改正。

四、领导与组织问题

1. 加强党政军一元化领导，以统一政策、统一部署，各级党委应大胆的领导主力部队走向地方化，积极建立新的地方武装，防止客气、放弃领导的现象发生。

2. 各分区应抽出一定队伍（一个连或一套班子）为基础建立县大队，以十人、八人为基础去建立区中队，对于地方武装吸收的新成分，应以个别扩大，选表现好的贫苦农民充当，避免着急，成批扩大，招兵买马。

3. 关于地方游击队参加或改为地方武装问题，待与省工委及各游击队商讨决定，现应维持现状归各分区统一指挥。

4. 各分区今后按实际情况，还可以从主力部队中抽一部分干部，改任地方工作。

桂北支前委员会、司令部
关于运输粮草及使用民工临时办法

（一九四九年十二月十四日）

我大军解放广西、继续歼灭敌人，全党支前是目前重要任务，为了迅速完成粮草任务，保证部队供应，特决定以下办法：

一、各种粮草应集中于河流、公路较为便利地点，若无有河流、公路，则须设转运站转到河流、公路线上，每站距离一般不得超过六十里。站分甲、乙两等，各站均设站长一人，办事员若干人，负责粮草收发、保管与转运。注意防潮、遇风，不得霉烂，其费用与待遇由政府支前司令部规定。

二、为便利运输，在通航运地区，得由署县统一征用民船，但须照顾其民工生活。运粮船只，不准私自搭载乘客、装货，防止偷窃，损害与破坏粮草及因不负责任而遭受损失者，应按其情节轻重予以惩罚。

三、民工工资均以粮食计算，除按应领之运费拨付百分之四十外，余按粮食市价（大米）折发本币，人担者一百里百斤，工资米二十斤，驼载者十五斤。

四、人民有缴纳公粮的责任。因此，运缴公粮柴草，里程在六十里路以内者，为义务工，超过六十里路程者，发给运费，按野政[①]规定执行，月终由支前司令部向政府报销。

篷船运费支付标准 （附表）

吨位 支付标准		一吨至五吨	六吨至十吨	十一吨至廿吨	廿一吨至百吨
每 吨 十公里	逆 水	二　斤	一斤十一两[②]	一斤十两	一斤八两
	顺 水	一斤六两	一斤八两	一斤八两	一　斤

基本上照此决定，各地可按当地情况灵活执行。

---

① 野政，指中国人民解放军第四野战军政治部。
② 旧计量制，1斤等于16两。

中共广西省委关于桂林市召开
各界人民代表会议的报告

（一九四九年十二月二十一日）

桂林市各界人民代表会议自十二月十七日开始，到十九日结束，共经过三天。会议作了施政方针的报告，讨论通过了七个决议案，选举协商委员会，通过三个研究委员会，大家的情绪是愉快紧张的。会议的代表共二百三十七人，内有工商界、文教界、旧的军政界、企业部门代表，医药、旧艺人与回教、耶苏天主教代表及开明绅士等一百一十名的民主人士，其余是工、农、青、妇及机关部队之代表。讨论发言是积极的，大家都想把事情办好，解决了目前急需解决的恢复工商业、恢复交通、巩固治安、公教人员生活与学习、春耕、扩大宣传及支前等问题，互相是融洽的，无对立争执不休的现象，绝大多数人认为此会是空前历史所未有的。获得此成绩的基本原因是由于会前经过了反复地多次协商解释与动员，各方的意见多经过协商取得了一致，故能胜利实现。其主要经验如下：

一、调查研究，积极准备。自十一月三十日军管会到桂林开始，首先依靠地下党分头了解研究各界人士中的进步的、中间的、落后的现象及了解工、农、青、妇各群众团体的情况，继与进步分子作个别的见面谈话，酝酿代表会议的召开。八日即举行各界座谈会，宣传我党许多政策，发动了大家的讨论，并预定于本月半召开各界人民代表会议，随即派干部分头到各界去征求提案等意见，并作初步的协商。工、青、妇则分别召开代表座谈会，讨论提出自己的提案和意见，把各方面的提案意见集中起来，讨论研究，写成提案草案。又派人到各界去作小组的和个别的活动，把各方面的提案分头协商，继把各方面意见又集中起来。十五日召开各界代表座谈会，讨论修改集中的提案，实际是代表会的准备会。在此会上各方的意见已取得大体上的一致，再把修正的提案印交各界人民群众分别去讨论。这样经过小组、个人、大组的反复的协商、讨论、修改，集中了意见，确定了各界的代表名额及具体名单，即以军管会名义发出请帖，完成代表会议的各种准备。

二、反复协商，发扬民主。由于不断反复地协商讨论，均是采取倾听别人的意见，解释我党的政策，把各人好的意见都采纳写于议案中，哪怕是一句话、一个字，均注意研究与分别采用。我们有不妥之处即向大家说明改正，这样感动了许多人，有的说我们太民主了，因此在会议上的发言一般是没有羁束的。在代表会议中经过一整天的发言讨论决议草案，发言者超过代表半数，由于时间短促并有争先恐后的现象。经过代表讨论后，当晚提案审查委员会即开会讨论，依大家意见作了最后修改。所提的七项决议案，最后一天（十九日）又经过修改提案的解释，并征询了代表们的意见，又作个别的修正，接着郑重的全场通过了自己的决议案。这种民主精神贯穿了代表会议的前后整个过程。

三、打破了顾虑，鼓舞了基本群众。由于我党政策的宣传教育与民主作风的影响，许多代表说："我从来没有参加过这样的会，也没有听过这样的事，现在我们要好好努力学习。"有的说："我早知这样，许多人是不会惊慌怀疑的。"有的来降的军官说："我知道是这样，我早就回来了。"由于许多顾虑被打破，所以民主人士发言也是积极的，并有积极揭发李、白罪恶。工人、农民、青年学生、妇女们的发言，多有诉苦与奋〈愤〉慨，揭露了敌人的罪恶，都是感觉参加此会是很光荣的，从此做了主人翁。许多民主人士在此会中流露着对工、农、青、妇的敬意，这是过去所没有的。

四、通过共同的决议，选举协商委员会，通过三个研究委员会，大家都欢喜。通过决议时大家都是一致拥护的，过去有对政府希望过高，想一下子什么事都作好，连将来要作的事也想在此解决，经过讨论、解释、教育后，多能了解应本实事求是的精神来解决目前的主要问题。为了照顾民主人士的适当工作，除协商委员会参加约占半数外，并通过经济建设研究委员会、文化教育研究委员会及市政建设研究委员会，均在协商委员会领导下工作，这样就可吸收三十余人参加研究工作，因此也就能够团结更多的人。

五、我们的缺点：准备工作还是不充分的，特别是对自己干部的教育不够，有的干部了解不够，故有分配工作未能很好完成。如有的工人群众还不知道这个各界人民代表会议的，这就是我们的工作未作到之故。又如在代表会议中有我机关代表一人乱发言，要把民枪迅速实行登记，这是违反我党目前在广西的政策的，即表现无纪律现象，也是我们教育不够的地方。再是有的准备工作研究不周到，分工不具体，故有临时仓促的现象。由于争取这个会要早开，因为能早些开的好处多坏处少（如我们此会开后人心更加安定多，群众对我党政策有更多了解并有自己的决议），所以时间当然是感觉不够的。只要我们能抓住时间，分头有秩序的大家努力进行，事情也是可以办好的。如这次代表会议的成绩是很大的，其缺点则是较小的。以上经验我们即在干部党员中作总结的教育，今后必须贯彻决议案的完全实现，好好打下下一次代表会议的深厚基础。我广西各地应迅速准备召开各界人民代表会议，并参考桂林的经验。

二、城 市 接 管

中共广西省委关于四大城市接收与柳州处理的意见

（一九四九年十二月二十四日）

二十三日电　关于四大城市接收，工厂、学校、银行和物资处理之指示，我们完全同意。经研究后，关于柳州处理有如下意见请示。

（一）为了避免紊乱，按原来计划接收完毕后，即照指示原则分门别类提出计划，经批准后移交。

（二）为了支前及解决当前困难须动用一些物资（如汽油、工兵器材、铁路器材、修车零件及旧被服等）。

（三）兵团即去南宁，建议由李楚离（他代表省委驻柳州领导工作）、曾国华、刘随春三人组织委员会，以李为主任，负责处理柳州接管移交问题。

（四）三九军、四一军自己动用物资，现已大体交还，为照顾主力需要，请由华中局、军区批一部物资给他们，或由我们按情〔况〕分给。以上请示。

中共广西省委接管桂林主要情况报告

（一九四九年十二月一日）

甲、桂林军管会人员第一批于二十九日晚抵桂市者有负责干部及一部工作〔人〕员共百余人外，余在途中，故昨今两天主要是了解情况，初步接管。现收集主要情况报〔告〕如下：

（一）缴获物资除枪弹、工程器材及一部西药共有四百余个车皮外，仓库遗留少数残破物品，现了解敌方物资除运走外，余均分散，一部粮食、东西被烧毁。由于群众拥护我军及邮局与各地电台未通报，故自我军入桂以来，以一比二千使用人民币，且部队多用银元，故群众对人民币信用很广泛，但大商多未开市。最近两天因部队使用人民币过多，我又无物资支持，物价已在急涨。我们决定明日改牌价为一比四千，电报局同时与各地开始通电，估计这样市面必会混乱几天，物价将续上涨，我们正在研究对付及掌握办法。税收人员多订三日开始征税并涨捐，水电照常工作，秩序安定。

（二）交通复工，铁〔路〕、公路、桥梁破坏很严重，桂林段正组织工人积极筹备复修工作，火车头二八个，全部破坏，现有五个最近可修好，公路桥梁须半月后方可大体修起，市内电灯、自来水照常供应，电话已全部恢复，电报局被敌炸毁已修复一部可以工作，飞机场未破坏，有两三架坏飞机，医院有省立、市立、陆军三个尚完整。

（三）全市中学十九个、专科四个、大学一个，学员约五千余。学校均复课，学生革命情绪很高，自动宣传，已参军者二三百人，我们因人少尚未去接收。报馆有广西、中央两报社较大，除主要人逃走外，员工仍留报馆工作。广西日报、中央日报在解放后自动复刊，首先社论承认过去错误，继说向人民靠近，今日已令其停刊。我党广西日报定于三号出版，其余有五个小报均停刊。银行有广西、中央、中国、农民四个行，经理及主要人均逃走，东西均搬空。邮政局少数职员尚在。政府人员均已逃散，档案烧焚大部，其余已带走。省府等建筑物均完整，我们除技术人员仍找回来，政府人员拟只找少数回来以便调查研究外，不用普遍招回，这样是否

妥当请速示。

（四）逃散在桂林周围之百里左右之数股地方团队共约四千余人，正设法争取收编，市内游勇散兵有三四千人，现在正开始准备收容、遣散，市区枪枝很多（多属民枪），亦拟分别调查后再登记，分别收缴。

（五）由于未缴获粮食，故桂林粮食是很多困难的，除决定由周围各县先借一六万斤粮，续送桂市供应急需外，拟尚〈向〉市内商人借五〇万斤，并设法把敌散失之粮及物资查出要回，此数难定，亦尚无把握，故请原定由湖南拨桂之六千万斤粮速送来应用。

乙、我们的工作：在市内加紧完成接管工作，适当稳定金融物价，恢复与巩固秩序，发动组织群众进行统战工作等。我们待各地委、分区干部及部队铺开，双方即将开展广泛地收编剿匪与征粮运动，省委重点放到乡村，这样达到城乡互助与发展工作。以上当否请指示。

中共广西省委关于桂林市十天工作报告

（一九四九年十二月十一日）

（一）十天来共接管

（1）交通部门：湘桂黔铁路管理局，该局人员档案大部已去柳州，目前报到技术员工二一一一人；广西邮政管理局、储汇局各一，共有员工四三〇人均已复业；电讯管理局、桂林电讯局、电话局三单位现有员工一六三人，已通无线电报，市内电话未断；公路局人员已迁柳州，此地只接管第一机械工程队，现有六六人，机器大部保存，自金搬来之四〇三汽车厂机器零件共七个车皮，正在清点中，共计接管一一个单位，人员二九五八名。

（2）物资部门：接管金融机关包括伪中、中、交、农四行，省市银行十个单位，共一三〇人，人员大部被敌伪遣走均未复业，接收黄金九〇余两，银洋三〇〇〇余元；税收机关三个单位全部迁走，现收容九八人，进行税收；农林有省、市农场，家畜保畜所二（已复业），桐油研究所共五单位，现有一三三人；工厂有西南纺织厂、植物油料厂，机器均已搬走，面粉公司人员二〇余已复工，土敏健〈仕〉工厂仅有几个工人尚未复工，发电厂现有六三人继续供电，水厂有一七六人已复工，度量衡制造厂有二〇余人已复工，联勤有仓库三，修理机器厂二，已无机器，共有二十八单位五〇〇〇人；卫生机关有省市立及陆军医院各一，其中省市立医院设备完全，医药器材无损失继续营业，共计接管二八个单位人员八七六名（卫生部门不在内）。车站物资已搬运完毕，尚待清理，详数复报，目前进行搜集失散之敌产。

（3）文教部门：专科以上学校计国立广西大学一、省立三，教职员工约四〇〇余人，学生约八〇〇余（有一校未计入），广西大学已开学；中学七，均已复课，教职员有二四七人，学生九一五人；小学七六，已有个别学校复课。社教文化机关

有省立图书〔馆〕等四，有报馆及印刷厂各二，共计接管二九个单位，人数不详。

（4）军政部门：中央气候台一，完整无损，中央监察机关一，省市法院机关五，军事机关六，中央航空公司办事处（有破飞机两架），共计接管一七个单位，全部人员走散，档案已移南宁，仅航空公司员工合作社，高等法院等处，共三〇〇人，全市共接管八五个单位，约四五〇〇人。

（二）市内各工商业附近都开门，人民币与银元一样通用，但人民币以黑市（七千左右）计算，物价凶高，米价最近五元五角一石；省银行已办各种营业，以人民币汇出至各地者甚多；省贸易公司已初步开业，到有少数食盐布匹，拟收购一部食粮土产；本市铁路员工，正抢修附近桥梁，估计月底桂〔林〕全〔州〕可通车；公路北通衡阳，东南可勉强通至蒙江、柳州，但蒙山有匪二千故未通车；水运仍无恢复。

（三）警备司令部、公安局成立数日，市内秩序交通大体恢复，军事上除防备土匪袭击与整顿纪律外，正进行搜集散兵游勇，拟月内处理完毕，并进行肃特工作，已获敌特电台一座。市内赌场甚多，成为一种职业，如何禁止尚待考虑。

（四）群众工作。召开两次各界座谈会，工人与学生座谈会各一次，妇女、文教〔座谈会〕明日召开。会上除宣布各种政策与当前工作外，特别着重物价波动的解释，并兑回一部人民币，补救因牌价提高，小商贩所受之损失，市民影响颇好。此地工人情绪很高，对护厂复工作用不小，铁路工人三个月未发薪金仍继续工作。市工会与学联筹备会已成立，市工委学生工作较好。目前正进行统战工作吸收民主人士，并拟于十五日召开全市第一次各界代表会议。广西日报已出版。近军大、革大已开始招生，市委各文工团正进行群众宣传工作。

（五）几个问题须请示处理

1. 目前市内食粮盐布甚缺，对部队供应、稳定物价、薪金发给均感困难，就地筹购亦供应不上，请后方能迅速运来，以救急需。

2. 此地旧职员因机关迁走多已流散市内，由各机关进行登记，尽量留用以免失业，但不公开召收回来。伪市长率人枪一千逃至百寿，希望回市交代，我已去信要他回来，并保证生命财产安全。

3. 员工工资已发至十一月分〈份〉，其中以银行、邮电工人薪金最高，因目前不能评薪仍按原职发薪进行调整，并以实物计算酌量降低薪金标准，目前物资缺乏，全发人民币，必然影响物价，拟发一部粮食以免员工吃亏。

4. 市内公营企业、各大商号、少数市民，均有枪枝，拟先收缴散兵游勇敌特之武装，并暗中调查私人枪枝（暂不登记），研究处理公营企业之枪枝，原政府发给护厂之用暂不收缴，待工人组织起来，掌握此部武装。

陈、何①

---

① 陈，即陈漫远；何，即何伟。

桂林市军管会成立布告

（一九四九年十一月三十日）

案奉中国人民解放军第四野战军司令部政治部电令："桂林市区及其近郊国民党李、白匪军业已肃清，为着保障全体人民生命财产，维护社会安宁，确立革命秩序，镇压匪特破坏活动，着令在前桂林市所辖区内，实行军事管制，成立桂林市军事管制委员会。在军事管制时期，该会为该区之最高权力机关，统一全区之军事、政治、经济、文化等管制事宜。任命陈漫远为桂林市军事管制委员会主任，何伟、钟伟为副主任"。本会遵于十一月卅日宣告成立，本主任亦于该日到职视事，谨遵行中国人民政治协商会议共同纲领，中央人民政府各项政令及中国人民解放军总部布告约法八章，实行军事管制。仰即周知，此布。

主 任 陈漫远

副主任 何 伟

钟 伟

桂林市军管会军政接管部
关于令伪职员报到登记的通告

（一九四九年十二月二十八日）

查伪广西省府的各级人员及伪高等法院模范监狱的各级人员，除极少数的随李白黄匪帮逃窜者外，绝大部分尚留散在桂林各地，仰即刻前来报到。

（一）报到时间：自登报日起到一月八号止。

（二）报到地点：

（1）伪广西省府各厅（民、财、教、建）各局各处人员到依仁路桂林市军管会军政接管部（伪省参议会旧址）本部报到。

（2）伪高等法院人员到中山北路原高等法院旧址报到。

（3）伪模范监狱人员到中山北路原监狱旧址报到。

（三）注意事项：

（1）已被正式解除职务时间半年以上者不必前来报到。

（2）已有正当职业不愿再参加学习或工作者不必前来报到。

（3）报到时不准冒名顶替，不准有隐瞒假报行为，并自带履历一份。

柳州市军管会①
关于采购物资规定的通知

（一九四九年十二月十二日）

为使今后本市金融不致过分混乱，逐步趋入正轨，现对本市军政机关及来柳采购物资人员，特作如下规定：

一、所有本市驻军只准购买零星用品及油盐、菜蔬，非急需品亦应少购或暂时不购。

二、所有本市部队、机关人员一律不准大量使用人民币购买物资，如有任意大批抢购物资，经本会查出，除立即没收外，并追究责任。

三、如因工作需要采购者，在柳市购买物品超出伍拾万元以上，必须事前呈报本会，经批准后，由本会指定人员协助办理。

此规定务希在各种会议上作动员使全体同志切实执行。

主　任　刘随春

副主任　栗在山

魏　伯

柳州市军管会关于严格请示报告及工作制度的规定

（一九四九年十二月二十一日）

一、凡参加军管会之工作人员，须由各部处长负责审查，将简历呈报本会始得发给臂章，离职人员应由各部将臂章随时撤回，如有遗失，须立即报告声明作废。

二、凡各部派遣之军事代表及联络员必须呈送干部简历卡片，经本会审查批准并给予命令后始得派出。

三、接管或查封之对象以批准者为限，其未经批准或以后陆续发现者，必须先经批准，不得先斩后奏或边斩边奏。但各部有责［任］积极调查，应该接管之对象尚未接管者不得坐视其物资被人盗窃，置之不理。

四、接管中各部组如对被接管对象发生互相争执，或不同意见，必须立即将实际情况详呈军管会听候处理。

五、在进行接管时，不能因粮食困难，仅要物资不管人，或只管物资多的，不管物资少人多的单位。

六、在执行军管会之指示决定如发生困难意外事件或紧急问题时，必须立即按

---

① 柳州市军管会，全称为中国人民革命军事委员会柳州军事管制委员会。

级请示报告，非经批准不得擅自处理。

七、严格执行指示、报告、会议、汇报的制度，各级应有统一的规定（每日晚七时各部长轮流来军管会汇报），各部每周应向军管会作综合性书面报告一次，内容须要有中心、有分析、有总结，特殊重大问题，可以单独总结或报告。

八、所接收之人员与物资，应详细登记，即初步了解后即报告上级备案；接收之档案，由军事代表呈缴各部处保存并将现有档案填表限三天内送来本会（表样式另附），如有遗失，应受纪律制裁。

九、凡接收的金子一律储存于人民银行柳州分行（仍属于原单位），银元物资一律不得动用。供给标准以外所必须之其他特别开支，必须尽早造预算，非经批准，不得支用。

十、接管命令布告由秘书处统一掌握，封条由各部掌握，并指定专人登记分发，不得滥用。

十一、军事代表、联络员、工作员应接受本部门主管首长之领导，其他部门首长不得任意指挥；军事代表、联络员、工作员遇有其他部门首长任意指挥或搬运支配物资无正式手续，得拒绝之。

十二、各部组、各军事代表、联络员、工作员对物资有接收与保管之责，目前系清理期间，四野前委指示全部军用物资均待命处理。如因工作急需，拟动用者，必须经军管会主任批准，必要时需转呈广西后勤首长批发。

十三、各警卫部队应接受各军事代表之领导，听从其指挥，但搬运物资时，各军事代表应给警卫部队□出手续经检查无讹者始能放行。警卫部队如有监守自盗者，亦应受严格的纪律制裁。

十四、凡工作人员外出，必须穿着制服，佩带臂章，力求服装整齐，接管人员赴被接管单位执行任务时，尤应严格注意。

十五、各部组住地择定或移动时，须立即报告军管会以便联系。

柳州市接管单位登记表① （节录）

（一九四九年十二月二十一日）

一、后勤接管部接管单位

机关名称	负责人	备　考
国防部陆海空军第六总医院	陈可新、段和春	
陆军第一医院	罗镇乾	

---

① 本表只选录原表中的机关名称、负责人、备考三项，主要物资、地点二项省略。

机关名称	负责人	备考
陆军第二医院	谭贤哲首恶分子	谭贤哲
陆军第三医院	程凤翯	
陆军第五医院	陈金城	
陆军第六医院	韩冠瀛	
陆军第七医院	刘凤岐	
陆军第八医院	杨承玉	
陆军第九医院	安士奇	
陆军第十四医院	刘骅	
陆军第一〇医院	孙鸣高	
陆军第一〇二医院	龚玉琛	
陆军第一〇三医院	陈建武	
联勤总部陆军第四〇医院	金松青	
联勤总部第八医院		
国防部军医署第一一卫生器材总库	孙铁生	
国防部军医署第一卫生器材库	刘肇清	
国防部军医署第十卫生器材库	刘圭	物资存城站
第一、二、三卫生列车队	蔡华三、毕贵文、陈德(3人)	
陆军第六卫生队	熊莹毕	
第五卫生队	胡毕	
第十卫生院	罗贯之	
补给区军医处	唐靖	
联勤总部第七话台		
联勤总部第八话台		
联勤总部第七十一台		三十九军已接收
联勤总部第十一区台		三十九军已接收
联勤总部第四三区台		三十九军已接收

续表

机关名称	负责人	备　考
联勤总部第二十一区台		三十九军已接收
联勤总部第十二区台		三十九军已接收
联勤总部第三十九区台		三十九军已接收
联勤总部军台直属区台		
联勤总台留守		
国防部军中广播台		
联勤电信第五修造厂		
通二团八连无线电台	彭纪杭	收发机已交天津支队
通二团五连三台		
联勤总部无线电话第八队		
通二团二营五连二台	刘恩甫	
供应中队及四〇四通讯大队		
通信学校	葛仕民	
华中补给区司令部一〇二电讯机械修理所		
华中补给区第一通信器材库	全　震	
陆军第七通信营		
通信技术员训练班		
国防部通讯署电讯机械修造总厂第五厂		
资源委员会柳州电台		
第一一三军械库		
第一〇六军械库		在船上
第二〇九军械库		
华中补给区二三二军械库	李承宗	
四十八军修械所		
一二六军修械所		
一二六军汽车第一班、四六军汽车修理班		

机关名称	负责人	备考
第十三汽车修理工厂	朱耀华	
第二补给区汽车连		
四六军汽车修理班	张 杰	
联勤三八汽车修理厂		
国防部工程署第三工程器材总库	欧阳瓖	
重工程机械修理厂柳州组		
柳州中国农业机械公司	黄哈定	
测量局测量第四队	陈济坤	
测量局第二图站		
测量局制图厂	吴 磊	
测量局图库	吴 磊	
测量局九队	吴 磊	
测量局修造保管所	吴 磊	
联勤总部第十五被服库		
第五被服厂		
兵工署第三十兵工厂	傅振雄	系巩县、济南、汗〈汉〉阳兵工厂三厂合并而成的
华中长官公署工兵四团二营		
华中补给区二一四接运站		
联勤三运总库九库		
联勤总部第一卫生船舶队	张彦卿	
联勤总部第一区铁路运输司令部	黄 鹏	
华中补给区人力运输五二八中队		
联勤印刷厂		
第一兽医器材总库蹄铁工厂	刘振世	

续表

机关名称	负责人	备 考
炮兵学校留守处	张 开	
资源委员会柳州选炼厂	李瑞霖	
海军第二执勤艇队		
四十三汽车修理厂		
国防部柳州水运处	师 斌	
空军第四军区司令部空军二七三供应中队		
民航大队		
中国航空公司		
中国航空公司柳〔州〕办事处		
交通部中央气象局柳州气象站		
城 站		
南 站		
北 站		

二、物资接管部接管单位

机关名称	负责人	备 考
湖南省银行	周仲庸	
中国农民银行柳州分行	王书之	
复兴商业银行柳州分行	朱清湖、刘湘的	
贵州省银行柳州支行	邱玉书	
中央银行		
柳州中国银行	陆昌达	中山东路办事处鱼峰路办事处
广西省银行柳州分行	黄敏牛	
广东省银行柳州办事处	邓尊楼	
交通银行	沈宝琦	
中央合作金库柳州分理处	赴双全	

续表

机关名称	负责人	备考
广西省柳州农业辅导区	卢德明	
经济部中央农业实验所柳州工作站	彭绍先	
经济部西南区农业推广繁殖站	张国材	
广西省农业事试验厂经济部西南区农业推广繁殖站驻柳办事处直属沙塘农场	苏武传	
广西省农村建设协会	张任民、伍廷飓	
柳江县苗圃林场		
经济部西江水土保持实验区	傅蕴琦	
柳州矿务支局		
合山煤矿公司柳州办事处	郑素明	
中国植物油料厂柳州分处	钟美全	
广西企业公司酒精厂	覃兴华	
柳州公立医院	周炳麒	
柳江县卫生院	杨成汉	
广西省立柳州医院	黄绍裘	
广西省立外科医院	任书辉	
柳州国税局	杜猷芬	
柳州区税捐稽征局	黄义光	
柳州盐务支局	欧阳钧	
盐务局监督财部电台	施士敏	
广西地产公司	杨毓年	
柳江县城区域第一纺织生产合作社		
柳州粮站	黄春华	（即广西省政府财政厅秘书梁铁石）
柳州企业公司柳州骨粉厂（系省办属广西肥料公司）	吴其玉	
柳州电力公司	林培深	

续表

机关名称	负责人	备　考
柳州自来水厂	黄绍榜	分厂一所于河南华风湾
中央信托局		只剩房子什么也没有啦
广西省造币厂	徐冠池	
广西企业公司制革厂	黄　杰	
广西省贸易公司	冯郅祥	
善后事业保管委员会机械农垦管理处广西分处		

三、军政接管部接管单位

机关名称	负责人	备　考
第五临教院	赵学艮、朱文斌	
第七临教院	邓振江、王相祥	
荣军廿一临时教养院	姚建业、任有章	
荣军第二五临教院	陈鼎之	
第二十七临时教养院		
荣军第十一临时教养院	李庆华	
残废军人第廿四教养院	靳兴华、汤光宽席本同、王雨霈	
第六残废军人教养院	李鸿宾、蒋怨涛	
国防部军医署第三休养总队	吕美寿	
第十过境部队招待所	华亚民	
军眷第三招待所	戴滔平	
军眷第一招待所	刘　麟	
第八过境部队招待所	陈秉才	
广西柳州监狱	杨贡期	
广西柳州地方法院看守所	杨贡期	
广西省柳州地方法院	陈孔诚	
国防部广西营产管理所	田欲纯	

机关名称	负责人	备　考
第十四军军部	齐　俊	
第十一兵团留守处	张汉东	
一二五军军部	丁　宏	
陆军十四军六十二师	陈克仇	
桂西师营区第一补充团		
步校及福州绥署军官团编余	吴　俊	
第五军人服务所	凌龙伯	物资已被三九军接收
工兵四团团部	袁　微	
第十一过境部队招待所	曹季云	(现无物资)已由三十九军接收
第十一编练司令部	尹公侠	
第二区行政专员公署		
柳江县政府		
广西高等学院第三分院		
柳江县参议会		

四、文教接管部接管单位

机关名称	负责人	备　考
广西省立柳州高级中学	黄公健	
广西省立柳庆师范		
省立柳州高级农校		
柳江县立第一中学		
柳州高中		尚有一机械厂
豫衡联合中学		
国立河南临时师范		
河南临时高级中学	王芸清、兰灼三	
国立河南临时专科学校		

续表

机关名称	负责人	备　考
国立河南初级中学		
河南临时女子中学		
柳江县二中		
香山慈幼院小学		
广西企业公司柳州印刷厂		
大华印刷厂		
武汉日报		
柳侯公园管理处		
柳江县图书馆	董咸熙	
广西日报		
江汉广播电台		
体育场		

五、交通接管部接管单位

机关名称	负责人	备　考
交通部第三公路总局柳州办事处	傅星桥	
交通部公路总局第三区公路工程管理局第七总段	王伟民	
交通部公路总局第三区公路工程管理局第九总段	余季智	
交通部公路总局第四运输处柳州业务所	吕义皋	
交通部公路总局第十运输处柳州分处	杨伯廷	
交通部公路总局第三区工程管理局柳州办事处	傅星桥	
广西省公路管理局柳州工务段	葛正基	
交通部公路总局第三区公路工程管理局贵阳办事处	左承义	
交通部公路总局汽车器材总处柳州器材库	章钻贤	

机关名称	负责人	备　考
交通部材料供储总处柳州供储处	徐华庭	
广西省汽车运输队		
广西省电话管理局柳州分局		
柳州县电话管理处	徐才麟	
柳江县电话管理处		
交通部柳州电话局		
粤汉区铁路管理局柳州办事处		
浙赣铁路局柳州通讯处		
陆军铁道兵团修理工厂		
柳江火车轮渡管理处起重工程队		
扶轮中学		
珠江水利工程总局第四十二测量队	种伯元	
柳州一等邮局		
广西省公路局柳州工务段		
广西省柳州电话局		
海军第七供应站	王拯群	交通接管部已处理,人已送走
海军无线电台第九分台	王沾亚	交通接管部已处理,人已送走
湘桂黔铁路局		
珠江水利工程总局柳州水文站		
柳江浮桥管理处	陈寿增	

柳州军管会秘书处编印

柳州市军管会军政接管部接管伪
国防部测量局在柳单位报告
（附物资数目）

（一九五〇年二月三日）

在柳州伪国防部测量局所属各单位一般情况：

原伪国防部测量局系统下，柳州共有六个单位，人员有的单位只有留下几个人看守物资，其余人员都先行到贵阳、重庆等地。到贵阳、重庆的人没有带物资，只有测四队和第二图站比较完整，其余四个单位只有一部分人。他们六个单位不发生横的关系，都直接受测量局的指挥（仅第二图站受图库指挥）。器材修造保管所系帮助制图厂送物资，而保管所的机构已迁台湾。测四队、第二图站先后由武汉迁来柳州，测九队、保管所、制图厂、图库先后由南昌、南京等地迁广州，在广州会齐，统一迁来柳州，准备迁往重庆。保管所、制图厂、图库、测九队四个单位的物资在车站（柳州城站）车上，蒋匪军溃退炸毁一小部，与将解放之初混乱时期被群众抢去一小部外，别无损失（测四队在解放时，人员被集中天津部解放团时丢掉9件东西，图站无损失）。

一、测量第四队：负责人陈清坤队长率队系一九四九年四月底由武汉迁出经末阳到柳州，共约一百五六十人，在末阳有的回家，有的先走到贵阳去（他们的迁移目的地是贵阳）。到贵阳的有十四个人，柳州现有七十七人，技术人员四十一人（内大地测量技术人员七名、地形测量技术员三十五名、制图技术员七名、航空测量技术员二名）、事务人员五名、医务人员二名。测工杂务二十九名。

物资：现有各式经纬仪七架，各式水准仪四架，八倍望远镜九个，各式水准标尺十五副，测板标尺五副，测斜照准仪□□三十九个，六位对数表十本，绘图仪四盒（上列系主要物资，除望远镜一架在解放前损失一个外，其余物资完整）。

二、第二图站：系一九四九年五月初由汉阳迁柳州，准备迁南宁或百色，编制十二人，现在柳州有十二人，地形测量技术员一名，地籍测量技术员一名，事务员二名，管图士兵文书上士〔六〕名，炊事员一名，公役一名。

物资：豫、鄂、赣、陕、川、湘等省各种尺度地图六百四十万张。

三、地形测量第九队：由队员董述华负责，系一九四九年五月由南昌迁出，经广州到柳州，原有一百多人，在江西南昌即行散去，回家大部，到广州后只剩二三十人，他们由顾队长率领先去重庆，留董如华一人押运物资，柳州只有一人，是地形测量技术员。

物资：现有经纬仪二十一副、水准仪十六副、平台仪十三副、测斜仪一〇七副、方匡罗斜五十六个、测板七十四块（上列物资包括各种不同种类，除经纬仪二副、平台仪一副在解放柳州之初，在车站被群众抢劫损失外，其余完整）。

四、制图厂一九四八年十二月由南京迁出，经广州来柳州，原有工〔人〕五百余人，分二批迁出南京，一批到台湾，一批到重庆，而经柳州迁重庆共有一百多人，人员由水路先走，物资走铁路。柳州现有员〔工〕二八名，印刷技术员一人、印刷技工四人、驾驶技工二人（原系测量局副局长小吉普车司机）、木匠一人，暂由课员吴明俊负责押运物资。

物资：计有野战印刷橡皮机一部、四开橡皮机一部、磨板机一部。四开手摇印刷机一部、马达制板机一部、存图铅板一百七十八夹。上项物资，除存图铅板一百七十八夹在蒋匪军溃退时，全部炸毁外，其余完整。

五、器材修造保管所：系一九四八年十二月由南京迁出，经广州到柳州，原有二十多人。保管所的机构已迁台湾，派六人帮同押运物资去重庆，柳州现有人员六人，测量仪器修造技术员三人、事务人员一人、检发材料士兵二人，暂由所员袁德方负责。

主要物资：原有道林纸一〇〇〇令，柳州解放之初，天津部拉走二十一令，天津部后勤部拉走一〇〇令，解放前卖掉二百五十九令，解放当时被群众抢劫一百四十余令外，现有道令四百六十六令。搬移摄影及印刷制图材料原有一〇〇箱，除解放前变卖二十箱（原美军用四开纸每箱五〇〇〇张），被抢劫及磨烂十九箱，现有五十余箱，锌版现存三百块，均保存完整。

六、图库：系一九四九年二月初由南京迁出，〔经〕广州到柳州。原有员工七人，航空测量技术员一人、制图技术员一人，检图士兵五人，由库员吴磊负责并兼修造、保管所、测九队、制图厂三个单位总负责人。

物资：现有湘、赣、豫、粤、桂、黔、鄂、皖、苏等省各种尺度地图九百六十四捆（包括兵要、东亚、中图、全图，舆图不完全），接管□除批发一部各种尺度地图外，一切物资已清点完整，打箱打捆，准备北迁，现有物资均完整。

员工现正进行教育，热烈学习，生活基本上已解决。

柳州市军管会主要干部名单

（一九五〇年二月）

委　　员：曾国华、刘随春、栗在山、魏伯、李一平、王奎先、齐渭川、彭涛、雷利声、侯昭炎、吴宗鹏、董敬斋、徐楠、梁山

主　　任：刘随春

副主任：栗在山、魏伯

秘书长：黄林

交际处：处长林溶

行政处：处长魏伯（兼），副处长刘亚东

后勤接管部：部长张仁、邱国光，副部长金实蘧、陈伦

物资接管部：部长雷利声、侯昭炎，副部长董敬斋、赵从文
军政接管部：部长魏伯（兼），副部长黄志强
交通接管部：部长吴宗鹏、陈清世，副部长徐楠
文教接管部：部长陈东，副部长叶黎、何子健
市 政 府：市长魏伯（兼），副市长陈捷
警备司令部：司令员王奎先
　　　　　　副司令员赵永夫
　　　　　　政治委员栗在山、李一平
　　　　　　参谋长姚克
　　　　　　政治部主任齐渭川

梧州市军管会各接管委员会接管工作报告（节录）

（一九五〇年）

中国人民解放军梧州市军事管制委员会
各接管委员会负责人员姓名表

区　别	姓　名	备　考
行政接管委员会	江平秋	
财经接管委员会	程　琪	
军事接管委员会	杨　明	后于本(1950)年元月间由胡维月同志接替
文教接管委员会	陆　地	
交通接管委员会	黄玉祥	后于本(1950)年元月间由张铁平同志代理
邮电接管委员会	刘澄清	

梧州市军管会行政接管委员会接管工作报告

（一九五〇年）

（一）接管的一般情形

依靠群众，依靠地下党，特别是依靠工人阶级的协助，根据实际情况，分别轻重缓急有步骤地进行接管工作。计接管了大小机关二十八个单位，旧人员三百七十余人。因负主要责任的如伪专员、县长、院长、警察局长等均畏罪潜逃，卷走重要档案资财，或隐藏破坏，因此物资文件极不完整。一般旧人员经多次座谈会多方宣

传解释，始渐由畏惧怀疑、观望的态度转变为亲近、合作，特别是一般下级成员最为明显。这批人在接管告一段落之后曾编为十个小组，进行了三个星期的学习改造，酌情予以留用、遣散。物资接管虽不甚完整，但笨重家私、房屋、案卷均一一为我接收使用。被卷逃的物资，派军进剿后取回部分，旧人员学习改造提高认识后亦陆续发见〈现〉隐藏散逸的物资不少。

（二）接管机关

行政接管委员会接管伪要关详表

接收时间	伪机关名称	所在地	接收后之处理		处理根据	备　考
			方　法	时　间		
一九四九年十二月	伪第三区专署	梧州市大西路	军分区司令部及警备部办公之用	一九五〇年元月		
〃	伪苍梧县政府	梧州市县府路				
〃	教育局	梧州市大中上街				
〃	学产会	梧州市大中路	梧州市学产会接收	一九五〇年元月		
〃	安老所	梧州市冰泉冲	市人民政府接管领导	〃		
〃	卫生院	梧州市县府路	交苍梧县人民政府接管	〃		
〃	公园	梧州市北山路	市府接管	〃		
〃	苗圃	梧州市新民村				
一九四九年十二月	伪高等法院法院州分院	梧州市法院路	市人民法院接管	一九五〇年元月		
〃	检察处	〃	〃	〃		
〃	监狱	〃	〃	〃		
〃	地方法院	〃	〃	〃		
〃	看守所	〃	〃	〃		
一九四九年十二月	省立梧州医院	梧州市医院路	市府接管领导	一九五〇年元月		
〃	护士助产学校	冰泉冲红楼	市府接管领导	一九五〇年元月		
〃	警察局	梧州市马王街	市人民政府公安局接管	〃		

续表

接收时间	伪机关名称	所在地	接收后之处理		处理根据	备　考
			方　法	时　间		
一九四九年十二月	消防队	梧州市东正街	市人民政府公安局接管	〃		
〃	清洁队	伪警局所属	市人民政府公安局接管领导	〃		
〃	度政室	梧州市百花冲				
〃	水文站	梧州市意园冲				
〃	气象站	梧州市四方后街				
	育幼所	梧州市马王街	市府教育科接管领导	一九五〇年元月		
〃	附城六乡镇街公所		市人民政府接管交人民镇公所	〃		

财经接管委员会海关接管报告

接管一般情形

梧州于一九四九年十一月二十五日解放，军管会随于三十日成立，对国民党反动派的各种机构展开接管的工作。我们奉令于十二月五日下午二时由何励锋同志率领前往广州海关梧州分关办理接管工作，二时半在该关俱乐部召开大会，全体员工均出席，由何同志说明此项接管性质任务，并嘱各员工安心工作。会后与各部门负责人接谈，初步了解该关情况，该分关系隶属于广州海关，因梧州直接与国外贸易甚少，税收甚少，故该关定为一稽查机构，日常经费由广州海关统筹核发。该关设有船舶检查处，并于和安筏、运输筏、关筏及邮局设有验货处，派员经常负责验货工作。另有关警一队十四人，配有机枪、步枪、手枪等武器，接管后该批武器即集中保管。至该关所有现金、房产、私有物资、船只、档案、用品等由各负责人造具清册，于同月六日起接册清点。兹将接管各项物资及处理方法简略报告如下：

（一）库存现金：

（甲）税款：银元一二三一九·一一元于十二月八日解交中国银行，并于同月二十九日折合人民币开账保管。

（乙）贮备款：银元四二八〇·一五元、人民币一二六〇〇〇元于十二月二十九日解交中国银行，银元折合人民币开账保管。

（丙）代收货物税款：银元五七五·九九元，接管后自行保管，于本年一月二

十日奉海关处令解交人民银行，折合人民币划账移交本市税务局。

（二）房地产：

（甲）房产：计有三合土建造海关大楼六座，接管后，除办公楼及宿舍二座外，其余四座由解放军借住，本年一月间，该四座大楼由专员公署、地委会、航务局分别借用。另有砖造前海关监督公署楼房一座，由本市税务局借作员工宿舍之用。

（乙）地产：

一、坐落鱼花塘，面积三五·一一四亩，建造大楼五座及运动场、花园等。

二、坐落鱼花塘，面积七·八七一亩，建造大楼一座。

三、坐落城东镇体育北路第二甲第六号，面积一三九一平方公尺，建造有前海关监督公署一座。

四、坐落谭公庙山地一块，面积一三○·七五亩，尚未启用。

（三）存仓私货及用品：

接管存仓私货计有三十八号案件，除一部分不能出卖者外，已全部移交本市贸易公司。

存仓用品计有白磁油、棕油、干油、船灯等六十余种，为该关修理关产及业务上必需应用之物资，自接管后继续使用，并由总关陆续拨发。

（四）枪械：

（甲）职陨用左轮四枝，子弹六十发，已借与人民治安委员会应用，最近已收回一支，尚有三枝该会已无法交回。

（乙）关警用驳壳枪一枝，子弹二十发；日式手枪一枝，子弹二十八发；捷史机枪一挺，子弹二七五发；步枪八枝，子弹七一五发。接管后集中保管，至本年二月十五日该队关警奉令调回总关工作，弹械已随队带返总关。

（五）船只：

（甲）第十七号电船一艘

（乙）船舶管理处办公用木船一艘

（丙）第四号划艇一艘

（丁）浮趸一艘

（戊）桥艇一艘

（己）锚艇一艘

（庚）板艇一艘

（六）家具：

接管初期，因解放军借用各楼，清点不易，最近已清点完竣。

（七）文具、档案、书籍：

此三项忆按册清点，档案尚齐全，文具接管后继续使用。

关于接管中的旧有职工，对接收都尽力协助、工作积极，且办事认真，但由于他们以前待遇较为优厚，生活优裕，故一般的都存在着浓厚的雇佣观念，且对政治不感兴趣，形成在生活上的享受性以及在思想上的非革命性。物资接管竣后，即展

开学习工作，在改造过程中，大致上都有了进步，为求彻底的从思想上的改造，尚有待今后的努力。

海关接管组杨步云　李旅报告

财经接管委员会船舶接管报告

接管一般情况：

西行筏与西南筏，原属伪梧州广西省银行的，我当时负责接管财经部门的银行组，故该两筏亦为我负责接收。西行筏因为是水上货舱，为利下河船渡停泊存载货物而设，解放不久，省梧渡逐渐恢复启行，为着便利交通，及维持该筏收支，当时经财经会批准，恢复业务，所以解放不久，西行筏就恢复了业务。但西南筏则因为只泊上河船之码头，当时上河船只仍少数航行，且原亦停泊于西行筏，故一直未有恢复营业，至最近才恢复为停泊上河船只之码头业务。

在接管这两筏的过程中，都很顺利，没有发生什么偏向，所在器材家私，都能完好的移交，西南筏原管理人于解放前月余离职，匆忙交与西行筏管理人，故对该管器材家具，没有十分清妥，接收时也短少了一些小物件。

这里接管的职员，是前广西银行的，他们都肯努力学改造，积极工作。在一月七日奉财经会程主任命令成立梧州运输公司，以这两筏和接收过来的机动船做基础，逐步修理扩充发展。

所接管过来的船只，完全是损坏不能使用的，现在是修理好了一部分，一部分在修理中，还有几只仍没款修理，须请上级拨款修理，才能扩充业务，增加船只，加强运输，完成任务。

财经接管联络员　姚增庆
一九五〇年四月廿九日

文教接管委员会教育组接管工作

（一）接管的一般情形

教育组的接管工作，是属于文化接管的一部分。接管工作于一九四九年十二月三日开始，限于人力关系，接管重心只在中等学校方面，小学只了解情况，接管工作交由梧州市人民政府办理。中等学校接管工作又分为三组：一组中学组、一组师范组、一组社教组（包括其他）。依据"维持原状，逐步改进"的方针进行接管，步骤分：召开大会宣布接管政策；了解情况（人事、思想、物资办理情形各方面）；成立协助接管委员会，进行清点物资等阶段。在接管过程中特别注重发现组织积极分子，协助接管工作。一般来说各单位接管工作尚能顺利完成，除省立梧州师范财

经部分因历年未能清理稍予阻误时间外，其余均于一九四九年十二月廿五日以前完成接管。

（二）接管机关

我们接管的单位，按其类别，师范有省立梧州师范学校、梧州女子师范、苍梧县立师范等三校，中学有省立梧州高级中学、苍梧县立第一初级中学等二校，职业学校有苍梧县立初级职业学校一校；社教机关有苍梧县立体育场和图书馆两所；学术研究机关有广西植物研究所、梧州试验场；学龄前的教养机关有苍梧县立育幼所。合计接管的单位共有十一个。

（三）接管物资（见附表）

　（略）

（四）接管人员（见附表）

　（略）

中国人民解放军梧州市军事管制
委员会交通接管委员会接管情形

（一九五○年四月二十九日）

（一）工作方面：分组进行，共分接管、调研研究、支前、内务等四组，以工作的需要每组人数不一定，每晚开讲座会时决定工作与人数。

（二）接管方面：共接管了六个伪机关和一些船只与武器等，工作的进行是遵照上级的指示，资料多由上级供给和地工同志与群众得来，接管的过程全部顺利，所接机关除航务方面为适应支前及商民的要求和需要，已即刻恢复工作外，其他机关则暂行代管和进行了解各方面情况，各部分都很圆满结果。至船舶之调查是要靠各方面去了解，才能精确的，因此在每得到资料后必先行各方面调查后才作决定，所接人员和工友除其自愿请求离职者外，大部分为了工作必须均暂行录用，并进行学习和领导。物资档案公物方面，需要的则应用，不须要则清点封存。

（三）调查研究方面：是根据上级的指示及群众的意见进行，深入群众和有关方面加以了解并进行收集各方的意见，关于交通之一切情况了解均进行调查。

（四）支前方面：为使我们武装同志迅速追击敌人，我们派出同志负责调配船只，雇请水手、技术等人员；公路方面，进行赶修戎容、戎贵线桥梁；船只进行管理和调配，这些都是支前组所负责的工作。

（五）内务方面：负责整理资料，常与各组同志联络，传达上级意见，工作计划和分配，解决航商支前服务等问题。

（六）交通之接管工作，在梧州比较简单，现在大部均已完满告一段落，所接之各单位，亦经移交清楚，惟船只之调查研究工作，尚须继续进行。

交通接管委员会接管伪机关详表　　　1950 年 5 月 4 日

接收时间	伪机关名称	所在地点	接收后之处理		处理根据	备　考
			方　法	时　间		
1949.12.3	交通部广州航政局梧州办事处	梧州大东路高地街第 9 号	交广西省航务局接	1950.1.18	军管会陈主任手谕	省人民政府令
1949.12.6	广西公路局梧州车站	梧州龙母街36 号	交梧州运输公司	1950.1.24	张主任手谕	1950. 1.17 通知
1949.12.12	广西公路局第四工区第五分段	戎圩峡顶街	交省人民公路管理局接	1950.1.10	章秘书谕	
1949.11.12	广西公路局戎圩车站	〃	〃	〃	〃	
1949.12.12	珠江水利工程总局梧州水文站	梧州依仁冲口	交回原工程机关	1950.4.4	1950 年 3 月30 日该局水字第 331 号公函	
1949.12.19	湘桂黔铁路工程总局梧州转运所	梧州中山菜市第 20 号	交军管会秘书处保管	1950.4.11	秘书处决定	

邮电接管委员会接管工作报告

（一）接管的一般情况

1. 梧州是十一月廿五解放，十二月三日开始接管，当时是程琪同志兼军事代表，因程同志工作太忙，又不能多化（花）时间在邮电方面，仅是四个联系员同志在那里工作着，因此在人少、工作单位多的情况下，虽然是接收了，可是许多实际工作还未正式展开。我们是十二月十五日由广州到达梧州，十二月十八日将邮电部门移交与我们，所以真正的工作还是这个时候开始的。

2. 接收的机关计伪交通部第六区管苍梧电信局、第四线务段、苍梧机务站、伪广西省电话局梧州分局及苍梧一等邮局等共五个机构。

3. 电信局，所有电台及器材全在，员工共一百一十八人。

第四线务段，在解放前有线佐线工十四人，强迫去贵县架设贵宝线路，当贵县解放后，他们即回梧州。该所架线等工具（全在），员工共三十四人。

苍梧机务站，解放前搬走了三路载波机一部，及一部分器材至贵县（已于一月运回），其余机器全在，员工共七人。

梧州电话局，解放前该局局长同其亲信共十三人带走了 100 门总机三座，50 门总机二座，及一部分器材、档案及银元约三千元潜逃（经各方调查是逃往贵平乡，后我们派员已将该部器材全部追回），只留 100 门总机一座，员工七人。

邮政局，家具公物人员全在，工作一直未停止，惟因营收不佳，员工生活不能维持，因以每天所收入之款子即当日全部分光，我们于十二月十八日后就立刻制止了，员工共九十九人。

4. 实际上五个机构只有三个机构，即电信局、电话局、邮政局，因为第四线务段与苍梧机务站，虽然是单独机构，但一切开支都是属电信局的。目前只是两个机构存在，即邮政局、电信局。为了节省人力、物力，奉广西南宁电信管理局指示，所有电信机构统合并为电信局。由于人手不够以及管理不易，因此在三月初邮电分开，我们专负责电信局，邮局另派军事代表负责。

5. 解放后除我们接收工作外，首先一个问题就是学习，因为我们接收的同志很少，要想做好工作必须依靠全体员工，因为就必须加强教育提高他们的政治觉悟，发现积极分子，培养积极分子。至现在学了新民主主义论、一九五〇年元旦献词、工人政治课本三个文件。经过四个月的学习，一般来说员工们都比过去提高了一步，如此次薪水之减底，最初反映意见很多，经过新年献词的学习，配合着目前实际情况，说明今天国家财经困难，三个人的饭五个人匀着吃，再三的说明解释起了作用。目前员工基本上都已认识到，减底（低）薪水是应该的，这是由于学习的结果，由（尤）其在这四个月当中发现与培养了一部分积极分子，对工作起了带头作用。

6. 为了紧宿（缩）人员，节省开支，解放后共减去三十三人，计电信局减去十四人，电话局减去十四人，邮政局五人，其中职员廿三人、杂差十人。

7. 本会所接收之单位，全系企业机构，人员、物资、器材全在（虽在解放前一部分被搬走后即追回）。我们接收的重心是如何很快的恢复工作，这一点可以说基（本）上达到了目的。目前已经是进入到管理工作了，整顿内部，健全制度，提高工作效率，加强员工的教育，以便更好的做好工作。

另外，关于接收工作中的优缺点及经验教训之详细报告，已于十二月卅一日与二月廿八日分别呈军管会、市委会。

（二）接管机关

邮电接管委员会接管伪机关清册

接收时间	伪机关名称	所在地点	接收后之处理		处理根据	备　考
			方　法	时　间		
1949年2月2日	交通部第六区电信管理局苍梧电信局	梧州市文化街廿七号	由本会接管并即恢复工作	1949年12月2日	奉梧州军管会秘字26号令接管	
1949年2月4日	交通部第六区电信管理局苍梧机务站	梧州市盐仓街四号	″	1949年12月4日		奉广西省人民政府交信16号通令,遵于三月底合并为苍梧电信局
1949年2月4日	交通部第六区电信管理局第四线务段	梧州市东中街32号	″	1949年12月4日		

续表

接收时间	伪机关名称	所在地点	接收后之处理		处理根据	备　考
			方　法	时　间		
1949 年 2 月 3 日	广西省梧州电话局	梧州市南环路六号	"	1849 年 12 月 3 日		
1949 年 2 月 2 日	苍梧一等邮局	梧州市大东路51 号	"	1949 年 12 月 2 日		于三月八日分开不属本会管理
1950 年 1 月 6 日	广西省专用无线电台梧州第三区分台	苍梧县政府旧址	器材本会保管停止工作	1950 年 1 月 10 日	由梧州市政府转来	

关于南宁市军管会一月的接管工作报告①

（一九五〇年一月二十五日）

各位代表先生，南宁第一届各界人民代表会议胜利开幕了，庆祝会议胜利地成功！

去年十一月底，我军分三路进军广西，十一月二十二日解放桂林，廿五日解放柳州，十二月四日②解放梧州，同日解放了南宁。除少数敢于抵抗者外已全部歼灭，大部逃往钦州被歼，整个解放广西战役从此结束，歼灭白匪十七万多人，摧毁了国民党反动派蒋、李、白匪帮对广西人民廿多年的统治。

解放南宁的当时，我主力当即继续向钦州、龙州追击逃敌，留在南宁的部队只有很少一部，担负了本市的警戒，保护市民，收容俘虏，整顿市容，恢复交通，看守物资，组织治安维持会③，主持各项宣传工作的任务，并召开了各界座谈会，及庆祝广西全省和南宁解放的大会，给全市人民以很好的印象。

由于解放军须迅速进展，而公路多被破坏，我们军管会人员于去年十二月廿日才抵南宁，廿二日正式成立军管会和警备司令部、政治部，进行接管工作和治安工作，到今天整一个月了，今将这一个月的工作向各界代表做简单报告。我想说明的问题如下：

一、接收工作；

二、管理工作；

三、今后应继续的工作。

---

① 本文是中国人民解放军第四野战军南宁市军事管制委员会副主任吴法宪在南宁第一届各界人民代表会议上所作的报告。

② 12 月 4 日是 11 月 25 日之误，梧州、柳州均于该日解放。

③ 治安维持会是临时治安委员会之误。

（一）接收工作

我们在桂林时集中干部，成立军管会的组织机构，在柳州进行干部大会，及接管人员的教育工作，及时接管伪机关团体的调查研究，对全体人员宣布了接管纪律，研究毛主席朱总司令约法八章布告，收集南宁情况，研究接管业务，其组成共分四部即军政接管部、物资接管部、交通接管部、文教接管部；二处即秘书处、交际处；一组即航空接管组。接收工作分三个步骤：一、接收；二、清点移交；三、管理与逐步改造。

接收工作，我们的原则首先求得不打乱的完整接收，不影响业务的继续进行。因此在接收阶段，国民党反动派的遗迹，保留得还很多，所以情况没有大的改变；在清点移交阶段，主要研究考察弄清情况；在管理阶段，局部的进行改造，清除国民党反动派遗迹，建立人民民主制度的新秩序，及政治军事的全部彻底改造；经济文化方面，保留有利人民的和符合科学规律的方面，取缔反人民及反科学规律的方面。总之在接管期间，军事政治方面要彻底改造，经济文化方面的转变较小，这是从技术和业务方面讲，但其基本方针亦与军事政治相同的，都必须以为人民服务的方针来代替国民党反动派反人民的方针。

一、军政方面：接收了伪广西省政府，秘书、财政、建设、教育、民政、田粮等厅、处，警察局、高等法院、地方法院、第二监狱、看守所、全市七镇五个警察分所。除主官逃跑外，其余均完成接收，档案均在；另接收第四〔区〕专署、邕宁县政府、县党部、绥署等机关，人员则全部逃走，档案烧毁，房子被破坏，另接收师管区、团管区则只有房产。

二、物质接管方面：接收广西、中央、中国、交通、农民等银行，另接收桂林逃来之中央、交通、农民，梧州逃来之中央等共九个银行。黄金二千二百两，银元东毫约十万元，港币一千六百元，银子二千四百两。工矿有南宁水电厂、中国植物油料厂南宁分处、柳州农机公司南宁办事处、家畜保育所、南宁林场、第四农区、水土保持试验区。卫生有陆军、临时、省立、县立等四个医院，高级助产护士学校一所。接收伤兵一千一百余人，药品二千余箱，机器一千三百件。税务有伪国税、省税局、县稽征所、盐务局南宁支关、大烟特捐、国税督导处等；除人员档案一部外，没有什么金银和物资接收。联勤、绥署及全市机关和航空方面：大汽车二百六十辆，能用一百六十辆，汽车车胎五百八十个，吉普和小汽车廿一辆。另接收桂林绥署三四汽车修理厂及一二七军修械厂、汽车工厂各一，飞机油一千余桶，汽油三百桶，机油九十五桶。除以上外，别无物资仓库。

三、文教接管方面：接收了伪省教育厅、电化辅导处、伪南宁中央电讯社、中央通讯社桂林分社驻邕办事处、南宁中央日报、桂林中央日报、广西日报南宁分社、省立南宁图书馆，图书八万册。以上除主要分子逃走外，其余人员、机器、档案均完整。学校接收有国立广西桂林〈南宁〉师范学院、西江文理学院、师院附中、西院附中、南宁高中、南武师范、邕宁中学、国民中学、桂岭师范、省立高级职业学校、南宁女师等十一个大中学校。学生四千四百余人，现仅有一千一百余人，教职

员报到者六百余人。还接收了省立科学馆及十二个公立小学，中山公园和南宁教育会。

四、交通接管方面：接管了伪省公路局、交通部第三区业务所、第二公务区邕宁车站、亭子车站，南宁电话、电讯、邮政等局，电台十余部，电器材料一部。

五、航空方面：接管了中航公司、飞机厂、气象台三个单位人员二百余人，汽油一千余桶。

六、全市共接收之职工、公教人员共计九千五百余人。眷属小孩七千六百人，合计一万七千一百人。

（二）管理工作

一、市政工作：肃清残敌，扫除混乱现象，把市内散兵游勇收容起来，约八千余人，接收俘虏军官及家属约四万人。恢复了市内秩序，整理市容，维持治安。逮捕匪特分子卅余人，但未曾杀过一人，我们主要方针是感化、教育、改造，现在还有不少匪特分子隐匿于市内，我们都知道，但我们让他们悔过登记，给予自新之路。

恢复交通：市外交通十二月二十二、三日便向柳州出动汽车廿余辆。很快就协助各处修复通柳州、贵县、百色、钦州、龙州等公路。市内扫除了主要街道的垃圾，整理菜市，摊贩便道，设置交通岗哨，救济房屋被焚的灾民廿余户。

组织被接管的旧职员的学习训练，进行改造思想，培养他们为人民服务，并解决了吃饭问题，解决的办法分三种：如水电厂因工作关系仍原职原薪。税务、邮政、电讯、公路机关按二百斤至四百斤米为计算标准。现实无工作者，每日发给二斤粮食，家属每人一斤半米，小孩（十二岁以下者）一斤半米。伪省府机关、公路局、邮电机关，水电厂职工，航空人员已开始学习与训练，组织了全市各界代表会议筹备委员会。

禁止赌博，在禁止之前先出布告，劝其转业，经过一星期之宣传说服，才实行禁止，有人说太宽大了，但我们认为这个方针是对的，一说军管会开赌，那是反动派的造谣。

二、经济工作：推行人民币稳定物价，设立兑换所，兑出银洋六万余元。组织了工人、学生宣传拥护人民币，恢复了税收，从十二月廿七日开征，因驻军多，干部少，交通尚未恢复，故税收不旺，只收到三亿七千八百万，银行五日挂牌通汇，并动员四乡农民运粮柴到市内出售。组织了房产委员会，开始清理公产、逆产。

三、文教工作：

1.对公立学校除接管严格保护，基本维持现状外，进行了初步改革，如取消训导制度，代之以生活指导员，废除反动思想的课程和公民、党义、伦理、童子军训等。撤换个别极反动且系特务分子的校长教职员。组织了校务管理或整理委员会，布置了寒假学习、宣传、巩固治安之准备工作，组织了学生分头在市和下乡宣传。

2.召开了各种座谈会，宣传政协纲领、我党政策，广泛征求意见，组织了镇街座谈会议一次，全市人民代表会的各界筹备会均分别召开。工、农、学、教、妇、商、职业、同业等代表座谈会，分别组织了筹备会。

3. 查封了反动的邕江晚报，该报为国民党反动派的喉舌，解放前鼓吹"戡乱"，歌颂反动，对人民诬蔑谩骂，造谣中伤，解放后伪装进步，挑拨是非，屡次违反军管会的新闻规定，广大进步人士都要求查封。我们乃搜集了材料听取大家的意见，这种剥夺反革命言论自由的措施完全是正确的。此外登记书店十二家、印刷厂五家、出版社一家、杂志一家。

4. 文工团演出十一次，观众约二万二千四百余人。

四、支援前线工作：组织支前委员会，进行支援二野部队，购买筹划柴粮、组织车辆、船只、协助运输、进行护航、护路、修桥、腾房子等工作。仅为支前用出银洋七万五千余元，黄金六百两，人民币一千余万。在最初困难很多，后蒙本市工、学、商各界帮助，及专署鼎力协助，得以胜利完成支援工作。

接收工作之胜利进行，主要是由于实行了正确地接管方针，执行毛主席、朱总司令的约法八章，及各界人民的同情援助；中共南宁地下党同志们的协助；全体接管干部工作积极深入，有艰苦守纪律的精神，还有卅九军政治部一部分同志，一一六师政治部一部分同志，及三四七团及四五五团先后在此维持秩序，巩固治安，及看守仓库，进行宣传工作，及本市前治安维持会之努力，打下了顺利接管的一个基础，胜利地完成初步接管任务。

我们的接管工作获得了以下四点经验：

一、接管工作不单纯是一个行政处理和技术处理的问题，而是人民革命事业获得胜利，和开始转入建设过程的重要政治任务。好好地接管国民党反动派遗留下来的财产，那是中国人民多年流血流汗的积累，作为建设新中国的物质基础，对新中国的建设有重大意义。因此我们毛主席、朱总司令及中共广西省委都很重视接管工作。这就是帝国主义及国民党反动派蒋、李、白匪帮掠夺中国人民的财产，交还给中国人民，广西人民。

二、接管的方针是采取稳步前进实事求是的方针，不操之过急，一切采取先研究，了解情况，而后征求意见，看情况处理。如果需要改造，也有条件改造的便进行改造；如果需要改造，而条件不成熟的、便仍保持原状，逐渐求得改造。比如学校的改革，邕江晚报的停刊等，最初有很多朋友提出停刊反动报纸，但我们在材料未调查清楚，秩序未稳定之前，惟恐引起混乱，所以采取了稳健的办法。

三、接管工作，要依靠人民的力量才能做好，必须动员全市人民协助，配合接管工作。开始时我们深觉和市民没有联系的困难，后经地下党同志的介绍和帮助及各界人士协助才展开工作。这次接管干部甚属缺少，幸赖工、农、学、商各界配合，尤其许多进步朋友的极力协助，我们深为感谢。

四、接管工作必须充分做到思想准备，进行深入教育。我们在桂林、柳州做的教育工作是很对的，很有效力的，接管工作同志表现了以身作则，吃苦耐劳的精神，不计较食住这种精神是值得表扬的。埋头工作，实事求是，遵守纪律，不要求享受，这就是共产党人为人民服务的特质。

但由于我们经验少，干部少，接管工作还存在着许多缺点，如情况不熟悉，接

收凌乱，和各方面协调配合还不够，处理问题较迟，个别人员破坏纪律，吸收本市各界人民意见还不够广泛。市政接管较迟，有些接管人员重物资，不重档案，这些缺点我们要努力纠正，不为这些现象辩护，并虚心接受这些批评，更进一步采纳各界人民意见密切配合，加以有效的纠正。

（三）今后的工作

今后的施政方针莫市长还要报告。

一、军管会本身在这阶段要加强整理改造工作，推翻反动统治，实行人民民主专政，彻底扫除国民党反动派反人民制度，建立与巩固人民民主制度，革除国民党反动派的作用，建立为人民服务的作用，教育与改造旧职员的思想，纠正其错误认识，建立为人民服务的思想。

二、深入调查研究，收集国民党反动派的遗散隐藏物资，这是人民的财产，可作为我们国家财政开支，减轻人民负担，希望各界代表很好协助动员调查。白匪把华中所有财产都掠夺到广西来了，这批物资收集起来，对我们的国家有很大帮助。

三、提高机关和干部工作知识，与办事能力，改进业务技术，适应建设新中国、新广西、新南宁的形势与任务的需要。加强组织性与纪律性，加强业务学习，实行民主作风，密切地和人民联系，反对脱离大众的官僚主义和各种坏习气，发扬艰苦工作，实事求是的作风，一切为了把人民的南宁建设好，我们愿意和南宁各界人民团结一致，同心协力为建设新中国、新广西、新南宁而奋斗。

最后我代表军管会祝各位代表身体健康，并希望各代表对这一阶段的工作多多批评与指正。

三、恢复经济　稳定城市

中共广西省委关于加强城市工作的指示

（一九五〇年十二月二十七日）

由于美帝国主义疯狂发动侵略，积极准备世界战争，并指挥国民党残匪对我地区进行阴谋破坏，严重地威胁我国安全与世界和平，为了主动应付时局，打击敌人一切阴谋，巩固我省人民政权与我国西南国防，同时亦为了贯彻我党二中全会提出的城市领导乡村的方针，我们必须加强城市工作，明确依靠工人阶级，团结其他劳动人民，争取联合各革命阶层，坚决镇压反革命，巩固城市治安，学会管理城市，开展经济建设，为此必须贯彻下列各项规定：

（一）明确依靠工人阶级，动员大家做好工人工作

必须加强教育城市工作干部，明确认识工人阶级的先进力量与在革命运动中的

领导作用，克服工人落后论的错误思想，在干部与工人中，全面展开学习工会法，并结合检查过去企业行政管理与工会工作，动员城市工作一切部门尤其是企业行政与青妇等组织，协同工会做好发动与组织工人工作，贯彻执行工会法，健全基层工会组织，树立密切联系工人群众的工作作风，真正实行工厂企业民主管理，与私营企业的劳资协商工作，领导工人面向生产，他广生产竞赛，在竞赛中逐步提高生产技术与工人的政治思想，对工资及工人福利问题，须按具体条件合理解决，注意解决工人困难，在工商业困难时期所减工薪一般应加以恢复，个别太不合理的可加以适当调整但必须充分说服解释并得工人的谅解，取消了的福利亦应在可能情况下逐步恢复，并有重点的逐步建立劳动保险制度，随着生产的发展应联系增进工人福利，反对拖延不能解决的脱离群众的行为，但亦须防止过高要求，在工人运动中应注意培养工人骨干，提拔工人干部（重点放在技术工人），有计划地开办工人夜校，工人训练班等，加强工人政治文化教育，有步骤地在工人中发展党团员，加强党的领导，在发动工人同时，应注意劳资工作的研究，各市工会劳动局及工商局可联合组织劳资工作委员会，在党的领导下，统一步调，共同努力改善劳资与公私关系。

（二）坚决镇压反革命，巩固治安

必须有计划地广泛宣传匪特罪恶阴谋，扩大反特爱国的思想教育，动员各阶层人民检举匪特，注意从群众中收集匪特材料，及时逮捕反革命分子，分别情节予以处决或关监，予反革命分子有力的打击，特别是在今天城市公安工作必须密切配合剿匪，公安部门要与附近剿匪部队取得联系，注意破获与逮捕潜入市内隐匿活动的土匪及其机关，并将所获得的土匪组织、活动、材料，供给有关的剿匪部队。城市民枪必须收缴，在收缴时应首先进行广泛的宣传动员，打破群众思想顾虑，由政府出布告发动群众自动献枪，表扬带头交枪市民，造成群众热潮，然后看情况定出限期，同时充分掌握材料，打击个别顽抗不交分子，对工人枪支一律由工会登记调整组织工人纠察队，或动员他们自动献枪，机关职员私有枪支亦应同时动员收缴，市郊民枪收缴应按省委对农村枪支处理原则执行，在城市中的国民党旧军官，有反动行为的应逮捕关监分别处理，其余可用轮批集训或布置群众监管两种方式加以管制，对区级以上的反动党团员（包括托派群社）与特务分子及机关职员中曾参加过反动党团的应举办登记，对本地原有的帮会组织必须首先分化争取其下层群众，孤立并打击其反动头子，帮会分子中有匪特证据者应加以逮捕，以匪特名义处理，新从外地传来的反动会门如一贯道应公开宣布其为特务反动的组织禁止活动，使群众不敢与不愿加入，同时应加强保密保卫工作，严密组织，巩固内部，教育工作人员保卫国家机密与国家财产，检查可疑分子，建立工人纠察队保卫工厂企业，严防敌特破坏，此外并应整顿人民警察，吸收工人成分，改造与加强教育加强户口管理，杜绝坏人藏匿机会，并加强消防工作，以巩固城市治安。

（三）继续稳定物价，加强城乡内外交流

必须提高警惕，严防匪特奸商利用时局的变化捣乱物价，金融贸易部门应有重

点的掌握物资（主要是纱布），对私商纱布汽油加以登记限制严格管理，加强现金管理，扩大吸收存款，加强税收回笼，注意研究市场情况，打击个别捣乱市场的奸商，正确掌握牌价加强宣传教育，揭破谣言，我机关团体各部门应一致配合，共同努力稳定物价，为了加强城乡内外交流，必须了解研究私商情况，组织领导他们面向农村，发展生产，团结正当商人，打击与限制投机奸商，对经纪行应加以登记限制进行管理与逐步改造，使成为我信托公司和交易所的外围，加强管理行商，集中管理摊贩，掌握开业歇业，引导与组织私商沟通城乡贸易，同时密切与圩镇联系，贸易部门应在圩镇建立工作，银行税局并应加以配合，调查研究周围农村土产情况及农民需要，在公营领导下组织私商与圩镇商人收购土产，推销百货，尽量便利农民，消除圩镇商人对农民克扣欺榨（诈）的现象，研究土产销路市场，解决土产运销困难，有重点有领导地组织私商联营，或在可能条件下公家与私商合办联营，以加强领导，特别注意掌握政策，防止投机破坏。在土改地区并应尽量帮助农民逐步组织合作社，这样才能使城乡贸易巩固发展。

（四）城市的组织领导问题

根据城市的条件，组织领导方式应贯彻集中统一与分工负责的原则，在政权组织形式上，因各市都不超过20万人口，故应集中市府领导，取消区街政权，可在公安派出所管辖范围设街代表主任，下面分设几个居民代表，以作上下的传达联系；在党的组织方面，可在市委下分设直属总支与企业、文教、市郊3个党委，分另领导各该部门工作，各市可加以试行，取得经验，再加以改进。

广西省人民政府
关于收容改造乞丐给各市府的指示①

（一九五一年三月七日）

由于蒋李白匪帮长期的封建统治剥削，造成人民生活极端贫困，不少良民破产后走头无路，流落街头无衣无食。乞讨为生，目前流散邕、桂、梧、柳、北海等城市乞丐数以千计，这些人多是蒋李白匪帮铁蹄下的牺牲品，在旧社会里受尽鄙弃侮辱与非人生活的折磨、有的饥寒疾病走向死亡，有的由于长期脱离生产，染上深重的流氓恶习和不愿劳动的寄生思想，最容易受歹徒的收买利用，因此这不仅是一个社会救济问题，同时又是一个安定城市秩序的政治问题，特别当此剿匪、反霸、土改之际，应格外加强城市治安的管理，防止匪霸钻进来，收容、教育改造乞丐不仅配合这个工作，而且又是一个济世活人的工作，现阶段把他们收容起来保证其生活，并施以思想上的教育改造、然后适当予以安置，应成为民政部门工作任务之一，春节前邕、桂、梧、柳四市基本上已经完成了收容工作，今后应当继续努力做好这

---

① 原载《广西政报》1951年4月14日第13期。

项工作。

一、各市府应协同有关部门（市协商委员、公安局、工商联、救济团体等）组成乞丐收容委员会，进一步协商收容、救济、教育改造、处理等事宜。

二、继续进行收容工作，以期达到不饿死人，巩固社会秩序的目的，使逐步减少城市乞丐，以致消灭，把寄生者予以改造转入社会生产，流浪者各得其所。

三、深入政治教育工作，提高政治觉悟；收容后可给予二至三月的教育改造期间，进行教育时首应肃清乞丐中原有的封建组织，打垮把头的统治势力，指明蒋李白匪帮是直接造成乞丐的主要原因，用诉苦方式启发阶级觉悟，说明共产党和人民政府是为人民谋福利的与国民党反动旧政府完全不同，及目前抗美援朝等政治常识教育，克服其寄生思想与不良恶习，鼓励自力更生，树立劳动思想与安家立业思想。

四、处理办法的原则规定：

（一）教育改造后，有家的遣送回家。

（二）无家可归而能够劳动的，设法介绍适当工作，给予劳动机会。

（三）无家可归又不能劳动的，继续教育改造，收养起来，或按实际情况组织从事轻微的生产劳动。

五、供给标准与干部配置：乞丐每月每人生活费大米六〇斤。干部按原待遇供给之收容有五〇名至百名的，设管教干部三至四人，事务一人，每增五〇名者得增设管教干部一名，增加一百名者增设事务员一人，余按此类推，干部由市府抽调担任，炊事杂务人员由乞丐中选用。

以上所须经费均由民厅所拨之社会救济粮内开支。

六、各市府接指示后，根据具体情况，拟订具体计划提出收容委员会研究进行。

七、收容改造乞丐的工作，是一件艰巨的社会改革与社会救济工作，尤其我们过去对此工作缺乏经验又没有基础，各市应细心研究，创造工作方法，经常积累总结经验，和在工作中发生什么困难问题，及时告诉我们，以作改进工作的参考。

主席　张云逸

桂林市军管会关于颁布金融管理办法的布告

（一九四九年十二月）

奉中原临时人民政府、中国人民解放军华中军区电令内开："查国民党反动政府，曾大量发行伪金圆券、银元券以及伪地方券，剥削人民、支持反革命战争，并操纵金银，利用奸商，进行投机活动，扰乱市场，从中渔利，更允许外币在内地流通，帮助美帝国主义，进行经济侵略，因而造成民族穷困与广大人民破产的灾难。当此革命战争迅速发展。全国即将解放之际，为了恢复国民经济，发展工商业，保护人民利益与国家的主权和独立，必须摧毁国民党反动政府祸国殃民的货币制度，

建立人民国家的货币制度，因此特规定具体办法如后：

（一）中国人民银行钞票为全国统一之唯一合法货币，自布告之日起，凡完粮纳税，公私交易，借贷往来，薪资发放，必须使用人民币，如有拒用者，以破坏金融论罪。

（二）自布告之日起，所有一切账务、票据、契约、薪资及货物标价等，概以人民币为计算单位。

（三）自布告之日起，禁止一切外国货币（包括美钞港币等）在国内行使，但允许人民封包出口，换回物资，以免遭受损失。

（四）自布告之日起，宣布国民党反动政府所发行之金圆券、银元券及地方货币为非法货币，禁止流通。

（五）为避免奸商投机操纵，捣乱市场，并防止偷运金银资敌，宣布黄金银元为非法货币，限期禁用，但准予人民持有，禁用期间，由省市政府按照各地具体情况规定之。

（六）人民币与银元及外币之比价，由当地人民银行挂牌规定之。

以上规定仰各地军民人等，一律遵照毋违，切切此布。"等因。奉此，合亟布告周知。

此布。

主　任　陈漫远

副主任　何　伟

钟　伟

南宁市人民政府布告①

（一九五〇年八月二十八日）

本市自解放以来，各工商业及摊贩大多数都能依照规定营业，但仍有少数人追求个人利益，投机取巧，本府为保护正当工商业，兹特作如下之规定：

一、凡在本市有营业行为，而具有固定地址、门牌、字号、设备等，不论公营、私营或公私合营之工厂、作坊、商店一律参加性质相同之同业公会为会员；摊贩应参加各个所在地之管理委员会，未参加者自即日起，得到本府工商局报名分派。

二、未领营业执照之工厂、商店、摊贩，速到本府工商局办理领照手续，否则一经查觉、被人告发，得勒令其停业。

三、已领有营业执照者，得按照其营业范围内经营业务，否则一律取缔，若变更时，得先呈报市府批准，始得按照换发新营业证范围经营。

---

① 原件存南宁市档案馆。原文无标点，现标点为编者所加。

以上三项，希我市民一体遵照为要。

此布

市长　莫文骅

公元 1950 年 8 月 28 日

（原件存南宁市档案馆）

柳州市金融市场的斗争①

一、解放前夕的柳州金融市场

1949 年初，国民政府通货膨胀恶性发展，商业萎缩，柳州市一些较大的商号、经纪行都转向金融投机，放"本单"办"日拆"，经营汇兑和金银买卖。当时，经纪行经营信用业务的达 30 余家，大商号经营信用业务的 20 余家，金铺、银楼 31 家。庆云路（今中山路）至培新路有数不清的银钱摊点。柳江路成了金融投机的公开市场。各大商行都有了自己的电话，与广州、梧州、南宁、上海等地沟通信息。惠德行的廖昆尧，日夜守在电话机旁，靠信息优势赚了大钱。香港友成洋行 1946 年在柳州开设友成隆，原本经营花纱布匹、绸缎，1948 年下半年起，兼营货币存放业务和金银买卖。该洋行在上海设友成兴，广州设友成隆，梧州友成昌，南宁友成盛，柳州友成隆。总店设在广州，邕、梧、柳、沪为分店。1948 年还在重庆开设友成隆，资本 20 万港币，经营由老板邓寿山包。邓寿山有资本 200 万港币。该店发行的"本单"有港币、大洋、东毫、黄金、国币五种，日息每 100 元 3 角至 5 角。存放款期限 3~7 天，最长半月。该店各联号通长途电话，置有运输汽车，随时掌握四省七地金融信息脉搏，以港币为本位，低则进，高则出，总店核算平衡。由于信息灵，资本大，而且调度灵活，该店成为柳州自由金融市场的执牛耳者，其他经纪行都以该店陈经理的动向为进出。到解放前夕，友成隆资本由 20 万元增至 62 万元港币，高峰时达到 70 万元港币。而其他资本少或信息不灵的商行多数因投机失败而倒闭停业。其中乘机作弊挟款潜逃者亦不乏其例。如在庆云路号称"老"字号的老天宝金号，在江西帮中是较大的金号，经理余浩然是银楼业公会负责人，铺面堂皇，店员有 10 人。在 10 月份的一天夜间，经理潜逃无踪，债权人 70 多个，债务黄金 200 余两，存金全部损失，为当时银楼业倒闭的最大案件。

从 1948 年至柳州解放前夕，市场流通的法定货币是金圆券。它是 1948 年国民政府宣布币制改革时发行的。金圆券 1 元等于法币（以前流通的纸币）300 万元。人民持有法币必须在 3 个月内按上述比价换成金圆券。但金圆券发行不久，即爆发信用危机，像以前的法币那样完全失去信用。至 1949 年 1 月柳州市场便自发形成用

---

① 作者：毛兴兰。

银元、东毫计价流通。大宗交易亦有用黄金"棉纱"（捆）计价的。若以当时的货币（金圆券）计价，物价上涨是很惊人的。据官方资料，柳州物价指数，以1948年8月19日（即发行金圆券前夕）为基数，11月上涨4倍，1949年1月上涨12倍，2月上涨至50倍，3月达800倍，4月2700倍。1949年4月27日广西省政府发出财字第459号代电规定"自五月一日起，改以银元为记账单位之计划（一切交易以银元为主币，银毫、铜元为辅币。纳税人交税如无银元银毫，得收外币。如银元银毫外币，得折中糙米交纳）"之后，物价指数更以万倍数计上涨，即由4月2700倍涨至5月24万倍，6月47万倍，7月3日涨至5亿倍，从而使金圆券成为一文不值的废纸。5月份以后柳州的机关、企业、事业单位普遍以银元为记账单位。中国农民银行柳州支行当月即以银元发给员工薪俸，河南办事处办理业务亦以银元记账交收。市内私营企业、大小商店早已用银元东毫计价交易。柳江路各经纪行内营业交收，板簸篓敛，银钱铮从，仿佛回复到民国初期那种市场情景。

二、接管官僚资本银行，建立人民银行

新中国成立后，中央人民政府政务院任命廖生东为中国人民银行广西省分行行长，李凌霄为副行长。11月22日，省会桂林解放，廖生东率领工作人员14人于29日到达桂林。12月1日中国人民银行广西省分行在桂林成立开业，并在省军管会内成立金融接管小组，对官僚资本银行进行接管。1949年11月25日，柳州解放。12月12日柳州成立军事管制委员会，银行成立军管小组，杨振铎任金融军管小组组长。16日奉命接管，被接管的单位有：中央银行柳州分行、河南办事处；中国银行柳州分行、鱼峰办事处；交通银行柳州支行、河南办事处；广西银行柳州分行、河南办事处；广东省银行柳州分行；湖南省银行柳州分行；贵州省银行柳州分行和中央合作金库柳州办事处等9个行处14个机构，员工140多人。金融接管小组采用接管与建行双管齐下的办法，以南下干部为核心，以中国银行员工为基础，组织各行处人员于20日成立中国人民银行柳州支行，杨振铎任行长，庄东月、黄岩光任副行长。原各行处员工多数留用，少数人调至贸易公司工作。人民银行成立当天即开始营业，恢复存、放、汇，经理国库，收兑金银外币，发行人民币。黄金、银元收兑牌价随行就市各地不同。由于各项工作正在开展，黑市炒卖金银仍很猖獗。当月银元价格曾出现一涨再涨的局面。12月21日至27日银元价格从每枚兑0.5元人民币涨至0.8元；28日再涨至1元。可知当时人民币的价值尚未稳定。

三、整顿金融秩序，禁止金银外币流通

人民银行建立后，为了迅速恢复生产和市场正常秩序，除立即办理存放汇业务外，还整顿金融秩序，收买金银外币，发行人民币，迅速占领市场，以达到稳定金融物价的目标。中国人民银行广西省分行1950年1月12日由桂林迁南宁后，即制定整顿金融秩序稳定市场金融物价计划，采用政治、经济、政法等手段分两步实施：

第一步是政治、经济手段。中国人民银行广西省分行从1950年1月25日起，

提高银元、东毫收买牌价，银元由每枚 0.4 元提高到每枚 0.6 元，使之与市价持平，以利于收入更多的银元和扩大人民币流通。中国人民银行柳州支行按规定公布新牌价后，来银行卖银元、东毫的群众络绎不绝，银行每天买入的银元、东毫比以往增加五六倍。1950 年 2 月 2 日中国人民银行广西省分行宣布：桂林、柳州、梧州、南宁四市从即日起禁止银元、东毫、外币流通。中国人民银行柳州支行根据省分行转发来的《告示》，以柳州市军管会的名义在市内大街小巷张贴，同时还贴一些标语，声明人民币是中国唯一合法货币，有全国物资作保证；一切公私交易、债务、纳税等一律以人民币为计算单位；严禁一切外币、黄金、银元、银毫在市内买卖和流通。军管会召集工商界有代表性的知名人士开会，宣讲国际国内形势和新中国的货币政策，要求到会人士以身作则，遵守人民政府法令并广为宣传。党政机关、银行、街委会开展"禁银拥币"宣传活动，税收不收银元、银毫，征粮要收 10% 的粮代金；贸易公司到各县收购土特产，到上海、武汉等地组织大批物资供应市场；工商局、公安部门严密监视市场动态，一切交易都以人民币计价结算收支，若遇到有人用银元、东毫购买商品，则用说服方法劝他到银行换成人民币。通过一系列的组织宣传和经济力量的配合，多数工商业户和广大市民都拥护人民币。市场银元价格从 1 月份起迅速回落到每枚 0.6 元，2 月份起市场交易普遍以人民币论价和流通。

在采取上述措施的同时，人民银行还采取过一种特殊的措施：即打入黑市，抛售黄金银元。目的是巩固提高人民币的信誉，迅速占领市场。同时还可以摸清黑市情况，为下一步取缔金银流通作准备。此项工作由中国人民银行广西省分行领导，柳州支行行长杨振铎指挥，打入黑市抛售金银的干部名叫万流。他是中共地下党员，解放前夕，与龙城中学教师胡敬之单线联系，任务是收集柳州各银行的内部情况。龙城中学被国民党政府勒令解散后，万流即以"单帮客"身份来往于广州—柳州之间，出入于柳州"四行一库"、沙街"九八"行和其他一些商店，是承担此项工作的最合适人选。他选中了位于部新路人民银行斜对面不远的一家名叫"金豹行"的小百货店为抛售点（老板同意配合），又通过旧关系雇了一名"九八佬"做临时工，并找到两个"义务情报员"。抛售金银的工作很快开展起来。每天交易的数量当天晚上结清，制表上报，抛售点不立账册。由于建立了信息网络，及时掌握早晚行情，并通过大量抛售黄金、银元，使黑市金银价格波动不大，基本上围绕银行牌价上下波动。

第二步是政法手段。即与公安局配合，有重点地对非法买卖黄金、银元的奸商钱贩进行查处、逮捕或拘留。这是不得不采取的强制措施。采取这种措施要事先掌握情况，作好准备，在买卖双方进行交易的时候，破门而入，人赃俱获。最多的一天可查获二到三起。最大的一次是 1950 年春节过后的几天，物价猛涨，有消息说盘踞山上的土匪进入市区购运物资。公安局认为这与黑市买卖金银有关。一天晚上，银行接到公安局通知"立即行动"，地点沙街某商行。这次行动银行出动了五个人。由于行动迅猛，对手措手不及，将金条、银元收藏在箱柜、篮筐里，甚至花盆底蚊帐竹竿里。这次行动查获了大批黄金、银元、东毫，并将现场交易的人交由公安局

处理。通过这次打击行动，柳州金银黑市受到惊震，从而开始逐渐收敛。

四、收兑金银外币，扩大人民币流通

1950年年底，柳州市内人民币已经占领市场，但私营工厂商店仍不拒收银元、东毫，工人的工资是以大米为标准的（每月1~6担米），发工资时按大米价折算发给人民币，也有发给银元的。至于柳州所属各县市场，银元、东毫流通还占很大比重。柳州人民银行当时的一份调查报告说："到6月底止柳州市内人民币已完全占领市场，但所辖各县仍不平衡，如融安、武宣、来宾、榴江、雒容（镇）、长安（镇）等县镇，人民币普遍流通。但东毫流通和实物交换仍占很大比重。其余交通不便或有土匪骚扰的县镇和乡村，如柳江、柳城、象州、三江等县仍以东毫交易和实物交换为主。7月份以后人民解放军在柳州地区进行重点剿匪，8、9月新谷登场，土产上市，城乡人民乐将银元、东毫换成人民币使用。到年底止柳州人民银行共买入黄金2901市两，白银16747市两，银元25万元，美钞1740元，港币3.4万元，共支付人民币43万元。是年柳州支行共投放货币（现金）49.2万元，分别流通到市内及各县。到1950年底止，全地区货币流通情况分为三种类型：第一类是交通方便、各项工作跟得上的地区，人民币流通比重占75%；第二类是交通虽然方便但有土匪骚扰，工作开展较晚的地区，人民币流通比重占60%；第三类是交通不便，人员不足，各项工作尚待开展的地区，人民币流通仅为5%，东毫流通占80%，银元占10%，实物交换占5%。"

由上述调查报告可知，1951年人民银行的紧急任务仍然是以收兑黄金银元扩大人民币流通为主。计至1951年，柳州人民银行共收买黄金9974万市两，白银19万市两，银元20万元，共支付人民币130万元；1952年收买黄金8343万市两，白银26万市两，银元14万元，共支付人民币119万元。到1953年收买金银的数量就大大减少了，仅收兑黄金1829市两，白银2800市两，银元13万元。到1952年底人民币已经完全占领市场，即使在边远山区也很少有人用银元了。

救济四市失业工人[①]

省救委会拨出急救粮十六万斤，缓救粮四十万多斤

（一九五〇年七月十一日）

〔本市讯〕省救济失业工人委员会十一日举行第二次会议，决定拨款数目和各种制度。据四市的报告，四市的失业工人有六千八百四十人（即柳州一千一百余人、桂林三百余人、南宁二千六百余、梧州二千七百余人），其中产业工人、店员

---

① 原载《广西日报》1950年7月21日第4版。

工人和手工业工人各占百分之二十七，搬运工人占百分之十九；半失业工人共四千七百五十人（桂林八百余人、柳州二千六百余、南宁八百人、柳州四百余），其中产业工人占百分之十三，店员占百分之六，手工业和搬运工人各占百分之四十点五。

根据以上情况，省救委会在六月二十六日和七月十四日，先后拨给四市急救粮十六万斤（南宁三万六千斤，柳州五万六千斤，桂林二万四千斤，梧州四万四千斤）和一个月的缓救粮四十万零三千二百斤（以后亦按月拨付此数，计南宁五万八千三百斤、柳州八万三千三百斤、梧州六万六千六百斤、桂林五万斤）。

省教委会并决定：本省救济工作以四个市为重点，在本市要随时了解工作情况，发现和解决问题，交流各市经验在报纸上公布，省市救委会每月要向上级报告工作及计划；并建立预算制度，省救委会每半年造送预算交省财委会核准后逐月给各市拨付救济粮，各市则须拟具具体实施计划及预算送省救委会审核、报告支付情况、单据、名册等。

省工会通讯组

梧州市锯木和造船业订立了劳资集体合同①

（一九五〇年七月九日）

〔本报梧州讯〕为正确地解决劳资争议，调整劳资关系，梧州市锯木、造船两业在劳资两利、恢复和发展生产的原则下，并根据该两业目前的情况，订立劳资集体合同。经过三个多月的酝酿、起草、协商、修正，终于分别于七月十九日及八月三十一日，由各该业工会与同业公同〔会〕签订成功，并给市人民政府劳动科批准实行。有效期限锯木为四个月，造船为三个月。这两个合同的订立，使该两业的劳资纠纷从此获得合理解决的途径，并使劳资关系走向正常，也是梧州市今后各业订立劳资集体合同的开端。

梧（州）市锯木业大小店铺共三十五间，解放前共有工人二百左右，其中月工占十分之二，件工占十分之八。每月底可能被解雇，生活无保障，福利更谈不上，今年二三月以后，劳资纠纷很多，造船业解放前有工友三百余，分为学徒、长工、散工三种。厂方设置重要工具，向航商承包造船或修理船，从中赚包工料余润，因受失业威胁，工友工资高低不一，生活也无保障，在此种情况下，劳资双方都感到有订立集体合同的必要。但一般的说，工人是希望通过订协约来提高福利工资；资方则想以此来限制工友，降低工资。

在协商过程中，争论得最激烈的，是工资问题及福利问题。如锯木业工人提出，造船材料是以一丈五尺到一丈九尺计算（过去是一丈七尺到二丈）；资方认为这是

---

① 原载《广西日报》1950 年 10 月 9 日第 3 版，作者李必训。

变相的增加工资，不合理，木料太短，又不能作船料卖。双方争论甚烈。经争论后工人发觉自己的意见不妥，同意旧例。造船工人提出散工每工的工资米是二十八斤，由资方供伙食等；资方认为加上工资和伙食，无形中达三十斤以上。坚持干工制（包干，不管其他）。协商结果根据该业目前工作少工人多的情况，工人修正原来意见，同意除长工、学徒工资另有规定外，散工工资是每工二十三斤米，每日供给三顿饭。造船工人还提出，散工因工作受伤或毙命，应由资方负责医药费、抚恤等；资方意见是，因每日无一定工作，也无一定收入或收入很少，不肯答应。后经劳动科分别召集双方进行协商，最后双方同意可据具体情况，资方给以补助费。

这两个合同的订立，经过数月酝酿、讨论、修正，可说是成功的。但由于领导上（劳动科）不善于利用解决劳资纠纷去结合订立集体合同；当劳资双方都要求签订时，领导思想上过分强调营业不好，不是订合同的时候，不知道订立集体合同能使劳资关系纳入正规〔轨〕。市总工会的工作一般着重组织和教育工人，对这两个合同的订立不够重视，变成由劳动科包办了。

集体合同订立之后收效很大，不但劳资纠纷减少，资方也愿请工人做工。如锯木业老板以前不愿雇用工人锯板，只去贩来卖，现已改变，有工做的由几个人增加到一百人左右。造船业以前每月有七百工，现已增到一千二百工了。由于订立了合同，工会的信誉也跟着提高，入会工人增加，如造船业由不到二百增加到二百六十多人，锯木业也由五十人增到一百多人，工人们都说："订了合同有了保障，我们做工也安心。"

经济战线上大胜利　本省去年物价平稳①

（一九五一年一月十七日）

一年来整个物价变化过程较明显的可分为三个时期。

（一）解放初期市场混乱，物价经常波动，总的趋势是不断地上涨，至二月中旬（旧历年关）物价一日数变，以十三日最剧烈，为解放以来的最高峰，一般商品上涨幅度为五倍至六倍，以一月上旬平均物价为基价（一百），南宁物价波动情形是这样：二月十日物价指数中白米为一百九十七点一九，白细布二百六十四点三四，花生油为二百三十九点一，食盐为三百九十七点一；二月十一日物价指数中白米为三百一十七点六八，白细布为三百五十一点六，花生油为四百二十六点二九，二月十三日物价指数中白米为六百五十点七，白细布为六百七十二点二八，花生油为七百三十五点二八。

造成上列物价暴涨原因是由于解放初期，广大群众受李白匪帮的长期统治与恐

---

① 原载《广西日报》1951 年 1 月 17 日第 3 版，作者：特约通迅员陈蒙生。

怖宣传，大部分商人对政府政策不了解，广大群众长期遭受反动派时期通货膨胀的灾难。〔,〕对纸币已有戒心，人民币还未能受到普遍欢迎与信任，且市场通货均以银元为主，交通又时遭匪特的破坏，物资交流失常，特务奸商互相勾结制造谣言，投机倒把。以黑市银元带头刺激其他物价上涨。

（二）三月全国统一财经工作以后，全省物价开始普遍下跌，以三月份平均价为基□（一百），全省四市综合物价环比指数南宁二月份为一百零一点零二，四月份为七十四点三四，五月份为六十七点三二，桂林市二月份为八十五点三三，四月份为六十七点九三，五月份为六十二点零四，柳州市二月份为七十六点五三，四月份为六十六点一七，五月份为五十七点二四。梧州市二月份为六十九点七七，四月份为六十九点八九，五月份为六十点一六。这一时期也有个别商品价格过于下跌。促成物价全面下跌的原因，主要是由于全国统一财经工作以后，在省财委直接领导下，实施了一系列有效的新经济措施，如发行公债，举办折实存款，征收税收以及国营贸易机构大量抛售物资等，在各财经部门密切配合下，回笼了货币，紧缩了银根，巩固了人民币，大大地打击了投机行为与黑市银元，扭转了物价上涨，使物价逐步下跌，改变了十二年来的规□，工商业家囤积的物资拥上市场急于抛售求现，但因虚假购买力的消失，供过于求，货物滞销，因而在全面物价下跌下产生了个别商品过于下跌。

（三）美帝侵朝战争爆发以来，曾经引起二次部分物价的波动，即七月二日至十日棉纱上涨百分之六点一三，煤油上涨百分之十，汽油涨百分之二十，另一次是我志愿部队入朝后，即十月二十六日至十一月十日，棉纱上涨百分之七点二七，煤油上涨百分之十一点零四，汽油涨百分之七点九二。从我志愿部队入朝后至目前市场上发生了外来工业品上涨与出口特产品的下跌现象，以十二月二十九日与十月二十六日比较，煤油上涨百分之□十二，汽油涨百分之二十七，桐油下跌百分之四十二点三一，茴油下跌百分之十五点五二，八角下跌百分之二十。这主要是由于秋收后市场交易活跃，以及我志愿部队入朝后，一般私商认为三次大战由此可发，便大抢缺货，促成了部分商品上涨，出口货因受棉纱专业限制，兼营土产日少，以及增加出口税所致。

综述一年来物价发展过程，曾发生过一涨一跌□波动，但这些现象在中央人民政府稳定物价方针下，以及本省人民政府采取了一系列的措施，基本上结束了多年来物价波动的局面，六月以后，经政府大力调整工商业、公私关系，改善了物价的稳定和虚假购买力消失后的商品暂时滞销现象，使部分过于低跌的物品得到上提，使物价日趋稳定。

根据全省四市花纱布、米、油、盐六种与人民生活关系最大的商品物价指数，以五零年一月上旬平均价为基□一百，至同年十二月下旬平均价比较，综合物价指数为一百五十二点三，一年来物价仅上升百分之五十二点二一，已基本结束了多年来物价波动的局面。

中国人民解放军第四野战军南宁市军管会布告

（一九五〇年二月一日）

中国人民银行发行之人民币，为全解放区内统一通用之唯一合法货币，业经以融字第一号布告通令公私一体使用。自人民币在本市流通以来，深得人民拥护，物价日趋稳定，但人民币与银元之混合市场，仍然暗中存在。各界人民为巩固金融物价，以利恢复生产与繁荣工商业，纷纷要求明令禁止银元流通。本会为执行本市第一届代表会议决议，贯彻中国人民革命军事委员会统一的金融政策，并适应群众要求，保障人民利益，特规定以下各项办法：

一、自三日贴出布告后，金银只准人民储存，不准计价流通，私相买卖，更不得从事金融投机活动。

二、一切公私会计，交易计价、纳税、汇款、债务往来等均一律以人民币为计价单位。

三、已〈以〉往之债务关系及契约票据等以银元为单位者，自张贴布告之日起一律按当地人民银行收兑银元牌价折为人民币，否则政府法律不予保障。

四、凡国民党伪政府统治时期所流通之一切伪币（如银元、东毫、中山毫、铜元、铜分子、私人行号之找尾券等）均自张贴布告之日起一律禁止流通。

五、为严格管理金银特颁布后列金银管理暂行办法，自公布之日起即行实施。

本会为贯彻禁用银元政策，并指定纠察队与公安局派出巡逻及执有本会证件之金融纠察队执行检查。如有违犯上述规定者，一经查出，当分别情节轻重予以警告、贬值收兑、罚款或没收等处分。尚（倘）有不法之徒胆敢玩忽法令破坏金融，定予严惩不贷，仰我军民人等一体切实遵行，切切此布。

主　任　莫文骅

副主任　吴法宪

解放初期南宁的赈济工作①

解放初期，南宁市是个工商破落、农业凋敝、物价暴涨、社会秩序混乱的烂摊子，经济完全处于崩溃的境地，大量工人无工作，失业率高达 60% ~ 70%，流民严重，政府财政困难，赈济工作举步维艰。党和政府十分重视赈灾救济工作，根据中央提出"生产自救，节约度荒，群众互助，以工代赈，并辅之以必要的救济"的救

---

① 撰稿：毕文铮。

济工作方针，尽管当时南宁市财政还非常困难，但仍拿出大量的粮食和经费，开展大规模的赈济工作。

一、灾害救济

南宁是一个多灾的地区。主要的自然灾害是水灾和旱灾，每当连日大雨即山洪暴发，大河不能导纳、泛滥成灾；同时，贫瘠山区半月或一月不下雨，又成旱灾。另外，南宁田地多近山岭，一遇气候温暖，乍晴乍雨，病虫害即发生蔓延，因此虫灾也较普遍。解放前，由于社会动乱，造成有灾必荒，人民在死亡线上挣扎。解放后，每次发生灾害，各地便根据救济救灾方针，除大力组织灾民生产自救，开展群众互助外，还根据不同的情况实施紧急救济，妥善安排灾民生活。享受紧急救济的对象包括：因灾断炊、住房衣物被毁、因灾受伤、患病的群众。在解决上述困难中，重点是集中解决好吃饭的问题，对其他的问题量力而行。

火灾救济　1951年7月23日23点50分，华强路149号火车站附近来镇段工程处材料库起火，储存在库内的9吨炸药爆炸，引起华强路北段及华东街民房燃烧，烧毁房屋30间，炸塌震坏464间，重伤281人，轻伤283人，死亡22人，失踪2人，受灾867户、2 119人。灾情发生后，市公安局、铁路局消防处、红十字会救护队及党政军民5 000多人即往灾区灭火，抢救财物。军区医院、省和市医院、红十字会医院亦派员前往灾区抢救伤员，划定4所小学为临时收容所。24日晨，机关团体、街道群众数千人轮流前往灾区，协助搬运物资，掩埋死者，慰问灾民。成立救济委员会，开展宣传、慰问、募捐、救济工作。25日，给341户1 269人发救济款13 748万元（第一套人民币，下同）。从募捐款中拨出38 184万元给因火灾而缺房者，建造2幢住宅共130间。借贷2 235万元给60户、208人恢复旧业。1952年冬，市区连遭4次火灾：10月11日，和平路西一里烧毁茅屋24间，受灾24户、92人，损失5 690万元；11月12日，边阳街烧毁房屋4间，受灾12人，损失30万元；11月28日，华强路东一里烧毁房屋19间，受灾55人，损失3 000万元；11月30日，华东街烧毁房屋4间，受灾20人，损失650万元。灾后市政府民政科立即组织救济，除参加保险的由保险公司赔偿外，先后发出救济款206.2万元、大米80 000斤。

春夏荒救济　1949年，市郊农民遭受旱、涝、兵灾，普遍缺乏口粮、种子、耕牛；1950年3月，南宁发生冰雹灾，4—5月发生虫灾，农民生活十分困难。当时，农民对人民政府的生产政策不明了，同时受了匪特的造谣欺骗，因此，在1950年春耕时，政府深入各村进行了大量的政策宣传工作，组织农民召开农代会议，加强和农民的联系，成立农协，并通过农协分两次发放救济粮50 000斤。一次是5月初，发了25 000斤，一次在6月底7月初，发了25 000斤；另一方面，进行了减退租运动，计全郊区得果实粮2 268斤。此外还调整耕牛85头。同时人民银行给农民贷款5 000万元，可买耕牛100头。这样，基本上解决了农民春耕缺粮缺种缺牛的困难，及时进行了生产，并开了荒地546亩，种下了稻谷和杂粮等作物。此外，4月、5月间动员了400余民工通过以工代赈修筑堤坝，用大米120 000斤。因水坝筑成而使

农民增加夏收粮20万斤稻谷。在夏收秋收时，地方部队帮助贫苦农民收割。这样，不但度过了春荒，还提高了农民的觉悟，激起了生产的热潮。入夏以后，郊区曾发生虫灾水灾，计全区遭水灾的有5 639亩，遭虫灾的212亩，政府又分区贷给救济粮40 000斤，补种了一部分水灾过后可以补种的水田，还鼓励农民进行副业生产。1951年春夏荒发救济粮20 000斤。1952年广西省政府于3月中旬发出《关于加强救灾工作，彻底战胜春荒，预防夏荒的指示》，南宁市政府带领广大灾民开展生产自救，全年农业生产比1951年增产一成半。

二、社会救济

解放初期，南宁充塞着大量的难民、灾民、失业者、散兵游勇以及无依无靠的孤老残幼。各级政府本着保障救济对象基本生活的原则，采取不同的救济方式：对于无依无靠的孤老残幼，给予经常性救济或收容供养；对暂时困难的城市贫困户和失业工人、知识分子，则组织其参加以工代赈或给予临时救济；对于外地流入城市的难民，则遣送回原籍生产等。

临时救济 解放初期，贫苦市民在饥荒月间，生活十分困难。1950年，政府对1 272名失业工人和丧失劳动力的老、弱、病、残以及有劳动力而找不到工作的生活困难者，发放救济款9.20亿元，粮食433 600斤，对遭匪抢劫及赤贫患病急需救济的30人发放救济粮900斤、救济款33.5万元。1951年，很多贫苦市民无钱治病，除救济联合会设五处赠药和在同仁善堂赠药外，同时还在市医院、红十字会医院定有贫苦市民看病办法。除医院减少一部分费用外，市政府民政科共发出医药费和临时救济费3 796万元，大米33 807斤。另外，为了让1 955名贫苦市民过好春节和端午节，政府两次共发救济粮44 370斤，郊区生产发放4万斤救济粮。1952年，政府对贫苦市民生活、医药等救济，共支出31 300余万元，救济了8 100余人。

冬令救济 1951年起，政府对贫农进行冬令救济，当年共发寒衣660件。其中郊区122件、贫苦烈军属70件、修筑铁路民工133件、救济院难民154件、贫民81件、搬运工人100件。1952年共发冬令救济衣物850件，支出4 250万元。

以工代赈 解放初期，结合市政建设，采取以工代赈的形式，组织生活困难的市民拆城墙、筑马路、建停车场等。1950年7月拨了11万多斤的救济粮作以工代赈，拆城墙和修停车场，解决了400多贫苦市民3个多月的生活费。10月，湘桂铁路来宾至镇南关段开工，政府动员3 000多民工去工作，至1951年9月完工，共计做土方309 700方，得工钱之外还得工米4 440斤，解决了3 000多民工及家属约8 000人10个月生活费。开辟新马路、拆城墙共做土方90 553方，工钱外得工米1638斤。1952年，以工代赈，共支出55 100余万元（包括建设局41 000万元在内），解决了2 000余人4至9月6个月的生活费。

群众互助 解放初期，广西各级人民政府开始发动群众互助互济。1950年5月，广西省人民政府根据内务部关于"灾民与灾民搞生产要互助，灾民与非灾民要互助，灾区与非灾区要互助"的要求，号召党政机关每人每天节约粮食2两，部队

每人每天节约 1 两，支援灾区。由于开展互助互济，有效地支援了灾区度荒。1952年 10 月 30 日，省人民政府发出指示，要求各地以乡为单位，举办义仓积谷防荒，开展群众性的互助互济。举办义仓的工作在南宁市郊秀厢乡进行试点，义仓的建立对帮助灾民度荒起到了一定的作用。

收容遣送 南宁是国民党桂系最后仓皇逃离的城市，所以欺骗而来的难民与溃散的国民党官兵特别多，除了军管会、军区遣送了一部分散兵外，市政府为了稳定社会秩序，减少城市的消费，1950 年遣送散兵难民 3 518 人，改变了市内混乱的现象。另外，还清理了市内的善堂义仓，并发动市慈善团体，组织成立了南宁市救济团体联合会，收容了市内街头乞丐 150 余人，除遣送还乡外尚有 50 余人从事劳动生产，给予教育改造。接收了原邕宁县府的救济院 300 多难民，除少数能劳动生产的，领导其开荒生产，盲人给他们磨谷 120 000 多斤，解决了一部分人的生活费，此外前后共发了五次救济粮，共计 7 200 余斤，以后每月由救济联合会拨米 3 200 斤。对临时遭匪劫受伤以及赤贫患病需急救的，曾救济了 30 余人。1951 年，市政府民政科仍将剩余的少数难民予以遣送，共 90 人，费用 193 万元。1952 年，遣送了 69 人回原籍生产，支出 4 100 万元；生产教养院 1951 年收容 88 人，全部院民 390 人，生产自给 5 900 余万元，余由政府救济。

解放初期，赈济工作是一项十分重要的工作，是关系到安定民心、赢得民心的工作，因此，政府投入了大量的精力来做好这项工作，如发放救济款、救济粮，给农民贷谷子，工人以工代赈等等，加上社会慈善机构的微薄力量，基本解决了贫苦市民生活上的困难。而且，在以工代赈中，还有计划地对工人开展了学习教育，大大提高了他们的政治认识与阶级觉悟，多数成为居民中的积极分子，起到了稳定社会的作用，党和人民政府的威信大为提高。

南宁市民政局

四、镇反与剿匪

（一）镇反

广西省人民政府、广西军区关于严惩暴乱首恶分子的布告

（一九五〇年三月二十三日）

查各地恶霸分子，及少数被解放遣散的在乡伪军官、伪政府人员与伪乡村镇街保甲长，过去曾参加反动，与人民为敌，本省府与军区一本宽大政策，不究既往，

希冀其能改造转变成为好人。但其中少数不良分子，不思立功自赎，安分守己，竟有目无法纪，勾结土匪特务，妄图蠢动，破坏交通，四出抢掠，捏造谣言，欺骗群众，煽动暴乱，破坏革命秩序，抢劫国家公粮，杀害革命工作人员，等等罪行，不断发生，殊堪痛恨。

本省府与军区，为保障人民革命利益，维护社会安宁，兹特重申"首恶必办，协从不问，立功受奖"的既定政策，除饬令各级人民政府与人民解放军，严加防范并切实执行清剿土匪特务，巩固治安外，倘遇暴乱事件发生，必须予以严厉镇压，决不宽容；对参加暴乱的恶霸分子，除依法治罪外，并没收其财产，分发贫苦农民，收缴其枪枝，武装农民；对参加暴乱的在乡伪军官，伪政府人员，伪乡村镇街保甲长，则应罪加一等，严惩不贷。

望我各界人民，勿为土匪、特务、恶霸分子所煽惑利用，坚决同人民政府人民解放军站在一起，合力清剿土匪特务，镇压恶霸和反革命分子的不法活动，保护交通运输，保护人民国家的公粮财产，保护革命工作人员，保护春耕生产及商旅自由贸易，安定人民生活，巩固革命秩序，实深厚望。

特此布告周知，希各凛遵勿违，切切此布。

中共广西省委关于镇压反革命活动的指示

（一九五〇年九月一日）

一、广西解放以来，由于我解放大军的胜利围剿和人民公安机关积极努力，消灭土匪武装九万余，破获匪特案件一一一起，共捕获特务一一五三名，这在打击匪特活动凶焰与安定城乡社会秩序上起了很大的作用。但敌人并不甘心于他们的失败，进而在美帝国主义豢养与指挥下，仍在继续其"敌后游击"的残梦，采取隐蔽的、公开的与半公开的形式，一面潜伏进行情报破坏活动，一面疯狂的大量组织土匪武装，进行各种破坏活动，扰乱我革命秩序的建立。近数月来，匪特针对我群众运动之开展，采取"重点"的破坏行动，杀害我乡村工作人员、农会干部、会员、民兵和群众中积极分子，企图造成反革命的恐怖。据不完全统计，自解放以来截至七月底止，我牺牲干部战士和群众积极分子共三一一四人。如永福县大石、毛岭两村农会干部七人被杀，邕宁县七月份上半月连续发生匪特捕杀农会干部事件七起，七月份据宜山专区宜山、罗城、思恩、南丹、忻城五个县统计我农会干部、会员、民兵和家属被杀害二三四人。柳州地委（六月份）统计被杀害干部十八人，农会干部会员卅六人，家属四十人，民兵九百八十四人，这都在说明随着敌人军事、政治的彻底失败，一定会作垂死前的疯狂挣扎，而且今后敌我在隐蔽战线上的斗争，将是更加剧烈与更加复杂的。

二、我们在过去的半年中，针对革命战争迅速胜利，敌人内部分化动摇的情况，坚持执行了宽大政策，在剿灭敌人残余武装与摧毁敌组织上，曾起了分化瓦解作用，

减少了许多破坏和抵抗。但由于我们执行这一政策中忽视对那些坚决反革命分子以及时而有力的镇压，又由于我们的公安工作薄弱，在侦破反革命组织上，缺乏准确而有力的打中敌人的要害。即使对已逮捕起的反革命分子，往往因证据不充分，镇压则不够及时，同时对群众的宣传教育不深入。因而在敌人连续不断的杀害我干部及群众，破坏我各种建设，甚至在敌人的骚乱暴动等严重的破坏前面，表示软弱无力，束手束脚，显得我们公安工作，对于反革命活动缺乏威力，以致使匪特分子，欺我之宽大政策，肆无忌惮的疯狂破坏，协从分子，无所戒惧的盲从附和，有的竟数擒数纵而仍不改悔，有的业已投降自新，又未加以认真处理和适当的教育管制，而又从事于反革命的破坏活动。群众则埋怨我们"宽大无边"不能很好的保障他们的安全，引起群众不满。

三、为了巩固胜利，保卫国家的各种建设，保障广大群众的利益与安全，以期团结人民，孤立反革命分子，而达到逐步肃清反革命分子的目的，必须：

1. 加强各级公安工作，首先必须加强秘密调查研究工作，加强各种公开的社会治安管理与秘密调查研究工作的密切结合，掌握情况，集中力量，明确重点，以便随时主动的侦破每一反革命阴谋案件。只有从组织上摧毁潜伏的匪特组织，挖掘匪根，才能有力的打击匪特活动的凶焰，也才能有力的配合军事清剿和减租、反霸斗争的胜利。

半年来侦破匪特组织（主要在四个市）获得显著成绩，尤其在省公安会议后，梧州、宜山、玉林公安处及梧州市先后破获重要匪特案件十余起，其他地区对侦破工作亦引起重视并在积极进行中。这就是表现了在肃特工作上有着新的进步。但检查起来，我们的公安工作及其组织力量，仍极其薄弱，必须引起我各级党委的重视，并配以坚强干部充实公安部门，多给他们时间，专事肃特、治安工作，以加强对反革命实行专政的威力，才能激发群众对反革命分子进行斗争，也才能迫使反革命分子规规矩矩，不能乱说乱动。

2. 坚决镇压反革命活动，必须对于那些业已被我们逮捕起来的（包括剿匪中俘虏的）一切危害人民的特务、土匪、恶霸及其他怙恶不悛的最坚决的反革命分子，例如对于那些手持武器、聚众暴动，抢劫仓库物资的反革命首要分子，或者破坏工厂、矿山、仓库、铁路及其他公共财产的反革命分子，对于那些为反革命的罪恶目的而阴谋杀害我们的干部和群众的反革命分子或坚决抵抗我军的反革命政治土匪的首领、惯匪以及与土匪相勾结的地主、恶霸分子，对于那些经过宽大释放而仍继续从事破坏活动的反革命分子，以及潜伏在我们机关部队组织叛变活动，进行阴谋暗杀的反革命分子等必须给以最坚决的镇压，具体的说就是要判处死刑或长期徒刑。不如此就不能保障减退租、土改和发动群众运动的顺利进行，我们就会脱离群众，政治上会犯错误。因此群众不能发动起来，反革命活动更会猖獗，使我们正常的革命秩序无从建立，而人民已取得的胜利都没有保障，人民民主专政政权，也就不能维持，我各级干部尤其领导干部，必须深刻的认识与体会这一严重的政治意义。

3. 坚决镇压反革命分子，必须贯彻我党宽大与镇压相结合的政策，不可偏废。

过去有的地区对反革命的处理有某些过分宽容，以致宽大无边，这是必须纠正的。但因此而镇压无边，主从不分，不讲策略，乱捕、乱打、乱杀，一律判刑，也是错误的，二者必须正确的掌握，并善于运用斗争策略，才能达到团结多数、分化、瓦解与孤立敌人的目的。为此目的对于那些参加了反革命的首要分子，必须采取坚决和及时的镇压，对于协从分子（特别是被迫盲目参加的群众），应采取教育改造的方针，只要他们认识其错误，改邪归正，立功赎罪，则一般地应予以宽大处理，但对于参加反革命的次要分子，就是不判处其死刑，而是根据其犯罪之情节轻重，分别给以判处徒刑，经过长期劳动改造和教育，确知前非后亦可采取担保释放等宽大政策处理之；对于那些既不宜于杀掉，又不宜于判刑或释放的反革命分子（如一部分特务组、台长以上及某些国民党党务负责人），只有较长期的关押，待一定时机分别处理；对于那些在解放前曾为国民党服务和已自动向我投降的自新分子，甚至某些曾沾染血迹的人，只有解放后安分守己，不从事破坏活动，一般的不加逮捕，采取争取教育改造的方针，但对这些被迫投降自新的重要匪特分子，或在农村有一定号召力的伪军政人员，及曾沾染血迹的人，应设法分别集中管训，以区别于集中力量，打击那些不改悔的坚决反革命分子。因这些反革命分子，过去在群众中都是有罪恶的，这样处理，既可以给这些人以较好的改造，又可以免除对群众的威胁，减少我各种工作中的阻力。至于因我执行政策偏差所引起的群众性事件，应当与反革命事件分别清楚，采取不同的处理办法，以免有利于敌人欺骗群众，给敌人造成更多的造谣挑拨的口实，失去群众的同情，陷自己于孤立。

4. 在实行镇压反革命活动的行动中，必须认真研究案情，确实掌握证据，有秩序地简化手续，及时地予以处理。一般情况下，案犯的判处死刑或长期徒刑，须经法院的审讯和判决，重大的特务案件，必须经县级三人委员会和专署公安委员会认真研究讨论，作出决议并应及时地将犯罪者的简要历史，主要罪恶事实和处理意见呈报省委批准，以政府名义公布执行之。部队在剿匪中捕获之匪首，而对当地群众有重大影响者，不必转送地方，可依军法处决之。对于那些协从匪众，需要释放者，由部队进行教育，经过各该地人民政府释放，以便掌握与控制；对那些需判罪和暂不易释放者，可转地方公安、司法机关分别关押判处。上述分子如系重要的特务分子，有涉及隐蔽匪特组织，可作为我扩大侦察线索有重要价值者，不宜过早判处死刑和随意乱放。总之：对案犯的处理，必须根据我党政策，犯人的罪恶大小，群众的要求及其在群众中犯罪的影响，而采取不同的处理方法。凡判处死刑或长期徒刑的反革命分子，其罪恶牵涉到数县，数专区或全省范围内者，可在报端公布（主要是解放以后罪恶事实）以镇压反革命活动，并教育群众。对一般案犯的处决只在本县出布告不必一律在报端公布。

5. 对反革命的镇压，必须与广大群众密切结合起来，揭破匪特的破坏阴谋，以教育群众。对被匪特严重破坏的地区，特别被匪特杀害干部、农会会员、民兵反群众的地区，当获悉情况后，应迅速派得力干部和武装前往出事地点，深入调查、发现线索、清出首要分子，坚决予以惩处，不得敷衍了事。对匪特杀害之干部和群众，

对其家属，要进行安慰与适当抚恤，由当地政府切实负责的照顾其家庭的困难，必要时开追悼大会，以揭穿匪特的惨无人道，激发对匪特之仇恨，获得群众之拥护，并给群众以很大的警惕。我们的剿匪肃特工作，和其他的工作一样，必须是为了群众、依靠群众，因此对反革命活动的镇压，亦必须取得群众的同情与拥护，并从这些工作中逐步加强对群众的宣传教育，提高群众的政治觉悟，使我们的工作和广大群众息息相关，而不是孤立无援。

以上各项望结合中央关于镇压反革命活动的指示，进行深入的研究与检讨，领会其精神，确实掌握，坚决执行，并将检讨与执行情形报告我们。

广西省人民政府
中国人民解放军广西军区司令部政治部布告

（一九五〇年九月十九日）

帝国主义者和国民党残余匪帮，为了在我国大陆上继续其各种罪恶的活动，阴谋破坏我社会改革与和平建设事业的进行，曾派遣特务间谍分子，从台湾、香港、越南等地，潜入我广西省境，勾结惯匪恶霸利用落后分子，捏造谣言，煽动暴乱，破坏革命秩序，危害人民生命财产，甚至以最残暴鄙污之手段，用剖腹、挖心、袅首、断臂、轮奸、活埋等，万恶的反革命恐怖罪行，对付我觉悟起来的人民与我人民政府的工作人员，这些土匪的活动，正是国民党匪帮军队，在大陆上被消灭之后进行绝望挣扎，继续其出卖国家反对人民等罪恶行为的主要方式。

八个月来，我人民解放军在全省党政、民与各界爱国民主人士配合协助之下，已消灭土匪九万余人，除改编投降者外，并生擒匪首伪十七兵团司令刘嘉树，伪总司令甘定谋，伪象来武迁地区联防总指挥兼行营主任蒙志仁等重要匪首近百人，毙伤伪伪滇桂黔边区副司令兼四二师师长胡栋才等重要匪首数十人，初步安定了革命社会秩序并开始社会改革与生产渡荒运动，同时也指明了匪特分子，除掉投降自新或毙俘之外，别无出路，但残余各地的反革命首恶分子，在全国革命胜利形势下，在全世界和平民主力量日益强大的形势下，非但不有所悔悟，竟利用美帝国主义侵略台湾、朝鲜，而更加紧其反革命活动。

本政府、军区，彻底肃清匪特早具决心，过去为了争取改造误入歧途之匪特，对重要的死心塌地的反革命分子，未予以坚决有力的镇压，此种宽大不仅未促起首恶分子的觉醒，有的反用作煽惑落后群众的藉口。今后为了贯彻执行政务院与最高人民法院七月二十三日关于镇压反革命活动的指示，为了进一步安定社会革命秩序，以便有步骤地进行社会改革与生产建设工作，为了彻底肃清匪乱，使被迫胁从分子早日经过教育改造，成为新人，必须对坚决的重要的死心塌地的反革命分子实行坚决无情的镇压，为此，特将在今后剿匪中仍贯彻执行的"首恶者必办、胁从者不问、立功者受奖"的政策，予以重申，并将具体办法公布如后：

一、凡组织武装暴乱，危害人民生命财产者必须坚决剿灭，并将其主谋者、指挥者，及罪恶重大者，依法处以死刑。

二、对以反革命为目的，而杀害我人民或人民政府工作人员，人民团体干部者，破坏桥梁道路，劫车劫船，抢劫国家仓库与人民物资者，必须坚决剿灭，其组织领导者，罪恶重大者与杀人凶犯，依法处以死刑或长期徒刑。

三、对怙恶不悛的土匪特务头子和惯匪头子，依法处以长期徒刑或死刑。

四、凡勾结窝藏上述三种重要反革命分子，而情节重大者，依法处以长期徒刑或死刑。

五、对被迫参加，非匪首、凶犯，罪恶较轻者，在解除武装后，进行教育或劳动改造，使成为新人，但如继续为匪则必予以严厉制裁。

六、凡杀死匪首，立功来降者奖，凡组织匪众立功来降者奖，凡因密报匪情因而擒获匪首者奖。

七、凡能于投降或被俘之后，自动报出匪情，指证匪首，积极为剿匪效力，经过证明，确实者奖。

八、凡率部接受改编或率部报降或悔过自新者，无论首徒，概予宽大处理，并依法予以生命财产之保障。望各界人士，一体动员。

此布。

主席兼司令员 政治委员　张云逸

副 司 令 员　李天佑

副政治委员　莫文骅

政治部主任　刘随春

广西省人民政府关于颁布《广西省惩治反革命暂行条例》的通令

（一九五○年十二月二十一日）

为适应本省目前司法，公安、检察等工作之需要，特制定"广西省惩治反革命分子暂行条例""广西省人民政府关于人民法院，人民公安机关，人民检察署，人民监察委员会和人民法庭等机关暂行分工及联系之决定""广西省各级人民法院处理民刑案件暂定试行办法""广西省民刑案件辩护人代理人辅助人暂定试行办法"经本府第三十二次行政会议讨论通过，兹通令颁发，定于十二月廿二日起执行，希各级人民政府，人民法院，人民公安机关，人民检察等机关一体遵照为要！

此令

附《广西省惩治反革命暂行条例》一份

主席：张××

一九五○年十二月廿一日

广西省惩治反革命暂行条例

第一条　本条例依据中国人民政治协商会议共同纲领第七条的精神及中央人民政府政务院最高人民法院一九五〇年七月二十三日关于镇压反革命活动的指示制定之。

第二条　犯本条例之罪者为反革命，适用本条例处断。

第三条　有左列行为之一者处死刑，并没收其财产之全部。

一、危害人民民主政权，破坏国家领土主权之完整，勾结帝国主义反动反人民战争者。

二、军政人员以协助敌人为目的，将防地防线武装部队军事设备或作战计划情报物资交付敌人者。

三、背叛祖国，投奔敌方或暗助敌人，企图危害人民民主政权破坏国家领土主权之完整者。

四、以危害政权，图谋复辟，而组织或进行武装叛乱者。

五、凡为土匪首领（包括大小股匪头子），和怙恶不悛坚决的反革命匪特分子或惯匪者。

第四条　有左列行为之一者，首要分子处死刑，并没收其财产之全部，积极参加者，处终身监禁或七年以上十五年以下监禁，并得没收其财产之全部或一部。

一、以反革命为目的组织或参加匪特，而烧杀抢掠国家和人民物资，袭击机关村镇或其他严重扰乱治安行为者。

二、以反革命为目的，利用操纵收买武装土匪封建会门或迷信团体，而使之犯前疑之罪者。

三、武装土匪，封建会门，迷信团体的分子，听从他人利用，操纵、收买，犯第一款之罪而发生反革命之作用者。

四、以反革命为目的，在国内国外建立或发展反动组织者。

第五条　有左列行为之一者，按情节轻重，处死刑，终身监禁，或五年以上十五年以下监禁，并得没收其财产之全部或一部。

一、以反革命为目的，用爆炸放火或其他方法破坏铁路，工厂、矿山、仓库、森林、电讯、物资、或其他交通、水利、生产、公用等设备，引起重大灾害者。

二、以反革命为目的，杀害人民，袭击机关部队团体、或对于国家工作人员，民主爱国人士或其家属，实施杀害，或为其他强暴恐怖行为者。

三、以反革命为目的，充当间谍，窃取、收集、刺探、收或传递有关国家军事、外交、财政、经济等各方面之机密消息者。

四、以反革命为目的，煽动人民军队叛变，煽惑群众暴动或群众反抗政令者。

五、以反革命为目的，印制、运输、行使伪钞或以其他方法，扰乱金融者。

六、以反革命为目的，潜伏人民政府机关、工厂、学校、国营公营企业，革命党派，人民团体中，利用其身份为掩护，积极地或消极地破坏或妨碍工作之正常进行者。

七、以反革命为目的，挑拨离间煽惑或用其他方法破坏各民主党派间、各民主阶级间、各民族间之团结者。

八、以反革命为目的，投放毒物、散播病菌或用其他方法引起牲口牲畜、农作物之灾害或足以引起重大灾害者。

九、以军用物资、或专门技术供给敌人或有其他资敌行为，足以发生重大危害者。

第六条　以反革命为目的，用口头、文字、图画，或其他方法，而进行造谣、污陷、故意歪曲事实、曲解政策法令，作反动宣传者。处三年以上七年以下监禁，情节轻微者，处三年以下监禁。

第七条　对于犯本条例第三条第四条第五条第六条各罪之人，纵容、包庇、窝藏、●●者，以从犯论，得斟酌情况比照各该条予以减轻，但其情节重大者，仍应严厉制裁，处以死刑。对于正在预备或着手实施犯各该条之罪，知情不报者，得比照从犯减轻处罚。

第八条　第三条第四条第五条第六条的未遂犯，预备犯，应予处罚，但得斟酌情况，比照各该条予以减轻。

第九条　犯第三第四第五第六各条之罪，如能真诚悔过，自动立功者，得减轻其罪，或不予处罚。

第十条　犯第三第四第五第六各条之罪，如经查明确系协从分子、盲从分子、上当分子，而无重大罪恶者，得减轻其刑或予以批评教育。但曾经过一次宽大仍继续为匪者，仍应严厉制裁，处以长期监禁或死刑。

第十一条　死刑减轻者为终身监禁，终身监禁减轻者为七年以上十五年以下的监禁，有期监禁之减轻者，得减轻其刑至二分之一。

第十二条　犯本条例之罪者，除应监禁而外，并得根据罪情的轻重，褫夺其政治权若干年至终身褫夺其政治权。

第十三条　依第三第四第五条，对于犯人没收财产全部时，得酌留其家属必需之生活费用。

第十四条　犯本条例之罪者，除别有规定外，在已设人民法庭地区由县市人民法庭审判。

其判决之批准和上诉程序，适用人民法庭组织通则第七条第二项第三项第八条第一项第三项办理，在未设人民法庭地区，由县市人民法院审判，除死刑的判决，县市人民法院送由省人民政府主席（或省人民政府特令指定的专署及省辖市府与军管会）批准执行，不得上诉外，其他的判决，被告如有不服，得于判决后十日内，向原审提起上诉，原审法院并即应将案件送上诉法院。

第十五条　被告为外国人者，应与有关外事机关协商处理，或报请上级外事机关核办。

第十六条　在本省少数民族区域的少数民族成分有犯本条例之罪者，一般应特别慎重从宽处理，但其怙恶不悛罪大恶极战争罪犯等首要分子，仍应依本条例严厉

惩办。

第十七条　本省沿旧恶习较深,多有械斗恶风,在镇压处理反革命活动时,应力求警惕区别分清性质办理,勿为匪特敌人乘隙混淆,明辨是非。

第十八条　本条例的解释权,属省人民政府。

第十九条　本条例经本省人民政府核准公布实行,并呈报中南军政委员会备案,俟上级颁布正式条例后,即以上级法令为准。

（二）　剿　匪

毛泽东有关广西剿匪的电文指示

（一九五〇年十一月十四日电）

剑英、方方同志并告邓谭①及张莫陈李②:

为对付台湾匪帮可能向广东进犯,有增强广东兵力之必要,为此必须提前肃清广西匪患,以便从广西抽出一个军增强广东。广西剿匪工作为全国各省剿匪工作中成绩最差者,其原因必是领导方法上有严重缺点。剑英前谈去广西帮助张、莫、陈、李诸同志工作一时期,希望即前往,并在那里留住几个月,抓住工作重点,限期肃清土匪,发动土改,端正政策,改善干部工作作风,确有成绩然后回来,否则不要回来。我们希望广西全省主要匪患六个月内能够肃清,明年 5 月 1 日以前调出一个军去广东,剑英何日动身去广西望告。又广东必须在广大地区立即进行土改,拖延则是失策,亦望注意。

毛泽东
十一月十四日

一九五〇年十一月十六日电

华南分局及广东军区、广西省委及广西军区并告邓谭赵③:

兹将西南军区剿匪简报第四号转发给你们作参考。西南军区对于剿匪工作极为认真,剿匪中执行的各项政策亦是正确的,故取得了很大的成绩。广西解放在西南之前而剿匪成绩则落在西南之后,为什么这样请你们加以检讨并以结果告诉我们。我提议:广西军区从 12 月份起仿照西南办法每月发一次剿匪通报总结战绩,纠正缺

---

①　指邓子恢、谭政。

②　指张云逸、莫文骅、陈漫远、李天佑。

③　指邓子恢、谭政、赵尔陆。

点，务使全省匪患在几个月内基本解决。如何盼复。

毛泽东

十一月十六日

一九五〇年十一月十七日电

剑英同志并告方方及邓谭①：

（一）你 11 月 21 日动身去广西甚好。

（二）广东必须迅速地和广泛地展开土地改革工作，你们布置如何盼告。

（三）待广东的土改完成，广西的土匪消灭，即使蒋介石登陆进犯也是容易对付的。

（四）你们必须统筹两广，将两广作为一个对付帝国主义和蒋介石登陆进犯的统一的单位，不要只顾一省。

毛泽东

十一月十七日

一九五〇年十一目二十二日电

张陈莫李②：

11 月 22 日电悉。同意你们对广西工作的检讨及方针计划，望本此做去，取得成绩，以利主动地应付时局。

毛泽东

十一月二十二日

一九五一年一月二日电
一九五一年一月二十三日电

陈饶③及华东军区党委会、邓谭④及中南军区党委会、贺邓⑤及西南军区党委会、张习及西北军区党⑥委会、聂薄⑦及华北军区党委会，请转发各军区兵团及军的党委会：

请你们检查一下军队中军以上党的领导机关及负责同志关于中央 1950 年 10 月

---

① 指邓子恢、谭政。

② 指张云逸、陈漫远、莫文骅、李天佑。

③ 指陈毅、饶漱石。

④ 指邓子恢、谭政。

⑤ 指贺龙、邓小平。

⑥ 指张宗逊、习仲勋。

⑦ 指聂荣臻、薄一波。

10 日关于纠正在镇压反革命活动中的偏向的指示是否引起注意，是否传达了这个指示，自己在剿匪工作及帮助地方工作中是否有过这种右倾偏向，及是否克服了这种偏向，将检查结果向军委作一报告，根据广西方面的报告、广西军区剿匪中曾经犯了惊人的右倾错误，宽大无边，不杀匪首恶霸及其他反革命分子 以致匪祸猖獗达于极点，匪越剿越多、人民受害极大。广西于去年 9 月起开始纠正此一错误，三个月中正确的杀了匪首惯匪及其他首要反动分子三千余人，情况就完全改变过来，匪焰大降民气大伸，现将中南军区政治部 1 月 16 日转来广西报告一份转发给你们阅看，这是一篇极有价值的报告。希望你们认真研究做出自己的结论报告我们。

毛泽东

一月二十三日

一九五一年五月十六日电

广西军区司令部并告中南军区：

你们 5 月 7 日电收到，4 月份全省歼匪近 3 万人，残余匪众只剩下 15000 人，甚慰。尚望鼓励剿匪部队继续进剿，歼灭一切残匪。

毛泽东

五月十六日

中国人民解放军广西军区司令部
政治部关于剿匪的布告

（一九五○年一月）

中华人民共和国中央人民政府成立，举国欢腾声中，桂、黔、川、滇、康五省又全告解放，中国大陆上之蒋介石、李宗仁、白崇禧匪军业经就歼，中国革命战争已获全国基本胜利，新民主主义的新中国正在开始建设。

广西人民，二十余年来在蒋介石、李宗仁、白崇禧匪帮统治之下，灾难重重，痛苦最深，而今，广西已告解放，但遗留在各地之蒋、李、白残匪（如溃散匪军和反动的保安团队）、地方贯〔惯〕匪与暗藏的特务分子，仍继续为害人民，破坏社会秩序，阻碍我全省人民解放与生产建设事业之进行。本军为彻底解除人民痛苦，建设人民的新广西，决与人民一起，于最短期间将为害人民之残匪、特务、贯〔惯〕匪全部彻底肃清，使新广西之建设工作能迅速展开。

（一）本军剿匪乃本"首恶必办，胁从不问，立功受奖"之宽大政策。即凡属残害人民、执迷不悟、流窜顽抗者，坚决予以剿灭。其罪恶昭著之匪首，必予追捕

归案严办。但如能认清时局，痛改前非，不再与人民为敌，向本军交枪投降，或接受改编，或自动向当地人民政府悔过登记，或自动向人民政府办理移交将全部档案资财点交清楚者，其个人之生命财产得依法予以保障。倘能供给本军情报因而擒获首恶，全歼匪众，或带队投诚受编，或捕捉匪首送交当地人民政府，有显著事实表现而取得人民谅解者，则准予立功赎罪，并分别予以奖赏。

（二）全省人民应认清匪特分子，是人民当前的凶恶敌人。匪特为害，是蒋、李、白匪帮罪恶统治的继续，全省人民为求自身的解放，必须与人民政府、人民解放军协同一致，立即动员起来，宣传剿匪政策，劝匪投降受编，帮助解放军带路送信，供给情报，检举告发土匪特务的阴谋活动，务必达到肃清匪特，以巩固地方治安，建立革命秩序，但不得有藉故报复私仇诬告好人等情事。

（三）为了维护社会安宁，确立革命秩序，对蒋、李、白匪帮败溃时，散失民间及有计划潜伏隐藏之枪枝弹药，必须一律收缴，并禁止一切公私枪枝弹药私自买卖或转移。民间枪枝，如属真正人民自卫者，不得勾结包庇匪特，反抗人民政府和人民解放军，妨碍人民安全。

（四）保甲制度，是国民党反动政权的下层基础，伪乡村长是蒋、李、白匪帮统治人民压榨人民的工具和帮凶，都有或大或小的罪过，应该受人民的审查。现本军及人民政府，本宽大政策，给以自新之路，准予立功赎罪。目前各伪乡村长，首先应在剿匪中表现自己之决心，如报告匪特活动情形，呈缴所存武器弹药物资，劝匪投降受编等，以实际行动取信于人民，换取人民的宽恕。如果胆敢通匪、藏匪，或以金钱物资供给匪特，或为匪特通声息、做耳目，或在乡村范围内，遇有匪情不及时报告者，是罪加一等，当视情节轻重予以严厉惩处。

（五）凡匪特之家属亲友，如果有子、弟、父兄，或亲戚朋友，现仍在残匪中，与人民为敌，替蒋、李、白匪帮顶死，做无谓牺牲，应告诚他们，认清全国革命胜利形势，人民政府宽大政策，当机立断，翻然觉悟，痛改前非，迅速率部受编投降，或拖枪来归，或自动脱离匪帮向人民政府悔过登记，以取得人民的宽恕，求得新生之路，否则必被消灭捕捉归案法办，自寻末路。

全省解放迄今甫及一月，已消灭残匪数万人，伪桂林警备司令莫敌、伪桂北军政区司令周祖晃、副司令霍化南率部近万人接受改编；伪柳州警备司令秦镇、伪桂林市长韦瑞林、伪桂东军政区副司令杨俊昌、伪全县县长、北流县县长、玉林县县长等均已先后率部投降。而企图流窜顽抗之匪首，如伪军长李本一、张文鸿，伪桂中区司令王景宋、伪专员莫蛟等则已先后被擒。事实证明，残匪、贯〔惯〕匪，残害人民，妄图挣扎顽抗，绝无前途；接受改编，交械投降，悔过登记，才是唯一出路。现本军正周密计划、统一部署对残匪彻底进行清剿，非肃清匪特，决不中途停止。望全省人民动员起来，配合人民政府、人民解放军，以期最短期间内肃清残匪、贯〔惯〕匪，巩固革命秩序，开始和平建设。

此布

司令员兼政治委员　张云逸

副司令员　黄永胜

李天佑

彭明治

副政治委员　莫文骅

副政治委员兼政治部主任　吴法宪

中共广西省委、广西军区关于剿匪工作指示

（一九五〇年一月十日）

（一）我军奋勇前进，迅速完成解放广西全省的任务，这是全党全军努力奋斗和广大人民支持的结果。现在敌人的主力虽已歼灭，但残余匪情却是严重存在，这是由于敌人在其主力被歼后，要以集中的武装力量来对抗我们已不可能了，然而敌人决不会就此甘心死亡，必然采取其他一切可能采取的各种斗争方式来对付我们，如组织匪特、收罗散兵，和地方反动势力勾结，继续进行扰乱破坏，在群众没有充分发动之前，匪特这种活动是有它一定的社会基础，特别是广西经过李、白、黄匪帮长期反动欺骗统治影响较深，更不容忽视。如果我们把敌人主力歼灭后，不接着清剿匪特，则我们人民将不能巩固已获得的胜利，延长人民痛苦的时间。因为清剿匪特是人民迫切要求，也是全党全军当前的头等任务，各种工作都要围绕着这一中心环节。过去许多地区的经验告诉我们，凡是新解放地区，那里要是不抓紧这一环节，便走弯路，就要吃亏。为此，我们不仅在思想上明确认识今天剿匪工作的严重意义，而且要全党全军更加积极行动起来，不怕疲劳，不避艰难，乘敌人立足未稳之时，迅速进剿，为彻底消灭残匪而奋斗。

（二）剿匪斗争不只是军事斗争，而且是政治斗争和群众运动。因为敌人是有一定的反动社会基础，并以残匪武装力量为依托，向我作垂死的挣扎，进行公开的隐蔽的军事的政治的斗争。因此，剿匪必然是一个尖锐的复杂的斗争。我们必须采取军事清剿配合政治瓦解和开动群众的武装自卫相结合的方针，正确执行这三者互相结合的方针，就是胜利的保证，任何单纯的军事清剿与片面的强调政治瓦解都是错误的。要知道军事打击是促成敌人更加动摇，便于政治瓦解与争取，但军事打击是重要的，一定要采取主动的、积极的军事行动，显出我们的力量才能迫使敌人分崩瓦解和投降，相反的政治攻势亦可促成军事进剿的胜利，同时，更需明确认识，军事清剿和政治进攻，都必须建立在依靠群众，发动群众的基础上，如果没有发动群众起来武装自卫，匪特很难彻底铲除的，就是一时得到胜利，也难永久巩固。所以在剿匪工作中，各级党委一定要紧紧掌握发动群众、依靠群众的方针。

（三）为了很好的执行上述方针迅速完成肃清匪特任务，提出如下问题以供研究执行。

1. 军事清剿：首先必须在剿匪部队中进行深入的思想动员，使其认识剿匪的政

治意义，充分发挥干部战士高度的积极性和为民除害的决心，使他们能自动的积极动作，随时得到情况随时就行动，哪里发现匪特，就到哪里去消灭之，即使打不上扑了空，亦不馁气，但一打上了，务必达到消灭匪特的目的。在战术要求上，对成股的残匪应立即集中优势兵力，实行长距离的奔袭兜剿猛打穷追，对击溃分散之散匪、惯匪实行驻剿搜剿，并发动群众和政治分化争取等办法达到肃清。

2. 政治瓦解工作：首先要在群众中很好宣传"首恶必办，胁从不问、立功受奖"的政策，特别对匪特家属宣传更为重要，但执行宽大政策，必须防止毫无边际的宽大，以免放纵匪首，助长匪焰，脱离群众，拖长清剿时间，镇压也要防止乱打乱捕，不讲政策的现象。具体地说就是对怙恶不悛为人民所痛恨的匪特首要分子，应在群众中揭露其罪恶，依法严惩；对胁从和被骗参加的分子，加以教育后令其回家生产，如有困难应设法予以解决；对于惯匪头子为害人民甚大者应坚决镇压，对一般匪众应根据其不同成分、罪恶大小，及参加时间的长短，分别处理，或判处徒刑，或进行感化教育，或强迫其参加劳动，使其改邪归正；对自动投诚者，只要交出武器并表示愿意悔过自新，保证以后不再为非作恶，均应宽大处理，经过一定时期的集训教育后亦可释放回家，但其回家后须令他在当地群众面前公开坦白承认错误，并将其置于群众监督之下；至于必须镇压的首要分子必须事先请示地委批准依据司法手续，经人民法庭审判，宣布罪状执行并报省委备案；如在地方上有些公正人士为了地方治安或是为了靠近我们愿意进行收编工作，我各地委、分区应立即吸收这些人员组成五人左右之改编委员会，在分区指定专人领导下进行争取改编工作。

3. 发动群众的武装自卫，就是剿匪部队执行工作队的任务，一面打仗，一面做群众工作，打到哪里，群众工作就开展到哪里，帮助群众劳动，向群众宣传，替群众解决当前最迫切的要求，建立和群众久不分离的密切联系，防止某些人员中认为广西人民是土匪、不好的看法。

各部队要广泛的宣传，使群众认识剿匪自卫，就是保卫自己利益的好办法，而自愿的组织起来，武装起来，并须有力的给予援助，使之巩固起来。但是发展群众武装自卫，必须执行阶级路线，武装真正工农，领导权尤应掌握在可靠的积极分子手中（最好是党员），保证党的领导。

（四）为使清剿匪特各方面力量更加密切配合，即应加强党委的一元化领导，务求指挥统一、步调一致，反对各自为政的现象。为此，规定凡参加剿匪之单位，不论部队与地方、野战军与地方军，均以党委为核心领导，统一指挥，留桂剿匪之野战军，党的组织或负责人有指导同级党委和下级党委之权，剿匪地区涉及两个县或两个分区以上者，则应成立工委与剿匪指挥部。剿匪部队可越界追剿，以求全歼匪特，但在中越国界上则不准越界至越南境内。剿匪部队有必要成立工委与指挥部的，望各地委、分区提出意见，报省委批准，迅速成立。

（五）我军歼灭了敌人主力后，当前任务就是肃清全省的反动残余力量，开始建设新广西。全党全军必须迅速动员起来，明确认识剿匪是一切工作中心的环节，

防止和克服可能存在和产生的不重视剿匪工作，认为没有什么，差不多了，松一口气等麻痹轻敌松懈思想，或土匪多的地区发生恐慌现象，或不愿上山，不肯下乡等享乐思想，同时，也要防止不认识我们伟大胜利的前提下，过高的估计匪特力量，仓皇失措，表示灰心的倾向，我们深信在党委领导下，团结一致，坚决执行党的政策和指示，一定能够完成剿匪任务。

以上指示，望各级党委详加研究执行，并及时总结经验，随时报告省委，并组织报导。

中共广西省委关于剿匪总结及指示

（一九五〇年二月十一日）

自全省解放迄今两月，经过军事打击与政治瓦解，已将李、白遗留各地企图顽抗大股残匪基本消灭，如匪莫敌、周祖晃、秦镇、韦瑞林、杨俊昌、赖慧鹏、张光玮、莫树杰等股匪已先后投降就歼。最近又将蒋匪十七兵团刘嘉树股 6000 余人全歼，所余仅瑶山区残匪约千人，原张光玮残部千余人等大股残匪正在继续进剿中。这是中南局分局正确领导及我全省党政军民克服困难努力进剿的结果，这为广西工作的开展和清剿匪特巩固治安任务的贯彻，树立了有利条件。但据全省不完全统计，由数十人至数万人大小不等的股匪仍有二百余股，随着我全面进剿工作的展开（除少数地区外），大股残匪已基本就歼，在许多地方特务惯匪与恶霸相勾结，企图继续破坏，故各地匪特多已转变为分散潜伏活动，破坏交通，破坏征粮，杀害我工作人员与宣传欺骗群众，企图待机再起或流窜在分区省县接合部或利用我群众工作薄弱、政策稍有偏差、警觉性不高、兵力过分分散，阴谋武装抗粮，甚至围攻区县政府。如 28 日匪特聚众千余围攻恭城，我部队一个排苦战 5 日，最后退守县府坚决抵抗，湖南友军一三七师闻讯主动派兵驰援，将匪驱溃歼俘一部，我损失相当严重，守备部队的英勇顽抗，一三七师革命整体观念都是值得表扬的，桂林区党委与四十九军对恭城事件处理是正确的。但恭城事件给我们的教训最主要的是在执行征粮剿匪政策上有偏差（望再检讨），为匪特利用欺骗群众，和政治上麻痹，对匪特恶霸分子阴谋暴动，集合千余人及打县城，事先毫无察觉，情况发生又未采取有效的紧急处置，致造成不应有的严重损失。根据目前情况与恭城的教训要求各地委：

一、认真研究贯彻省委军区历次关于剿匪命令指示，针对特务土匪恶霸相勾结分散潜伏伺机蠢动及广西民枪多，其指挥权多掌握在地主恶霸手中的特点，及时的有布置的有配合的转入分散驻剿（有股匪的地方，应首先集中消灭股匪，在分散驻剿地区亦须控制一定机动兵力），结合征粮生产发动群众，严防因某些成绩和匪特潜伏活动而产生的轻敌麻痹思想，要在党委统一领导下握紧这一中心任务，坚决完成省委"上半年肃清股匪下半年基本上肃清散匪"的要求。

二、今后除少数地区外（如百色、宜山分区），全省基本上应以驻剿为主要的

剿匪形式，驻剿必须与发动群众紧密结合。为此，各级干部要面向群众面向农村，城市与机关除留必要干部坚持工作外，其余大多数干部应由负责同志率领，配合驻剿部队深入了解情况，掌握政策，发动群众开展政治攻势，争取瓦解散匪。目前征粮均须与剿匪结合，主力部队坚决打通工作队思想，用实际行动争取团结群众依靠群众清剿匪特。地武整编后，应适当分散，一面配合主力清剿散匪，一面在主力帮助下进行学习，严格政策，纪律，防止滥捕打罚报复现象。

三、对暴动的反动武装必须坚决镇压，个别罪大恶极群众痛恨的首恶分子，经过省委批准，应在群众公审处以极刑；对帮凶惯匪必须长期看押训练或强迫劳动改造，在群众未发动前不应过早释放；对参加暴动的群众应短期宣传解释即行释放；对公开组织抗粮或通匪的地主武装，应当匪枪收缴，首恶分子应予法办。

四、凡有股匪活动之分区接合部，各地委分区应主动联系，研究建立临时统一指挥或建议军区指定组织，以便迅速配合进剿，有股匪活动的省的接合部应主动与友邻联系配合，或报告军区与友邻研究进行，各城市对匪特自首登记工作应即开始，俾收城乡配合之效。

五、望切实掌握严格监督检查，各地委应即总结经验报省。

关于剿匪与巩固治安

——张云逸在政务院第三十八次政务会议上的报告（节录）

（一九五〇年六月二十七日）

广西在国民党反动派蒋介石、李宗仁、白崇禧、黄旭初匪帮长期统治下，所受欺骗宣传较深，许多人民存在着"大广西主义"的封建排外思想，同时广西的民间枪支约二十万支以上，大部为封建地主恶霸所掌握。我军将入桂之前，匪首李、白更预先散发一部枪支给予地主，又布置一部主力部队与特工，结合土匪、恶霸及散兵，企图长期游击，扰害人民。但在全国空前伟大的胜利的形势下，我们乘大胜声威，迅速向敌人实行全面军事进剿和政治攻势，特别是毛主席宽大政策的感召下，有些敌军则投向人民，服从我军和平改编，如原广西绥靖公署副主任兼桂北军区指挥官周祖晃，原靖西保安司令赖慧鹏，原滇、桂、黔边区指挥官张光玮，原桂西军政区指挥官莫树杰等均先后率领部队就编。他们这种起义行为，为人民所欢迎，而且在残余匪帮及特务内部，引起了分化作用，各地小股敌军，相继投诚者，为数亦不少。

在我军进剿中，又捕获了下列诸匪首。伪兵团司令刘嘉树，伪纵队司令蒙志仁，伪桂东区反共游击司令曾云飞，伪桂东纵队司令罗绍辉等，击毙了滇、桂、黔边区副司令胡栋才。重创了伪桂东军政区甘丽初匪部，伪桂南军政区罗活匪部，使其大部消灭，残匪溃散。这样的军事胜利，打垮了蒋、李、白匪帮在广西长期游击的企图。

其次反对特务的工作，在干部缺乏的条件下，也有些成绩，半年来破获了比较大的案件有 60 宗，电台 6 个，其中也有些向我投诚的。

然而敌人是不甘心死亡的，他们仍继续派遣特务，深入广西，勾结土匪、恶霸及不法地主，进行反革命活动，在我力量薄弱的地方，或利用我们征粮工作中某些偏差和春荒等情况，以"反征粮""反北方佬""抢仓库"等口号来煽动群众，并以"日本出兵东北"，"美国出兵上海""白崇禧反攻了"等谣言，来煽惑群众，组织暴乱，他们抢劫公粮，杀害我乡村工作人员和群众，袭击我区乡政府，破坏交通等，无所不为。较为严重的暴乱有恭城、玉林等县，仅玉林一县，被杀害的有 150 人，其中有 30 人是青年妇女，尚有 50 余名本地干部家属，亦被残杀，经我军分途进剿，至 3 月中旬，始告平息，4 月份以来，没有发生大的暴乱。但尚有小股土匪，扰乱交通，我们已派部队保护。广西解放初期，据调查全省约有匪部 90000 人，现已消灭约 60000 余人，尚有残匪约 20000 余至 30000 之数。这表示广西的剿匪肃特的斗争，还需要做艰苦的努力。

在数月剿匪工作中获得下面的主要经验与教训：

（一）在剿匪初期，部分部队，对于主力地方化的认识不够，对剿匪的战斗研究不够，在作战上，以打大仗的战术来代替剿匪的战术。以致时有扑空的现象，且因部队不通方言，对情况的了解掌握较差，在剿匪行动上，容易发出错误。

（二）军事进剿与发动群众的结合不够。没有很好贯彻中央的政策，广泛的向人民大众宣传，以致剿匪初期，有些人民对我们怀疑，不敢靠近我们，甚至有少数落后群众，为敌人欺骗，被敌人利用。

（三）在执行宽大政策中，宽大与镇压结合很差，对反革命的首恶分子，没有适时地严厉地镇压，客观上给了土匪特务以精神上的支持。如土匪特务煽动群众抢公粮时说："解放军不杀人，被捕着，也不过问问即放了，不要紧，不要怕"，所以群众有"人民政府宽大无边"的说法，这也减低了群众协助剿匪的情绪。

（四）有个别剿匪部队，纪律不好，少数地方武装成分不纯，也多少影响了剿匪行动。

因此在三月中，我们对剿匪工作，采取了下面方针：

第一，在部队中，进行彻底地方化的组织工作，采取主动地有重点地分区进剿，军事进剿与驻剿相互交错进行，并加强部队剿匪战术教育。

第二，在部队中克服单纯军事剿匪的思想，要把军事进剿与宣传政策，发动群众密切结合。对侵犯群众利益的部队，及时纠正，严肃纪律，对地方武装中不能教育的坏分子，坚决洗刷，以保人民部队的纯洁性。

第三，正确执行毛主席的"首恶必办、胁从不问、立功受奖"政策。对首恶分子，必须及时地镇压，以消反革命的气焰。

中共中央中南局对广西剿匪部署的意见

（一九五〇年七月二十日）

10 日电悉。

广西剿匪斗争已与去年不同，当大军初入新区，敌人陷于混乱，失去凭依，土匪虽多但大部系动摇胁从分子，此时我利用胜利威势，采取比平时更加宽大的政治争取方针，即可瓦解其大部，孤立其少数。而现时敌人业已重整阵容，改变策略，在我有意放松清剿地区则猖狂活动，且似有建立反动根据地的企图；在我清剿加紧地区则分散坚持，结合反动地主乘隙组织暴乱；由于我初步发动群众，敌人与群众的对立程度也趋尖锐，社会改革与剿匪斗争业已直接汇合起来。如仍旧采取初入新区的宽大方针，收效必不会很大。此时需要：（一）在土匪猖狂地区要缜密地寻找敌人弱点，组织几个胜利的歼灭战斗，先予痛创，然后才能瓦解。（二）在大股土匪已不存在地区，即时发动群众结合群众力量肃清散匪。（三）政治争取须更富于具体性与区别性，宽严适宜。（四）目前应特别注意开展反美侵略台湾朝鲜的运动，以摧毁敌人造谣的政治资本，鼓励战士与群众斗志，争取广大统一战线，孤立与瓦解敌匪。在一个军事政治攻势之下，再行颁发办法。

原所提瓦解土匪政治办法，应有部分修改：

（一）条应改为凡自愿率部改编或投降者，人民解放军依法保障所有人员生命安全，愿脱离军队回家生产而缺乏生活与生产资料者，当地政府可协助适当解决。原条款中保障所有人员的财产及分配公地等规定删去，因执行结果，会引起与当地群众矛盾。以不具体规定为好。

（二）条可改为凡杀匪首或携械来归，或能通报匪情，经证明确实而有助于剿匪工作者，按其功绩大小分别给以奖励，原罪恶重大本应法办者，按其立功自赎的决心与事实表现分别豁免或减轻其处分。

（三）条取消。对土匪第一条就够了。游杂武装可另外处理。

所以如此规定，是鉴于不论对土匪投诚武装或原有所谓态度不明两面应付的游杂武装。不经改编整理实行改造即给以名义，将会便于这些野心分子利用名义去做坏事情，比较之用他们原来名义做坏事，其影响还要坏。此项经验是从多年多次血的教训中获得的，不可再犯。桂剿匪半年来获得重大成绩，现时正处于一个艰苦复杂的斗争阶段，应注意总结经验教育干部，当前斗争即使是微小成绩，都是极可宝贵的，不要因成绩小收效慢而有所松懈。估计你们改变目前形势还要一段艰苦斗争的，需要更有计划有步骤，尤其应注意鼓励斗志，丧敌志气，从政治上改变目前某些地方所存在的被动情况，才能逐步打开局面的。

中共广西省委关于冬季剿匪指示（节录）

（一九五〇年九月十八日）

"清剿匪特，巩固治安，发动群众，武装群众，是本省全年工作中压倒一切的突出任务，是一切工作开展的关键，一切工作的布置进行，都必须围绕这一中心任务。"这是省委1月间在1950年工作中所明确规定的。同时并提出："上半年肃清股匪，下半年基本上肃清散匪。"但是我各级党委领导上对剿匪这一突出中心，坚决贯彻不够，或将许多任务平行，或将剿匪单纯当作军事部门的任务，使剿匪与地方工作二者结合的不好，未能动员起党、政、军、民以及一切可能动员的社会力量配合，缺乏比较浓厚的剿匪空气，经常研究情况，具体的系统的适时的指导剿匪工作，和帮助解决有关剿匪的一些具体困难问题都做的不够。虽然经九个月来的努力，已获歼匪十万人的成绩，但目前仍有土匪五六万人，而且相当猖狂。这当然省委首先应负主要责任。

现在省委军区与各地委整风会议已先后结束，分区与各县整风正在进行，夏休将过，10月间大规模的剿匪行动即将开始，为了彻底改正此次整风中所检讨出来的主要缺点与错误，加强对今冬中心任务——剿匪的领导和贯彻，特作如下指示，望各级党委加以研究，并认真执行。

第一，我各级党委必须明确目前全省仍基本上处于以剿匪为主的军事时期，在领导上必须掌握住这一中心环节，纠正单纯推给军事部门，不注重领导的错误现象。今后在布置工作任务时，必须围绕剿匪这一突出任务，不应将许多任务平列，或各自孤立进行。要动员起党、政、军、民各个组成的力量，首先是展开对目前形势与有关政策的宣传运动，造成较高的剿匪空气，通过各界代表会、改编委员会等，充分利用社会各阶层的力量，配合军事打击展开争取瓦解工作。同时要正确执行省委与军区整风会议所决定的剿匪部置，重点剿匪地区对地主枪支处理办法草案，宽大与镇压相结合的实施办法等。

第二，全省与各分区、师必须坚决贯彻重点剿匪的方针，才能有效地消灭土匪。剿匪重点区也就是党、政、群各种工作的重点区，两者必须密切结合一致，使剿匪为发动群众组织群众开道路，同时通过发动组织群众进行清剿匪特，巩固胜利，这样才能够首先搞好重点区，使成为可靠地区，然后有计划的向外顺利扩及。同时要求非重点地区的党委，从整体出发，打通干部思想，在其干部缺的情况下，沉着地愉快地坚持工作，并且也要有重点的开展群众工作，作为坚持的依靠。对某些边缘县份，需要暂时放弃的，经过省委批准后，应有计划的暂撤出，以便集中力量，集中干部，先搞好基本区，再向外发展。

第三，各级党委与政府，必须对剿匪部队与剿匪工作中的一切具体困难，主动的负责的研究解决，以利剿匪任务的进行。目前急需的如情报费，民兵配合作战的

伙食费，作战部队就地支粮等问题的规定，省委省政府已联合通知各地，应即遵照执行。遇有不能解决的困难问题，应及时报告省委，省委设法解决，或报告中南局分局请示处理。

第四，目前党委一元化领导，对完成剿匪发动群众这一中心任务有决定影响。这次整风中检讨出地委县委两级一元化领导，仍存在很多问题，望遵照省委与军区党委的指示，以整风的精神，从思想上、组织上，求得真正解决，以发挥党、政、军、民的集体力量，达到有效的清剿匪特发动群众，准备土改的目的。

10月间剿匪行动开始后，应力求在冬季地区年重点土匪基本肃清，以便进行土地改革。各地委、分区、专署，须将有计划、有步骤、有准备的密切配合，动员全力展开剿匪工作，党委、政府与群团的各个部门，也必须围绕这一中心任务，制定各部门的工作计划，以保证这一中心任务的贯彻。

广西军区四个月剿匪计划

（一九五〇年十月十七日）

一、情况

甲、过去十个月剿匪中歼108612人，自7月份我部队进入夏休以来，匪乘机利用我某些兵力薄弱地区及边沿交界地区得以发展扩大（原6月份统计有匪52115人），经7、8、9三个月歼匪27944人，目前尚有568股，计80406人，除被歼者外，尚增加28291人。

乙、各分区概况

（一）宜山分区共有50人以上股匪计173股，计12000人，连同50人以下总计16080人，较夏休前增加6450人，主要匪首为陈兴参、韩勋、罗松桥、黄旭廷，以宜山、南丹（各3000余人）为数最多，次为罗城、思恩各1500余人。

（二）南宁分区共有匪14000人，计51股，较夏休前增加7060人，重要匪首为方一引、张瑞成、方明、苏汝民、李品之，以邕宁（4000人）为数最多，次为上林、永淳、横县、宾阳，均各2000余人。

（三）柳州分区共有股匪71股，9100人，较夏休前，增加3600人，主要匪首为向天雷、林秀山、林茂权、韦铁、石世佑、杨彪、以三江（2000余）雒容（1200人）为数最多。

（四）梧州分区共有匪50股，9836人，较夏休前增加1648人。

（五）百色分区共有匪32股，6800人，较夏休前增加2100人。

（六）龙州分区共有匪59股，6292人，较夏休前增加2662人。

（七）平乐分区共有匪36股6850人，较夏休前增加2580人。

（八）桂林分区共有匪 30 股 2700 人，较夏休前增加 1238 人。

（九）武鸣分区共有匪 37 股 4988 人，增加 3323 人。

（十）玉林分区共有匪 29 股 3850 人，减少 2400 人。

二、必须继续贯彻重点剿匪的方针

首先以今冬实行土改之 17 个县（全县、灌阳、兴安、灵川、义宁、临桂、武宣、贵县、兴业、玉林、宾阳、永淳、横县、邕宁、苍梧、信都、贺县）为剿匪重点区。

以主要交通干线（铁路、水路、公路）两侧（五十里至百里）乃产粮丰富、人口众多之地区，保持与巩固我广大城市（桂、柳、梧、邕）间水陆交通与通贵州之铁路及通越之公路交通安全，主要有以下干线：1. 湘桂铁路（由全县经桂林、柳州、来宾至南宁），黔桂铁路由柳州至宜山段（宜山至南丹段全不列入重点区，但应有足够兵力控制，以保持和巩固此段铁路之安全）。2. 柳（州）邕（宁）公路，南宁经田东至靖西与百色公路及宾（阳）梧（州）公路，其次为平（乐）八（步）公路及南宁经绥渌至龙州公路。3. 桂（林）梧（州）间抚河及梧（州）至柳（州）和邕（宁）间之柳江郁江，其次为南宁通百色之右江航线。4. 梧州分区以浔江南岸之藤县、平南、桂平三县，平乐分区之怀集、柳州分区之柳江、来宾、宜山分区之罗城、天河、思恩以南宜山、忻城，上述地区人口较多，物产较富，故亦为该分区之剿匪重点区。

在目前兵力不足的情况下，为集中力量搞好重点区及中心区，而对某些边沿地区决定暂时放弃，以使部队做必要的收缩，但地方政权应尽可能组织精干的武工队，或两面派武装及组织灰色政权坚持该区工作，以便将来收复，现决定放弃以下地区：A. 百色分区之西隆、乐业两县，如情况仍十分不利时，则可再放弃西林、田西、凌云。B. 宜山分区之天峨及思恩、天河、罗城（不含）之线以北地区。C. 柳州分区之三江县属丹州（不含）以北地区。D. 其他分区县城基本保持，而龙州分区与云南省交界之镇边、敬德两县及平乐分区之恭城（不含）以北与湖南省交界地区视情况发展而另行决定。

对瑶山区及中渡四十八峒地区基本采取监视，今年不进行大的进剿行动，其次对于外省交界之边沿地区亦暂不进剿会剿，均待明年举行。

三、兵力部置

甲、四十五军一个师以邕宁为中心于口江沿岸之永淳、扶南、绥渌、上思及钦州地区并监视十万大山之匪不使其得以发展，一旦情况需要并有支援龙州分区，加强边防之任务。另一个师置于兴业、玉林、博白、北流、容县地区，再一个师置于贵县、横县、宾阳、来宾、迁江地区，以上几个帅其兵力重点皆应置于土改县区。

乙、各分区根据上述规定之重点区及本分区具体情况对兵力部署自行做适当调整。

丙、对活动于镇结、向都、龙茗交界之钟日山、梁中介等匪由百色、武鸣、龙

州之分区共同组织力量剿灭之。

司令员兼政委　张云逸

副司令员　李天佑

副　政　委　莫文骅

参　谋　长　钟　伟

一九五〇年十月十七日

中共广西省委对中南局、中南军区指示研究情况报告

（一九五〇年十一月十二日）

（一）我们接到中南局 3 日指示与中南军区 8 日指示，今天召开省委常委会议作了研究，除待陶主任来后决定外，现将研究意见报告，请示。

（二）我们对中南局和军区指示的"剿匪为全省压倒一切的首要任务，为工作成绩考核的主要标准，必须有效的实施重点剿匪计划，并保证指挥统一步调一致，动员全省党政军民为争取 1951 年上半年肃清全省股匪而斗争"，我们一致拥护并坚决执行。为了实现上述指示，我们认为首先把广西主要情况说明：

（1）省军区冬季的重点剿匪计划展开近一月，并已取得不少胜利，歼股匪近万人，现剿匪反霸、发动群众、建设地武等工作正在热烈进行。

（2）要保护战略交通线，如柳邕、邕靖、来镇等线。

（3）交通不便，如马上改变部署，调动兵力要半个月以上时间。

（三）依目前具体情况，我们认为仍继续贯彻冬季重点剿匪计划，以免半途而废，同时积极准备明年元月执行瑶山与六万大山、十万大山地区的重点剿匪计划的各种工作，其具体意见：

（1）在组织上：

（甲）取消武鸣分区、地委，缩小百色、宜山分区、地委（剩 3 至 4 个县），抽出兵力加强重点剿匪，将可能抽出的干部组成三个工作队，加强柳州、南宁分区。

（乙）大批抽调机关干部，军区组织几个工作组帮助扩大地武，已出发，省委、省府组织两个工作队，除梧、平两个分区各组一工作队加强瑶山四周工作，统归桂北区剿匪指挥部与临时工委指挥，其他区亦尽量抽出干部各自组织工作队，配合剿匪开展地方工作。这些工作队均分配南北两指挥部与临时工委统一领导。

（丙）按中南局指示设立南北两指挥部与临时工委，由李、何及四十五军首长负责。

（2）抽调兵力和部署：

（甲）柳州、平乐、梧州分区争取于 12 月底歼灭各分区内部的股匪，并有意识的向瑶山地区压缩；1 月开始拟以九个团的兵力（宜山、桂林、平乐、柳州各两个团，梧州一个团）再配合以地方武装约 30000 人进剿瑶山，争取 3 月以前将瑶山区

股匪肃清，3月以后主力向省西北转移，与友邻会剿桂黔边股匪。

（乙）四十五军贯彻原冬季剿匪计划，将我省腹心地区（如来邕铁路两侧及邕宁、柳江地区）股匪争取于12月底前肃清，初步发动群众和壮大地武。

（丙）将原分散的一五二师恢复起来，接替四十五军在江北的任务，1月初四十五军即可全部以八个团或九个团转向六万大山及十万大山钦廉防博地区，由北向南由东而西于3月以前消灭六万大山地区股匪，3月后将主力向西转移，进剿十万大山区股匪，争取于6月以前基本肃清右江以南之股匪。

（3）准备工作：

（甲）动员全省党政军民一致努力，围绕剿匪任务进行工作。

（乙）建立人民武装的组织机构，整顿民兵。

（丙）加紧督促地方武装的建设，军区已组织两个工作一队下去检查帮助。

（丁）军区成立干校，分区成立教导队，培养地武干部。

（戊）放弃的地区除留当地较强武装独立坚持并抽少数公开工作干部随地武行动外，尽量抽出干部参加工作队，军队亦调出参加重点剿匪，政权设法找两面的人士充任，与我们保持联系。

（4）重点土改县份，南宁地委可减少一两个县，玉林地委减少一个县。土改进行步骤均从一个乡一个区做起，然后全县扩展。

（四）中南局指示的几个政策，如坚决镇压反革命分子，处理民枪与分别处理失业在乡的国民党旧军官等政策，我们完全同意。我们对过去执行镇压与宽大的两面政策时，宽大无边的毛病与恶果，经过这次整风与中南指示，自上而下已有了认识和转变。集训在乡军官问题就是费用财委尚未批下，故未解决。收缴城市枪支问题拟先从四市做起，再到各县城。

（五）剿匪动员方面，各级整风会议强调剿匪任务与明确重点剿匪方针，是一个有力的动员，省各县代表会议亦动员剿匪与重点土改为最主要的内容。为了把你们指示的精神更好的贯彻下去，定于本月22日召开高干会议作专门的研究重点剿匪部署。

以上意见妥否。请指示。

为坚决执行毛主席的指示在半年内肃清全省股匪的任务而斗争

——张云逸在省委第三次高干会议上的报告

（一九五〇年十一月二十八日）

同志们！

我们这次高干会议主要是讨论如何执行毛主席和中南局，中南军区，华南分局的指示，在半年内完成肃清全省股匪的任务，巩固革命社会秩序，取得主动应付时局，现在为执行上述任务，我代表省委对过去剿匪工作作初步检讨并提出今后剿匪工作的意见，希各同志加以讨论和指正。最后请叶主席、陶主任两同志指示。

广西解放 ———————————————— **1949.12.11**

　　自从去年 12 月 11 日我军解放广西全境后，1 月 24 日省委即提出以剿匪为压倒一切的中心任务，各地部队即迅速铺开，积极进行军事进剿与政治瓦解相结合剿匪斗争，并随着开展地方工作，整顿地方武装，4 月间，更进行减租退租的群众运动，组织农会民兵，以结合开展剿匪工作，由于全省党政军民的共同努力，我们的剿匪工作是有成绩的，在全省解放后的两个月中，即将李、白匪帮遗留在全省各地企图长期游击的大股残匪基本歼灭。而在将近一年的时间内，总共消灭土匪十一万余人。虽然我们消灭土匪的数目如此巨大，但全省股匪仍然没有完全肃清，目前全省土匪总共还有 50000 余人，我们的剿匪任务是没有完成，其中虽有许多原因，主要是领导上有了严重的缺点和错误。这些缺点概括说：是没有适时提出重点剿匪的方针，又没有充分动员和组织党、政、军、民、财一切力量贯彻剿匪的中心任务。现在我分别略为说明：

　　我们省委领导思想上缺乏细致研究和了解掌握情况，尤其对广西土匪的主要特点——就是地主阶级握有强大的武装。又有武装斗争的经验，控制群众的力量较强，因此他们得以凭藉这些条件，与在乡旧军官旧人员中的反动分子及惯匪特务互相勾结，有组织有计划地抵抗与破坏我们的工作，在我们进剿压力大时，又依靠地主的旧有的统治基础，隐蔽起来，插抢为民，藉此保存力量，待机而动，这是一方面。但另一方面，封建地主有地域性，排他性的，他们内部矛盾重重，不能集中统一行动。特别没有得到广大群众支持，是可以采取各个击破方法消灭的，因为对此情况缺乏深刻的研究，故在领导上没有适时的提出各个击破的重点剿匪方针。在 2 月间，李、白匪帮布置下的正规残匪基本上被消灭，各地匪特分散潜伏，我们曾产生错觉，强调驻剿为主。一时采取分散的方针，没有集中兵力来彻底消灭敌人，使全省地区，一块一块的巩固起来。因此，敌人得以到处流窜，煽动暴乱，其中以恭城、玉林两处暴乱规模最大，虽被镇压下去，但所损失是严重的。经过这些事实的教训以后，我们思想上还不能警惕，仍没有及时彻底转变执行重点进剿的方针，虽然那时我们也已有了重点，但都是分散和孤立的小点，而这些重点又多放在偏僻的山区，与重点发动群众的人口众多物产丰富地区是分离的，这样地方工作与剿匪互相不配合，形成单纯军事剿匪，同时分散守备兵力过多，因此兵力不集中，干部不集中，力量不集中，加以部队中存在不安心在广西工作的思想，也影响剿匪的积极性，以致此剿彼起，没有收到应有的效果。中南局与中南军区对方针虽有指示，而我们的领会和执行是较差的，一直到最近 7、8 月整风，才从多地剿匪的经验教训中，对重点剿匪的方针，逐渐明确起来。对政策的掌握研究也不够，主要表现在：

　　（1）我们在执行宽大与镇压互相结合的政策，自 2 月匪特暴乱后，省政府和军区于 3 月 23 日曾颁布严惩暴乱首恶分子的命令，但没有贯彻，以致发生了偏向，对各地暴动的匪首，作恶多端的匪犯及随后许多抢劫杀人的匪犯，没有完全给予及时的坚决的镇压，表现了宽大无边。该杀的不杀，该关的不关，以至敌人利用我们的宽大来煽动和欺骗人民，组织暴乱，而基本群众则怕我抓住土匪随便释放，以后会遭受土匪的报复，不敢积极协助剿匪工作，同时我们对匪俘的处理也欠缺明确具体

的政策，以至有的捉了又放，放了又捉，这样不但助长了匪焰并脱离了群众，是非常错误的。这里必须指出：在全国伟大的胜利形势下，我们在全省解放初期，采用宽大为主，曾争取瓦解许多敌人武装，是需要的，是对的（事实证明这点）。但在敌人暴乱以后，并继续疯狂作恶，还强调宽大，就是错误了，这个界线，必须划分清楚，才能正确的说明问题。

（2）在剿匪减租退租运动中，没有尖锐的提出开展反霸斗争，这样就不能大力的深入发动群众，使农民正面与地主撕破脸，给恶霸地主以有力的打击，以致这些恶霸还继续维持他们对农民的欺压统治，并与特务土匪及在乡的反动军官相勾结，进行反革命的阴谋破坏，成为土匪活动的主要依靠和产生土匪的主要根源。

（3）在收枪问题上，我们省委收缴地主武装来武装革命人民的原则意见是一致的，但在3月间第一次高干会议上和会议后对缴枪的具体方法和步骤上，开始有些分歧。当时省委没有及时研究作出结论与规定具体办法，是有缺点的。至6月及9月省委和军区才有两个具体规定的文件。但今天检讨起来，由于过去强调应谨慎小心，致影响下面在收枪问题上不敢大胆收缴，因此没有收到应有的效果。如有些地方连通匪、窝匪的地主恶霸反革命的枪支也不追缴，也有些地方在收枪中操之过急，不经过调查研究，又不讲究方式，逼枪吊打人，造成乱打乱押的现象，但主要缺点是前者，致使敌人保持他们叛乱的资本。

（4）对培养和建设地方武装重视不够。过去在广西敌后发展的地方武装是土生土长的，大部分是很好的，地方情况熟悉，与群众有很好的联系，但在整编中复员过多，各县区武装人数过少，又大多以主力部队编成，地方化思想还未完全打通，情形不熟，言语不通，与群众联系较差，在剿匪中发生许多困难，削弱了剿匪力量，这也是失策。

上述事实说明了我们对政策的研究不够，具体规定不够，检查监督不够，这是由于我们对广西情况发展的认识不足，不能随情况的变化而适时决定符合实际情况的方针和具体情况，所发生的。而最基本的是没有适时提出重点剿匪方针与没有充分动员和组织一切力量来配合，致使工作受到损失，这个责任应当由省委和军区党委来负，特别是我个人要负主要责任。但经过7、8月份的整风运动，这些缺点已逐渐克服，因此在最近一个半月中歼匪25000人，并获得了许多剿匪经验教训，这都是我们逐步明确了重点方针，并总结经验，规定了一些具体办法，以及组织党政军民力量，为剿匪而斗争的结果，但这些成绩还是很不够的，匪情仍然是严重的。

目前美帝扩大朝鲜，越南及我国台湾的侵略，加紧准备第三次世界大战，国际形势比较紧张，我广西处于国际前线，同时又是东南重要的门户。为了巩固我省革命秩序和巩固西南国防。对付美帝国主义及其走狗蒋匪一切可能的阴谋活动，打破美帝在东南亚日益加紧的战争准备，我们必须执行中南局、中南军区重点剿匪的指示，加速我们的工作步调，坚决执行毛主席给我们在半年内剿灭广西股匪的任务。为了完成这一中心任务，我们必须全体动员起来，一致努力贯彻重点剿匪的总方针，主动的暂时放弃一些地区，高度集中优势兵力，并动员党政军民财可能动员的一切

力量积极配合，有步骤有计划的一块一块的肃清土匪，而达到肃清全省股匪之目的。其具体工作意见如下：

（一）重点剿匪的部署和要求

1. 依照中南局 10 月 28 日会议决定，在此也要以××（按：瑶山）周围地区为重点剿匪地区，限于明年 1 月开始，3 月完成任务后，再将主力转移到西北地区，逐步收复放弃地区，配合西南军区部队，会剿滇、桂、黔边境股匪。南边以××××和××××（按：六万大山，十万大山）周围地区为重点剿匪地区，亦于明年 1 月开始限 4 月完成任务（具体部署军区另有作战命令）。

2. 南北两重点剿匪地区设立南北两个指挥部与临时工委，统一领导该地区的一切工作，北面指挥部由由李、何负责，南面指挥部由张、邱负责，均于明年 1 月开始行动。限期完成任务。（军区另有命令）

3. 决定宜山，梧州、桂林分区各抽一个团，平乐、柳州各抽两个团，并以二十一兵团一部参加进剿瑶山地区之匪，以四十五军及龙州一个团并二十一兵团一部进剿南边重点之匪。为了抽调兵力不致影响原重点剿匪工作，各部应依照军区冬季剿匪计划彻底完成任务，以免匪患再起（兵力调动军区另有命令）。

4. 为抽出部队与干部加强重点剿匪地区，决定取消武鸣地委分区，缩小宜山、百色地委分区，并决定各地委分区（桂林除外）各组织一地方工作队，重点区县亦组织工作团，省委、省府组织两个地方大队，均于 12 月底在指定地方集中，随军行动，到重点剿匪地区工作，军区亦组织数个工作组，到各分区检查与帮助建立地方武装工作。

5. 剿匪斗争的总口号是"肃清土匪，反对恶霸，发动群众"，在总的口号下开展重点剿匪地区的工作，大致可分为三个步骤去进行：（1）以军事为主肃清股匪。（2）以政治攻势为主，结合反霸成立乡村人民防匪自卫委员会，发动群众，肃清散匪。（3）放手发动群众，展开减租退押等运动，认真组织群众，武装群众，进而领导群众实行土地改革，挖掉匪根。

6. 重点剿匪地区的工作，必须达到以下的要求：甲、捉清匪头和骨干分子，并予以分别镇压，消除群众怕匪心理。乙、扫清匪枪，收缴恶霸地主富农的枪支，以及一切反抗人民的枪支。丙、组织农会，武装农民自卫保家。丁、建立区乡政权。

为此，必须全省党、政、军、民、财动员起来，打通思想。首先是打通干部的思想，贯彻以剿匪为压倒一切的中心任务，造成浓厚的剿匪空气。高度发挥剿匪的积极性，不怕困难，大家想办法，创造推广与提高经验，造成热烈的剿匪运动，务期达到明年 5 月以前消灭全省股匪之目的，所有一切不积极，不配合剿匪的思想，必须加以批判纠正。

（二）剿匪必须结合发动群众，开展革命斗争。首先在群众广泛进行剿匪宣传鼓动，引起群众参加帮助剿匪斗争，以配合军事进剿，肃清股匪。再进一步即以政治攻势为主，号召群众清匪自卫，深入反霸斗争，以肃清散匪（但反霸不可形成一个阶段）。在散匪基本肃清后，即应大规模的进行减租退租运动结合反霸，深入发

动与组织武装群众，建立与健全农会组织，展开诉苦教育，提高农民阶级觉悟，纯洁和壮大农民队伍，以便在清匪反霸减租退押等斗争中，充分准备好群众条件。紧接着即实行土改，缩短由剿匪反霸减租退押到土改运动之间的距离，争取明年在全省范围内大部分地区实行土改。这是为了适应形势开展的需要，亦是为了更好的巩固剿匪的胜利与最后肃清土匪。因此，我们今天应加速土改的步调，除了按预定计划，迅速完成第一步20个县的土改外，并争取明年三四月后开始第二步计划，在重点剿匪区实行土改（计29个县）。这样，在1951年，全省约一千万人口的地区，基本上实行土改，使农民分得土地，得到利益，我们就赢得了主动应付时局。但是，要完成这个预定计划是繁重而艰巨的任务，目前就要在思想上组织上以及各种工作上做好充分准备，克服一切困难，首先是全面动员党政军民财力量，坚决如期完成重点剿匪；并在清匪反霸减租退押各种工作中，抓紧发动群众，建立农会组织，领导农民向地主斗争，打落地主威风，大量培养训练土改干部；同时努力搞好第一步21个县的土改，取得经验，以便届时抽出部分干部，到重点剿匪区，加强土改工作迅速展开，并做出成绩，这就是毛主席所指示的："加快加宽的进行土改。"我们一定要坚决这样做，应该认识，这是完全符合于广西农民一是保命，一是要吃饭的迫切要求的，我们必须帮助农民解决这两个迫切要求。因此，除了坚决剿灭土匪外，还要坚决镇压恶霸斗争地主及收缴其枪支，武装农民自卫。在剿匪反霸中，可以没收匪首恶霸财物赔偿受害群众损失，及分给贫苦农民，以鼓舞群众斗争的积极性，但反霸的主要着眼在政治上打垮地主阶级的当权派。故没收匪首恶霸的财物不要过分着重（匪首恶霸是中农以下成分者不没收其财产），其属于工商部分不动，并须留出未参加罪犯行为的家属以维持生活所必需的财物，其土地可由农会接管，分给农民使用，所有权财留待土改时确定。总之，发动群众的主要标志，就是把农民动员组织起来，敢于与地主阶级进行斗争，我们坚定支持农民的斗争，把地主威风根本打倒，树立农民的政治优势，并从剿匪反霸减租退押一系列的斗争中壮大农民的队伍，加速实行土地改革，彻底铲除匪根，消灭地主阶级。

（三）必须在发动群众的基础上，加强民兵组织及地方武装建设。贯彻执行军区建设地武计划，在清匪自卫的口号下，动员组织贫苦农民，巩固与发展民兵组织，建设与充实地方武装。必须明确认识，只有建立坚强的民兵与地方武装，才能保证肃清土匪，完成土改，保卫地方，巩固农民胜利。这些武装组织必须纯洁可靠，保证我们的领导，在扩建地方武装中必须防止土匪及反革命分子混入，其中有不纯的分子，应该动员群众有准备有步骤的清洗出去。同时要加强地武的阶级教育，提高阶级觉悟，在剿匪斗争中带领他们配合主力参加剿匪，使他们在斗争中获得锻炼，成为肃清土匪确立农村革命秩序的坚强力量。

（四）为了加强重点剿匪地区的地方工作，必须培养大批本地方（地武、农运、政权）的基层干部，各地委、分区应该立即了解全地委、分区总共需要各种基层干部数量多少，现有多少，马上依缺少的数量计划办短期训练班与教导队，这些学员们来源主要应从工会，农会，地武，民兵积极分子中选择，由各地委人民团体组织，

并可由各县中学校选择一些贫苦学生，训练时间不要过长（一两个月），注意阶级教育与联系群众的作风，训练的方式是：现在准备他做什么事情，就教他什么课程，由近而远，由浅而深，由实际而理论，或带他到实际工作中一面做一面教，使他更容易理解，希望各同志回去后即做出计划报来。

（五）收缴枪支问题。广西封建地主阶级敢于为匪反抗人民，主要是掌握有武器。因此，重点剿匪地区，必须确定一律收缴枪支，才能发动群众，清除匪患，但应在收缴反动枪支口号下进行，进剿初期，主要靠军队收缴（但必须在政治机关掌握下有组织有领导的进行。同时注意发动群众协助），首先迅速收缴已公开暴露的枪支，然后进一步严密搜索分散隐藏的匪枪，收缴愈彻底愈好，但要防止逼枪吊打的行为。在分散驻剿期间，在结合清匪反霸、发动群众中，则应由军队支持群众以乡村防匪自卫委员会（即军管性质的组织，由党、政、军指派干部，并吸收工农积极分子和农村中个别靠拢我们的人物参加组成，主任委员由我们充任之）为主收缴较好，并宣布所收缴之枪支，仍留在本乡，武装革命群众进行保家自卫，尤其深入对群众宣传收枪意义，只有把反动枪支收缴了和群众武装起来，实行土地改革，才能鼓励群众的积极性，使他们勇于收缴土匪及一切反动的枪支和清匪反霸斗争。只有这样，分得土地才能有保障。其次，在我们已有政权、有武装、有群众组织的地区，对于通匪及一切反动的枪支（确有证据），必须坚决追缴，转给民兵自卫，不得拖延时日。对一般地主及富农枪支，则应在防匪保家自卫的口号下，以献枪或借用的名义，一面动员说服，一面发动群众加以压力，将枪支转移到革命群众手中，对于贫农、中农的枪支，则以动员他们自觉连人带枪踊跃参加民兵，如果不愿出来时，可把枪借给民兵作为防匪保家之用。城市的枪支必须一律收缴，这是因为在城市中治安已经建立，人民生命财产的安全已获得保障，因此，人民不需要再保持枪支，以免辗转流传为匪特所利用，但在收枪支也应首先进行详细的调查研究，掌握材料并将收枪的理由办法向群众作广泛深入的宣传解释，再由政府出布告收缴，这样有准备地有计划地进行收缴可免混乱现象。总之，收缴枪支这项工作是与发动群众，消灭土匪特务与封建势力有密切关系的事情，我们应按上述原则采取积极收缴的方针才能得到效果。

（六）关于坚决镇压反革命分子是非常需要的，中南局指示：任何对执行坚决镇压反革命不够坚决的态度是错误的，不能允许的，如果今天在我们干部思想上还存在有怀疑与顾虑，那是对目前整个形势认识不清楚，必须纠正，镇压反革命分子重要一条，就是必须消灭其领导骨干，摧毁其组织基础。因此，中南局规定对以下十种人应严厉采取镇压政策处以死刑或长期徒刑，并应保证坚决执行。即：（1）背叛祖国、和帝国主义间谍分子勾结，通敌有据而情节重大者；（2）抵抗我军进剿的匪首和多年惯匪及假投降或投降后又有活动企图之匪首、惯匪、原特务机关之首要分子（军统站长以上，中统区长以上）解放后无立功表现者；（3）阴谋煽动与组织暴乱者，反动地下军组织者；（4）职业特务中有血债或其他罪大恶极分子未悔过者、预先潜伏在勾通与敌联系、或新近被敌人派回来进行破坏活动者；（5）曾经宽

大处理而又反复继续作恶之反革命分子；（6）指使或动手杀害我方人员与革命群众者；（7）有反革命行为的会道门首领；（8）破坏军事建设、交通设备、仓库物资等国家财产的反动分子；（9）为地方广大群众所痛恨的恶霸及其他主要帮凶；（10）属于惩治不法地主条例第七条之地主及其他帮凶，次要分子可酌情减轻处刑，但必须法办。上面举例之十种反革命分子，以该处死刑的即处死刑为原则，要杀得准，不要错杀，不怕多杀，但必须由地委、专署以上机关批准和经过正常审讯手续判处死刑或徒刑，要防止逼供信，严防敌人反间计造成混乱。这些指示是完全符合广西情况与要求的，我们必须切实执行，镇压反革命的破坏，在重点剿匪区各级政府和各部队还要认真执行省人民政府和军区司令部、政治部联合规定的剿匪十大法规，以除匪患。

应认识到对反革命分子的镇压，不是消极的杀人，而是杀一儆百，除暴安良的积极意义。因此，无论军事法庭或人民法庭处决匪犯，必须宣布其罪状，对主要分子的处决，登报广泛宣传，使群众知道这是"恶有恶报"，以大快人心；并应很好地揭露匪特的血腥罪行和宣传我严惩匪特为民除害的决心，取得广大人民的同情与拥护，又使脱逃匪特有所畏惧，回头自新，不敢继续为匪作恶。对于所俘获之匪众，除罪恶极大的应处决外，其余均加以监禁，其中有成分好、被迫为匪不久的青年，可选择一批加以训练，改造补充部队，此外待该地股匪肃清，地方治安恢复，群众起来后，即分别释放。但在匪盘踞地区，土匪强迫编组的伪自卫队，因为他们是被迫参加而带群众性的，除其之首要及为人民痛恨者依法惩办外，一般不能作为匪俘看待。在我们采取严厉的坚决镇压匪首的情况下，将使土匪内部发生恐慌动摇出现大批自新时，我们应宣传宽大政策以瓦解敌人。凡投降自新的土匪，应本宽大原则处理但必须交出枪支与组织关系，严防伪装的自新投降，自新的匪众（极坏的除外），可交群众负责管制监视，匪首及骨干分子则需集中管训，采取以匪治匪的方法，鼓励其招降、告密、起枪、瓦匪等工作，以立功赎罪。

对在乡的国民党反动派的旧军官、旧人员，除为匪作恶者捕获惩办外，其他应选择生活困难的或有号召能力的，以专区为单位的酌量养活一批，集中起来管训教育改造，如其真诚靠近人民表示开明的，可吸收一些做参事之类的工作。

（七）对少数民族的政策。必须采取团结平等的尊重原则，在政治、经济、文化等设施上应予少数民族以较好的优惠地待遇，要尽量减轻他们的负担。规定凡在国民党时代没有粮税负担的，现在照旧不要负担；过去有负担的现在按一般负担减少二成，特别贫苦的，或减或免。在贸易政策上，对少数民族的山货出产可酌情提高收购价格，对他们所需要的日常生活用品，略低于市价尽量供应，帮助他们开展其地区的对外贸易，逐步改善其生活，在政治上必须注意培养他们本族的干部，并按其群众觉悟程度，而帮助其进行社会改革，我们剿匪部队进入少数民族地区的时候，必须注意尊重他们的生活习惯、风俗和宗教信仰，在少数民族地区将土匪消灭后，政府必须进行优抚，开放赈粮赈款，救济受匪害的群众，以安民心。在进入瑶山之前，可尽量在汉瑶杂居的区域动员一批瑶民和瑶山区内的瑶民多方建立关系，

并设法动员轮训其积极分子，组织瑶民随军工作团，进行宣传和发动群众工作。

（八）各地委、分区对于现在重点进剿地区的工作，必须加强组织武装群众，领导群众向地主恶霸做经济的政治的斗争，启发群众阶级觉悟，把工作进一步深入和巩固起来，以免部队调动时，影响工作。在准备时期放弃的地区应将暴露的干部与民兵组织武工队进行灵活的对敌斗争，如有不能参加武工队者可以撤退免受损失，但在部队撤退前，召开各种会议作充分动员说明我们撤退是暂时的，是为了集中力量消灭土匪，更快地逐步地巩固全省地区，应对封建地主提出警告，不得乘机对群众反攻倒算，否则将来必受严惩，其中较为重大的反动分子，可在撤退前加以镇压，或扣押一些，以免其乘机为非作歹，造成巨大损失。

同志们！这次会议得到叶主席和陶主任亲临指导，使我们会议获得更多成就。会后只要我们贯彻重点剿匪方针，坚决执行政策，做好以上各项工作，半年内消灭全省股匪的光荣任务是一定可以胜利完成的。

叶剑英在中共广西省委第三次高干会议上的讲话

（一九五〇年十一月三十日）

同志们！

毛主席指示我们，要在明年5月1日以前，肃清广西全省股匪。中南局也给了同样的指示。这次会议，张主席根据毛主席及中南局的指示作了报告，大家作了补充；陶主任的报告，给我们在政策上作了解释，并提出许多具体办法。这样看来，同志们对于方针、政策、做法和时限都掌握了，我相信任务一定能够顺利地完成。现在我想讲四个问题，供同志们参考。

一、对广西的认识

1. 今天的广西，是人民的广西，已经完全不同于旧的李、白匪帮统治时代的广西。但有些同志对广西认识不足，因此热情不高。说广西山多，匪多，长虫多，穷人多。我们应当指出，广西人民和全国人民一样，是勇敢而勤劳的，太平天国起义，首先是广西农民搞起来的。广西人民过去所受的封建压迫剥削很深，因之，反抗压迫剥削也很坚决。广西人从来就是勇敢好战的。

1929年，在共产党张主席领导下，举行右江暴动实行土地革命，创建红七军，虽然很快就与主力红军会合。但在广西人民的心坎中，留下了深刻的影响。解放前已有几块游击区和人民游击队坚持斗争，加上我们一年来的工作，今天广西人民，不是倾向敌人而是倾向我们党和人民政府的，这就说明广西工作有优良的群众条件。

2. 广西今天，地处国防前线，与东南亚各国陆地毗连着。这些国家已处在解放斗争的严重时期，帝国主义者正在使用联合力量镇压殖民地解放斗争，这些殖民地半殖民地的解放运动成功与否，不仅与我国数百万华侨的利益有关，而且直接关联

到我国国防的安危。因此，胜利了的中国人民，便有责任去注意他们的斗争。而广西所处的毗邻地位，更是中国人民与这些地区人民经济文化联系的桥梁。因此，广西今天是负着光荣的国际任务的。

3. 但是还有另外的一面应该指出，广西虽然解放了，人民有了自己的政权，但乡村封建势力尚未摧毁，公开反动武装尚未消灭，土改尚未完成。即是说，上层革掉了，基层未革掉，城市革掉了，乡村未革掉。因此，我们要继续进行自上而下的、有领导的，贯彻目前阶段的革命任务，不能半途而废。就是说，我们必须彻底推翻封建统治，建立人民民主专政。这是一场严重的阶级斗争，在地主阶级还掌握有一定武装，并以武装来反抗我们的时候，这个斗争，还是武装斗争的形式。我们要用人民的武装，来消灭反革命的武装。不过，目前已不是两军对垒的局面，而是非常复杂的带社会性的剿匪斗争。我们要解除地主的武装，夺回他的土地，消灭地主阶级，敌人是不会甘心死亡，它必作垂死挣扎，当反动武装未被解除以前，他们主要是用武装斗争形式，当武装已被解除之后，他们仍然要钻到我们的内部来，进行非法的阴谋破坏与合法斗争。这是广西目前斗争的长期性、复杂性。指出这个长期性、复杂性，我们才有严肃的态度来对付当前的斗争。

4. 广西人民在目前比较普遍的要求是什么？比如大家所提出的山多、匪多、长虫多、穷人多的说法，是符合实际的话，那就是说明了：第一广西农民因为受到严重的剥削，所以生活异常贫困；第二在土匪四处骚扰之下，广西人民的生命安全经常受到威胁。所以广西人民今天普遍的要求：第一要安定（剿匪肃特）；第二要救活（吃饭）；第三要保命（枪支）；第四要土地（生产）。我们党和政府要为广西人民服务，就要满足广西人民的这些要求，就要肃清匪特，安定社会秩序，在保证领导条件下，给他们枪支，用以保家乡、保生命，进行生产救灾，给他们生活，完成土改给他们土地。总之，是为他们除害，有害必除，有利必兴，二者不可偏废。这样才能使人民获得安居，走上乐业。但今天来说，广西人民的四个要求，最首先最中心的是剿匪，匪不肃清，其他都谈不到。这是一条锁链的四个环子，而剿匪是中心的一环。我们今天用全力抓住这个中心一环，然后才能胜利的转入第二环——土改，我们领导者的责任，就在于善于抓住中心环节。

5. 战斗的广西。这就是说，广西是战斗的人民，战斗的任务。广西人民是勇敢善战的，过去受了敌人长期的反动统治的剥削和压迫，这些战斗的潜力长期被摧残、被欺骗、被压抑，不能发挥出来。解放后，我们就应把他发挥出来，使战斗的人民成为伟大的革命的战斗力量。这是因为广西的人民，今天有战斗的任务。美帝国主义此次侵略朝鲜，其目的是企图进一步从东北直接进攻中国，但美帝国主义者，也企图侵略越南、缅甸等东南亚国家，企图进一步从西南进攻中国。因为这些国家，其大陆与我们毗连着，帝国主义者可以从陆地闯进广西，侵略我国。为了保卫祖国的边疆，广西恰恰是国防最前线，负了保卫祖国的光荣的战斗任务。今天越南等地人民革命搞得热烘烘，只有他们胜利，都成为人民民主专政的国家，然后我们的国家在西南方面，才能获得合理的边疆。

二、一年来广西的工作

广西工作，一年来在广西省委与张云逸同志领导下，有很大成绩。这个成绩属于广西人民、广西军队、广西党，属于中南局与中央的正确领导。我认为成绩主要表现在：

1. 广西人民及其地方武装，支援和配合了大军解放全省，消灭了蒋、李、白匪帮十七万反动武装，支援了陈赓兵团经桂入滇，并保证了与邻省友区交通和运输的任务。

2. 经过了一段招降工作的成功，兵不血刃，消灭了李、白匪帮有计划遗留的35000武装，并组织民兵十六万，消灭土匪十二万（包括前述消灭大股土匪在内），镇压了特务。有许多地方进行了减退租、反霸、救荒、农贷等发动群众的工作，稳定金融物价等等，给人民以不少的利益。

3. 进行了人民的政治宣传教育工作，把人民政治觉悟提高了一步。

4. 努力的打开棋盘、摆好棋子，基本上建立了广西人民民主专政的统治。

前面已说，这些成绩的获得，除了中央、中南局的正确领导外，与广西党的领导和同志们的努力是分不开的。

诚如同志们所指出的，广西党的领导上还存在着缺点，如，剿匪任务，压而不倒；重点剿匪，实际不重；一般号召未与具体指导相结合；镇压反革命，有布告无细则，不大胆，不放手，认识不够，贯彻不够，检查不够等。

自整风以后，从10月中旬开始，各师与各分区积极努力，展开剿匪，45天时间，已歼匪25600人，这说明剿匪有显著的进步，比过去有显著的成绩，主要是你们努力得来的。你们的缺点，也经过你们自己的整风，自我批评纠正的。这说明广西党（包括军队党）本身有健全的因素。可以靠自己的力量，克服自己的缺点和错误，加上上级指示和帮助，就更有了保证。在此基础上，来接受毛主席的指示和任务，我想任务是一定可以完成的。

在这里顺便讲讲来意。我来，恰在此时，恰逢此事，事出有因吧！的确，世界革命与战争的音乐交响着旋律一度比一度快，而我们打板的人，还悠悠的敲着慢板，这就不合毛主席的拍子。因此，我是来告诉同志们，我们现在要把板子打快一些，才能配得上世界的音乐。这不是说，广西工作做得那样坏，而是说过去打慢板、打得的，可是现在新的情况已经来临，而我们还在打慢板，那就错误了。毛主席在临来时，曾指示我，广东必须迅速广泛进行土改，广西必须加速剿匪，两广必须统筹，才能有效地对付敌人可能的侵略。广西工作有缺点是一回事，从慢板要转到快板又是一回事，两者虽然有联系，但也有区别的，同志们必须好好的体会毛主席指示的精神，迅速的定期定额的完成肃清全省股匪的任务。

三、目前的形势

目前形势，从朝鲜问题说起，这个问题人民最为关心。朝鲜战争，是三次大战已经在朝鲜开始了吗？或者朝鲜战争发展下去就会变成世界大战呢？我们说，朝鲜战争是美帝国主义准备第三次大战的重要部分，还是大战的开始。开动第三次世界

大战，其范围真正是世界性的，不仅限于朝鲜或者亚洲或欧洲，而是扩大至整个世界（将是三洲三洋）。世界战场从整个地球说，东半球是主要战场，在东半球说，欧洲是主要战场。总之，这是真正的整个的世界战争。必须要全球的战争准备。自二次世界大战后，美帝国主义即开始在全世界范围进行战争的准备，在全世界推行杜鲁门计划、马歇尔计划等等，在亚洲与扶助蒋介石的同时，又在朝鲜、日本、台湾、东南亚各国建立军事基地，来进攻我国和苏联。因此，美国假使占领了朝鲜，不过是先完成了它的准备之一，还要进一步夺取越南与东南亚作为军事基地，同时加速准备欧洲。

既然美帝进攻朝鲜，是美帝准备世界大战的一个重要组成部分。那么朝鲜战争，从朝鲜本身来看，是侵略与反侵略的战争。从世界观点来看，就是准备大战与破坏准备的斗争。朝鲜反侵略战争能坚持，能胜利，就能破坏美帝国主义世界大战的准备。我们支援朝鲜，就是破坏美帝国主义对战争的准备，阻止世界大战的爆发，保卫世界和平，如果美帝国主义者硬要把战争持久下去，把战争在朝鲜拖下去，也不是可怕的。这也是耗费美帝实力，锻炼和壮大我们自己的最好的办法与机会。现在朝鲜的美军有八个师，英帝及其他小国也派一些来，如果将他们的力量，准备一点，便在朝鲜消耗一点，使他们更加困难的积蓄力量，这对阻止世界大战是有利的。朝鲜地势，大部分与中国毗连，一部与苏联毗连，这样地势很有利，中国人民自觉的、志愿的下点力量，将帝国主义力量消耗掉，对朝鲜、对中国、对全世界都是有利的。因此，中国人民志愿的支援朝鲜人民的义举，是完全必要的，完全正确的。

美帝为什么不顾我国政府历次提出的警告，公开武装侵略朝鲜和台湾呢？要了解这个问题，就是从最近二三十年世界历史的开展来看。世界经过二次大战以来，资本主义系统大大削弱，反资本主义系统大大加强，世界力量的对比也有了基本的变化，譬如说：第一次世界大战后，在地球六分之一的土地上产生了苏联，资本主义英、美、法、日、德、意、俄"七强"变成"六强"了。苏联成为反帝的中坚力量，从此世界产生两个营垒。第二次世界大战以后，资本主义方面，德、意、日打垮了，英、法削弱了，"六强"只剩下一个美帝了。另一方面，社会主义和新民主主义国家却由一个变成十二个，人口达八万万以上。并且在资本主义国家内部，大多数的人民仍然是拥护民主和平的。最近斯德哥尔摩的和平宣言，签名人数已达到十万万以上。这说明世界两个阵营对比，和平民主的力量，大大的加强，帝国主义的力量，大大的削弱。因为力量对比，优势是在我们这一边，我们就取得了主动。所谓主动，即是可战可和，可以保卫世界和平，也可以打败帝国主义侵略。我们看，在欧洲，德、意打垮了，英、法削弱了，那个时候的欧洲还有哪个国家敢号召向苏联进攻呢？在亚洲，日本打垮了，国民党蒋介石匪帮打垮了，在亚洲还有哪个国家敢号召向中国人民进攻呢？在亚洲没有人敢进攻中国，在欧洲没有人敢进攻苏联。应该说二次世界大战后，欧亚两洲人民，已经获得持久和平的有利条件。如果没有美帝国主义在世界挑起战争的话，欧亚两洲持久和平问题已基本解决了。所以世界还有战争威胁，就是由于有一个美帝国主义。美帝国主义在二次大战一结束，立即

匆匆忙忙的准备新的战争，这是说明它们的危机，而不是说明它们的强大。美国的力量，把美国本身作为单独一个国家来看，它是在二次大战中加强了，但从资本主义整个系统来看，从全世界两个阵营力量对比来看，它是大大的削弱了。所以它要搞马歇尔计划，到处搞基地，到处侵占别人的利益。因此，美帝国主义在世界是"老鼠过街，人人喊打"。美帝企图在战争中，逃避危机，因此要急着准备；因而不能不由阴谋活动进到公开武装侵略朝鲜。

世界人民，如何使用自己的优势与主动呢？是利用此优势来进行战争有利呢？还是利用此优势来巩固持久和平有利呢？我们认为利用优势来巩固持久和平为有利。为什么呢？因为世界趋势是可以经过和平斗争走向胜利的。这就是我们要努力阻止战争的原因。我们用优势的力量，来巩固和平，而和平又是全世界人民所拥护的，是最能团结世界广大人民的。这样，就可使敌人更加孤立。阻止世界大战的可能性更加增大。

但我们也应该准备强大的力量，打败帝国主义的侵略。这就是说，我们看问题，对于基本的方面、必然的方面固然要肯定，但对于非基本方面，偶然方面也要肯定。因此，我们要肯定帝国主义中有不少的疯狂冒险分子想在战争中逃避他的灾难，我们争取好的方面，但又要准备最危险的方面。因此，产生我们的任务，就要提防帝国主义的疯狂，提防帝国主义的冒险，号召世界和中国人民起来阻止战争。打败战争挑拨者。

直到今天为止敌人还没有准备好。美帝除在亚洲积极备战外，又想在欧洲建立一支统一的军队，计划从1951年至1953年组成50个到70个师。但这计划一开始，因为武装西德，就遭到法国人民和德国人民的反对，证明美帝在欧洲现在也没有准备好。但是，美帝国主义者，正在加紧准备中。垂死的资本主义必然要挣扎的。为对付敌人的挣扎和侵袭，我们在一切工作中，要有战争的观点，反对太平观念。因此，我们剿匪工作，就要加快，要定期定额消灭土匪，完成任务。定期定额完成剿匪任务，关键在于地方，关键在于配合。军队已动员起来，必须加上地方工作的配合，党政军民财五管齐下，就能保证胜利，巩固胜利。

四、当前的任务

这个问题，大家都讲过了，讲得很好，因时间关系，我只把提纲念一念，供大家参考。完成任务的条件，决定正确的领导。领导的正确性，具体表现在：有重点、有组织、有办法。

1. 有重点：

（1）要认识重点，不要单纯军事观点，而是整个工作的重点，是各种力量的汇合。

（2）重点地区。中南军区有指示，张主席、陶主任都报告过，我不重复。

（3）重点任务。消灭反动武装，并把这些武器夺过来，武装人民自己，组织人民自卫。这样积极发动群众、武装群众着眼，政权才有支柱，人民民主专政才有基础。

（4）重点要求。战略上的要求，是准备敌人登陆。因此，南区重面，创造战场，北区重线，保证供应。由线到面，面里有线。

2. 有组织：

（1）党政军民财五管齐下，全面进行工作。组织工作委员会，以总其成。

（2）党团要做宣传工作，做到人人开口，个个宣传，村村开会，户户访问。同时组织干部做好组织教育训练工作。

（3）政权工作。要使政策与群众见面，召集群众会、代表会，管理政权，特别是加强基层（乡）。战后可以进行抚恤、救济、借贷工作，各专署各县府以下设参事室，安置一批必要安置的人。

（4）军队是战斗队，主要是消灭反动武装，建立人民自卫武装。同时，也是工作队，要指导地方，做群众工作。

（5）民运工作。工、农、青、妇、学组织下乡，配合进剿、清剿。

（6）财政工作。保证在完成任务（包括后勤在内），贸易、银行、税收跟着去展开工作。

（7）在重点剿匪区统一党、政、军、民、财全面工作的领导，在区乡可设立防匪自卫委员会，执行乡村军管会职权（军队政治部、地方党、政参加），下设人民法庭、匪产处理委员会、人民武装科等部门。

3. 有办法——对收枪、反霸、没收、镇压等，要写好具体的适合于当地人民要求的几条，就是办法（南北区不一定要求一样）。

（1）收枪：

A. 广西有土匪十七万（连消灭的在内），但枪支据说有四五十万支，这些枪械有很多为土匪、地主所掌握，一部分公开反抗，一部分潜伏待机；有一些却为群众所有，用以自卫的，收枪时要分别处理。

B. 积极收枪，同时可以向群众说明，枪不离乡。

C. 收枪工作，在广西来说，应该作为发动群众的重要步骤、重要手段（这是广西工作特点之一，在广西要满足人民的要求，一是枪支，二是土地）。

D. 收枪是与建设地方武装不可分割的工作，收枪来建设地方武装，是解除主力守备任务，使主力能执行机动的任务。收枪是建设地方武装，是广西人民建立真正的人民民主专政的必要步骤。

E. 群众工作，是军队本身三大任务之一。而收枪是发动群众重要手段。因此，收枪也是军队本身的任务，这是一方面。另一方面，收枪自卫，又是群众自己的迫切要求，群众也应该有组织去做。因此，军队必须结合群众工作，群众必须参加收枪工作，无军队政治机关带头，群众不敢自己动手，无群众参加，则军队自己也缴不清。

F. 收枪有缴枪（战场上）、搜枪（据密报）、收枪（出布告）、换枪（枪换肩要登记）、献枪五种，同时并进。但都要有领导，有组织去搞，才会减少混乱，减少摩擦。

G. 收了枪，要建立地方武装，对转业的主力军和复员的游击队不应忽视。应帮助本地生根，讲清任务，长期着想，努力建设和培养地方武装。

（2）反霸——据广西情况来看，无枪不成霸，无霸不通匪。因此，反霸也是一个严重斗争。

A. 打倒地主当权派——解除它的政治上统治威风，这是主要的。至于没收其财产要作为次要的，必须没收时，要经上级组织批准。

B. 反霸斗争，不要当成一个阶段，不能想在一个运动中把霸反完，要结合剿匪、减租、土改等进行。

C. 财产没收只限于参加武装反抗的地主，只限于农村，城镇工商业基本不动。

至于镇压的问题，中南局指示中已有十条规定，我不说了。

最后，再说一句，上述一切工作都应从发动群众着眼，都是为了把群众开动起来，任何忽视发动群众，不与群众运动密切结合的作风，都是有碍任务的完成的。

广西军区桂北区大小瑶山重点剿匪计划

（一九五〇年十二月九日）

兹颁布"桂北区大小瑶山重点剿匪计划"如下，仰遵照执行为要。

（一）据初步侦察了解，瑶山及其周围地区，总计有匪8000余，以瑶山东南部（桂平、藤县以北、蒙山、昭平以南地区）约4000余，瑶山西北部（雒容以东、榴江以南至桐木圩地区）约2000余，瑶山内有匪600余人。

另小瑶山区（榴江；荔浦以北、罗锦以南）约有匪6000人总计大小瑶山地区之匪约万人（详细情况另有通报）。

（二）根据中南重点剿匪指示，我决定集中十三个团兵力（柳州、平乐各二个团，宜山、桂林各一个团，梧州四个营，二十一兵团六个团），决于明年1月15日开始以大小瑶山为重点目标（包括郁江以北、桂林以南与柳江、桂江两岸地区、阳朔、荔浦、平乐、蒙山、昭平、修仁、象县、武宣、平南等九个县）展开广大范围的会剿，以一个半月至两个月的时间完成该重点区剿灭土匪的任务。其具体部署：

1. 二十一兵团一个师于雒容、榴江、象县担任封锁瑶山北部，以该师一个团负责消灭雒容以东、榴江以南之土匪。一个团负责消灭象县（含）至桐木圩（含）地区之匪。另一个师于阳朔、平乐、昭平、荔浦线担任封锁瑶山东北部地区，该师以一个团担任剿灭平乐之江昭平线、沿桂江两岸之匪。以两个营担任肃清平乐至源头一带之匪，一个营担任肃清平乐至荔浦沿线之匪，以上两个师各抽一个团与桂林分区一个营，统由住鹿寨之军部指挥。于1951年1月15日开始负责剿灭小瑶山之匪，务于2月底结束。

2. 柳州分区两个团，第一步担任剿灭象县、（县城以北不含）武宣两县及柳江两岸（自象县经武宣至下峡江）之匪，第二步以一个团或两个营之兵力负责剿灭瑶

山内靠西南部之东北乡、东南乡、木山乡地区之匪。

3. 梧州分区四个营、宜山分区一个团。统归梧州分区指挥，第一步配合平乐两个团负责剿灭藤县、平南、桂平等县以北，蒙山、昭平以南地区之匪，西至武宣县境与柳州分区部队衔接，尔后，以两个营的兵力，进占瑶山东南部罗香山、罗莲乡，负责肃清该区之土匪。

4. 平乐分区两个团、桂林分区一个团，统归平乐分区指挥。

A. 平乐两个团协同梧州分区，首先负责剿灭蒙山、昭平以南，藤县、平南以北地区之匪。尔后以一个营至两个营兵力进占瑶山之古林乡、平竹乡、负责肃清该区之土匪，平乐、梧州两分区如何求得协同动作和具体部署另告。

B. 桂林分区之一个团以修仁为中心，首先消灭瑶山北部边沿地区之匪，尔后该团主力与其他进入瑶山部队的同时，准备以奔袭动作剿灭盘踞金秀山之土匪，再分别肃清岭祖乡、永宁乡、宗义乡之匪。

（三）作战方法与要求事项

1. 为避免土匪在我大部队进剿前事先分散和逃入瑶山，因此，第一步应先将柳江、桂江、郁江两岸，特别是靠瑶山边沿主要股匪将采取秘密突然奔袭。求得抓住全歼或歼其大部。同时以主力一部配合地方县区民兵武装，对沿江实行封锁，第二部分散铺开，军事上展开积极反复清剿，由外向内压缩。按上述布置，指派专门部队分别进剿盘踞和流窜到瑶山境内股匪，以达到迅速歼灭土匪的目的。因此，兵力配备上应采用两线部署方法，其两线兵力的大小，由各部根据具体情况决定。

2. 在指挥方法上，根据土匪情况，基本上以一个营的兵力作为剿匪独立活动单位。

3. 应与进剿的同时宣布戒严，施行封江，自进剿开始即停止船只横渡，禁止靠向内岸，控制码头、渡口、船只，夜间停止航行。直到战役结束为止。

司令员兼政委　张云逸

副　司　令　员　李天佑

副　政　治　委　员　莫文骅

参　　谋　　长　卢绍武

广西重点剿匪情况

（一九五一年一月十六日）

中南局、（华南）分局并请转毛主席（中南局转中央）：

（一）我们进入广西对于整个情况研究抓得不紧；又对当地的匪情况和地方的民情以及部队和干部都不能很快摸熟其脾气，某些工作不能适时大力放手去搞，以致未能适应今天形势开展的需要，这是错误的，但经过七、八、九月整风总结检讨

工作及部队夏休整训后，广西剿匪工作有新的转变，特别是戌毛主席来电指示，和中南局中南军区来电指示，及叶陶两同志陆续亲临指示下，对于剿匪工作的进展作用很大，自从西中旬实行冬季重点剿匪计划以来，至亥25日为止共歼灭土匪91061人，获得了初步胜利，在冬季重点区基本上消灭了股匪（已有30多县没有股匪），匪焰下降投诚日多，在十一、十二两个月中投降自新之匪占歼匪总数的48%强，现已进入驻剿清匪反霸发动群众阶段。新的南北两大重点剿匪区亦已于子开始（北面重点是10日开始），南面重点据邱会作政委报告已获有成绩，该地区50人以上的股匪已经没有了。现铺开清剿发动群众中，昨得李天佑副司令员自前线报告，北面重点地区于10日拂晓，各路部队同时打响，依目前进剿情况开展看，对于毛主席给予我们今年辰前肃清全省股匪的任务是能够完成的，至于土改第一期计划22个县已实行试点，正在逐渐开展。第二期计划33个县拟于重点进剿清匪反霸减租后约在五、六日开始，计划今年完成55个县，其中虽有困难，当积极克服。

（二）一年来我时患失眠症，职责在身不能稍懈，赖得省委各同志共同协助尚能工作，最近身体较前不好（脸部有些浮肿现象），据医生检查须停止工作休养才能恢复，经叶陶两同志同意，先行休养三个月。我的工作已交陈漫远同志接替负责，我拟不日赴穗，一面汇报广西工作，一面在穗检查身体和休养一时期，谨报请予察核。

张云逸

中共中央中南局关于大力开展反霸清匪指示

（一九五一年一月十八日）

（复李、栗，发往广西）

12日电悉，平桂两县经验甚好，剿匪之后来一段反霸清匪运动是必要的，在方法步骤上，先由县区政府和军队工作队经过调查，将罪恶重大、群众最痛恨的匪霸分子交由人民法庭加以法办，反革命分子交由公安机关或部队保卫部门审讯，再行引导群众起来查匪反霸，也是适当的。经验证明，这样会使地主阶级的统治气焰遭受到第一个严重打击，他们用以镇压农民的枪枝也可以起出来，并解决群众一部分经济要求，使贫雇农政治地位提高，为下一步工作作好准备。望告下边同志采取这个办法，并懂得这一斗争应着重在政治上打击敌人，打击面不要过大，不要形成分浮财，挖底财运动，即在土改区也不要由这个运动代替划阶级及没收征收等步骤，以免形成混乱。在这一段运动推动之下，应经过整顿与壮大农协、民兵等工作，再发动一段退租（从解放后起）退押运动。这一段运动深度与规模必将更大，也必须结合发现与打击到分藏在各地乡村的恶霸及土匪分子，形成前一段运动的深入，为土改作了准备。无论反霸清匪或退租退押除应注意面上的控制和法办不法分子之外，

仍采取由点到面波浪式结合跳跃式共展的方式，即使群情高涨，干部较多以及这些工作不比土改，因而点可以选择的稍多一些，发展较快一点，但仍不可全面动手一下子轰开，须估计到群众此时只有热情尚缺乏组织与斗争经验，干部不熟悉情况经验也少，如采取全面动手的方法，可能引起分浮财式的清算运动，陷指导上于被动应付状态。望即将平桂两县具体加以总结教育干部，省委对于这类地区如何发动群众发一个具体指示，这类地区很大，不可一顾土改区的指导。无论土改区、非土改区，均望注意引导群众照顾生产，将所得果实尽可能用之于准备春耕上，特别你们那里春耕季节来的较早。

庆祝剿匪胜利巩固剿匪胜利

——李天佑"五一"广播词

（一九五一年五月一日）

广西解放到现在已经是 16 个月了，在这 16 个月中，我们继广西解放的伟大胜利后，又基本上完成了消灭全省股匪的光荣任务，给广西的一切建设和改革创造了前提条件，人民的新广西将从此确定的迅速的生长起来。现在来谈一谈过去十六个月的剿匪经过，和如何巩固胜利的问题吧！

自去年 1 月开始剿匪作战以来。迄今 16 个月中，剿匪工作大体可分为两个时期：

第一个时期：自去年 1 月到 10 月，在这个时期内，由于在我军尚未解放广西以前，李、白、黄匪帮，就有计划的大量布置了特务，并留下 3 万多残存的主力部队，作为骨干，结合惯匪并积极发动、组织各地方恶霸反动地主武装，企图作垂死的挣扎，当时共有大小股匪约 90000 余名，虽其留下的主力部队，大部分接受了和平改编和投降，一部死心与人民为敌者，如匪十七兵团刘嘉树则全部被残灭，但自去年 2、3 月开始，全省许多地区，发生了以特务为领导的，以李、白、黄残余武装与惯匪为骨干的，组织与发动了地主武装的暴乱，这些凶恶的特务土匪，对我工作人员和广大群众进行了野蛮的残酷屠杀，尤其是到了 7、8、9 月的时候，特务土匪利用美帝国主义进犯朝鲜、侵略台湾的机会，在乡村和城市，大肆造谣说："第三次世界大战爆发了"、"白崇禧反攻了"、"南宁已被中央军占了"、威胁和诱骗一些落后群众，参加土匪组织；因之，地主武装叛乱，遍及许多地方，土匪人数也大量增加。土匪的气焰已发展到了最高峰。在此情况下，当时驻在广西的人民解放军，主要的是打击和扑灭特务土匪所组织的暴乱，及剿灭沿主要交通干线的股匪，10 个月中，总计歼匪 108288 名，但由于部队本身在剿匪战术上有缺点，未很好的组织重点进剿特别是对组织暴乱的首恶分子和参加叛乱的土匪，未加以严厉及及时的镇压，存在着宽大无边的严重偏向，以及对恶霸地主，未能展开群众性的斗争，以打掉特务土匪的社会依托，是土匪得以长期猖狂为害的主要原因之一。

　　第二个时期：自去年 10 月以来，全省进入一个紧张剿匪的新阶段，10 月中旬开始了冬季重点进剿，这个重点，主要的指向于省的东南半部几条公路干线和铁路沿线，经过一个多月的猛烈进剿和严厉镇压后，在这些重点区内已打落了土匪的疯狂气焰，正当此时，又接到毛主席限期 5 月以前，消灭广西全境股匪的指示，驻在广西的人民解放军和地方干部，在中共广西省委领导下兴奋地接受了这个光荣的剿匪任务，全省乃进入一个更高更紧张的剿匪阶段，继冬季重点剿匪后，12 月底和今年的 1 月初，先后开展了对大小瑶山和十万大山、六万大山两个地区土匪的围剿，经过将近三个月的时间，已将盘踞上述地区的大小股匪，全部歼灭，而且经过激烈的群众反霸斗争运动，被土匪特务蹂躏和封建势力压迫的广大人民，在政治上也得到了初步的翻身。至 3 月中旬，我军剿匪矛头转向省之西北部，即柳州分区的三江、融县、宜山分区的罗城、南丹、天峨和整个百色地区。自去年 10 月到现在，不到七个月的时间，歼灭共达 265858 名，目前全省已基本上消灭了股匪，歼俘匪首达 90% 以上，现只有靠贵州、云南两省交界的 9 个县的部分地区，尚有为数不足万人的残余土匪。

　　16 个月的艰苦紧张的剿匪工作，获得了伟大的成绩，据不完全统计，共歼匪达 374146 名，其中师以上匪首 520 名，主要缴获轻重机枪 2883 挺，长短枪 310741 支。这些成绩的伟大意义，不仅在数量上歼灭了土匪庞杂的反动武装，而且在绝大部分地区，进行了反霸斗争，和减租退押运动以及土地改革工作，使农村的广大群众，初步的被发动起来，过去李、白、黄匪帮，依靠统治人民的乡、村基层政权机构，也遭受到致命的摧毁，现在全省的主要河流和公路都已畅通无阻，村乡贸易日趋活跃，广大农村，呈现了太平繁荣的新气象，农民开始过着无忧无虑安居乐业的好日子，这就对贯彻中央人民政府争取今年增产丰收的号召，创造了有利条件；同时更进一步巩固了广西边防使我们可以主动的应付情况发生与任何敢于侵犯我省边防的敌人，这就是我们支持和加强全国抗美援朝保卫世界和平运动的实际行动，所以我们剿匪的胜利，也就是广西抗美援朝运动的一个重大胜利，因消灭了 37 万多土匪，就是消灭了美帝国主义在广西的走狗的恶的别动队。

　　以上成绩的获得，主要的是我们坚决执行了毛主席的正确指示和中南局中南军区及华南分局重点剿匪的方针与各种政策，特别从去年 10 月后纠正了宽大无边的严重偏向，正确的执行了宽大与镇压相结合的政策。并展开了反霸斗争，在中共广西省委领导和各级人民政府以及全省同胞积极参加与协助剿匪下，全军英勇善战的结果。

　　在 16 个月的剿匪作战中，特别是去年 9 月整风后，全体剿匪部队的指战员及机关工作人员，在政治上高度发挥了剿匪积极性，吃苦耐劳，艰辛努力，不怕日晒雨淋，跋山涉水，不顾牺牲，克服了一切困难，勇敢坚决地完成了剿匪任务，做到了"首长上山，干部下连下乡"和"无山不上，无洞不入，无地不搜"的要求，出现了许多剿匪奋不顾身的战斗英雄和模范事迹，如某部徐汉林舍身炸碉堡，某部一个飞行组，连走 7 昼夜，终将匪首捕获。梧州分区某部战士王福田，追匪时匪从石崖

滚下，王福田毫不犹豫地亦随之滚下四五丈高的大石崖，终将匪捉住。桂林分区某部班长独胆顽强英雄马海，在进剿瑶山作战中，连被匪击中四弹，两手均负伤，冲锋枪亦被打坏，忍痛不下火线，最后还生擒副团长梁绍伦。柳州分区直属队，在此次剿匪中，也高度发挥了剿匪积极性，匪四十八军长杨创奇的一股残匪由瑶山外逃时即动员机关参谋、干事和宣传队全体同志以及勤杂人员，组织了3个连，由科长率领搜索笔架山，经6昼夜，搜获独立支队参谋长姚熊，及其政工主任等十余名，类似这样的事例，各个部队都有很多。

我省广大农村的人民在李、白、黄匪帮被基本消灭后又遭反动地主武装叛乱的灾难，许多人弄得家破人亡，妻离子散，无不渴望解放，因之随着我军的进剿，有着光荣革命传统的广西人民，就逐步的认识到了：只有跟着共产党、人民政府、人民解放军走，消灭了土匪，自己才能获得解放，才能安居乐业的好日子，因此广大群众增加了对土匪的仇恨心，到处欢迎和支援我军进剿，有的自动起来抗匪自卫，特别自去年10月冬季，重点进剿以来，在剿匪中，不仅可以看到各地民兵普遍有组织的积极参战与站岗、放哨、搜捕土匪，仅梧州分区进剿大瑶山时，参战民兵，就有1260名配合部队封江进剿押送降俘匪，护送物资等起了很大作用，并捕获了师以上匪首6名，缴获轻重机枪11挺，长短枪455支。

凡经过发动群众反霸斗争的地方，群众普遍自动起来，检举和捕捉土匪，逼匪无处藏身，如最近《广西日报》4月19日刊载的进剿四十八峯时，高坡村老鼠坳有一个65岁的覃老太婆，和江头村东边十六七岁的黄吉忠夫妻捉土匪的动人事迹，仅仅是许许多多典型范例中的一个，而且许多地方，更发展成为有组织的群众性的搜山捉匪运动，如：

龙州分区万承县组织了1600余人的搜山捉匪（内有200余妇女自动参加）。

宜山分区自11月12日至1月30日，先后共组织了近3万人的大搜山，共捕匪124名，缴获长短枪127支，轻机枪1挺，粮食58000斤及其他物资甚多。

南宁专区的隆山县也发动了一两万人的大搜山，捕获了很多土匪。

玉林分区之玉林县二区明峒村农会，为捉匪首钟延标，跟踪追了4天终于将钟匪捕获，兴业县第一区长荣乡一农民发现一形迹可疑的分子，在坑边舀水，即报告农会动员30多民兵搜捕，跟着9个村民兵及区中队也拿着镰刀大枪一齐出动，结果在没顶的草丛中，搜出大匪首伪区长李卓高及匪徒2人。

梧州分区桂平县南区，经某部进剿后，如社坡村全村农民组织了搜山割草组，劳武结合，搜出土匪甚多，搜山时捉到几只兔子，群众说："这样搞法连兔子也跑不了。"群众这样积极抓匪，对清匪工作起了重大的作用，如土匪反映"老百姓都投降了共产党，这回算没办法了"。对瑶民等少数民族亦因有了良好的政策和我们军队的模范纪律，也有许多瑶民自动报信带路和捉匪首的事例。

同胞们：

我们虽然基本上完成了毛主席所指示的5月1日以前，消灭股匪的光荣任务，但我省西北部边沿地区的9个县份，尚有近万的残匪未被消灭，我们必须贯彻重点

剿匪方针，和运用过去重点剿匪经验，予以彻底消灭。在消灭了股匪的地区，仍有散藏的土匪，而且由于特务土匪的斗争方针，已从公开的武装活动转变为隐蔽斗争，依靠封建社会基础，发展秘密组织，广泛组织所谓地下军，如玉林，桂林等地，均先后发现。另方面利用一切方法积极打入我们内部，争取合法地位。企图长期埋伏，保存实力，待机再起，我们对此必须严重警惕，不可稍有麻痹大意，故今后清剿散匪肃清特务工作，仍是一个相当重要的工作，而且是比较长期复杂而又细致的一件工作。

为了肃清特务土匪，巩固胜利，今后我们必须做好以下四项工作：

第一，坚决的深入进行反霸斗争和减租退押运动，积极发动群众，提高农民阶级觉悟，建立和改造农会民兵与乡村基层政权，依靠群众力量，彻底从政治上打垮地主封建势力后，能够管制和检举一切反动分子，保卫和巩固已得的胜利，这样就奠定了人民政权在农村中的稳固基础，并为土改工作创造了先决条件。

第二，继续展开清剿土匪，肃清特务的工作，地方武装、县大队、区中队、民兵和公安部队应在统一领导和各方面的支持与配合之下，结合各时期的中心工作，依靠广大群众，发挥人民民主专政的威力，积极进行搜捕散匪，侦察破案等工作，特别注意抓净大小土匪头子。在军事上各武装部队，应高度分散铺开，确定包剿对象，组织精悍的飞行捕捉小组，更深入开展清匪立功运动和大家想办法运动，贯彻"闻风就追，一追到底"的精神，以争取早日肃清散匪和一切暗藏的反革命分子。担任剿匪的主力部队，必须再接再厉，不能丝毫松懈，高度发扬爱国主义，协助地方，继续担任和完成最后肃清一切散藏土匪的光荣任务。

第三，收净一切反动枪支。广西匪患，所以如此严重，主要是由于美帝国主义及走狗李、白、黄匪帮，利用广西封建地主阶级，掌握着大量枪支（极少数人民虽私有为数不多的枪支，但实际上几乎全部为地主阶级所支配），加之李、白、黄匪帮在溃逃前，曾有计划的分散各地一些枪支，作为他们组织反动武装——特务、土匪进行暴动叛乱的有力资本，如果地主阶级赤手空拳，他就不敢进行武装叛乱，即使发生也不可能如此严重，因此必须坚决把地主阶级手中的枪支，及其他不能积极起着防匪自卫的枪支，收缴干净，以根绝匪患。

第四，继续贯彻中央人民政府对惩办反革命的条例，坚决镇压一切反革命首恶分子，今后如果某些地方再发生特务和反动地主阴谋组织暴动叛乱，必须给予坚决无情的镇压，对于为首组织和参加暴动叛乱的首恶或骨干分子，捕获后就地枪决，只有这样对一切怙恶不悛的反革命分子采取坚决镇压的政策，才能巩固我们剿匪的胜利，才能巩固农民基本群众在农村中初步夺得的优势，也只有这样才能使我们人民民主专政的政权，在农村中不可动摇的更加巩固起来。

全省各界的同胞们！希望你们和过去一样在抗美援朝、爱国主义的高潮中，继续给予大力协助，迅速完成上述各项任务，巩固我们已得的胜利，巩固祖国的边防，以实际行动起来深入开展抗美援朝保家卫国的伟大运动。

广西军区基本完成剿匪任务报告

（一九五一年五月一日）

毛主席朱总司令并中南华南军区林、罗、邓、叶、谭诸首长：

在美帝国主义侵朝战争爆发后，广西反革命势力到处制造暴乱，加以我们过去执行剿匪各项政策有偏差，广西匪势猖獗至去年7、8间遂达于最高峰。

11月①接到毛主席限期在5月②以前要消灭广西全省股匪的指示，在此号召下，全省党政军民均莫不振奋万分，坚决而有信心地要争取在"五一"以前完成消灭全省股匪的任务，为此曾将全省剿匪部署划为两大剿匪重点区，一为桂东南的大小瑶山、十万大山、六万大山等地区，一为桂西北的百色和宜山柳州分区的山区。前一个重点区已于3月初完成任务结束军事进剿。后一个重点区柳州北部与宜山百色的大部分地区现亦已做到消灭股匪。目前全省102个县（包括钦廉四县）尚有股匪活动的县份为融县、罗城、天峨、凤山、乐业、凌云、西林、西隆、田西等九个县，总共股匪人数已不到10000人。基本上是完成了毛主席给予"五一"前消灭全省股匪的任务。

此次剿匪收效如此之速与胜利如此之大，主要是由于获得了毛主席和中南局中南军区的指示及叶主席的亲临指导，组织了重点进剿，动员党政军民财各方面力量的有力配合，发扬了部队高度为广西人民剿匪除害的革命英雄主义，再就是我们采取了坚决镇压、反霸、收枪、减租退押、放手发动群众的方针，在全省有了一个普遍高涨的群众参加的剿匪运动。如群众配合军队行动，群众自动报匪抓匪，组织民兵防匪，几万人民的搜山确是一个很大的力量，加上军队积极行动这就使得广西土匪很难再挣扎存在下去，所以广西土匪是很快为我们消灭了。现在全省已出现为历史从来没有过的，社会安定，人民群众情绪高涨，城乡交流畅旺，工商界繁荣的局面。全省人民现正结合生产与抗美援朝继续搜捕潜匪与检举反革命特务分子，对广西反革命势力我们一定要做到彻底消灭的地步。

为表达上述决心，全省人民在今天举行抗美援朝"五一"大示威游行的时候，并举行庆祝全省剿匪的伟大胜利，以此更好来动员检阅全省人民的力量，继续彻底消灭广西反革命残余势力，也就是给美帝国主义以间接的打击，给朝鲜人民与朝中部队以实际的援助。特此报告望予以指示。

司　令　员　李天佑

政治委员　张云逸

副 司 令 员　卢绍武

　　　　　　曾国华

副政治委员　莫文骅

---

① 指 1950 年。

② 指 1951 年。

中共中央中南局、中南军区嘉奖电

（一九五一年七月十日）

中共广西省委、广西军区、各剿匪部队：

广西地区经过了 18 个月（自 1949 年 12 月至 1951 年 5 月）的剿匪作战，在全省党政军民的共同努力下，在各野战军及地方部队作战及友邻省兄弟部队的密切配合下，歼匪达 424000 余人，缴获各种枪 40 余万支。特别在 1950 年 10 月以后，在军委及毛主席亲自督促及各级党委、军区、军、师（分区）兵团的具体组织指导并吸收了过去的经验教训，真正贯彻了一元化领导与重点进剿以后，迅速争取了主动，打开了局面。在 8 个月中，全省即歼匪达 31.4 万名，占全省进剿以来歼匪总数 74%从而平息了匪患。由于匪患的平息，保证了群众的发动及其他各种工作的顺利开展，给土地改革及其他各项社会建设工作，奠定了良好的基础，特电嘉奖。希望你们继续努力，为肃清残匪、巩固祖国的国防而斗争。

广西十九个月来剿匪工作总结报告

——自 1949 年 12 月中旬至 1951 年 6 月

（一九五一年八月）

卢绍武

我今天向大家报告，关于广西全省十九个月来剿匪问题和我们今后的任务。这里边分四部分来谈：

第一部分：土匪特点以及情况变化的概述

为李、白、黄匪帮统治 20 余年的广西，其各种统治人民的反动机构，均为李、白、黄匪亲手组织的，他们为了长期统治人民，掌握了大批封建武装，镇压人民的反抗。广西民间枪支约 60 余万支的来源亦在此。在乡军官多，仅梧州、容县之将级以上军官家属就有 40 余户，加上广西山多、水多、石洞多，林木交杂河流纵横，给匪以潜伏的有利条件。土匪盘踞地区又多属少数民族杂居地区，人民有浓厚的封建排外思想，民性强悍等客观与自然条件给我们增加了很多困难。李、白、黄匪在逃走前，曾有计划地布置了潜伏的特务，情报站，地下军组织，并留下了一批国民党残余正规军 30000 余人作骨干。企图依靠十万大山、大容山、六万大山、大明山、四十八弄和大小瑶山建立反动根据地，梦想长期与我军对抗，待机配合美帝国主义对我国之侵略。土匪以封建势力特务、旧军官、惯匪、四位一体合伙组成，其中以

特务、伪军官为领导，以封建地主恶霸为靠山，惯匪为先锋，威迫落后群众，以增长其威势，煽动群众组织暴乱，抢粮劫路，袭击围攻我乡政府，杀害我工作人员及农村中的积极群众。仅玉林、平乐、梧州三个地区，1950年2、3月参加暴乱者即达10000余人，我损失公粮约70余万斤，被杀害部队及地方工作人员和积极进步群众约3000余人。同时匪有其深厚的封建统治基础，政治上极其反动，因而有不少的土匪极为顽固残忍。在与我斗争的方针是"保存实力，扩大力量"并提出"生存就是胜利"的口号，以集中对我分散，以分散对付我军的重点进剿；不少土匪打入我内部、民兵、农会，假装积极争取合法地位，与我军进行斗争。在去年10月重点剿匪开始以前，全省各地土匪极为猖獗，1950年的2月至4月特别是6月朝鲜战争爆发后，土匪曾两度暴乱，直至10月中旬重点剿匪开始后，土匪嚣张的气焰被打垮，才扭转了全省被动的局面。

第二部分：剿匪经过

1949年广西解放后，我军未经休整，即担负起消灭广西土匪的任务。经过了十九个月的剿匪作战，光荣地完成了消灭广西全省股匪的任务。十九个月的剿匪作战大体上可分为以下两个阶段：

第一阶段：是从1949年12月中旬至1950年6月共歼匪80660人，消灭了李、白、黄匪帮留在广西的残余正规军，平灭了2、3、4月份的土匪暴乱，摧毁了大容山、天堂山匪巢。

（一）1949年12月中旬。我军奉中南军区第四野战军首长命令，继续担负起消灭广西土匪，发动群众的任务。军区于1950年1月确定了以剿匪为压倒一切的中心任务。展开剿匪工作后，由于我军事威力强大，国民党留在广西的正规军残余部队大部动摇，并在我军政治争取下，大部以和平改编的方式解决，如伪桂北军政区司令周祖晃、伪桂北总队司令莫敌、伪桂西军政区司令莫树杰、靖西专员赖慧鹏、滇桂边区司令张光玮等10000余人。并在平关歼灭了企图窜到越南之伪十七兵团6000余人，活捉伪兵团司令刘嘉树。

（二）1950年2月到4月全省土匪曾有一度猖獗，恶霸、惯匪、特务，在乡军官、地痞流氓勾结一起，利用当时春荒和封建排外思想，煽惑威迫利诱群众组织暴乱。我军迅速集中了大部主力，不分昼夜，不顾疲劳地克服了种种困难，扑灭了玉林地区，恭城地区及其他地区的暴乱，给了土匪特务以严重的打击，平灭了全区的暴乱。

（三）省委第一次高干会议后，我集中主力于5月中旬分别展开对大容山、天堂山、六万大山进剿，到6月底为止，基本上摧毁了上述地区的匪巢，活捉了李、白匪派遣来组织暴乱的桂南反共青年独立兵团第二军军长朱光奎、匪总指挥李扬威、匪副师长李子超等。基本上消灭了桂林分区的大部分地区，玉林、平乐、柳州分区某些地区的股匪。

第二阶段：10月中旬重点剿匪到现在为止全歼全省股匪。

（一）经过了自7月至9月间的夏休整风，基本上纠正了部队中的混乱思想。并进行了冬季进剿的一些准备工作。10月中旬展开了对桂东南地区以大瑶山、六万大山、十万大山，大明山及灵山地区为重点的进剿，首先以十七个团的兵力指向西江，右江以南以及六万大山、十万大山，及钦廉四县全部，梧州、玉林分区的大部，龙州、南宁分区一部地区，据当时统计，上述地区有匪2000~13000人，经过两个多月的进剿将股匪大部歼灭。仅五○四部队即歼匪达55880人。接着第二步就集中了十四个团的兵力，于今年1月分别对大小瑶山进剿。到2月底止共歼匪38037人。缴获长短枪40050支、轻重机枪180挺；主要匪首甘竞生、林秀山、韩蒙轩、黄品琼、杨创奇等均先后为我击毙或捕捉。同时南宁分区集中了七个营的兵力，歼灭了大明山区的土匪6000余人。

（二）在巩固桂东南剿匪胜利，扩大桂西北的剿匪总方针下，3月下旬我军剿匪矛头指向省西北部柳州分区四十八峎和三江地区，宜山分区之天峨、南丹及罗城三防地区，整个百色地区。上述地区当时共有盘踞匪25000余人，开始进剿至现在4个多月中已全歼股匪，获得了歼匪70000余人的辉煌战绩，主要匪首如向天雷、何次山、莫限才、伍英、石世佑、余启佑、吴中坚均为我击毙和活捉。在此阶段，桂东南地区，又经过了4个多月清匪工作。因而漏网之匪众大部捕获。全省人民真正得到了解放，现在正为巩固这一伟大胜利而进行轰轰烈烈的减租退押、反霸清匪运动。

第三部分：战绩

经过了自1949年12月中旬至今年6月底，十九个月来的剿匪作战，共歼匪444431人（师以上匪首869名），其中计：改编10518人、自新178119人、投诚30307人、俘虏196900人、毙伤28587人；缴长短枪344620支，轻重机枪3044挺，各种炮3123门，各种子弹7018026发，各种炮弹9316发，手榴弹40324枚，刺刀6122把，马2523匹。全省股匪现已基本肃清，各级政权及各种组织已初步建立，仅已组织起来的民兵就有399817名，人民生活欣欣向荣，呈现出从来未有的社会安定，为建设新广西奠定了有力的基础。那么，这些胜利是如何取得的呢？

（一）是由于毛主席的正确领导与我们坚决的执行了中南局、中南军区、华南分局重点剿匪方针与各项剿匪政策。去年重点剿匪开始后，毛主席亲电督导和叶主席、陶主任的直接指导，使我们更明确了重点剿匪和镇压与宽大结合的政策，反霸收枪等政策与任务，因此鼓舞和提高了我们剿匪的决心与信心。

（二）重点剿匪开始后，在领导上真正做到了"剿匪压倒一切""党、政、军、民、财五管齐下"，各机关部门抽调了大批干部下乡工作，仅在进剿大小瑶山，党政军民即组织了4213人的正式工作队参加剿匪。地方的支援也很好，尤其是保证粮食的供应，密切了我与群众的联系，群众民兵亦积极地参加了剿匪看守俘虏，给主力抽出机动兵力歼匪之方便。但特别主要的还是贯彻了一元化的领导，发动了广大群众剿匪，使匪无逃避之余地，只有为我一网一网的打尽。重点剿匪以来的九个多

月中，我共歼匪达 34 万之多。

（三）在军事上做到了周密计划，采取了统一部署，二线式的配备，包围封锁与担任进剿穿插扫荡；部队明确分工，使匪无隙可乘。如大小瑶山、大明山、四十八峒地区的进剿，都是采用了此种部署，很短时间获得了基本上全歼股匪的显著成绩。

（四）全体指战员，尤其是我功臣同志们艰苦奋斗的结果。我们在重点剿匪开始以前，虽然个别单位走了些弯路，但经过去 7、8、9 月夏休整风学习，基本上纠正了部分同志的混乱思想，确立了为广西人民除害"不消灭土匪誓不收兵"的决心。在这个基础上又展开了剿匪立功运动和想办法运动，大大发挥了全体指战员的剿匪积极性和创造性。忍受和克服了种种困难，做到了"首长上山""干部下连下乡"和"无山不上""无洞不入""无山不搜""标语上山""传单入洞"的要求。以我军严明的纪律，忘我牺牲的精神，消灭了全省的股匪，采取了广大人民以及少数兄弟民族向我靠拢，进而密报匪情，协助剿匪捉匪首。十九个月来的剿匪作战中，在部队里出现了许许多多的为歼灭土匪奋不顾身的战斗英雄和模范；到会的同志们即是剿匪中的英雄与模范和打土匪的能手。我再举几个例子：如×××团七连五班副班长徐汉林在灵山盘古村舍身炸碉堡；×××团五连王福田追匪时，匪从石崖滚下，王亦随之而滚下四五丈高的石崖，将匪捉住；三九支队二中队六班长独胆英雄马海，在进剿瑶山作战中，曾连被匪击中四弹，两手负伤，冲锋枪被打坏，但忍痛不下火线，最后生擒匪副团长梁绍伦。这些可歌可泣的英雄气概是全军的光荣，全国人民的光荣。

（五）民兵与广大群众的直接参加配合剿匪，进行反霸斗争，在迅速全歼全省股匪中起到了重大的作用。如宜山分区去年 11 月 12 日至今年 1 月 30 日，先后组织了近 30000 人的大搜山。参加进剿柳北四十八峒、三江、融县地区的民兵与群众达 7500 余人。玉林县二区明峒村农会会员跟踪 4 天追获匪副师长钟延标。宁明县两个妇女上山打柴，发现匪首宁明伪县长黎桂祥和陆士兰后，即一人监视，一人回去报告民兵，结果活捉匪首陆士兰、黎桂祥。4 月上旬宜山县之龙头洛西地区的群众民兵全歼了由屏县东回窜宜山之董国忠、韦作屏、朱子达股匪 700 余人。仅今年 1 月至 6 月底全省民兵与匪军单独作战 2936 次，共歼匪 40869 名（其中匪首 3965 名），缴获长短枪 133537 支，轻机枪 67 挺，重机枪 11 挺，六〇炮 5 门，土枪 2 382 支，这是我全省民兵的光荣。

第四部分：今后的任务

随着全省股匪的歼灭，所余残匪，均已隐蔽潜伏，组织地下军与我进行斗争。千方百计进行各种破坏，暗杀活动，据玉林分区统计，5 月中旬至 6 月 29 日，特务放毒 49 次，中毒者就达到 876 人，全县一个县 6 月份中毒的即有 700 人以上；今后土匪特务斗争的手段将会更加阴险，更加秘密，更加狡猾。这一批土匪特务虽数量不大（4000 余人），但多是匪首及骨干分子，是坚决与人民为敌的顽固分子，加之

目前封建反动势力，尚未彻底摧毁，还有他们一定的社会依靠，因此，我们决不能满足现有胜利而麻痹松劲，应勇敢，坚决的、将长期复杂艰苦的清匪任务承担起来，经常的想办法，很快的总结出一套与暗藏敌人斗争的经验来。因为这方面的经验办法我们还非常的缺乏，故必须善于经常总结经验，交流经验。

此外要保持与民兵同志们和广大人民群众的密切联系，依靠群众，组织群众，武装群众，在各级清匪治安员委会的统一领导下，进行清匪挖匪根的工作，直至将土匪彻底肃清。以巩固建设广西的基础，以我们在清匪工作中的实际行动清匪的成绩，来抗美援朝。因此我们今后首先要做好以下五个工作：

（一）进一步的贯彻清匪挖匪根的工作，求得很快的将土匪彻底肃清。但这必须与发动群众工作密切结合起来，积极参加领导农村的减租退押反霸斗争，准确的认识当前反动势力潜在力量尚严重存在。而我们部队中还有个别同志或多或少存在着和正在滋长着的满足现有胜利的情绪，麻痹松劲，看一时一个地区的平静，认为万事大吉，闹地位，闹享受，等待依赖土改来肃清土匪等等的错误思想，必须迅速纠正。在座的功臣同志们，应首先保证，并向你周围闹思想问题的同志解释说服，大家好好的把清匪工作搞好起来，划分地区分工包干负责，调查现有土匪的数字，造出花名册，按名捕捉，这个工作搞的好与坏，对我们功臣同志说来关系是很大的。

（二）组织建立各级清匪机构，建立清匪治安委员会，在农村普遍建立防匪治安委员会，组织工作队、飞行组、建立情报站与群众的情报网，在清匪治安委员会的统一领导下，进行统一的清匪工作，有组织，有计划，有步骤的进行。

（三）清理内部，纯洁内部，加强我们战斗意志。这个工作不单单是部队的任务，而且民兵、农会也要整理；不但要整，而且要彻底的整。为很好的完成任务，必须经过一番艰苦的工作过程，通过镇压学习，结合抗美援朝的教育，提高群众的认识，提高阶级觉悟，分清敌我，检举反革命分子，清除一切混进我部队以及民兵农会的反革命分子。

（四）继续贯彻收枪政策。到目前为止，全省枪支已收缴到80%以上，但散布在农村中之枪支数量还很大，必须坚决彻底的收净。枪支收缴的办法，可采用分区域调查统计，而作如数收缴，收缴枪支的情况及成绩应随时上报。

（五）已集中和正在集中即将转入整训的部队，要在练兵中苦学苦练，求得技术很快提高，起码在最短时间内，应把过去我们打仗的一套恢复起来，而后逐步学习新的本领，以准备随时出动打击和消灭敢于向我们侵犯的美帝国主义，保卫我们伟大祖国的西南国防。

最后希望功臣同志们，在执行清匪和练兵任务中，继续发扬过去进剿股匪中勇敢机智战斗作风与剿匪决心；依靠群众，团结群众，起带头作用，争取在清匪练兵中获得更大的成绩，功上加功！

第四篇

建设广西

一、政权建设

广西省人民政府成立布告

（一九五〇年二月八日）

奉中央人民政府电令："中央人民政府委员会第四次会议通过任命：张云逸为广西省人民政府主席，陈漫远、李任仁、雷经天为副主席"；附发铜质印信一颗，文曰："广西省人民政府印。"云逸等遵于一九五零年二月八日在南宁就职视事，启用印信；今后遵循人民政协共同纲领，团结广西全省人民，为建设人民的新广西而努力奋斗；希我全省人民一体知照。此布。

主　席　张云逸
副主席　陈漫远
　　　　李任仁
　　　　雷经天

广西省人民政府组织条例

——广西省人民政府委员会第一次会议通过

（一九五〇年五月十四日）

第一条　本条例依据中央人民政府政务院颁布的"省人民政府组织通则"第十四条之规定制定之。

第二条　广西省人民政府委员会（以下简称省［府］委员会），为本省的行使政权机关受中南军政委员会的直接领导。

第三条　省府委员会设主席一人、副主席若干人及委员若干人，由中南军政委员会提请中央人民政府政务院转请中央人民政府委员会批准任命之。

第四条　省政府委员会在中南军政委员会直接领导之下行使下列职权：

1. 执行并对所辖各市县转发中央人民政府政务院及中南军政委员会的决议和命令并在其职权范围内颁发决议和命令，并审查其执行。

2. 实施本省人民代表大会（或本省各界人民代表会议）通过的并经中央人民政

府政务院或中南军政委员会批准的决议案。

3. 拟定和省政有关的暂行法令条例，报中南军政委员会转请中央人民政府政务院批准或备案。

4. 遵照中央人民政府政务院关于任免工作人员暂行办法的规定，分别提请中南军政委员会任免，批准任免，或由省府委员会自行任免，或批准任免省的和所属市县的重要行政人员。

5. 废除或修改所辖市县人民政府或市县人民代表大会（或市县各界人民代表会议）与上级人民政府决议命令相抵触的决议和命令。

6. 在国家概算或预算规定范围内编制本省的概算或预算和决算报请中南军政委员会审核转报中央核准，并审核所辖市县的概算或预算和决算转报中南军政委员会转请中央核准。

省的概算或预算和决算提经省人民代表大会或省各界人民代表会议审查通过或追认。

7. 统一领导和检查本省人民政府各工作部门的工作，并领导和检查所辖各专员公署及各市县人民政府的工作。

第五条 省府委员会对上下级的工作关系如下：

1. 省府委员会对于主管范围内的重要工作，于处理后报告中南军政委员会并转报中央人民政府政务院，对于有全区（大行政区）性乃至全国性影响的工作，事先向中南军政委员会或经中南军政委员会向中央人民政府政务院请示，事后报告。

2. 中央和中南军政委员会的通令、公告及对某一市县的指示均由省转发；市、县的报告、请示或请求，亦由省转报。

3. 关于某一特殊问题的询问与答复，中南军政委员会和市县间亦得直接令报但须同时抄送省人民政府委员会。

4. 中央和中南军政委员会各委、部、会、院、署等机构得根据已定政策、方针，就业务与技术的指导范围内行文致本省人民政府委员会或其所辖各委、厅、会、局、处等机构，本省府或其所辖各委、厅、会、局、处等机构亦得就同样范围内向中南军政委员会或经中南军政委员会转中央的各有关部门请示、请求，但这种有关部门之间的上下行文，如涉及全盘性者，均应抄送省人民政府委员会。

第六条 本省人民政府主持省府委员会会议并领导省府委员会的工作，副主席协助主席执行职务。

第七条 省府委员会斟酌本省的实际需要设立如下的工作机构：

一、办公厅

二、民政厅　下设荣军管理局、华侨民族事务委员会

三、公安厅

四、财政厅　下设税务局、粮食局

五、农林厅　下设水利局

六、工商厅

七、交通厅　下设公路局

八、文教厅

九、人民法院

十、人民检察署

十一、人民监察委员会

十二、财政经济委员会下得设各种专门委员会

十三、劳动局

十四、卫生处

十五、新闻出版处

第八条　省府委员会设秘书长一人、副秘书长若干人。秘书长承主席之命主持日常事务，副秘书长协助秘书长执行工作，在秘书长领导下设办公厅及参事室。

第九条　省府委员会所属委设主任，厅设厅长，会设主任委员，局设局长，处设处长；办公厅设主任，厅局处以下设处室或室科，科以下得设股，但以三级为原则，处设处长，室设主任，科设科长，股设股长，以上得依实际需要设副职一、二[人]。

人民法院设院长一人，副院长若干人；人民检察署设检察长一人，副检察长若干人。

第十条　省府委员会各种工作机构的编制依照中央人民政府政务院颁布的"各级人民政府党派群众团体员额暂行编制"拟定报请中南军政委员会核转中央人民政府政务院核准之，其机构之增减合并时同。

第十一条　省府委员会各工作机构的组织规程另定之。

第十二条　本省人民政府委员会全体委员会议每月举行一次，由主席召集之，主席根据需要或经三分之一以上委员之提议得提前或延期召集之，全体委员会议须有过半数的委员出席始得开会，须有出席委员过半数同意，始得通过决议。

第十三条　省府行政会议每周举行一次，由主席召集之，副主席、秘书长和各委、厅、会、局、处等机构的首长出席，人民法院院长及人民检察署检察长均得出席本省人民政府行政会议，其他必要人员列席。

第十四条　省府委员会根据需要将本省划分十个专区，各设专员一人，副专员一二人，专员公署为省府委员会的派出机关。

第十五条　本条例经省府委员会议通过呈中南军政委员会转请中央人民政府政务院核准后试行之。

广西省人民政府五个月施政工作报告

——陈漫远副主席在省府委员会第一次会议上的报告

（一九五〇年五月十日）

主席、各位委员：

我省人民政府的工作，应从我省开始解放时说起，因为当时有我解放军与人民游击队及许多各级政府人员，都在积极地自动推行着人民政府的政令与进行政府工作。从一九四九年十一月三十日桂林市军管会成立起到现在，已有五个多月了，在这个期间内，我们政府的工作，可分为如下七个主要问题来讲。

一、接管城乡与建设各级人民政权

在我英勇善战的人民解放军，猛烈进军广西以来，所向无敌，蒋李白的残余匪军，闻风而逃，一触即溃，我军如摧枯拉朽般的迅速围歼敌人，在一个月又五天的时间，全部解放了广西。我受尽苦难的广西人民，在李白匪徒二十多年的统治下获得解放，如重见天日，喜乐无疆。并积极地配合着人民解放军与人民游击队，歼灭敌人，收复与接管了所有城镇和广大乡村，组织了人民自己的政权，镇压了反革命分子，修桥补路，保护交通，安定社会秩序，这个丰功伟绩，我们在此首先要多谢毛主席的英明领导，□□□□□□的正确指挥与人民解放军的艰苦英勇作战，及我人民游击队的坚持奋斗和全省人民及民主人士的热烈支援，我们以最诚恳的心情，向他们致敬。

我们的接管工作，一般是首先占领了城市与恢复革命秩序，逐步推广到乡村，我们四个市的军管会的工作同志与各级政府的工作同志，在接管过程中，是以一个人做几个人的事，不分昼夜，廉洁艰苦工作，克服混乱与匪特的破坏，保护了人民国家的财产，摧毁了国民党的反动统治与各种反动机构，逐步建立了人民的政权与群众团体，恢复了工厂学校医院与社会公益机关，宣传教育了人民群众，解决了公教人员职工技师等的生活与工作，收容处理了游勇散兵，恢复了贸易，逐步恢复了工农业的生产。许多同志，为了在这短促的时间，要完成艰巨的任务，不辞劳苦，废寝忘食，甚有负病从公，这种无上的为人民服务的精神，永远是可钦可贵，尤应贯彻到我各级人民政府的每一个工作中，发扬光大，所以能够在一个多月就达到基本完成接管工作，取得广大人民的拥护与赞誉。但是，我们由于经验缺乏，教育管理不够，致有些地方未能预期完成接管工作，另有个别违犯纪律的，虽经改进纠正，但应作为接管中的重要经验。在接管中与敌人进行政治经济等斗争是较多的，必须加以重视与充分准备，这是我们战胜敌人取得成绩的重要经验。全省共划分为十个专区四个市九十九个县，均已全部先后进行与开展工作，并逐步地改造区乡政权。

二、巩固治安问题

我军入桂自消灭蒋李白残余正规部队后,匪首尚企图留其地方团队与特工,聚结土匪及溃散官兵,分窜于偏僻山区,企图顽抗与待机再起,但在我之宽大政策攻势与军事积极围剿中,大部均先后解决,极少部分分散隐蔽活动。其中有在我宣传影响下,接受和平改编者,如周祖晃、赖慧鹏、张光玮、莫树杰诸先生率领部队向人民靠拢,均为人民所赞许与为我军政所欢迎。然而敌人是不甘心失败的,继而派遣特务,深入我省区,勾结恶霸地主土匪,压迫欺骗煽动部分人民,组织暴乱杀害我人民和干部,抢劫公粮,肆行破坏,均为我军民迎击平息。尚有一些执迷不悟分子,流窜各地,继续为害人民,不久必将为我人民与解放军所歼灭,首恶分子,必受严惩。匪特时以造谣破坏为职务,但为我人民与公安部队不断检举和揭破其欺骗宣传,并贯彻执行宽大政策与镇压相结合的方针,破案多起,匪特阴谋,终归失败,全省治安已日益巩固了。

三、征粮收税支前

由于我解放大军进入我省追歼残敌,急需粮草供应,支前与解决旧公教人员的生活,及处理大批俘虏,均需巨款开支,故税收亦为当前急务,秋征公粮,亦正其时,所以同时展开征粮收税与支前工作,尤其是征粮支前更显得重要。

我们在这种战争紧迫与匪特扰乱之时,推行了我们征粮支前工作,由于我们绝大多数干部的艰苦工作与广大人民的赞助,及许多积极执行政府法令的人士而踊跃交粮纳税,帮助支前工作,基本完成了收税支前工作的任务。总合起来共收到公粮四亿斤谷,税收已收起折米四千八百万斤,我们征粮工作虽已动员所有力量积极去推行,但任务尚未完成,现数只达总征粮数之半数。没有完成征粮任务的原因,虽由于时间紧迫,干部少,匪特扰乱破坏,但思想上有许多对政府征粮的抵抗,及有些干部抓得不紧与办法少,是关系很大的。特别是许多地主对此认识最差,利用各种方式来抵抗征粮,加上敌人的造谣欺骗,我们征粮中遇到很大的阻力。我们的征粮收税是取之于民用之于民的,绝非国民党反动派的中饱私囊可比。但有少数不明大义为富不仁的恶霸地主,拖欠拒缴公粮,故意与政府作对,勾结特务土匪与欺骗部分人民,组织暴乱,抢粮杀我干部与群众,并与匪特同时叫嚣,说我公粮太重,说我分配不公,煽动抗粮,有极少数的地主与农民受其欺骗,被迫盲从。经我宣传解释后,被欺骗者纷纷向我政府悔过,揭发控诉匪特恶霸地主的罪状,并要求政府捉杀匪首恶霸,当匪首恶霸被人民公审处死时,广大群众,莫不同声称快,可见这些反革命分子的罪恶深重无比了。我们在征粮中,确有某些畸轻畸重的现象,如有的因为旧人员不按我们的办法,而用国民党的平均摊派,及不法地主转嫁负担,使到农民负担过重,而地主负担则轻,亦有的因为了解情况不够,把负担面弄得太小(百分之五十的),使地主负担较重。但一般是不重的,按中南与中央人民政府政务院的规定,地主负担不得超过其全年总收入的百分之五十至六十,我们全省一般是没有超过这个规定的,相反的有许多地方,地主隐瞒地粮,使其负担只占总收入百分之二十左右的。现在拖欠公粮多是地主,而中贫农早已完成了交粮任务。确有畸

轻畸重的地方，我们均按中南军政委员会的指示，进行改正。

四、财经建设

我们入桂以来，初始由于特务利用某些奸商的投机，抬高物价，扰乱市场，加上全国性的物价波动的影响，与我们准备组织工作不够，使到桂柳邕梧等市从去年十二月始到今年二月止，物价波动了三次，给一般人民职工公教人员与机关部队生活受到很大困难。但每一次波动，我们是用尽一切力量，去制止这种混乱，并收到一定的效果。故从三月后到现在，物价得到比较稳定，保证了人民生活，这与全国的物价稳定虽分不开，但我银行贸易公司及各级政府与财经机关的努力，是有重大作用的。在打击银元与禁用港币的斗争，是经过开始发生不用人民币到以物换物的时期，最近已进到人民币逐渐下乡与不断提高的时候，这与努力推销货物和收购土产，打通城乡互助的工作，是个重要的关键。恢复了可能恢复的如平桂矿务局的煤锡矿、合山煤矿、田东炼锑厂、藤县昭平的金矿、富贺钟各县的少数锡锑等矿，与及柳梧的农具、皮革、板木、骨粉等厂。又陆续恢复了邮电、航运与主要的铁路公路等交通，虽然许多尚待努力改进，但这种收获是对恢复与发展生产，为民谋福利，是有很大作用的，也是我们与敌人进行不断地斗争所得的胜利。贯彻统一财经方针，严整财政收支与工作制度，克服混乱现象，增加收入，紧缩开支，并派检查团帮助深入检查，均有较好的收获。推销公债任务，至今已完成了百分之七十五。

五、春耕救荒减租退租

由于国民党的多年剥削破坏，造成了灾荒，加上匪军败退时，到处破坏抢掠与战争的影响，人民是贫困苦痛的，省府虽已发出努力春耕的指示，并规定许多有利农民生产的如保佃、水利互助、特种作物与副业生产等等具体办法，广泛而努力地推行。但由于春荒在即，救灾救荒，已是社会的公论，更是贫苦农民殷切的企望。全省人民普遍要求减租退租，以便渡过春荒，进行生产。我省府鉴于此种严重情况，我们是坚决拥护与贯彻执行中南军政委员会关于推广全面退租加紧生产救灾工作的指示，发出立即普遍推行减租退租生产救灾的布告，正如中南军政委员会所指示的："减租退租，已成为当前广大农民群众进行春耕生产，渡过春荒的迫切要求，也就是各级人民政府施行政令的中心环节。各地减租退租运动业已开展者，应力求普遍，克服明减暗不减现象；开始发动者，应迅速扩大；未开始者，应立即发动。务求在中南六省除海南岛及个别股匪盘踞区外，全区各地无例外地将一九四九年秋季租粮，依照二五减租规定实行减租，未减者立即退租，地主违抗者依法惩办，政府人员徇私包庇，或者执行不力者，分别惩处。"我们必须坚决完成任务，达到救荒生产的目的。现在许多地区在开展减租退租的运动中，地主是有粮的，证明确实解决了农民的困难，救济了灾荒。农民解决了困难，生产非常积极，并有许多开荒增产，也说明减租退租是达到生产救荒的主要关键。如减租退租尚未能解决灾荒困难时，尚有清查义仓公仓，清查公粮负担，及必须的政府贷款帮助救济的补助，困难与灾荒是能够解决的，已为各地事实所证明。但现在又有许多人在叫喊，说地主交了公粮已经无粮可退租了，减租退租不能解决问题，这些意见是不正确的，其中有部分是

恶意的，企图扩大欺骗，来破坏我们减租退租的政府法令与人民极正当要求的行为，这是我们不得不加注意的。而且敌人亦将利用此点来造谣，煽动抵抗和破坏我们这个运动，尤须警惕。我们有些地区，因借粮而发生侵犯了中农利益的，均已纠正过来，我们为了开展贯彻这个运动，达到恢复生产的目的，已组织检查春耕救荒减租退租工作团，分头下乡检查。

六、开农代会与各界代表会议

我们人民民主政府，要达到与广大人民和劳动群众的密切联系，开好农代会（包括工人与贫苦知识分子）与各界代表会议，就是最好的组织形式。我们四个市及大部分的县份，均已开过各界代表会议，桂柳两市已开过了两次，有的正在准备召开。这个收获是很大的，城市与地方的工作，得到迅速的进步，与召开各界代表会议是分不开的。有些地方还没有开的，应迅速筹备召开，以利工作。在剿匪征粮与最近的减租退租运动中，凡是把农代会与各界代表会开好的，其成绩就显著，否则相反。亦有些地方不懂召开农代会与各界代表会的重要而未举行，使到自己工作形成孤军奋斗，脱离群众，这种教训，必须记取，也是违反上级的规定与指示，必须彻底纠正过来。这种代表会均须广泛推行，充分发扬民主，团结人民，集中力量，做好工作。

七、培养与训练干部

为了培养革命干部，我们创办广西人民革命大学分校，招收千余青年学生受训，现第一期将届毕业，第二期的招训工作亦在筹备中。此外因我们绝大多数的干部是新的、来自各方，有的旧职员，更不懂得我们新政权的工作作风与方法，均须很好训练。因此我们除了各专署均开办过的，或正续办的短期轮训外，我省府亦主办行政人员训练班，已毕业了一次，现在正进行第二次的训练，同时并进行有财经文教训练班，均获较大的收效。但有些人不习惯受训，而不愿学习，这是不良现象，应加说服教育；有的认为受训是不好的，尤属错误。我们要想把各级政权工作做好，必须加强这一训干工作，提高为人民服务的思想，贯彻下去，同时逐渐地改造一些脱离群众的政权组织，才能完成新民主主义政权建设的重大任务。

此外我们文教民政卫生等工作，均有很大改进与收获，这里不准备多说。但我们以上七项主要工作，在目前则以春耕生产，减租退租为中心，必须贯彻到底，务必做出很好的成绩来，以副民望。以上均请各委员指示。

广西省人民政府一九五零年的工作任务

—— 广西省人民政府委员会第一次会议通过

（一九五〇年五月十二日）

根据张主席在省府委员会首次会议，对一九五零年工作任务的报告，大会一致同意。并作如下决议：

（一）

去年人民解放军在短短一个月零五天的时间内，歼灭蒋、李、白匪军十七万余，解放了广西全省，使广西形势起了一个历史性的变化——使法西斯血腥统治的形势转变成为人民民主专政的形势。这是由于全国胜利形势的推动，由于□□□□□□□指挥，人民解放军的英勇善战，广西人民和游击队热烈的支援和配合，以及各界民主人士的共同协力，特别是毛主席伟大的战略思想的成功。

全省解放迄今五个月来，经过我省人民解放军，各级人民政府和人民大众的努力，在工作的各方面已取得初步成绩。

在接管城市方面，曾经发动广大工人学生群众协助接收，极为顺利。学校及各企业机关，均仍其旧，我们只派军事代表指导工作，适当的解决了旧职员的生活及工人工资问题，各市的革命秩序很快建立，治安日就良好，故得逐渐复工、复业、复课。

在支援前线工作方面，我们曾经动员一切可能动员的人力、物力、财力支援大军作战，使这个任务基本上完成了。不仅支援在省内作战的五十多万人民解放军，而且支援了二野入滇部队和协助大军凯旋湘粤。在支前运输中，铁路修复从黄沙河到柳州、宜山，公路修复三千七百九十一公里，实行公私兼顾的包运制，不但减少了军运困难，而且使城乡物资交流，收到恢复商业的相当效果。

在剿匪方面，已消灭大小股匪五万余人，使李白匪帮在覆灭前有计划的遗留在广西企图游击顽抗的大股残匪，已基本消灭，小股散匪，正在继续肃清中。在征粮税收公债方面，由于我们多数干部努力工作，广大人民踊跃缴纳，以及某些开明人士自觉自愿的执行人民政府的法令，交粮纳税、购买公债，到四月底止，共征粮有四亿斤谷，收税折米四千八百万斤，公债完成百分之七十五。四个市和大部分县份均召开了一次或二次各界人民代表会议，大部分县也开过了区乡农民代表会议，共同商讨了施政方针与工作，并宣传了人民政府的政策法令。在教育方面，除省办革大分校与军区办的军大分校培养五千四百余的学生外，各专署各市县都开办了短期干校、训练班或假期研究班，原有的大、中学校社教机关基本上照常维持。减租退租、恢复生产、救济灾荒等工作也开始进行，有些地区已初步解决了农民春荒生产的困难。

但是随着我们取得初步成绩而来的，在工作中也有不少错误和缺点。如征粮工作中宣传政策与发动群众结合不够，有的地方形成单纯任务观点，不能完全贯彻合理负担政策，存在着畸轻畸重的现象，有些部队对战斗队同时又是工作队的思想不够明确，少数部队的群众纪律表现松懈。我们的宣传工作还异常不够，人民政府的各种政策法令还未能够被广大人民所完全了解。各地或某些部队工作中，还存在着相当严重的无组织无纪律现象。

因此，五个月来的工作成绩，还是不能令人满意的。现在农村秩序尚未完全安定，某些地方还相当混乱，残匪特务勾结一部分落后的旧人员旧军人和恶霸地主分子，利用我们征粮工作中的某些偏差，利用春荒季节，以"反征粮"、"抢仓库"、"日本出兵东北，美国出兵上海"、"白崇禧反攻了"等谣言惑众，煽动暴乱，杀害我政府人员、革命干部、进步群众，抢劫公粮、破坏交通，这种反人民反革命的行动，造成了极大的罪恶。另方面，在全国胜利的形势下，土匪特务内部是动摇的，是矛盾的，在我军事打击政治争取与发动群众相结合之下，这种人民公敌的匪特，是一定可以消灭的。

人民政府的政策法令，一切都是为人民打算，人民是一定拥护我们的，加上广西人民有长久的革命传统，从太平天国、大革命、土地革命、抗日战争，直到解放战争，广西人民的革命斗争一直没有停止过。有革命传统的人民，有强大无比的人民解放军，特别有伟大的人民领袖毛主席为首的中央人民政府的英明领导，这都是我们建设新广西的有利条件和根本保证。

在这样情况下，具体执行中南军政委员会一九五〇年工作任务决议，达到发动群众准备实行土地改革的目的。必须做好下面几个中心工作：

（二）

我们广西武装部队的任务，主要是肃清残余的土匪武装和特务分子，巩固城乡治安，保卫国防，保护人民利益。五个月来的剿匪已经歼灭匪部有五万之众，这是有成绩的。但李、白匪帮在覆灭前，曾有组织有计划的在各地布置潜伏一些土匪武装与特务分子，广西地主恶霸均掌握武装，有的已与匪特勾结，农民在他们武装威胁之下，不敢起来，再加上美帝国主义利用香港澳门越南援助匪特向广西扰乱。因此，在一月底有匪特及被煽动的群众四千余人，围攻恭城县城及其附近之栗木和嘉会，我援兵赶到，歼匪一部，其余溃散；二月底在玉林地区又发生匪特暴乱，极为猖獗，经我军分途进剿，至三月中旬始告平息，但我地方政权人员和人民以及革命家属，被惨害者达五百余人，公粮损失亦巨。其他如柳城、思乐、扶南等地也曾发生局部暴乱，我们必须清醒认识。这不是由于人民政府征粮，也不是由于征粮过重，而是潜伏各地之土匪武装和特务匪徒与当地恶霸地主勾结，有组织有计划的反革命行动，他们企图用反革命的恐怖手段，来摧毁我区乡以至县的人民政府，来残害人民与破坏社会秩序，图谋复辟。我们为保卫人民利益，巩固革命秩序，必须认真执行中南军政委员会三月十九日命令，对抢粮暴乱事件，采取坚决镇压，对制造抢粮事件与杀害我工作人员的祸首，必须严惩；但对愿悔过自新缴枪投诚者，仍可宽大

处理。因此发动群众清剿土匪特务，严惩通匪恶霸，巩固革命秩序，应该是上半年的中心任务，是一切工作开展的先决条件，一切工作都应结合这一任务来进行。我们必须充分认识广西剿匪工作是一个较长期的复杂的斗争，必须有步骤有计划的将剿匪与减租退租发动群众结合起来，必须剿匪与改造区乡政权并组织农民协会肃清匪特结合起来，同时正确执行"首恶必办、胁从不问、立功受奖"的政策。

要达到剿匪与发动群众改造区乡政权的目的，必须贯彻执行毛主席：部队是战斗队同时又是工作队的指示，将一部主力彻底执行工作队的任务，并抽出大批干部作地方工作。部队要很好完成这一任务，必须首先打通地方化长期为广西人民服务思想，并严格部队群众纪律，以模范的纪律来影响人民、团结人民、依靠人民清剿匪特，过去某些违犯纪律的严重现象，必须坚决纠正。

(三)

根据中南军政委员会决议的精神与广西的具体情况，今年只能恢复生产。在工矿业方面，仅能将必需而又可能做到的进行逐步恢复，如平南、八步、合山、田东等矿，梧州炼油厂，柳州皮革厂、骨粉厂以及一部分手工业。在恢复生产中我们尤应重视城市工作，必须根据公私兼顾、劳资两利、城乡互助。内外交流的方针，加强工人群众工作，正确处理劳资关系，保护水陆交通，加强市场管理，稳定金融物价，调整公私营业的关系。同时我们必须加强农村工作，用大力去恢复农业生产，今年全省农业生产方针，一般要保持原有生产水平，在条件较好的地区争取增产粮食，在灾荒地区则应努力战胜灾荒，进行生产。为此，各级人民政府要领导春耕夏种秋收冬作，确实做到适时耕耨栽种，尽量消灭熟荒，奖励开垦生荒；要广泛宣传中央人民政府对农村的各项政策，及发展生产方针，打破农村各阶层对发展生产的思想顾虑；要提倡劳动互助，奖励生产模范；要开展水利建设，解决群众用水纠纷，领导群众防旱、防洪、筑塘、开渠、建坝，力求修复与管理好荔浦合江坝、蒲芦河、宜山治寿渠、武鸣香山坝、思乐海渊、田阳那波、恭城劳江、柳江凤山河、柳城沙浦河、永福金鸡河、灵川甘棠江等灌溉工程，修补南宁市埌头防洪堤，继续完成鹿寨石榴河、隆安浔水江、贺县五拱水等灌溉工程。并整理梧桂柳邕骨粉厂供给农民需要，争取今年增产粮食二亿三千万斤。要保护耕畜，禁杀幼畜及壮年耕畜，防治牛瘟，全省进行牛瘟预防注射十五万头。要防除农作物的病虫害。成立种子公司收购良种，公营农场繁殖良种，来发动群众进行选种，并在今冬提倡冬作，增种小麦、荞麦、豌豆、菜子、番薯等，争取多收获一季，提倡广种黄麻、苎麻、烟草等，保护及发展桐、茶、八角及其他热带经济作物。要切实保护公私森林，发动群众性的护林运动。

但广西由于李、白匪帮长期搜刮的结果，历来即存在着季节性的春灾，去年全省水旱灾情严重，单就水灾一项（根据旧的统计材料）受灾田地即占全省耕地的百分之十，受灾人口占全省人口百分之十八，损失房屋三十三万多栋，灾区全省各个专区都有。李、白匪帮对我游击区的摧残，和溃败时到处抢掠，更给了人民以严重损失。加上恶霸地主故意抽地、逼债、停止借贷，更使贫苦农民缺粮缺种，难于进

行春耕生产。而特务匪徒，更乘机威逼群众，煽动暴乱，抢分公粮，袭击区乡政府与革命工作人员，扰乱社会，破坏生产秩序。因此发动群众减租退租，成为解决当前生产救灾困难必须抓紧的中心环节，正如中南军政委员会颁布的"推广全面退租减租加紧生产救灾工作的指示"中所指出的："减租退租已成为当前广大农民群众进行春耕生产渡过春荒的迫切要求，也就是各级人民政府施行政令的中心环节。""务求在中南六省，除海南岛及个别股匪盘踞区外，全区各地无例外的将一九四九年秋季租粮，依照二五减租规定实行减租，未减者实行退租，地主违抗者依法严办，政府人员徇私包庇或执行不力者，分别惩处"。根据本省各地调查，地主缴纳公粮后一般都存有不少余粮。这说明中南军政委员会"推广全面退租加紧生产救灾的指示"，是完全可以适用于广西的。除以发动群众减租退租为主之外，还可调整负担，清理义仓，清理公产，清理伪政府时期的合作社及其对地主富农的贷粮贷牛，分给或贷给贫苦农民作生产渡荒之用，同时保障佃权、佃牛权，在经过了上述办法仍不能渡过春荒的地区，可进行社会互济，同时劝告地主自动执行人民政府法令，帮助农民克服困难。在恢复生产贯彻减租退租运动中，必须广泛宣传与认真执行中南军政委员会发布的"关于发展春耕生产十大政策"。

此外应扶持副业生产，奖励开荒，提倡社会节约，并辅之以政府救济及以工代赈。中南军政委员会批准广西以二千二百万斤粮为救济粮，以三百万斤为农贷粮。同时要求机关部队节约救灾。自四月一日起，部队每人每天节约一两，机关每人每天节约二两粮食，救济灾民。在救灾中，应注意救济贫苦的烈、军、工属与受反革命的摧残无法生活的革命群众，和一般贫苦受灾农民与少数民族中间的贫苦群众。

目前天气渐热，传染病已开始流行（如来宾迁江，已有不少人患天花死亡），在救灾渡荒中必须注意对各种传染病的预防。对灾民的疾病治疗，除省府军区已组织医疗队前往来宾迁江等地抢救外，还必须注意防止各地其他疾病的流行。

为了加强生产节约救灾工作领导，人民政府各级救灾委员会，必须马上建立并开始工作，专门研究计划督导检查生产救灾工作，并实行奖惩制度。

（四）

各界人民代表会议或人民代表大会，是加强政府与人民的联系，扩大人民民主政权的群众基础，加强各革命阶级团结最好的组织形式，是新中国最根本的政权制度，是人民管理国家政权的基本方式。我各级人民政府必须重视并开好各界人民代表会议，解放以来尚未开过各界人民代表会的县应迅速筹备召开，各市、县已召开过的，应照中南军政委员会的规定每三月召开一次，省每年召开一次，在开会之前，应有充分准备。市、县人民代表会议代表人数，应根据各市、县人口多少工作进展来决定，可从数十人到二百人，代表中，应包括共产党、各民主党派、人民政府、人民解放军、工人、农民及其他劳动者、学生、文化教育界、工商业界、青年、妇女、少数民族、海外华侨以及爱国民主人士等代表。在各界代表会议上，应选举协商委员会，再由协商委员会推选常务委员会，驻会工作。

区乡两级人民政府，应召开农民代表会议，团结领导农民参加民主建设工作，

解决农民当前迫切要求，如减租退租，春耕生产，救灾渡荒，剿匪反霸，调查负担，清理公产发放农贷等等。在会议中，启发诉苦，提高农民阶级觉悟，在工作开展到一定条件下应由农民代表会选举区乡人民政府，改造区乡政权，巩固人民胜利。

在今年内大量组织工人、农民以及青年、妇女，并建立起工人、农民、青年、妇女等群众团体全省范围内的统一组织，在五、六、七、八月份召开工人、农民全省代表会议与召开全省各界人民代表会议。通过这些会议，宣传政府法令，特别是讨论减租退租剿匪反霸以及宣传土地改革政策，通过农民代表及农协开展减租和退租运动，坚强农民的队伍，为准备实行土地改革而奋斗。

（五）

中南军政委员会一九五〇年工作任务决议中，已明确指出，在今年需要以最大力量克服财政困难。在今年的全国财政困难的情况下，我们广西省将是比较更加困难的省份。

对于克服财政困难，统一财经工作，中央人民政府政务院已作了决定（三月三日），中南财委会议又作了专门的研究布置，我们应当坚决拥护。全国胜利统一的新形势，要求我们贯彻行政统一集中，反对无政府、无组织、无纪律的状态。其中特别重要的是建立统一集中的财政工作制度，这是克服今年财政困难的关键。在财政管理上，要真正做到统一财政收支，严格建立粮库金库制度，统一编制，人马车辆一定要按编制，在编制以外之人员不经省府批准，不许随便增加，统一薪资供给标准，统一税制税则税率，统一公营企业资金管理。努力开源节流，在开源方面，应抽派得力干部加强税收工作，整理税收，保护交通航运发展贸易，有计划的收购土产，鼓励农民生产，结合减租退租生产渡荒，催收公粮尾欠，并加强公粮的保管爱护，征粮税收工作，还必须很好努力，同时接受过去经验，充分准备做好夏征秋征工作，还要按期完成推销公债任务，认真清理物资。在节流方面，一切滥支滥用，随便机动，不按编制增加人员等现象必须立即停止，一切浪费现象必须立即纠正，贪污分子必须惩办。

在厉行节约中，军政人员更必须坚持艰苦奋斗的传统，精打细算，节衣缩食，每个机关单位与部队，应争取完成并超过规定生产任务，以减少政府开支，减轻人民负担。机关部队生产必须贯彻中央规定，不准经营商业，并避免与民争利。

（六）

为了适应全省开辟工作的需要，解决干部缺少的困难，培养训练干部是全省今年一个重要的任务。除军大分校与革大分校正在培养五千四百余干部，各专区办有短期训练班外，我们还必须通过各种短期训练班、代表会议，各种群众组织，训练培养提拔大量的工农干部以及少数民族的干部，参加各项建设事业。同时建立与坚持在职干部的学习制度，开展学习运动，并且必须在春夏秋三季抽空隙采用适当方式，将干部普遍训练一遍，使在职干部思想上、政治上、作风上能够不断进步提高。

今年，对全省学校和社教机关，由于财力的限制，只能将现有的尽可能的予以维持，并逐步加以改革。因为青年学生投考革命学校参加各种短期训练班与社会服务，而人数过少的，可暂时合并上课，以便集中人力财力，提高教学效能，并准备将来的发展。

广西省由于解放较晚，过去受李、白匪帮的欺骗较深，因此必须将李、白匪帮的罪恶作有系统揭发，同时将革命胜利形势，人民政府的政策法令，特别是减租退租，实行土改的政策法令，以及中苏友好关系等作广泛深入的宣传。但几个月来，我们在这方面做的非常不够，还有不少人对我革命政策了解还不够，甚至怀疑，因而也予匪特造谣惑众以机会。我们必须有力的纠正这一现象，在普及为主的方针下，通过报纸、广播、书店、墙报、黑板报、剧团、宣传队、工作队大力展开宣传工作，号召党、政、军、民，人人开口，个个宣传，面向群众，造成群众性的宣传热潮，结合各界代表会议使我们的政策法令，使革命胜利的形势、真正为广大群众所了解，彻底粉碎特务匪徒的造谣欺骗，打下发动群众，减租退租，生产渡荒，清匪反霸，准备实行土改等各种工作开展的思想基础。

我们在完成上述任务中，是有许多困难的，但我们有毛主席和□□□的正确领导，又有各民主阶层之间的革命团结，这是我们战胜一切困难，完成一切任务的保证。在政权机关中工作的共产党员必须很好学习中共中央二月廿五日颁发的指示，和重新印发的斯大林毛泽东论关于与非党群众团结的两个文件，以自我批评的精神，克服关门主义的倾向，与非共产党员的干部更进一步的团结合作，同时在政权工作中的非共产党员的干部，也要坚决站在人民立场与共产党员团结一起，为彻底实现人民政协共同纲领，首先是实现中南军政委员会和本省一九五〇年的工作任务，达到发动群众，准备实行土改的目的，为建设人民的新广西而奋斗！

梧州市人民政府一年零七个月施政工作报告①

——江平秋副市长在梧州市第四届各界人民代表会议上的报告

（一九五一年八月六日）

主席各位代表：

我现在代表梧州市人民政府将市府成立以来一年零七个月的施政工作，向各位报告，敬请审查指正！

我的报告分三部分，第一部分是抗美援朝运动与镇压反革命，第二部分是财经工作，第三部分是市政建设。

---

① 原件存梧州市档案馆。

（甲）抗美援朝运动与镇压反革命
抗美援朝运动

一、运动过程

从去年七月至十月，是运动的发动阶段，七月组织了对各民主党派联合宣言的学习，以及八一建军节的宣传与和平签名运动，在部分干部及各界积极分子中，认识了美帝国主义的侵略行为和朝鲜战争的前途，但大多数人尚存在着恐美亲美崇美等糊涂思想，对抗美援朝运动表示不关心，甚至还有少数人不知抗美援朝运动是什么一回事，不知美国是个什么东西。

从去年十一月至今年"五一"，是运动的普及阶段，经过去年十一月庆祝全省解放及平壤大捷，今年元旦劳军、参加军干校，春节文娱宣传，二月镇压匪特，三月庆祝中朝部队四次大捷，尤其是四月中旬召开抗美援朝代表会议，订出全市人民爱国公约，和抗美援朝工作计划之后，八千余人分区包干，分区分界召开抗美援朝代表会议及各种大小控诉会，并进行家庭访问，四月下旬中等学校员生九八七人下乡展开对农民的宣传。五一举行了空前盛大的五万人的游行示威。至此，全市抗美援朝保家卫国运动才全面展开，全市百分之九十三点三的群众受到爱国主义教育，崇美恐美亲美的错误思想基本上被纠正过来，并明确抗美援朝是相当长期与一切工作的推动力。

"五一"以后至现在，是运动的深入阶段。普遍订立爱国公约，并转变为实际行动，如大张旗鼓镇压反革命，群众积极控诉检举匪特，工人农民增产竞赛，机关干部提高工作，学校员生保证学好教好，宗教界进行三自革新运动，六月下旬捐献武器运动，七月四日志愿军代表莅梧，爱国主义与国际主义思想空前高涨。

二、成绩

（一）提高抗美援朝的认识

市民普遍受到抗美援朝教育，基本上肃清崇美、恐美、亲美思想，确立鄙视、蔑视、仇视态度。比如，工人邓水过去不关心工会，消极怠工，今为抗美援朝也积极生产了，农民卢子超临死时还说："丢那妈，如果美国鬼真系叫日本鬼再来，我死都要同佢搏，刮民党咁多兵，都比我党召呱咯，美国鬼会作乜!？我哋要慢慢煎鱼，慢慢泡制……"，又如，两次军干校招生六十名，报名即达八百以上，和平签名达十万人以上，这说明群众认识是普遍提高了。

（二）推动了各种工作

在抗美援朝保家卫国的号召下，展开了群众性肃反运动，工人展开爱国主义生产竞赛，农民组织互助组，保证"不闲一个人，不荒一亩地"，"交好公粮，打垮美帝"，学生、教师保证"学好教好"，机关干部保证搞好工作，工商界保证不投机倒把，逃漏税项，五十七个行业中五十四个行业几天内即完成集体纳税。此次捐献飞机大炮数日内即超额完成五十余亿之多。

三、抗美援朝运动尚须继续贯彻

六月三十一日美国侵略军总司令李奇微在受到朝中人民部队五次严重打击伤亡廿余万众之后，被迫接受苏联驻联合国代表马立克建议，发出停火休战谈判的通知，我一贯主张和平解决朝鲜问题的朝中人民部队当即表示同意，谈判也就于七月中旬开始。谈到现在，由于我方代表的努力谈判会议的议程谈好了。但是否能谈得成功，则要看美国是否有诚意。自谈判开始以来，有些事情是值得我们注意的，就是在谈判过程中，美国飞机还不断轰炸北朝鲜后方和平城市和村庄，更侵袭我东北领空，美国谈判代表借口一些枝节问题，有意阻碍谈判，拒绝讨论在朝鲜撤退一切外国军队问题。我们为了真正合理地和平解决朝鲜问题，当然会继续努力争取谈判成功，但同时要提高警惕，美帝国主义是吃硬不吃软的，你把它打败了，他才和你谈判，你的力量大过它，才能制止它的横行，这次美国飞机八架侵袭我东北，我国空军一下子把它打下七架，只逃脱了一架，这次又教训了它，中国人民的力量是不可侮的，我们必须继续加强保卫和平的力量。何况现在谈判尚未成功，和平尚未成为事实，即使停战谈判成功了也还是和平解决朝鲜问题的第一步；即使朝鲜问题和平解决了，也还有台湾问题，日本和约等有关远东和平的重大问题尚待解决。因此我们应该继续贯彻抗美援朝保家卫国运动，努力加强保卫世界和平力量，以争取谈判的成功，和平解决朝鲜问题，保卫远东和平。

当前有三件工作要做好来：

（一）继续把捐献武器工作做好。我们全市已认捐了五十多亿，超额完成任务，这很好，这是我们全市人民的光荣。但认捐不等于已经捐了，今后要好好组织收款，要争取百分之百收上来，因此就要加强督促检查工作，就要把增产改善经营结合捐献的计划切实贯彻。

（二）搞好优抚工作。过去对烈军工属与荣誉军人之优抚照顾做得不够经常，优抚工作未能成为群众性运动。今后务希各界协助政府将优抚工作订入爱国公约，建立制度，使之经常化，真正解决烈军工属之工作生活与提高其政治地位。

（三）切实检查爱国公约的执行。爱国公约订立后，在巩固爱国运动，增加生产，推进工作中起了不少作用，但有些尚未订立，有些订得不具体，不切实际，未认真执行，今后一月内，未订的，应广泛宣传，深入酝酿，加以补订，已订的须彻底检查，加以贯彻。建立推动机构与检查制度。结合批评表扬及时总结，使抗美援朝运动继续往前推进！

镇压反革命

本市的镇压反革命工作，在去年十一月以前，我们对毛主席的镇压与宽大相结合的政策是执行得很不好的，表现为片面宽大，该杀的未杀，该关的未关，该管的也未管，在客观上助长了匪特气焰，使人民正气不能抬头。如欧匪大肃（已枪毙）竟敢半公开地在本市设站勒收行水，陈匪文贵（已枪决）更造下了火烧湘江渡的滔天罪行。自去年十一月以后经过第三届各界人民代表会议，检讨了过去宽大无边的

错误，作出了"党政军民、一致努力，坚决镇压匪特"的庄严决议，建议政府"坚决执行政务院暨省府、军区关于严厉镇压反革命的指示，对坚决破坏人民事业的反革命罪犯予以严厉镇压"。八个月来，政府便根据这个决议分为两个阶段，进行了下面几个工作：第一阶段自去年十二月至今年四月，这一阶段的特点是：开始纠正了宽大无边的偏向，给了反革命以严厉镇压，但宣传工作差，发动群众差。在这阶段我们做了如下几件主要工作：第一，去年十二月十五日和今年五月廿一日分别进行了两次对潜伏本市、继续反革命的匪特的统一逮捕。第二，去年十二月十九日举行全市户口大检查。第三，今年一月四日开始集训排以上的旧军官，共九百名，历时四个月。第四，一月继续缴献民枪，共缴一〇四〇枝。第五、二月十日至三月底举行特务与反动党团自新登记，共二〇五六名（不算政训总队）。第二阶段自五月至七月，这一阶段的特点是：大张旗鼓镇压反革命，在正确的领导下，掀起了一个轰轰烈烈的镇压反革命的群众运动，改变了整个形势。在这阶段我们做了如下几件主要工作：第一，五月至六月大张旗鼓镇压反革命，共判处了反革命罪犯一百九十九名。公审甘竞生等匪首时，十万人参加收听广播；处理一百七十六名罪犯时，全市群众参加了控诉、讨论。第二，六月普遍组织治安保卫机构，成立委员会一百一十四个，小组一〇八三个，共选出委员组长三千一百五十人，参加该机构的群众，占全市人口合于参加年龄的80%以上。第三，六月将已决犯组成劳动改造大队，参加者共七百六十名（不算监内的）。第四，六月至七月大力清理积案，共结反革命罪犯二百三十七名。

这一系列工作完全扭转了过去敌焰猖狂，人民正气不能抬头的形势而出现了一个敌焰大降、民气大伸的新局面，这表现在：

第一，纠正了宽大无边的偏向，严重打击匪特气焰，民气大大伸张。从去年十一月第三届人代会后，我们遵循会议的决定，开始大批逮捕、大张旗鼓、大力镇压，仅仅以结案来说，十一月后判处反革命案件等于以前的四十倍，坚决镇压的等于以前的五倍，最近几个月来又都是通过大张旗鼓方式进行，而且还结合着反动党团登记，集训伪军政人员等等一系列的工作，使得反革命被坚决的管制、逮捕、监禁、枪决，遭受了严重的打击，反动邪气被压下去了，匪特恐慌。有的匪特反映："我晤一身屎，不知怕不怕？"有的怕见公安局的同志，有的半夜睡不着觉。有来补行登记自新的，或补充坦白的，也有少数逃走的。而各界人民则普遍兴高采烈，鼓掌叫好，热烈拥护政府的正确措施。工人说："杀得好，匪特在我哋工厂划一根火柴，就会害得我哋几百工人失业。"水上居民说："黄文辉抵死，人民政府真系有眼。"工商界反映："镇压匪特好，交通恢复，有生意做，不要再交行水，来往也无生命危险。"一些民主人士说："人民政府所杀的特务，都是证据确实，没有冤枉的。"由于我们严厉地镇压了反革命，各界人民的政治积极性大大提高了，敢于和反革命分子进行坚决的斗争，纷纷控诉反革命分子罪行，秘密和公开检举反革命分子，根据不完全统计，今年一至六月份，经群众检举的反革命分子共七百余件，五月份以前，每日平均收到三件左右，六月份则增至六件。特别是最近两次由各界人民直接

参加处理反革命案件，积极性更高，都说："我们居然做起法官来啦！"又说："政府这样信任我们，就得好好去判。"大家在提意见时都非常认真负责，事实证明，大多数群众的意见是正确的，轻重适当，掌握镇压与宽大相结合的政策很好。

第二，划清界线，加强内部团结，孤立敌人。去年十一月以前，由于宽大无边，群众说："敌我不分。"十二月至今年四月，开始了严厉而坚决的镇反，但还是着重行政上的镇反；到了五月开始大张旗鼓以后，经过前一时期的土匪特务及伪党团自新登记，和这一时期的公审、控诉、检举、讨论，罪犯家属会议，和一连串的抗美援朝运动，群众对政府和匪特的态度便完全改变过来，政府和广大人民群众在大张旗鼓镇压反革命旗帜下紧密团结了起来；而反革命分子则众叛亲离，空前孤立，甚至连他们的家属也认为他们就是自己的敌人，应该大义灭亲，建议政府严厉镇压，如罪犯张成凤的妻子黎雪琼公开控诉张匪以前参加股匪，杀害人民，请政府严厉处分；又如罪犯梁崇敬的儿女梁炎生、梁容说："这样的父亲系我家莫大的耻辱，请政府判处他。如果他能真正改造的话，才是我们的父亲。"又如大刽子手严子振自知罪孽深重，难逃人民的裁判，企图自杀，他的儿子严家驹先生知道后，即写信给市委："他畏罪拟自杀，望政府早日依法处决，为以前受难的革命烈士雪恨。"又如反革命罪犯高超、伍朝旭、莫剑云、陈明政、甘德祥、张成凤、李毓君、黄超汉、郭炎等的妻子向法院提出声请，坚决要求和他们脱离夫妻关系。可见反革命分子已处于空前的孤立状态。

第三，建立并健全治安保卫组织，巩固了群众的镇反阵地。在群众觉悟提高、进一步要求直接参加镇反工作后，六月初开始组织治安保卫委员〔会〕和小组，群众立即表示热烈欢迎，码头工人区瑞生说："我一定参加，全力检举匪特。"珠玑路五婆说："有治安保卫小组，就好啦，旧年火烧生果市，害得我连床板也有得一块。"伍燕连说："有治安保卫小组真好，过去别人做坏事好似不关我的事；现在我知道有责任和义务来检举和管制坏人了。"水上西二村陈社锦说："匪特就是我们船上的白蚁，一只都不能留；我一定要秉公办事，检举坏人。"群众并积极建议不许坏人参加。许多条件不够的积极创造条件加入，有些过去历史不清白的也赶快向公安局作书面或口头的坦白，所以，不到一个月时间全市的委员会和小组就组织起来并大部分健全了，而且立即负担了讨论一七六名罪犯判处意见，检举一三二名反革命罪犯的任务。从此，群众就有了直接对反革命斗争的巩固的阵地。

八月来，我们在镇压反〔革命〕工作上取得了伟大的胜利，而且是正确，基本上没有发生什么偏差。八个月来的经验证明了：

一、毛主席的镇压与宽大相结合的全面政策是完全正确的，只有正确地执行了这个政策，才能取得伟大的胜利，才能巩固和发展胜利。

二、镇压反革命必须在共产党的坚强领导下，放手发动群众、才能做得好。必须大张旗鼓，进行广泛深入的宣传工作，并组织广大群众直接参与对反革命案犯的处理，事实证明这样做会比单纯由公安司法机关关起门来做，更有效而且正确，打破了过去那种对镇压反革命的神秘观念。当然，这并不是说可以不要公安局的专门

工作，而且要将两者很好结合起来，特别今后反革命的活动更趋隐蔽，公安局的侦察工作更须加强。

自然，我们绝不能满足过去的成绩，而放松镇反工作；现在敌人是采取更隐蔽的形式来同我们做斗争，进行临死挣扎、报复破坏，我们一定要继续努力，深入镇反工作，进一步发动和组织群众（特别是工人）展开一个群众性的政治民主改革运动，扫清反革命分子赖以藏身的社会基础——封建残余势力，以巩固胜利，保卫城市建设。

（乙）财经工作

一年零七个月的财经工作，由于中央人民政府及各上级政府的正确领导，财经部门工作同志的努力，以及本市工人，工商界的协助，已经取得很大成绩，最显著的有如下几点：

一、金融物价的稳定和人民币本位的确立，本市金融市场的港币和银元已被肃清，人民币统一占领了市场。现在乡村百分之九十以上地区皆以人民币为本位。其次，在物价上，一年半来，也是平稳的。以今年六月与去年一月比较，中白米上涨百分之七十四，生油上涨百分之八十六，生盐上涨百分之十六，新城纱上涨百分之五十四，大鹏细布上涨百分之五十二，松柴上涨百分之五十六，以上六种主要物资，平均上涨百分之五十六，去年一至三月份，因初解放，各种工作尚未上轨道，波动较大，平均上涨百分之一四四，后为我努力压了下去。接着因虚假购买力的消失，交易走入常态，三至六月物价平均下跌百分之四十五。去年六月以后，物价即转入平稳，虽经朝鲜战争的影响，一般物价升降，幅度都在百分之十左右，一直保持到现在。这些数字充分说明了物价的平稳，彻底扫除了国民党十余年来反动统治时期物价波动的积病，解除了各界人民生活上一个最大的威胁，为工商业的恢复发展打下了一个坚实的基础。

二、超额完成税收任务，精简节约，财政上做到收支平衡。在依率计征，不多收不少收的原则下，完成了一九五○年的税收任务，并超额百分之一○点八七。五一年上半年亦超额百分之二六点五五，保证了供给、支前和各种建设。征收中基本上纠正了畸轻畸重现象，做到公平合理。如以海咸什货业信样号为例，其所得总额为八千一百八十六万元，所得税额为一千六百六十五万元，实际负担率是百分之二十，但照章应负税率是百分之廿八，轻了百分之八，又如纱布业仁兴号，其所得总额为五千四百零九万元，所得税额为一千六百零九万元，实际负担率是百分之廿九，但照章应负税率是百分之廿六，重了百分之三。如把走漏情况估计进去，则可以肯定梧市的税负并不算重。据统计，一九五○年春季的账簿典型走漏率是百分之五十八，冬季降低到百分之二十三，到今年夏季亦并未减少。缉私案件，今年上半年平均每月有一六三件，比去年平均每月一○四件还严重。其次，由于财政统一，精简节约，精打细算，和积极整顿地方收入（如学产），使得财政上做到收支平衡。这也是我们工作人员廉洁奉公，过着较低的供给制与低薪制生活的结果。

　　三、生产的恢复和某些发展。本市的工业产销情况，在去年上半年，除火柴等民生日用品照常生产外，其他都陷于半停工状态，四五月间，因虚假购买力的消失，普遍滞销，特别是火柴业，困难更大。去年七月以后，开始好转，今年上半年，由于剿匪封江淡月等原因，又有些变化，电池、锑板等业产销数字下降，但大部分工业产销数字续有增加。其次，本市工商业户，解放后大量增加，解放前一月是一三二六户，今年六月底增至二四〇八户，几增加一倍。资本额亦有增加，如今年三月私商资本自报总额，为三百五十余亿，六月份则为四百七十余亿。再其次，进出口数字也是逐月大量上升的，假定以去年二月份总值为一〇〇，去年十二月份出口总值增至二三六六，进口总值增至二五一，今年上半年出口总值为去年全年的百分之八一点六九，进口总值为去年全年的百分之一三四点零九。以上各类数字，说明本市工商业情况是随着全国经济形势的好转而好转的。

　　上述成绩的取得，是由于进行了如下许多具体工作的结果：

　　第一，在调整工商业的工作上，为了照顾私商的经营，将粮食、纱布、盐业等专业公司卅多个代销处取消，并调整公司的批发与零售价格的差价，使零售商有利可图。在照顾私营工厂上，粮食局加工一千万斤公粮，其中百分之七十以上是交给私厂加工的，维持了他们的营业。土产公司委托三家私营厂加工蜜枣三万六千斤。兴华厂的电池，现在百分之八十以上由百货公司收购推销。另外，广西火柴厂和永光火柴厂的产品也准备和百货公司订约承销。该公司在今年上半年也向西华工业社收购了毛巾六八三打。在调整税收方面，在大家最困难时期，通过民主复评，将去年一至四月份工商税，减收卅六万斤米，纠正畸轻畸重现象，此外，并按中央规定，精减了税种税目，全部税种由十四种减为十一种，货物税目由一千一百卅六种减为三百五十八种，印花税由卅六种减为廿五种，盐税减了一半，停止预征临商税，并简化查验手续。在调整劳资（公私）关系上，建立了造船、印刷、锯木、旅宿、药业……等廿四个行业及兴华电池厂及天然锑板厂、大东酒家等八个厂店，共卅二个劳资协商会议，又签订了印刷、造船、锯木……等十四个行业及天然锑板厂、水电厂（三个合同）等四个厂共二十个集体合同，此外还有其他临时协议。这些合同或协议，都是以搞好生产出发，达到公私兼顾劳资两利，大部分都执行得不错。此外，我们为了促进城乡交流，于今年四月初召开了土产会议，明确了方针，摸了一下底，并订出了信托货站等办法。会后，一方面在梧区各县成立了一些信托货栈，并与信托公司建立了连［联］系，开始做了一亿多交易，另方面，于五月下旬，派出贸易考察团北上，已在汉口上海两地进行交易和成立协议货品约达六十亿元以上，最近又在石家庄订了一批木柴和药材合同，石家庄已派代表到本市来了。我们又为了集中力量，改善经营，先后组织柴薪出口联营（后改为联营小组）、肥皂制造、桂皮出口、屠宰、杂货、柴炭出口、蜜枣等联营，现在正准备组织牲口、生果等业的联营。

　　第二，人民银行的工商贷款，起了相当大的扶持作用。银行货款中私营占百分之七十二，帮助解决了资金周转的困难，并促进了物资交流和物价平稳。

广西解放 _____ 1949.12.11

第三，在外贸管理工作上，去年的方针是鼓励出口，限制入口，曾经恢复港澳航运，合理调整结汇牌价，简化出口申请手续，配合全国经济情况的好转，结果，获得很大成绩，今年一月以后，由于情况的变化，根据中央指示，改为易货，为了帮助出口商解决进货的困难，采取了异地直运和异地转让办法，又因梧州出口货主要为丙类物资，百分之八十无须易货，故出进口数字都继续上升。

最后，来谈谈目前本市工商业情况，和研究几个问题。现在很多人都说困难，说"梧州工商业在走下坡路"，不少工商业家对经济缺乏信心，思想混乱。是不是困难呢？的确是困难。这表现在：

一、有些行业营业清淡，如经纪、纱布、饮食、药业、烟业等较为严重，以纱布业为例，棉纱交易一月份总成交量是卅三件多，以后逐月减少，五月份只成交三件，六月份回升到廿二件多，仍只占一月份三分之二强。而在这些成交数字中，除一月份私商占百分之八十二外，以后各月都降到百分之四十以下。

二、轮船业的不景气特别突出，尤以梧穗、贵穗、梧江三线为最。梧穗线以前十八条船，现在减为十二条，还有九成空仓。现在全市定期班停了廿七条，散拖停了十九条，现在有些船还能勉强维持，主要由于工人主动减薪、打折支薪或暂不支新〔薪〕的缘故。

三、劳资关系紧张。去年全年争议案件共二六二件，平均每月廿二件，而今年一至六月争议案件却达二三五件之多，较去年每月平均增加百分之八十一。今年七个月来共解雇二一一○人，其中以航业为最多，计八五五人，占百分之四○点七。而所解雇的工人，百分之八十五以上都是因歇业停业而解雇的。

四、开歇业数字虽逐月有增加，但歇业是大的多，开业是小的多，开业所雇用的工人补不上歇业解雇的工人。

以上说明目前本市工商业情况是相当困难，应该肯定下来。但是我们也不好把这些困难过分夸大。从进出口数字来看，是逐月增加的，今年上半年平均比去年增加一倍左右。工商业自报营业额，今年一月份是四百亿，二月份是三百四十亿，三月份至六月份，则从四百九十亿增至五百十四亿，再从市场成交量来看，今年上半年，食米、布匹、生盐、桂皮都逐月增加，木柴变化不大。至于工业产销情况，今年上半年，除电池、锣板、棉布、糕粉、酒精等业较差外，其余火柴、碾米、玻璃、制药、松香都不错。轮船业中的梧港、梧贵、穗邕、梧桂线都能维持，有的还有钱赚，夏季货运量比春季增加。帆船业夏季货运量比春季增加将近百分之五十。再就就业情况来看，今年一至七月共介绍就业一五六四人（其中一○七二人是临时工。以上这些情况，又说明目前本市工商业的困难是有限度的，不是全面的，不过在某些部分（如航业）显得特别严重而已。

现在来研究一下，造成目前工商业困难的原因是什么？主要原因是如下几点：

一、旺月时剿匪封江，亏蚀了一些，以后又逢夏荒淡月，小本钱的商号多感到"难挺下去"，暂时休业或歇业，等待旺季时再搞。

二、城乡交流尚未很好展开，障碍尚多，有些土产运不出来，国内市场的开辟

尚在摸索试探阶段，商人有顾虑，老习惯一时难改，公营带头作用，又发挥得不够。

三、航业经营管理落后，冗员多，浪费大，工资制度不合理，造成各种陋规，高抬运价，饮鸩止渴。帆船也漫无组织，行会垄断，互相摧残。航业经营的毛病，又大大影响了城乡物资交流。

四、公私关系某些地方尚不够正常，国营公司对领导私商扩大物资交流做得不够，未能将完成完〔任〕务与执行政策统筹兼顾。私商也还存着"以公养私"思想（如航商），自己力求改进差。劳资关系上，政策宣传不够，使某些资方有顾虑。税收中的民评工作尚有缺点，赏罚尚欠分明，增加私商经营顾虑，对扩大土特产交流，培养税源照顾不够，手续也尚欠简化。若干私商逃税行为也是使税收工作未能完全做好的重要原因。

五、至于铁路修通后，以及直航线的开辟，运输路线的改变，影响了梧州的商业地位，这当然也是事实，但这并不是一个基本的致命原因，在铁路修通前，因各地土匪破坏，梧州的交通情况不是比现在更坏吗？为什么去年下半年的工商业情况又很好？而且，南宁火车通车后，货运且不多，很多还是装船的。如果我们的航运搞得好，降低运价，还是可以同铁路竞赛的。有人说：由于铁路修通后，桂柳邕各地市场，给广东火柴占领了，其实，主要原因是人家成本低、品质好，我们经营落后，现在梧州不是同样也有广东火柴吗？因此，过分夸大交通条件的影响，甚至因而对梧州悲观？是不正确的。

最后，我们来研究一下克服困难、搞好梧州工商业的办法。

在总方针上，要确定扩大土产交流（主要是区内和国内的）是搞好梧州工商业的关键。梧州还是个商业城市，工业只占百分之九点一，商业则占百分之九十点九。搞好土产交流，则可以提高农民（主要消费者）的购买力，扩大市场，为发展工农业生产准备条件，同时又可增加财政收入。这个问题解决了，其他很多问题跟住可以得到解决。要扩大土产交流，就要深入农村、面向全国。远距离的生意要做，近距离的城乡交流也要做，大宗土产要做，小宗土产也要做；畅销土产要做，滞消土产只要能打开销路的也要做；对友区要供销，也要买回东西，做两头生意；公营是领导的，要兼顾私营的；以内销为主，但同时不放弃港澳，港澳目前还可以做生意，当然还是做，但不要完全指望港澳吃饭。过去主要运销港澳的东西，今后会起变化（如木柴），今后对新民主主义国家的贸易一定会发展。梧州及其周围土特产很丰富，大有可为。

为了要实现上述方针，就要弄通思想，端正政策，组织力量，做好一系列工作。

第一，成立梧州市土产产销指导委员会，统一领导。把现在的交易委员会提高一步，改组成为公私合营的土产运销公司，自营兼代客，必要时还可兼办运输和加工，以打开国内市场为主要目标。在财委和工商局领导下，以专区贸易公司、信托公司为基础，吸收私商参加，希望私商能占股百分之七十至八十，私商如整个店加入的，把现有店员包下来（如经纪行）。有了这样一个机构，就可以起带头领导作用，同国内各埠订合同，大来大往，以帮助其他私商共同发展国内贸易。另一方面，

本区内的短途城乡交流亦要大力开展，组织起来，给私商下乡以各种便利，同各县镇商人好好分工合作，或者到各圩镇设立办庄（也可采用委托）或者同各县镇信托货栈建立连［联］系，座商要行动起来。

第二，联营是一个很好的经营形式，值得提倡。但联营不是垄断，要合理照顾产运销三方面利益，要自愿，不要借联营来裁员，更不应借联营来逃税，要订出公约和合同，交工商局批准。今天联营还应着重土产产制、运销有关的行业，玻璃镜画、饮食、理发可不要搞。财委和工商局应加强对联营的领导。

第三，土产加工工厂可适当增设，改良并统一土产规格，但也要计划。如最近办的桂皮和蜜枣加工厂，就很好，解决了很多失业工人问题，并增加经济收入。大家研究看，梧州还有哪些土产加工厂可以开办的。

第四，整顿航业，废除陋规，改善管理，定员定额，调整工资，改善劳资关系，健全会计制度，精确计算成本，尽量降低运费，薄利多运。定员定额后裁减出来的工人，为储备海上技术人员，引水水才，机舱工人，在未得到适当的处理以前，其生活仍由资方负担，文员部及中舱部工人则以训练转业为主（在未得到转业前，亦应适当照顾其生活），如取得其本人与工会同意，可发给解雇金，予以解雇。要成立一个统一机构，在财委领导下按照具体情况分别处理。可从一线一船开始，取得经验后再全面整顿，同时要与广州密切配合。帆船亦要组织起来，成立联运社，在市府和航局办事处统一领导下，统一运输工作，便利于土产物资交流。

第五，银行增发工商贷款，以解决工业、手工业、土产购销事业、商业资金周转上的需要。适当放宽抵押放款的限制，依工商业者短期周转的需要来确定定贷款限期，适当降低利息，简化手续。

第六，进一步调整公私关系，照顾零售商。改进税收办法，多搞典型户，并发动店员工人协助评议，赏罚分明，使民评合理（现在主要还是民评，查账征收尚不够条件）。认真执行中南军政委员会颁布的"促进城乡物资交流实行简化征税手续暂行办法"，改进行商税、交易税、座商税（按上级规定办理）。

第七，以上这些措施，必须要与民主改革运动密切结合，才有可能保证做好。

第八，希望工商业家打破顾虑，拿出信心和力量来，按政策办事，我们相信梧州的工商业是会逐日改进的，前途光明得很。

（丙）市政建设

一、政权建设工作

（一）各界人民代［表］会［议］及协商委员会工作

一年零七个月来共召开了三届五次人代会（第一届一次，第二届一次，第三届三次），解决了当时急待解决的问题：如第一次的肃特治安，建立革命秩序问题；第二次的维持与恢复生产调整工商业问题；第三次的弄通时局思想，展开抗美援朝保家卫国的爱国运动镇压反革命等。集中了人民的智慧和力量，完成了各种艰巨复杂的任务。在会议结束后，吸收各界代表，成立了协商委员会负责执行闭会期间的

大会工作。并在协商会下，设立各种专门委员会，研究和推动大会决议的执行。事实证明：这些机构都成为执行大会决议最有力的推动者。但是因为我们经验少，又无专职干部负责，无一套正规的会议制度，代表们与协商委员会的联系不够，通常只有几十个协商委员的活动，使代表们没能发挥应有的作用。今后必须建立机构，挂起招牌，健全会议制度，密切代表的联系，这是一方面；另一方面，遵照政务院的指示，以后必须定期召开区各界人民代表会议，解决一些市里管不到能由区里解决的，市民迫切要解决的具体问题。

（二）居委会工作及现存问题

今年一月已完成初步改革镇街政科（权）的工作，共组织了五十个居民委员会，四八五个居民小组。居委会组织起来后曾做了一些工作，起过一定作用。如组织本街业主集体交纳房屋税，在抗美援朝镇压反革命及组织居民收听志愿军代表报告中，发动了大部居民参加。但因为组织时，群众发动不够，而我们干部又弱，故居民代表成分不纯，作风不纯的现象相当严重，引起群众不满，因而经正式解职者已有八十六人。这种组织，因只照顾地域性，不能照顾到各行各业，而居民们因职业不同，要求也不一致，故居委会代表性不强，不能代表居民将居民的意见集中起来，解决问题。以后须考虑改善办法。

（三）郊区政权的建立及其工作

一九五一年四月十四日成立郊区人民政府，下分旺步、和平、东兴三个乡，十九个行政村。并在一九五一年三月派工作队下乡，发动群众，清匪反霸，退租退押，为今后土改准备好条件。

（四）处理群众来信及问事处工作

三月份之前，对群众来信的处理比较马虎，没有专人负责登记检查，自三月十五日，发出了"对市民来信应慎重处理"的通知，建立了回报制度后，各单位都重视了这工作，接着市府问事处也设立了起来。从三月份起到六月底止，市民来信及询问共二七九五件，其中对市政建设及检举反革命分子，提了不少宝贵意见。

各单位接到这些来件和询问后，均依照会报单的规定会报，都能及时答复他们，加强了政府和市民的联系，并鼓起了市民有事直接写信给政府商量的热情，市民来信与日俱增了。其中不少宝贵的意见已被采纳执行，如建设科接到市民丹红来信建议在城东区设置水站时，即复来信者并于梧州报征求城东居民意见以便安装，饬令水电厂切实办理；公安局接到市民梁八提供防范火警的来信后即派出同志与之联系，商讨办法；税局得到永业米厂违税的报告后即调查破获，并集会评处。这些建议，对政府的帮助很大，以后，对这工作应定出更完整的制度，及时检查总结，并要进一步分析群众来信和询问的内容，将带有普遍性的问题通过报纸及广播方式进行解答或解释。

（五）优抚工作

本市有烈属二十人；军属二一〇人，工荣人员廿三人，复员军人卅余人。过去曾通过家庭访问，发救济粮（二万斤），利用年节送礼送光荣匾，招待电影，介绍

职业，优待子弟入学等，做了一些工作，烈军属的政治地位也略为提高，很多当选为居委会、治安保卫委员会委员及其他代表。但还做得很不够，还没有在群众中进行过充分的政治教育，使烈军属没有得到应有的尊敬。烈军属的职业问题没有得很好的解决，生产上的困难没有尽力去帮助。这在今后必须提起大家注意的。

工荣人员，我们虽发过优抚金，但在评残工作上，我们拖拉不及时，也使他们有很多意见；复员军人卅余人，廿人已介绍职业，但个别的仍有照顾不周之处，此后这工作必须抓紧。

二、文教卫生工作

1. 学校教育及社会教育文化建设：根据全国教育工作的总方针，教育必须为国家建设服务，学校必须为工农开门。据此指示学校教育方面，我们整顿了八间中学，现有学生一九八一人，四十一所小学，学生八九四五人。这些正规的中小学，基本上经过了改革，取销（消）了反动课程增加了合理的功课，初步改进了教学法，优待了学生入学：中学有二〇二名学生享受了助学金，小学有百分之七十的学生享受了免费入学，有一八名学生受供给膳食文具入学。社会教育方面：现有市立图书馆一间，文化馆四间，私立图书馆三间，每月阅览人数约九七〇〇人。体育场一所，举行了七次体育活动。约有一五〇〇〇群众参加，播音台一处，除每晚广播外，志愿军来时，组织了六次收听，约有听众三四〇〇〇〇人，（有的听数次的）。办了黑板报三五块，每日读者在一〇〇〇〇人以上，举行过通俗讲座十六次，参加群众约二五六〇〇人，工农教育方面：举行了三期民众夜校，共六十八班，有二二八五人参加学习。三期工人业余学校，共一一六班，有四三七〇人参加学习，一期农民冬学，共五六班，有二三三八人参加学习，成立了一个在职干部文化补习学校，三个班，有一三二人参加学习。参加学习的群众，最多的识字二五〇个左右，最少的也识字一五〇以上。

2. 防疫工作，环境卫生及医疗工作：防疫方面，（1）霍乱预防注射——五〇年注射五七二八九人，五一年注射八二四一八人，共计一三九六九七人。（2）种痘——五〇年春秋两季种痘四二四三二人，五一年春季种九九四七一人，共一四一八〇三人。（3）白喉注射——五一年三月注射干部子女一五六人。另外收容麻风病人廿六人。环境卫生方面：清除垃圾约二十二万担，疏通明渠五万五千余尺，暗渠一千六百余尺，挖修沙井六七五个，修建垃圾池一〇五个，修建公厕二十座，修建垃圾车廿三辆，购置垃圾船二艘，制造鼠箱一七八个。并进行了各行业的卫生管理，市民疾病医疗方面：第一人民卫生所于一九五〇年八月成立，到今年六月治门诊一八六七三人，免费占百分之九二，接生共三九人。第二卫生所从去年九月至今年六月，共门诊一六三七六人。人民医院去年至今年六月，共门诊五六一四二人，免费占百分二八点九；留医一四〇六人，留产八六七人，免费和半免费占百分二四。以上一年半医院、卫生所总门诊共九一一九四人，免费者占百分之五三，免费药品约消耗一亿二千万元，以现有财力计，只能这样做，但我们的缺点还多，环境卫生工作还须加强，照顾工人的诊所还须扩大和减低收费。

三、市政建设

市政建设的两条原则：一为生产服务，一为工人服务，一方面是量入为出，同时又按实际需要，组织市民拿钱出来建设，如今年的市政建设经费二十亿的筹募即是，根据此原则，一年多来，我们在水电厂，修复了北山水厂一座，六汽缸发电机一座，并增设了街灯七七七盏，水站六座。建筑了下水道三〇八二尺，挖修下水道二〇五四九尺、筑了小南、缉捕、铁柱三座码头，修建了驿前、济和、旧海关和塔脚街四座码头。修建了洞天市场，中山菜市两座。建筑了小南、长生、国泰北巷、角咀四条马路共三一五三尺，翻修了三条马路共六一六平方英井，局部修理了县府路、海关路及大中路，修建山边小路二五〇〇平方英井。开辟西环路南段八百尺，孔庙路北段五百尺。建筑了放生冲、冰泉冲等四座桥涵。修建了戎梧公路一十一公里。整理了市区防火灾区和进行了建筑管理工作等，工作虽做了不少，但两个缺点严重地存在着：（1）缺乏通盘计划（最近才有些），计划不切实往往落空，不能按时完成。（2）设计不实际，施工验收都马虎，以致有岗领街护坡刚修好即塌，戎梧路八宝塘砖拱桥亦刚修好即开裂的严重事件发生。今年内，还有抚河浮桥、河堤马路、石巷口码头和济和码头待建筑，桂林、珠玑、北环等路待翻修，河堤、中山两大渠待清理，居仁、河堤、真武市场待建造，北山公园待修理，我们必须克服上述缺点，才能将这些工程搞好。

南宁市新政权的建立

刘家幸

南宁这座边陲小城自东晋建治以来，带着硝烟的苦涩，踉跄走过 1600 多个春秋。千余年的风雨岁月曾送走过多少回王朝更迭，但一次次旧版翻新版的改朝换代，未能把南宁带出历史的沉疴。当历史的黄钟撞响了新中国的晨鸣，是中国共产党人用转动乾坤的双手，挥动历史的巨笔，改写了邕城旧日的苍凉，绘出今日南宁的辉煌。当年新政权创建作为新南宁历史的起笔，不仅浓墨重彩，而且掷地有声。

市委和市人民政府的成立

1949 年 4 月，中国人民解放军发起渡江战役后，以摧枯拉朽之势挥师南下，华南解放指日可待，广西接管工作开始摆上党中央议事日程。1949 年 8 月 1 日，中共中央决定成立中共广西省委。9 月 22 日，广西省委在汉口万国饭店挂牌成立，张云逸任书记，陈漫远、莫文骅、何伟、李楚离任副书记。省委成立，立即拟定各地、市委的领导班子，组织南下工作团和广西工作团，为接管和建立新政权做好一切准备工作。

1949 年 11 月 7 日，解放广西战役打响。解放军从贵州、湖南、广东三路进军

广西。同月 13 日，何伟、李楚离率领广西省委机关和华中局广西工作总队，随莫文骅指挥的解放军四野十三兵团部队由湖南进入广西。12 月初，张云逸、雷经天率领另一支工作队由广州溯西江而上进入广西。12 月 11 日，中共广西省委于广西全境解放当日，在桂林召开会议研究地方新政权建立问题，会议针对解放进程中政出多头的地方领导人任命，进行了重新调整，任命 63 名广西各地（市）党、政、军主要领导人。至此，广西地方新政权机构基本确定。

按省委 12 月 11 日会议决定，原省委物资接管部副部长孙以瑾（女）任中共南宁市委书记，解放军第 45 军后勤部部长刘锡三任南宁市市长。孙、刘受命后，随四野十三兵团司令部和广西省委机关赴邕组建新政权。同月 20 日，孙、刘抵邕后，旋即开展新政权的创建工作。此时的中共南宁市委、市人民政府只有孙以瑾、刘锡三、袁家柯（市委委员）3 人。

1950 年 1 月，南宁市正式成为广西省会。同月，经中央批准，中共南宁市委书记和市长职务，改由广西省委副书记、广西军区第一副政委、南宁市军管会主任莫文骅兼任。孙以瑾改任市委副书记，刘锡三改任第一副市长，另任原中山大学教授、南宁籍民主人士雷荣珂为第二副市长。当月，由莫文骅、孙以瑾、刘锡三、袁家柯、刘一桢、陈广才、阮洪川、梁健 8 人为委员，正式组成解放后首届市委班子。市委机关设在共和路 31 号，同年下半年迁至共和路 51 号（现民族大道 39 号）。市委建立初期，设有办公室、组织部、宣传部、纪律检查委员会、青委、妇委和政策研究室等工作机构。下辖工会党委、学校党委、企业党委和近郊党委等 4 个党委、1 个总支和 26 个支部，全市共有党员 301 人（1950 年底统计数）。

同一时期，市人民政府经过一个月的筹备，于 1950 年 1 月 22 日正式公开办公，机关设在现朝阳路 3 号。市人民政府建立初期，下设有秘书室、民政科、财政科、建设科、工商科、教育科、劳动科、公安局、税务局、法院、财政经济委员会和市郊工作委员会等工作机构（下半年多数科改局），辖 3 个郊区公所。同年 4 月，市人民政府按省委的指示和要求，吸收一批地方民主人士参加新政权组织，成立了由莫文骅、刘锡三、雷荣珂、孙以瑾（女）、吴克清、刘一桢、袁家柯、侯暮寒、阮洪川、彭浩、梁健、李维平（女）、张景宁、方管、董一欧、胡楠（女）、黄尚钦、谢子举、雷鲲池、陈培元、李制平、刘秀风 22 人组成的市人民政府委员会。

这一时期南宁新政权组织尚在初创阶段，受经济和其他条件的制约，其管理体制和规模较之简小，干部来源主要有南下干部、军队转业干部和原中共南宁地下党组织的党、团员。之后，随着市区扩大和政权职能工作的加强，市委、市人民政府的工作机构逐步增多，并从学生和工人中选拔一批优秀分子补充到干部队伍中去。

市委、市人民政府的建立，标志着南宁历史上第一个人民民主政权的诞生，翻开了历史新的一页。从此，市委、市人民政府肩负起领导全市各族人民进行社会主义革命和建设的重任，在国民党留下的烂摊子上，创建一个全新的南宁。

市军管会的成立

早在广西战役开战之前，在南宁坚持地下斗争的中共南宁市工作委员会和中共

南宁城市工作委员会两个地下党组织，按照中共华南分局的指示，提前做好对国民党在南宁的各类机构和物资等情况的调查摸底工作，为解放大军进入广西，解放和接管南宁作了必要的准备。1949年12月4日晚10时许，解放军四野39军116师347团未遇抵抗进占南宁，宣告南宁解放。解放次日，解放军继续南下追击敌军，南宁地方的治安工作，暂由驻南宁的116师政治部、原中共南宁地下党组织和地方民主人士组成的"南宁市临时治安委员会"负责，等待军管会进城接管。

1949年12月20日，解放军四野十三兵团司令部和广西省委机关抵达南宁。22日，解放军南宁市军事管制委员会（简称市军管会）宣布成立。主任由中共广西省委副书记、四野十三兵团政委、广西军区第一副政委莫文骅兼任，副主任由十三兵团副政委吴法宪兼任。下设军政接管部、物资接管部、交通接管部、文教接管部和秘书处、交际处、航空接管组等机构。军管会机关由十三兵团政治部兼理，办事机构设在民主路原广西银行处。市军管会建立初期，作为"该区之最高权力机关，统一全区之军事、政治、经济、文化等管制事宜"。同日，中国人民解放军南宁警备司令部成立，负责"保障全市人民生命财产，维护社会安宁，确立社会秩序，镇压匪特破坏活动，保护工商、交通及一切公共建筑。"

市军管会成立后接过市临时治安委员会的工作，全面接管国民党桂系政权在南宁的机构和资产。军管人员在原南宁地下党组织的协助下，按接收、清点移交、管理与改造等三个步骤进行接管改造。在军政方面，接管了从桂林溃逃到南宁的国民党广西省政府、邕宁县政府和国民党桂系在南宁的军警、司法等机构和资产；在物资方面，接管了广西、中央、中国、交通、农民等9个随国民党桂系政权溃逃到南宁的银行机构，接收黄金2200两、银元（东毫）约10万元、银子2400两、港币1600元，同时接管了航空、捐税、专营专卖机构和官营企业等资产；在交通方面，接管了邮政、电话、电讯、车站等资产和260多辆各式汽车以及一批相关的物资、设备；在文教方面，接管了新闻、文化、教育等机构和学校。在一个多月的接管工作中，军管会将接管当作一项政治稳定任务来对待，本着"稳步前进、实事求是"的精神和"先接收，后改造"的方针，在全面接管机构和资产的同时，按"给出路"政策，接收其旧职人员及眷属1.71万人。

南宁是新、老桂系经营数十年的城市，加上国民党败退时留下了一批残渣余孽，因此，解放初期该市的地方反动势力、封建帮会势力很大，市区外围土匪活动十分猖獗，给新生的人民政权构成极大的威胁。这一时期的军管会（包括市委、市政府），在广西省委领导和驻南宁的部队的协助下，在政治上，以肃清敌特、巩固治安为中心任务，开展了一系列惊心动魄的对敌斗争，并取得了伟大的胜利。1950年3月后，随着南宁社会治安逐渐稳定和市委、市人民政府机构逐步健全，市军管会的职能开始向市人民政府和南宁警备司令部移交，但由于清匪反霸、镇反等工作的需要，市军管会的牌子一直挂至1954年底才取下。

解放初期的军管，是我党在新解放城市所采取的过渡措施，南宁市军管会作为这一历史的产物，虽存在的时间不长（实际只有一个多月），但它对南宁解放接管

的顺利进行，避免在新旧政权交接中无政府状态的发生，起了强有力的控制作用。

<h2 style="text-align:center">基层政权的建立</h2>

解放后南宁由邕宁县划出建市。分治初期，南宁（简称"邕"）只有邕北、邕西、邕南、宁武、德邻、兴宁、模范等 7 个镇 62 条街，面积 4.5 平方公里，人口不足 10 万。1950 年 2 月，广西省人民政府在南宁正式成立，从此南宁成为全省政治、军事、经济和文化的中心。为适应省会城市的发展，同年 2 月，广西省人民政府先后将邕宁县毗邻南宁的 23 个村（街）划为南宁市郊三个区。第一区位于市区东南，辖 9 个村；第二区位于邕江南岸，辖 4 村 1 街；第三区位于市区西北，辖 8 村 1 街。在新区划入的同月，市委、市人民政府在三个新区设置党委和区公所，将新政权向区乡一级基层延伸。

解放初基层新政权的建立有个渐进的过程。接管初期，市军管会依照"先接收，后改造"的方针，先将市区旧政权的七个镇公所全盘接收，并利用原有的街政体制传达新政权的政令。1950 年 2 月，市人民政府将接收过来的旧职人员集中到市人民政府民政科办学习班，进行思想改造，学习班结束后留下部分人员继续为新政权服务（另有部分人转到其他行业）。4 月，市人民政府发布公告废除旧政权保甲制度和旧村街甲长，同时结合户籍清查在市区各街道试行建立居民小组、居民小组联席会议（后改为居民委员会）和公安派出所负责的街政管理新体制，街道政权建设基本建立。在郊区农村，由于当时地主和匪霸的势力还很大，乡村基层政权的建立相对缓慢。这一阶段，市委、市人民政府通过向乡村派遣工作组，动员一批过去与地下党员、地方干部有联系的贫雇农建立农会小组，发展新政权在农村的力量。1950 年 4 月，在市委、市人民政府的领导下，市郊党委、工委召开了首届郊区农代会，成立市郊农协会，并结合乡村的清匪反霸，减租退押等运动，逐步在广大乡村建立农会组织，利用农会取代旧政权的保甲制度，建立乡村一级基层人民政权。这一时期，新政权通过赈灾、赈济，发放耕牛贷款，搞水利建设等多种方式，帮助农民开展生产渡荒，使党的方针、政策深入人心，为建立乡村基层政权打下了坚实的基础。

1952 年，随着清匪反霸、土地改革、民主改革、镇压反革命等工作的相继完成，城市经济得到全面恢复和发展，财政经济状况有了根本的好转，为市郊各级政权的建立创造了必要的条件。1952 年 7 月，市人民政府以原郊区 23 个自然村（街）为基础，撤村改乡，建立乡（镇、街）一级政权。下半年，市人民政府根据城市发展的需要，经广西省政府的批准，将市区的 62 条街道划分为三个城区（由于当时大批城区干部抽去郊区农村搞土改复查，城区的成立一度被延迟）。1953 年 3 月，市人民政府对市辖区作进一步调整，原市郊一、二、三区合并为市第一区，后划分的三个城区依次改称第二、第三、第四区，并相应建立辖区一级政权机构。至此，南宁的城市区划和政权建制基本完成，形成东起埌边，西到中兴，南至白沙，北达皂村，总面积 86 平方公里，总人口 19.3 万（1952 年数）的新城，成为今日

南宁的雏形。

民主建政

全国解放后中国共产党对民主党派、爱国民主人士和民族宗教上层人士，采取团结改造的方针，给予他们一定的政治权利和服务的机会，把民主革命的统一战线逐步转变为社会主义革命的统一战线。这一时期的市军管会和市委、市人民政府，遵循这一方针政策把召开各界人民代表会议，建立民主协商制度，建立统一战线等民主建政工作，当作新政权建设的重要任务。

南宁解放当月，市军管会在入城接管的同时，组织召开了各界、各阶层人士座谈会，宣传贯彻党的方针政策，并按照《中国人民政治协商会议共同纲领》和中央人民政府《市各界人民代表会议组织通则》的精神，着手筹备召开市各界人士代表会议。1950年1月25日至29日，南宁市首届各界人民代表会议在桂南酒店第一支店（现民生路117号）举行。参加会议的有军管会、市委、市人民政府、驻军、工人、农民、新青团、学生、妇女、文教、工业、商业、医药、回族、宗教和特邀16个方面的代表共189名。会议以民主协商、议政的形式，宣传、贯彻党的方针、政策，讨论市政兴革事宜，首开了解放后南宁民主建政的先河。其后，市委、市人民政府还在1950年的5月、11月和1952年7月，先后召开了第二、第三、第四届各界人民代表会议。

这一时期的各界代表会议代表是由各社会阶层、政党团体、民主党派和群团组织等自行选派（少数由市军管会或市委、市人民政府邀请），他们代表所在阶层和团体的意愿参政、议政，使会议真正地成为各社会阶层人民反映和表达意见的最好的场所，成为执政党与人民群众沟通的桥梁和纽带，从而扩大了新政权的政治基础。这一时期的四届各界人民代表会议，尤其是1952年7月召开的第四届各界人民代表会议，开始代行市人民代表大会职权，为逐步过渡到人民代表大会制度和人民政治协商制度，作了历史的铺垫。

与此同时，为扩大新政权的政治基础，省委、市委在组建南宁各级新政权时，充分考虑到统战工作的需要，起用了一批民主人士和社会贤达，让其参加新政权组织，利用他们的一技之长为新生的政权服务。在首届市人民政府的22名委员中，有雷荣珂（致公党）、吴克清（民盟）、张景宁（文化界人士）、方管（教育界人士）、黄尚钦（教育界人士）、谢子举（科技界人士）、雷鲲池（无党派人士）、陈培元（工商联）、刘秀风（宗教人士）9名民主人士，占政府委员会委员的41%，其中，不少民主人士、无党派人士还在政府的各个工作机构内任主要负责人。在市各界人民代表会议协商委员会构成上，民主人士比例更大，体现了新政权的民主政治基础。这些人不仅为新政权做了大量的统战工作，同时还以其一技之长投入新南宁的建设。半个世纪的实践证明，不管遇到什么风雨和挫折，这些民主人士都能与共产党同舟共济、肝胆相照。当年这些做法，为后来南宁市建立长期的统一战线体制积累了经验。

　　解放后南宁市人民民主新政权的诞生，是在国民党遗下烂摊子上建立起来的，它作为新旧政权的分水岭和新南宁建设的起点，有着极其重大的历史意义。在此后的半个世纪里，南宁各族人民在党的领导下，用勤劳的双手和自强不息的奋发精神，打造了一个全新的、辉煌的南宁。解放初期南宁新政权这段不平凡的创建史，连同老一辈革命者的创业精神，将铭刻在南宁历史的丰碑上。

柳州解放初期政权建设的一些情况①

李一峰

　　1949 年 10 月，广西省领导干部张云逸、陈漫远、郝中士等同志带领分配到广西省的全体干部，由武汉市来广西省，我被分配到柳州地区工作。当时领导干部有李一平、孟广平、魏伯、范清涛、陈东等，他们都是地委级干部。地市还没分清，由他们把被分配到柳州地市的全体干部带领到湖南省湘潭镇组织学习，研究决定李一平为柳州地委书记兼柳州市委书记，孟广平为柳州专署专员，魏伯任柳州市委副书记（编者按：魏伯先任专员，后任市长），陈捷任柳州市副市长，陈东、范清涛任市委副书记。以下有 50 个专署科长级干部。还有 50 多名南下的大学生都分配到各地市县工作，我被分配到柳州市政府任财粮科长。当时在湘潭，组织上考虑，分配到柳州市的干部太少，地市委决定在湖南省湘潭等地招收一批高中生作为教育培养干部，由陈捷同志负责，9 月底完成任务。当时共招收了 10 多名高中生，除两个男学生外其余都是女学生。1949 年 10 月初由湘潭起身，因没有交通工具，只好搭小木船，每排五只连在一起，用汽轮拉着走。白天不敢走，怕敌人飞机轰炸，晚上行船，先到桂林市住了几天，1949 年 12 月上旬到达柳州市。1949 年 12 月柳州市成立军事管制委员会，侯照祥负责（军管会主任为刘随春）。高天骥任副市长，胡习恒任市政府秘书主任，陈乃麟任民政科长，沈章平任文教科长。还有广西地下党的一些党员干部集中一起办公，当时他们还没有分配到科室。高天骥等领导干部接待我们，对我们很热情，热烈欢迎我们。我到柳州市政府后接收了伪市政府一部分物资，成立财粮科。南下工作团的方天同志任科员，还有在湖南省湘潭等地招收的几个女同志。当时财粮工作任务重，为了解决干部缺乏的问题，请示市委成立财政干部学习班，招收本市知识分子参加学习。学习半个月，分配到各单位做财粮干部工作，如赖维珍参加财政干部学习班，毕业后分配当财粮干部，我们互相了解，双方同意，经市委批准，我俩结婚。

　　柳州市刚解放时，还是个中小城市，全市人口 15 万左右，其中国民党伤兵人员和家属就有 2 万多人，还有跟随国民党军队来的外省人的也不少，单河南开封市女

---

　　① 作者时任柳州市政府财粮科长，本文原载《柳州市党史资料》1990 年第 1 期。

子高校 20 多岁的女学生就有 100 余人，总共外省人员也有 1 万左右，还有国民党的汽车司机人员和家属等。造成这种严重问题的原因是国民党统治时，火车汽车只通到柳州，柳江河上没有桥，国民党军政人员由河南省一直败退到柳州，交通路断，官员们坐飞机走了，老弱病残的都留在柳州市，给我们市人民政府带来很多困难。我们来的时候还有一些粮食吃，不到半个月全部吃光了。市场上的买卖都用银元作交易，而我们带来的银元很少，所带的大部分是人民币，群众不愿要人民币，给我们管财粮工作的干部造成了很大的困难。各县农村的土匪很多，柳州市内没有解放军保护，市公安局才成立，枪支弹药很少，有的破烂不能用，每天晚上市内外都有枪炮声。当时全体干部都是供给制，地方干部和南下工作团都是知识分子，衣服穿得很整齐，只有北方来的少数干部还是破烂的旧军装。北方同志由于气候问题，养成了不太讲卫生的习惯，初来时不太注意个人卫生，出门上街群众一看，就知道是北方来的共产党干部。因此我们晚上不敢上街，怕特务杀害。

我们来柳州市，人生地不熟，在这样的情况下，地下党没有武装，也不能解决粮食财政问题。市委魏伯同志找我谈话，他说困难很多，应先解决粮食问题。我说交通破坏了，土匪很多，粮食运不来，到市郊很少有粮食，群众也不卖给我们。魏伯告诉我，在情况紧急的时候，地下党干部会有办法的，他们有家在这里，情况熟悉，北方来的干部要和他们多商量。我说解决吃饭问题，还要有银元，魏伯同志很快给柳州市财粮科拨了一部分银元。我先到市公安局找陈养正副局长，问他要武装下乡买粮食，没有解决。又到市商会和水上私人小船户订合同，用银元买大米。双方商定 3 天内一手交钱一手交粮，解决了暂时的吃饭问题。

我任柳州市财粮科长到南宁省政府开过 3 次会，公家没有汽车坐，坐资本家的汽车去，其中两次遭土匪袭击，抢物资。当时贺希明是财委主任，李发南是财政厅副厅长。我们来开会主要是想要些钱粮等。李发南说铁公鸡一毛不拔，各地市财粮物资问题自己解决。到了 1950 年初，情况开始好转，但是派干部下乡买粮，经常遭到土匪的抢劫，打伤干部的事经常发生。人民解放军进行剿匪和土地改革，使社会秩序逐步好转，生产恢复，城乡物资交流得以正常，基本解决了财粮问题。市政府财粮科干部在思想上、业务上、工作上逐步提高。特别是南下工作团的方天同志进步很快，因为他是大学生，有文化知识，再加上到这里后的教育学习，很快就发展为党员，其他南下工作团员也先后参加中国共产党。后来市劳动局成立，组织上调我到市劳动局任局长，陈杰（女，何子健的爱人）任副局长。市委组织部只给了一些干部，主要的还是靠我们自己从地方招一些干部来。招的人都是初中以上文化程度的学生，他们新参加工作，什么也不懂，我也从来没做过劳动人事工作，所以也不懂业务，工作中也遇到不少困难，但是在党和上级的领导下都一一解决了。

解放前，柳州市虽然是个中小城市，但交通运输四通八达，火车、汽车、民船都有，特别是水上运输很发达。船民以船为家，有 1000 多户，男女老少 3000 余人，船只有 1000 余只，每日靠水上运输或打鱼为生。市场比较繁华，私人资本主义工商业大小共 70 多个行业，组织成工商联合会，有代表 150 多人，作实际工作的人员有

200 多，是一个庞大的机构。会长等领导都是资本家。当时国营企业只有水厂、电厂、机械厂、农业科学研究所、火柴厂等，只相当于私营资本主义工商业总数的10%。各街道小商小贩手工业有 300 余摊。私营资本主义工商业占全市总数的 90% 左右。思想问题很严重。影剧院 3 个，戏剧有粤剧、桂剧、彩调等，还有一些小型的娱乐场所，弹唱、说书等花样不少。全市每日从四面八方流动的人有 2 万多。柳江河从市内中间穿过，分河南、河北，柳江上有浮桥，连接河南河北。日夜游人不断，旅馆多，人来人往也多，经营企业比较兴旺发达。但是，才解放的城市群众对共产党的政策还不了解，旧封建势力很猖狂，加之国民党欺骗宣传的影响很广，有些资本家拿走资金，转移财产，向外逃跑，怕共产党"共产共妻"。有些商店关门不营业，工厂停止生产，要解雇工人。而工人要求开工，提高工资，改善生活，劳资矛盾非常突出。失业工人要求解决工作问题，城市人民生活困难，向人民政府要求救济。各学校没有资金，教职员工不足，没有工资收入，不能生活。人民政府刚成立，机构不健全，一切工作大部分都压到劳动局来。如劳资关系问题，劳动人民的生产生活问题，劳动服务工作问题等等，都要求劳动局解决。局门外经常有人排队，坐在门口，不解决问题不走。劳动局既没有物又没有钱，自己工作没有经验，进退两难，毫无办法。请示魏伯副书记，也得不到完满的答复。失业的汽车司机闹得最厉害，主要是外省的国民党丢下的资本家的汽车都不开动，没有汽油，汽车不能开，司机和家属的生活得不到解决。根据这些情况，市劳动局全体同志集中力量，首先抓失业工人登记。成立失业工人登记所，介绍男女工人就业，或介绍他们做临时工，解决生活问题。对外省来的失业工人及家属发路费送他们回去，半个月就迁走了失业工人及家属 2000 多人。将把市内失业工人登记后，编成轮训班进行学习，几个月后保送到广西各地委，分配到各县安排适当的工作。开始柳州市工人不愿意去，经过政治思想工作，动员说服、个别谈话，解决家庭实际问题，失业工人还是服从组织分配的，仅百色专区就保送去 500 多人。有的地区专门派人来联系要失业工人去工作，因为才解放的地区各县都缺乏干部。我们 3 个多月共解决了失业工人5000 多人的工作，基本上解决了柳州市失业工人的问题，取得了很大成绩，得到了领导的好评。

关于在业工人的问题，柳州市劳动局坚决反对资本家解雇工人。柳州市总工会副主席沈超等同志和劳动局站在一起，调解劳资关系，处理劳资纠纷，督促资本家开工生产，解决开工问题。如柳州市新华烟厂是资本主义企业，有 200 多工人没能开工。因为这家工厂解放前所用的原料都是从河南省的许昌等县买来的，解放后，铁路公路都成了国营企业，不给资本家运货物。柳州市人民政府很快成立了工商局，由余凯丰任局长，帮助资本家工厂，采取来料加工，统购包销，提供贷款等措施，解决资本家生产中的实际问题和思想问题。市劳动局在解决劳资纠纷问题时，请柳州市总工会和市工商局参加，先开调解会，如果不能调解，由劳动局、工商局、市工会共同研究作出公平合理的决定，由劳动局以人民政府的指示、决定形式下总裁决书，劳资双方由总工会和市工商局负责做工作，保证人民政府行文生效。这是解

决劳资纠纷的好办法。

　　1950 年 4 月间，中南局在武汉市召开各省市劳动局长会议，广西省参加会议的有南宁市劳动局长胡南同志、桂林市劳动局长胡某，柳州市劳动局由我去，梧州市没人参加。中南局主要领导邓子恢、李一清等同志作报告，讲了当前的政治形势，布置了工作，也讲了一些民主改革问题。这次会议后，广西省人民政府成立省劳动局，由一名民主人士任局长，提拔南宁市劳动局长胡南任副局长，开展广西省劳动局全面工作，搞国营企业民主改革。柳州市在市委领导下，开展民主改革的群众运动，首先在八八四兵工厂开始。

　　解放前，国民党想把汉阳兵工厂搬运到四川省重庆市，但是，铁路、公路只通到柳州市，汉阳兵工厂迁到柳州市无路可走，就在柳州市暂时建厂。这个兵工厂是国民党最老的兵工厂，有 800 多名职工，家属 3000 多人，内有 50 至 60 岁、工龄 40 年上下的老职工 150 多人，有 300 多台美国造的车床等新机器，大小枪炮、弹药都可以造。这个工厂有国民党最重视的军统特务组织和蓝衣社、复兴社，受过各种特务训练的科室人员有 100 多人，统治非常严密。还有旧社会封建迷信势力的会道门、青、洪帮等，他们和特务组织互相勾结，进行反共活动，统治剥削压迫工人，工人敢怒不敢言，每日做工吃饭不问政治，思想认识很糊涂，认为共产党、国民党没有什么区别。什么叫剥削压迫都不懂，拜佛求神相信天命的迷信思想很严重。各家供着各种神位，叩头烧香拜财神。但是工人组织性纪律很强，有困难互相帮助解决，精神很好，工作积极，埋头苦干，特别是老工人从来不迟到早退。

　　柳州市解放以前，各特务组织公开活动。解放后，大特务坐飞机逃往重庆，还有小特务以工人面貌出现在工厂潜伏下来。中南局直接派正、副厂长，党委书记，专门挑选 30 多个最好的中青年党员来接收汉阳兵工厂。在党中央的领导下，这个厂改为八八四工厂，由柳州市委代管。初接收时，风平浪静，没有什么问题。过了一段时间，我们的党员干部了解到一些特务活动问题，但没有发动依靠群众就急于解决问题，引起特务的破坏活动。厂党委书记、厂长向柳州市委汇报了这些情况，市委派公安局去了解，结果没有掌握真实情况，不但没有解决问题，相反的特务活动更加猖獗了，用手枪打死我们培养的积极分子一人。为了解决这个厂的问题，我自动报名到八八四厂带领工作队解决该厂特务活动问题。市委组织部长何子健给我抽调 20 名党员干部编成工作队，由我带队。他说，八八四厂特务活动不是一般的活动，还会出大的事故，没有数量多的强有力的党员干部就不能解决问题。我说八八四厂有党员干部将近 40 名，再派 20 名也不一定能解决问题，我不要市委抽调的干部，只带劳动局几个青年知识分子就可以了。何子健问有几个党员，我说都是非党员，只有一个女干部是团员，我带他们去学习锻炼。他说这样的新干部不能解决问题。我说八八四厂有 40 多个党员干部为什么也解决不了问题呢？最后他同意了我的看法。我带了市劳动局七名非党员干部，一个通讯员，内有一名女同志到八八四厂工作。我自己带一支德国造的三号手枪，一支美国造的卡宾枪和一个手榴弹。

　　我们到八八四厂，那里的领导干部对我们很热情，为了安全，把我带来的干部

安排在楼上居住。我要求给我找一间平房，要一张椅子，一张桌子和床铺就行了。大家都不同意，怕我在楼下平房出问题。我说我的意见不能改，一定要在平房住，工厂照我的意见办了。第一晚不开电灯，我没有脱衣服，把武器放在身边，没有睡觉，也没有什么情况。第二天吃了早饭后，召集我带来的干部，对他们说全天内不做什么工作，随便到工厂各地看看，多认识几个工人，和工人交朋友，不要过问工厂的一切情况。第三天到工人家去看望了解一下工人生活情况。我白天睡觉，晚上看一下特务活动情况，在一个礼拜内没有发生什么情况。但干部反映，工厂内的东北来的一些党员干部对我们很冷淡，工人不敢和我们说话。我还是布置要多找老工人交朋友，多认识几个工人有好处。从了解工人生活入手做工作，其他不要多问多管。第二个礼拜一，召开职工大会，吴厂长介绍工作队是来帮助工厂搞好生产。我发言时，根据党中央的政策，结合工人实际情况，讲民主改革的必要性和重要性。每天晚上从7点半开始到10点钟结束，我一直讲了半个多月。开始工人很少来，3天后，职工和家属除老弱病残外全部参加。经过半个月的思想教育，情况有很大的变化，工人特别是老工人找工作队讲情况，提出问题。我派两个干部每天写点板报，宣传党的方针政策，解决工人提出的问题。坚持党的群众路线，采取由群众中来到群众中去的领导方法，掌握政策，联系实际，深入广泛地发动群众。经过20天的艰苦工作，把职工发动起来了。一个月内，群众检举揭发了反革命特务20多人，市公安局保卫科派人核实查对，都是国民党潜伏下来的中统、军统特务，但不是特务头子，被公安局逮捕了7人。第二个月开始，在工人的要求下厂里停止生产，开展民主改革运动。发动全厂职工群众向敌特开展斗争的期间，中共中央派一名部级干部和中南局一名处长带干部来检查我们的工作。在这期间，柳州市委召开了民主改革经验交流会，八八四厂在会上介绍了经验，对全市民主改革起到了带头促进作用。八八四厂的民主改革运动大体用了3个月时间，分三个阶段进行。第一个月了解情况，宣传发动群众，依靠职工群众检举揭发反革命分子。第二个月对检举揭发出来的反革命分子，发动群众开展斗争，斗争后市法院判决7名特务徒刑。第三个月通过职工选举建立工会组织。完成党和上级交给工作队的任务后，在职工群众的热烈欢送下我带领工作队离开了工厂，回到了市劳动局。中南局工业部来信表扬了我们在八八四厂民主改革中取得的成绩。这次运动，对我局干部有很大的教育。参加民主改革的干部，现在有的成为处级干部，如市劳动局长侯宗元。大多数是县级干部，如胡骥是柳州市卫生局长。市劳动局现在还有当年在八八四厂搞民主改革的干部。

八八四厂民主改革胜利结束后，市委决定调我到市委任工业部副部长。根据省委工业部指示，我去搞船民改革工作。当时市委工业部才成立，组织部调不来干部，我只好自己一个人去搞船民改革工作。

解放以前，柳州市柳江两岸都是船民，以船为家，陆地上没有房子，生活很苦。国民党苛捐杂税花样多，负担重，还经常受恶霸的欺负，船民的生活和生命都没有保障，大小工头有不少剥削压迫船民。因此省委、市委决定搞船民改革工作。省委

工业部派田克同志到柳州市帮助搞船民改革。柳州市委不给我们抽调干部，市劳动局因在八八四厂 3 个月，工作积压很多，也抽不出人来，搞船民改革只有我和田克（女）两个人。我们在不影响船民生产的情况下，主要是积极教育，检举揭发坏人坏事，培养提拔干部，建立船民工会，自己管理自己，当家作主。有少数船民生活习惯很不好，男女关系很混乱，经过教育，自己检查自己，改正不法行为，没有开斗争批判会。经过两个多月的发动教育，船民选举船民工会干部，成立船民工会组织，一切工作交柳州市总工会去做。

1952 年，柳州市委成立企业部，后来改为工业部，我任副部长，开展"三反"、"五反"运动及后来的各种运动，主要是在市委的领导下进行工作。回忆当时自己"左"的思想作风，错误批判斗争了一些干部，但是运动结束，我没有给干部下结论，也没写什么材料存放档案内。运动结束，一了百了，万事大吉。我在柳州市工作期间没有处分过一个干部。但我离开柳州市工作后，他们又给干部作结论、戴帽子、处分，如市劳动局关明是个知识分子，大学生，有些历史问题，他把历史问题作了交代，从宽处理，分配到市劳动局工作。但他们重新把他划为历史反革命，开除公职，劳动改造 20 多年。党的十一届三中全会以后，1982 年，我写证明材料，经过核实才给他平反昭雪，恢复了职务。还有一些干部在"三反"、"五反"运动中，没有实际证据，他们也作了重新处理，这是不符合共产党的政策的。

1953 年初，广西省工业厅组织学习参观团，由成厅长、毛子光等带队到唐山、天津、上海等市学习一长制领导方法。市委决定，市总工会副主席沈超和我前往参加学习，3 个月后回来，给市委汇报学习情况和收获，对自己有很大的帮助。1954 年初，广西省委组织部调我到广西省建筑工程局任副局长、党组副书记。

梧州市一九五一年政权工作总结[①]

（一九五一年十二月）

（一）基层政权建设情况

本市行政区划现有一个郊区人民政府，下辖三个乡（和平、东兴、旺步，现拟改划为五个乡），二十个行政村。市区有五个镇公所、下辖五十一个□行政街，水上有一河道办事处，下辖八个村，在各区域都建立了各级的行政机构：

（1）郊区除建立了区乡村各级政权外，还建立了各级的农协会，在今年三月以前各村农协会大部分为地主、土匪掌握，农会主席有地主，有匪反共救国军的中队长，有国民党区分部书记等。经结合汪匪、反霸，退租退押运动，进行整治，基本上已由农民当家作主，计现各村农协会执行委员一七四人，其中有贫雇农一二〇名，中农五四人，这些基层干部都是从过去不做声的农民培养出来的。

---

① 原件存梧州市档案馆。

（2）市区各街道均成立有居民委员会以其下的妇女代表会议，卫生委员会。据不完全的统计，现共有基层干部二〇六四人，计工人占百分之二六点四，小贩占百分之二四点二，商人占百分之八点二，手工业占百分之八点一，家务占百分之十六，自由职业占百分之二点六，失业无业占百分之二点一，地主占百分之〇点一，其他成分占百分之一一点三。在一年来的工作中，我们也开办了二个镇的基层干部学习班（共七百多人参加），并通过各个运动提拔了一批基层干部，仅根据城北、城中、河南三个镇的不完全统计却提拔了九十五人，今后计划有步骤的吸收一些成分好，作风好的基层干部为政府干部。

城市人口的流动性很大，所以基层干部的流动性也很大。照城南镇的统计，该镇在本年内有百分之三十的基干离职。离职原因计：搬迁占百分之四四点七，考入学校者占百分之一三点二，回乡生产者占百分之二〇，清洗的占百分之〇点四，其他原因占百分之二一点六。随着基干流动性大，空缺现象也发生。如有一时期河堤路妇女代表自二十二个降为七个，这说明了空缺的严重。

基干不纯程度也很严重的，产生这些现象主要是没有通过运动建政，为了彻底了解整顿不纯，今年十月间选择珠玑路运用总结工作方式进行摸底，结果发现该路基干有百分之三十二为不纯分子。今后拟结合街道民主改革，进一步整顿与健全基层建政工作。

（3）河道各村行政组织还未建立，现由治安保卫委员会兼揽行政工作，准备在短期内建立。

从市区、郊区的基层干部看来，不起作用者约占百分之三十到四十，就作风上说，强迫命令、铺张浪费，无组织无纪律现象很严重，需要纠正，过去在学习上是做了一些，抓住典型进行教育也做了一些。今后拟有计划的组织各村街痛起作用的积极分子学习，并继续抓住典型进行教育，以改进工作。

（二）各极各界人民代表会议

（1）市各界人民代表会议开了三次（三届二、三次，四届一次），每次会议议题都结合中心工作进行，前二次主要是讨论镇压反革命，清理积案问题，四届代会并且代行了人代会的职权：选举正、副市长及政府委员，审查政府工作报告及经费督，并讨论民主改革，城乡物资交流等今后主要工作，出席代表方面，也逐步在广泛的民主基础上产生，如四届各代会的代表有百分之七一点一五是民主选举产生。

（2）镇各界人民代表会议由于干部条件关系，今年仅开得城北镇，拟明年元月全部开完各镇区的各代会。镇的各代会主要是解决一些区域的群众福利问题及批评干部作风。这次城北镇的中心议题是：冬防救济与组织合作社，共收到提案四三六件，其中批评干部作风三一件。这说明了人民对会议的重视，在人民会议上讨论人民急切需要解决的问题，而政府负责同志又在代表面前自我检讨，这大大的体现了人民当家作主的精神，同时代表中百分之八二是用民主选举方式产生，使会议代表性更加（广泛）。在大会发言中，代表们都说："只有在共产党领导下才有这样的可能，"中心议题经过了代表们讨论，也为以后顺利执行创造了条件。

（3）郊区各级的农民代表会议，区农民代表会议共开了四次，每次中心议题都是与中心工作密切结合。如抗美援朝运动清匪反霸，退租退押运动，四查，秋征等。乡农会三乡共开了十七次，每次中心议题只有一个，在代表的广泛性方面，也有适当的照顾，如第一次区农代会代表中有三分之二是贫雇农，三分之一是中农。对男女一齐发动方面也执行了，如第一次区农代会女性代表占三分之一。

今后结合地地改革工作的进行，还要多开各级农代会。

（三）市协商委员员会的工作

一年来，协商会员会协助市人民政府执行了各界人民代表会议的决议，如成立治安研究、工商调整、市政建设、清理欠税、文教研究、民主改革等委员会，协助市人民政府商讨施行各项工作，并提出工作建议，政府对各项中心任务也通过协商委员会，如军干校招生，城乡连［联］络……等，通过协商会沟［交］流政策思想，传达法令，在民主统一战线工作上，起了一定作用。

（四）区镇乡政权机构一年来所做的几项主要工作

（1）抗美援朝运动　在四月份以前运动还未全面展开，除了搞一些宣传的工作外，还进行和平签名工作。计由各镇征集签名者有七七五七〇人，占全部签名人数百分之七十，到四月份后，运动全面展开。各区镇分别召开抗美援朝代表会议，各村、街产、镇都举行了控拆美蒋罪行会，通过这一连串爱国主义教育，提高了居民对美帝主义的憎恨，加强了对祖国的热爱，并纷纷的订立了各村街的爱国公约，到七月份，展开捐献武器运动后，很快的就超额认捐了，到十五月底，全市居民、妇女、船户、农民又超额缴交了达五亿一千万元。

（2）镇压反革命运动　在大张旗鼓镇压反革命运动中，各基层组织了各村街人民参加了控诉、公审、宣判匪特等大会，在运动中提高了居民对镇压反革命的认识，很多居民在运动中受到教育后表示："过去以为人民政府镇压的匪特难免不杀错人，现在方知道人民政府没有杀错一个人，土匪特务真抵死。"同时通过运动协助包干单位组织了各村街的治安保卫委员会及小组。

（3）郊区的清匪反霸与退租退押运动　一年来，在郊区依靠广大贫雇农，展开了轰轰烈烈的农民运动，计逮捕了恶霸不法地主二十名，反革命分子二四名，其他流氓狗腿等十名，经公审、控诉、斗争后，枪决匪霸五名，匪首二名，判死缓者二名，其他也分别判刑，在经济上退得果实一七七七五八斤。通过一系列运动，打击了地主威风，发扬了正气，并在运动中健全各村农协，建立了区乡农协。

（五）存在问题与今后做法

（1）郊区土地改革工作　从今冬明春进行试点，一九五二年秋全部完全土地改革工作，力量的组织除原有的土地改革工作队外，着重依靠农干进行工作。

（2）区一级政权的建立　本市只郊区已建立区一级政权，今后拟在街道民主改革展开前成立区人民政府，作市府贯彻施政方针和推行各项工作助手，更好的解决有关各该区域的福利就只是，同时目前街道工作领导上不统一，公安局、派出所、镇公所、妇联各自一套，这造成了工作上的混乱，这亦只唯有区一级政权

建立才能解决。

（3）镇各代表的召开 依照城区镇的经验，通过各代表云联系各界人民，进行各项工作，整顿干部作风成绩很好，今后拟把区镇各界人民代表会议作为经常的制度。

（4）基层干部之整训与基层组织形式的改变问题 目前本市基干存在着作风成分不纯，政策、业务水平低的现象，过去虽举办过二个镇的基干学习班（不脱离生产），但面广难以掌握，学习不深入，今后举办学习班方针为：质量并重，但反对一把抓，拟定吸收各街在各项工作中能起作用的积极分子参加学习，而不是全部吸收，从学习中整顿不纯，提高工作效率。

对民民委员会的组织形式问题，在民政会议已进行了研究，认为缺点多，需要加以改变，但目前整个组织形式的变换不够条件，拟结合街道民主改革时进行改变，在过渡期间拟照民政会议所研究出来方案调整其内部组织，以强化工作。

梧州市人民政府

一年来本省民主政权建设的成就

广西省人民政府民政厅

（一九五二年十二月十七日）

本省民主政权建设工作是有很大成绩的，人民群众热爱自己的政权，积极参加建设，为祖国大规模的经济、文化建设打下了良好基础。也完全证明了新民主主义制度的优越性。

本省五个市、八十一个县（八月以后裁并为七十四个县），在今年普遍召开了各界人民代表会议（包括那些决定在今年十二月下旬召开的在内），计开过五次的有兴安县，开过四次的有靖西、富钟、昭平等三县；开过三次的有二十八县，一个市；开过两次的有三十七个县、四个市；开过一次的有十二个县。其中已代行了人民代表大会职权的有桂林、南宁、梧州、柳州四市和容县、柳江两县。正在筹备于年底以前代行人民代表大会职权的有宾阳、兴安、灵川等三县。而民族自治区包括相当行署一级的桂西壮族自治区与相当县一级的大瑶山瑶族自治区、龙胜县各族联合自治区、大苗山苗族自治区、三江侗族自治区、隆林壮、苗民族联合自治区，及相当于区一级的全县东山瑶族自治区、防城十万大山壮族自治区、上思南屏自治区、镇边苗族自治区等，都在今年先后建立并召开了代表会议代行了人民代表大会职权。所有市、县都开过一次至六次的协商委员会议或常务委员会议；协商关于召开人民代表会议与联系代表、推动中心工作等重大问题。

今年，全省各市、县普遍召开各界人民代表会议，代行人民代表大会职权的连

民族自治区在内有十九个单位，这是广西解放以来民主建政进一步发展到新阶段的标志，也是极大的进步。三年来，经过了一系列的社会改革运动与经济、文化建设，许多不称职的代表被人民群众清洗了，真正能代表人民利益、在群众中有威信的人物，被当选为人民代表了。会议的内容比过去充实得多了，首先是人民提案大大增加，仅根据四十八个市、县的统计，共收到提案一万六千五百三十八件，其中代行人民代表大会职权的市、县则特别多。例如柳江县的一次会议收到人民提案一千零二十八件，这都是有关生产、民主、文化方面的人民群众的迫切要求。提案中有关批评政府工作人员，改进工作作风的有四十八件，文教卫生的二百零三件，其余七百多件都是有关生产和财经贸易问题的。而所有的提案，都和上级人民政府决定的当前中心工作与其他方面的工作是一致的。正因为这样，今年人民政府所有重大工作——土地改革、民主改革、爱国增产、防旱抗旱、查田定产、防疫卫生、司法改革等等，都交人民代表会议讨论决定。由于讨论得好，就执行得好，发扬了人民当家作主精神与人民的无限的智慧与力量。例如容县第四届第一次人民代表会议，讨论评定全县产量时，代表们表现了高度的积极性，认真负责，有的说："评产评不好，对国家建设与人民利益的影响就很大。"因此，代表们对上级政府指示的原则方针认真研究，拿出本县各地实际情况来考察评比。大会讨论时，各方面代表的发言，少说了一句，或一个数字说不清，代表们都要追问到底，认真考虑哪些对、哪些不对。最后集中了代表的意见，全体一致举手通过评出全县一级田的产量。由于政府重大工作讨论得好，真正代表了人民自己的意见，因此，会议决定就变为广大人民群众的行动和力量，顺利地推动中心工作。在没有代行人民代表大会的市、县，也已充分地表现出来。例如平乐县今春许多工人、知识青年、文教界、爱国民主人士响应会议的号召，支援农民，自动报名参加土地改革工作的有五百六十多人，有的连夜赶到县城报名，而且都自备伙食。所以声势浩大，积极地参加土地改革运动。兴安县今年在抢救水灾期间，召开了人民代表会议，充分讨论了生产救灾问题。于是迅速地动员了广大群众对灾区以人力、物力、财力的支援，灾民生活困难很快得到解决，并迅速而顺利地转入生产方面去。

今年各市、县的人民代表会议，一般都能发扬民主，对政府工作和干部作风开展了批评，进一步提高了人民当家作主的积极性，人民对自己的政府发挥了监督作用。例如宾阳县结合"三反""五反"召开人民代表会议，代表们批评了县贸易公司领导上官僚主义作风与唯利是图的单纯营利思想，批评了前任县委的"恶霸作风"，还批评了茅坪农会主席结婚铺张浪费了十多担谷子等不良现象。因此，造成了移风易俗的社会改革运动。在代行人民代表大会职权的地方，对于审查政府工作，展开民主批评也取得了一定的成绩。例如柳江县第四届第一次人民代表会议，受批评的机关有税务局、公安局、银行、人民法院、卫生院、油脂公司等机关，受批评的干部有三十多人，受表扬的干部有三人。而受批评的干部在场的都在会议上作了检讨，承认错误。这样发扬民主是很好的，从代表唱的山歌中可以看出："我们代表来开会，代表十八万人民，要把批评来做好，才是当家作主人"。"人民干部为人

民，我们对他要关心，他有缺点须指出，民主批评要认真"。容县第四届第二次人民代表会议，对政府工作的总结有批评也有补充，对干部的作风问题提出许多的批评，受批评的干部有五十五人。受批评的机关有县政府各科、卫生院、木材公司等十七个单位。受批评的干部在会议上检讨不深刻时，代表还提出质问。最后，并接受代表们的意见，当场对卫生院工作人员陶觉民予以降职留用处分，并对木材公司收购站工作人员钟国标予以停职反省处分。这样，就大大提高了政府的威信，密切了政府与人民的联系，发挥了人民民主政权的作用。同时教育了干部，改进了工作作风。

在代行人民代表大会职权的县，由于选举县长、政府委员，人民群众都说是"自从盘古开天地以来的第一件大喜事。"大家都认真慎重挑选代表，并欢送代表到县，并嘱咐代表说："你们要代表人民意见，选好县长。"人民代表在选举县长时，就用尽心思，讨论、评比候选人。柳江县人民代表梁开斌夜里睡觉还说梦话："一定选张县长"。柳江县县长一经选出，代表立即编唱了许多山歌来祝贺："太阳出来红又红，选出县长真光荣，一来多谢共产党，二来多谢毛泽东。""千年铁树开了花，人民翻身当了家，县长选出张兆凯，人民个个拥护他。"容县县长选出后，被代表拥抱上主席台，热烈鼓掌欢呼。会外群众挤满了城厢街道，迎接县长、政府委员去游行，行列两旁不断有人献花，还在十五里外的礼信乡一个老头子也赶来献花。这些，都说明了政府人员一经人民自己选举出来，人民与政府的关系就更加密切了，人民政府的群众基础更加巩固了，同时人民当家作主的观念与行动则更明确、更具体化了。

在少数民族地区，不仅由于代行人民代表大会职权，同样地体现了人民真正当家作主，而且还由于实行区域自治，改善了民族间关系，加强了各民族间的团结，发展了生产，改善了生活，提高了文化。例如大瑶山瑶族自治区建立后，民族间的隔阂消除了，订立了团结公约，共同努力生产，今年开了荒地两万亩。过去每年缺半年粮，今年只做两个月的粮，他们还编唱了这样的一首山歌："民族仇恨解除了，大家相见笑眯眯，团结互助开荒地，努力生产见毛主席"。又如十万大山壮族自治区建立后，小学校由五间增加到三十间。此外特别值得注意的是桂西壮族自治区已于十二月九日宣告成立，对全广西各民族间的团结，以及今后对少数民族地区的经济、文化等方面建设的发展，将起决定性的作用。

总之，今年人民代表会议制度的贯彻有了显著的成绩，虽然仍存在着许多缺点：如少部分的县人民代表会议与常务委员会还没有成为经常的制度，或流于形式，但从全省来看，成绩是主要的，为明年普遍代行人民代表大会职权打下了基础。至于基层建政方面，在全省基本完成土地改革的基础上，各地都建立了乡人民政权。存在的缺点是乡政权组织形式不健全，乡人民代表会议制度还没有普遍建立起来，人民民主权利还没有充分发挥，这是今后要力求改进的。行政区划方面，今年调整了部分的县界县治，并由八十一县裁并为七十四个县，基本上消除了解放前反动统治遗留下来的不合理现象。以上就是广西省一年来民主建政工作的主要情况。

从一年来民主建政的情况，特别是从柳江、容县等县代行人民代表大会职权的情形来看，人民群众的民主要求已进入新的阶段，各界人民代表会议已经不能满足人民群众的要求，必须代行人民代表大会职权，使政权组织形式进一步民主化，才能够满足人民群众的要求。在土地改革已完成的地区，如果再不代行人民代表大会职权，人民群众将会把各界人民代表会议看成没有多大用处的东西，开会时只好随便派人去敷衍塞责。因此省人民政府准备在明年春季完成三十个县到四十个县人民代表会议的代行人民代表大会职权工作，是完全正确的。代行人民代表大会职权的工作要做得好，就要做好民主批评与民主选举，同时注意进一步讨论好当前中心工作，以及认真处理提案。这些方面做好了，民主内容与民主组织形式都将要提高和发展；做得不好，就会流于形式主义。今后，我们必须根据人民群众的要求，汲取已经取得的成功经验，大力把全省民主政权建设工作推进一步。

（原载《广西日报》1952 年 12 月 17 日第 3 版）

二、经济建设

广西省人民政府
关于保障佃权租用牛马权及开荒权的布告

（一九五〇年二月二十七日）

本省为恢复与发展农业生产，适应当前广大农民的要求，鼓励与提高其生产热情，保障与改善农民生活，繁荣农村经济，对于佃权、租用耕牛权及开荒权，特作如下规定：

一、保障佃权：为保证贫苦农民得到土地耕种，凡解放前向地主、富农或其他所租用之田地，今年仍得照旧租用耕种，地主、富农不得藉故收回田地，夺取佃权。如地主、富农确实为生活计，必须收回一部分土地自耕时，须经当地农协筹备处或农会及人民政府之同意与批准后，始得退回一部。

二、保障租用牛马权：为照顾贫苦农民之耕牛劳动力问题，解决其生产困难，凡解放前佃农向地主、富农所租用之牛马，今年仍得照旧租用，租主不得藉故收回不租。如因租期届满，而租主又确实须收回自用者，亦应得当地农协筹备处或农会及人民政府之同意与批准后始得收回。缺乏耕牛之贫苦农民，可由当地人民政府帮助向多余牛只之农民代租用，租价由双方面议决定；至佃农所租用之耕牛，应妥为照料饲养。各地并应鼓励保护耕畜，禁止宰杀壮年耕牛，以利生产。

　　三、保障开荒权：为奖励农民开荒，提高生产热情，作到消灭熟荒，恢复与发展农业生产，特规定公私荒地开放办法。凡属公家荒地，贫苦农民可向人民政府请领开垦，土地权归开垦者所有，但不能因开垦就将该地之森林破坏，有害林业发展。至属地主、富农之私人荒田、荒地，准先由业主开垦；如业主无能力或根本不开垦者，当地人民政府可召农民开垦，土地所有权仍属原主，永佃权则属开垦者。并为奖励生产起见，不论公私荒地，一律规定生荒五年，熟荒三年，可免交租税。关于李宗仁、白崇禧、李品仙、黄旭初等主犯匪首及各地逃亡反动分子的田地无人耕种者，由县、区人民政府决定分给贫苦农民耕种，其田地并由人民政府代管收租。

　　以上规定，务希本省各级人民政府、农协筹备处或农会、人民团体暨全体人民，一律遵照办理实行为要。此布。

广西省人民政府关于春耕生产的指示

（一九五○年二月二十七日）

　　本省人民解放战争业已结束，恢复发展生产，主要是农业生产，为目前一切建设工作的中心环节。春耕期间即到，春荒随之而来，特别是受灾地区，各级政府必须发动群众，开展生产救灾运动，立即多种蔬菜杂粮，节省粮食，砍柴挑担做小生意，发动与组织贫富户互借互济，政府以工代赈，并适当贷款贷粮，求得渡过春荒。同时，加紧准备春耕犁田、积肥、准备种子、补修农具，反对依赖等待思想与大吃大喝浪费等现象。这个生产救灾，准备春耕，就是我们当前的紧急任务，松懈迟延，必将增加困难或造成错误。

　　今年全省的农业生产方针，一般要保持原有生产水平。在灾荒地区，则应努力战胜灾荒，进行生产，要求确实做到适时耕耘栽种，不让现有耕地荒芜，尽力消灭熟荒，多种粮食蔬菜，广种杂粮，保护繁殖家畜，灭除灾害。为此，我们必须做好如下几件工作：

　　第一，要提高农民生产情绪，目前尚有许多农村劳动人民不了解人民政府各项政策及发展生产方针，认为不劳动生产者亦有饭吃，不愿积肥施肥，不积极劳动，不确实准备春耕，甚至有为敌特欺骗宣传，而随便耗费生产资财，这是不正确的有害思想。必须立即广泛地向农民群众反复解释劳动兴家的道理与人民政府确实保护劳动兴家的人民财产，不受任何人侵犯。在人民当家的新社会里，劳动是最光荣而受到尊敬的，也是达到改善劳动人民生活的关键。游手好闲，不顾生产，坐吃山空，是可耻的剥削思想，必受到轻视而为社会广大人民所反对；不生产劳动而等待减租、土地改革，或仰赖政府救济的思想，亦是违反发展生产方针的，必须努力纠正。应即动员各农户提高生产情绪，着手具体计划今年生产工作，积极进行春耕。对于地主、富农，均应参加劳动生产，不许荒芜田地。对于随便浪费生产资料之现象必须反对，加强教育。如有消极抵抗，不进行生产劳动，应受到农民的监督与批评，各

级政府均须严加管理与教育，以推行农业生产。

第二，要动员组织劳力、畜力，保证及时耕种，不误农时。将农村所有全劳动力，半劳动力，妇女、儿童，及城镇闲余劳动力，动员组织起来，投入春耕生产运动热潮中去。在动用民力及开会议时，要注意不妨碍生产。机关、部队人员牲口，要有计划帮助群众春耕，并在发扬群众旧有互助习惯，自愿结合，互相有利，公平合理，在群众自愿小型组织的原则下，广泛组织群众劳动互助，先行典型组织，再加以推广。各级政府要切实帮助推动，走群众路线，不得有强迫命令，包办代替的行为。对耕畜必须注意保护，严禁屠杀幼畜及壮年耕畜，尽可能协助调剂耕畜。在人工换牛工时，要照顾牛主利益，牛主有用牛力优先权，并取得养牛的合理报酬，但亦要照顾缺牛农户，原有租牛关系，未经当地政府批准不许随便变更。

第三，为保证贫苦农民得到土地耕种，必须切实保障佃权，不许地主收回土地，严禁抽地夺佃和变相夺佃。在契约上或习惯上有永佃权者，保证其有效。如地主、富农为生活计，需要收回一部分土地自耕时，亦须经过当地农协筹备处或农会的同意及人民政府批准。李宗仁、白崇禧、李品仙、黄旭初等主犯匪首的土地及各地逃亡反动分子的土地，无人耕种者，由县、区人民政府分给无地少地农民耕种，收获时由耕者向政府交租。一切公有荒地，在不妨害水土保持前提下，尽量放垦。私有熟荒生荒，优先由业主开垦，如业主确不开垦，可由政府分交贫苦农民垦殖。生荒五年、熟荒三年免交租税。

第四，要解决生产中的困难。春荒缺乏食粮，是部分农民春耕中的最大困难，特别在灾荒严重地区，更须战胜灾荒才能顺利开展春耕。农民所缺乏的种子、耕牛、肥料等，亦应适当解决。我们首先要调整国民党伪政府时代一切公款，如伪农民银行的农贷款、种子贷款、合作社贷款、耕牛贷款、肥料贷款、推广贷放的优良种子等，要即行调查整理。其既在雇贫农手中者，则确定继续借贷关系；在中农手中者则尽可能让借给贫苦农民；在地主、富农手中者，一律收回，转贷给灾民或贫苦农民。但为适时解决农民困难，要一面调整一面贷放，即边查边放，作明细登记，清办借贷手续；如旧贷数目较多地方，必要时应实行县、区间适当调整。县、区公共造产，及义仓、社谷、学谷、祠谷等，亦要清查，优先借给贫苦农民。其次，应发动社会互济互借，由人民政府动员及保证，向富户借贷秋后归还，渡过春荒；并准备发放一部分救灾粮食，通过修路与水利等公共工程，实行以工代赈。同时，人民银行要有重点地发放农贷，用发动群众民主评议方式确定借户，规定债权关系及借贷手续，定期归还。

第五，要尽可能进行防灾工作，兴办水利，补修旧有的及尚未完成的水利工程，并注意发动群众性排水、防洪、防旱工作，疏河筑堤，建坝开渠，修建灌溉工程工具及蓄水池等，选择其需款少，收益大，而又易做的，先举办，用集合群力或民办公助方式进行。保护公营农场、林场、苗圃的土地资产，协助其恢复生产，严禁有任何破坏。提倡植树造林，禁止放火烧山。如作物发生病与虫害，应及时报告，并

即动员群众防除。家畜防疫医治工作，亦要领导防疫站切实进行。

为做好生产救灾工作，必须广泛动员，各级政府负责人必须亲自领导，具体计划布置，深入督促，检查各级政府春耕工作计划与各农户春耕计划，严格纠正忽视生产救荒及听任生产自流的错误思想。并希各专署、县府，于春耕完毕后，总结生产救灾工作，报告本府。

广西省人民政府
关于统一本省电讯企业的管理经营和领导的通令

（一九五〇年三月八日）

查电讯事业为国家整体性的企业，必须统一筹划、统一管理，才能发挥其应有的效能。本省前因解放未久，残匪尚待肃清，在军事管制时期，暂时未能作到统一集中管理，虽有影响，亦非得已。现在全省业经全部解放，已入恢复建设阶段，近奉中央电令，电讯企业的统一管理，实为迫切需要。因此在电讯企业即将全国统一经营前夕，全省自应加强电讯企业的统一领导，使其发挥应有效能，逐步发展起见，兹规定左列各项，先令施行：

一、行政领导

凡系电信行政及业务领导、干部调配、器材调拨，均由广西省人民政府电信管理局遵循电讯总局及华南电信总分局之指示，并按照其组织系统（广西电信管理局——各地电信局）一般的方针，原则上执行垂直统一领导。但有关重大行政事宜及重要干部调配等设施，须事先与当地人民政府主管部门协商决定。

二、财经关系

（一）各地电信局之经费，自本年五月份起，均由广西电信管理局统筹统支，实施定期预决算制度。其亏损不足部分，暂由本府统一划拨补贴，责成广西电信管理局统一掌握分拨，并由该局统一报销。

（二）一九五零年四月以前，各地电信局由各地政府请领之补贴费，应令各该电讯局向原请领单位报销，结余或不足，不予退补。

三、线路修筑计划

关于线路修筑计划，在财政物资双重困难条件下，为照顾全省的需要，应分清轻重缓急，有重点的恢复。根据这一原则，已令广西电信管理局制定"全省线路恢复工程计划"，由本府批准后执行之，凡超出此计划外之地方性线路的补修工程，可暂缓办，或由各市县政府自行筹拨经费，由各该地电信局办理之。

以上各项，自本年五月份起实施，希各知照，并转饬所属一体遵照执行为要。此令。

广西省人民政府
关于整顿电话邮政公路等公营企业机构的决定的通令

(一九五〇年三月十三日)

查电信电话邮政公路等公营企业机构，组织庞大，人浮于事的现象，非常普遍，其产生的弊病亦非常严重，自从本省解放后，因地方秩序尚未完全恢复，营收减少，收支不能平衡，仅电讯局在一二月份即亏空一亿六千万元，如专靠政府补贴，不仅是增加人民的负担，且亦谈不上企业的建设。现当财政经济困难的时候，各机关各企业部门，必须用最大力量来克服当前的困难，首先应该建立以盈余补不足的自给计划，然后逐步做到有盈余的去发展各种建设。爰本旨，对于本省的电信电话邮政公路等企业，兹作如下的决定：

（一）整编组织，紧缩人员

（1）裁并旧机关：凡业务内容相同，性质相同者，应视情形分别裁并，如邕、柳、桂、梧，市内电话局，"并入各地电信局，各县电话局并入各县建设科。"伪公路局系统并入公路管理局。

（2）处理旧员工：

一、凡无一技之长之冗员，在机关混饭吃，动员回乡，参加生产。

二、毫无能力，依仗亲朋势力，在机关中领取乾薪者，应说明理由裁革。

三、严重的劣迹贪污，和罪大恶极的反革命分子，或特务分子，应予开除法办。

（二）节省财政开支

（1）严格的遵守既定的供给制度与供给标准，严格审计批拨手续，不能擅自批拨制度标准以外之开支，一切制度标准以外之开办费业务费等，须经省财委会审核拨发。

（2）统一调整旧人员薪给：其中薪给不合理者，应视情形调整，在调整过去不合理的薪给时，应照顾技术与工作能力，应反对过分悬殊，也反对平均主义，低薪者应维持最低限度的生活费用。

（3）节省水电：实行一室一灯制，办公的不超过五十支光，宿舍、路灯不得超过十五至廿支光，应可能利用河水洗衣服。

（4）爱惜公物：一切公共房产，水电设备等，及家具器材等均应有专人管理，登记，以防损坏，减少修理。

（三）争取公管企业保本自给

（1）公路、电讯、航务等公用事业，规定定期定额的补贴制到一定期限之后，各该单位应坚决完成自给自足，以至提供盈余之任务。

（2）依靠工人，团结工程师与职员，展开节省材料，提高工作效率的竞赛运动，拟具生产的财务计划，以减轻开支，缩小亏损。

（3）一时办不起，又为目前不急需者，可不办。目前需要而经费有限，可选择其重点先办。

以上决定，希望深入学习研究，切实执行，逐步求其实现，并将执行情形呈报本府备案为要。

此令

主　席　张云逸

副主席　陈漫远

李任仁

雷经天

广西省人民政府关于实施新税制的布告

（一九五〇年三月二十二日）

自解放大军，进入本省初期，为迅速恢复税收，保证军需供应，求得本省早日解放，各级政府及各地税务机关，均暂沿用国民党反动政府之旧税制征收。兹查核该税制，各地征收业务，税率税目，极不一致，有碍合理负担政策。现我省已全面解放，各项事业，均随形势的发展，进入统一和平建设新的局面。为执行全国税政的统一，及促进物资交流，达到恢复与发展生产，实行合理负担起见，决定自四月一日起，逐步实施中央人民政府政务院与前中原临时人民政府已颁布之新税制，具体办法规定如下：

一、中央人民政府政务院颁布之：（1）货物税暂行条例、（2）工商业税暂行条例、（3）摊贩营业牌照税稽征办法三种。前中原临时人民政府颁布之：（1）华中临时商业税征收暂行办法、（2）华中印花税征收暂行办法、（3）华中屠宰税征收暂行办法、（4）华中娱乐税征收暂行办法、（5）华中筵席税征收暂行办法、（6）华中房地产税征收暂行办法共九种，自四月一日起施行。

二、在新税实行前，原已税货物之税目税率，在颁布条例及办法中有增减者，概不补征或退税。但伪税局征税之货物，应限期在本地销售（最多不得超过三个月），逾期照章补税；其在限期内外运者，仍须补税，方准运销。

三、新颁条例及办法中，所列新增税目，开征以后，各制造厂商，自即日起，每日出厂货物，应分别品目数量，向当地税务机关申报及补办理纳税手续。在新税开征前，各厂进厂未税之原料之产品，与各批发商行之存货，均一律向当地税务机关申报登记纳税后，方准制造行销。但已分散至零星摊贩小商户之应税存货，在最低分运量以下者，可不补征。

四、条例新增税目之货物，在运销途中者，应于新税开征后，由所经过第一道税务机关补征，不以违章货物处理。

五、在中央及前中原临时人民政府均未颁发之其他各税，暂仍旧照旧税制征收，

一待公布，另行布告实行。

六、公私营企业，均应遵章纳税。

上列各项，除分令所属各级人民政府及各税务机关遵照外，特此布告周知，希我全体商民人等一体遵行为要。

此布

中共广西省委
关于厉行节约克服灾荒保证春耕生产顺利进行的指示

（一九五〇年三月三十日）

（一）广西在李白匪帮长期统治下人民生活极苦，去年部分地区水灾旱灾严重，加以广西各地向来即存在带有季节性的春荒，目前适值春耕时节，许多贫苦农民缺食缺种，加以地主富农抽地逼债和停止借贷，就使贫苦农民更加困难。面对上述情况："目前的问题是我们领导农民向地主退租，解决粮食困难，渡过灾荒，进行生产，还是让恶霸特务分子挑拨农民抢夺公粮，以造成社会混乱，荒废生产。这是今年春耕季节与春荒时期，我们在农村全部工作中的基本关键，谁忽视了这点，谁就要完全陷于被动，就要犯重大错误"（中南局三月一日指示）。这种情况虽已为各地所重视，但尚须很好的进一步的教育全体干部，认识生产救灾的重要性，并应指出这是一个严重的政治任务，必须深入发动和领导群众进行救灾生产，并与剿匪工作相结合。

（二）在领导生产救灾中，应以领导生产为重点，只有从积极生产中，才能达到救灾的目的，在救灾方面，则必须贯彻生产自救，社会互济为主，辅之以政府扶助的方针，应很好进行宣传树立群众生产自救思想，打破对生产各种怀疑顾虑，打破等待救济粮的依赖观念，并结合解决农民的生产困难，如处理荒地、佃权、耕牛等问题，按省府颁布法令办理。具体办法搞副业生产，多种早熟粮食菜蔬，发动社会互济，提倡公平自由的借贷，号召群众节约，省吃节用，反对浪费，全省部队每人每日节约一两米，机关节约二两米，作为赈济粮等都是必要的措施。

（三）全党必须认识生产救灾运动，本质上是一个尖锐的斗争，不应该把它单纯看成为领导群众打柴种菜等技术性的问题，重要一环是将整理公产、族产、旧粮仓、合作社及伪政府对地富之贷牛贷粮等，与发动群众相结合，进而减租退物退押金和向地主富农借粮斗争，既能解决灾荒生产问题，又打击了恶霸特务分子煽动农民抢夺公粮图谋暴乱的阴谋。但在发动农民向地主斗争中，应有一定限度，注意合法合理，防止发展成为无限制的斗争，要做到既解决了群众的困难，又提高了生产，任何造成破坏生产的结果都是错误的。清理和没收的果实，应用之生产救灾，〔防〕止大吃大喝等浪费现象。但在整个生产救灾过程中必须和剿匪结合，将缴获的财物粮食分给贫苦农民。

（四）为了很好的贯彻生产救灾工作，使之能成为群众的自救运动，必须注意以下几个问题：一、应自上而下的建立各级生产救灾委员会，可吸收进步人士参加，以统一领导和动用各方面力量，及进行经常工作。二、要通过各界代表会议，农民代表会议，把生产救灾方针计划交各代表研究讨论。三、政府分配到各地区之种子、救济粮，必须很好掌握正确地及时发放，以起到应有的作用。四、在救灾中首先应该照顾贫苦的烈军工属，和遭受摧残的革命群众，其次为一般的受灾贫苦农民，及少数民族中的贫苦群众，各级党委应确实了解本地区灾情，对灾情严重地区应由负责干部亲自掌握。

（五）最后要求我们全体党员全体干部必须有高度对人民负责的精神，与灾民共甘苦、共患难的决心，要防止把生产救灾停留于一般号召，对群众死活不关心的官僚主义，或对灾荒情况悲观失望，束手无策，逃避困难等偏向，只要认真深入地领导群众生产自救，我们就能战胜灾荒，保证春耕生产顺利进行，打下发动群众组织群众的良好基础。

广西省人民政府
关于征购木石料抢修公路的指示

（一九五〇年三月）

由于蒋李白匪统治时期，各项公款多为军阀官僚中饱私囊，漠视建设，致使广西公路主要干线，年久失修，坎坷不平，桥梁、渡口船只亦为李白匪彻底炸坏与烧毁，虽经我工兵竭力抢修，现可勉强通车，但多系临时性的轻便建筑，难以保证雨季通车。因此争取雨季前农闲时期有重点的整理路面，桥梁、渡口，保证雨季中各主要公路干线仍可畅通无阻，造成城乡互助物资交流的有利条件，成为我广西党政民艰巨而光荣的政治任务。为此，关于征购木石料抢修公路，特作如下指示：

一、广西解放为时不久，乡村政权未进行改造，群众间未着手发动，此次修补公路，主要是依靠群众，因此各级政府必须重视这一现实情况，在干部中，群众中结合剿匪进行深入的反复的政治动员，说明修补公路与群众本身的利益，指派干部深入到村，深入到队，务求避免磨洋工，扭转群众打官差的陈腐思想。

二、为了保证完成任务，必须加强民工中的政治工作，通过各种民主评议形式进行表扬奖励，发起竞赛挑战，以求迅速完成任务。

三、你县所辖公路干线，共有桥梁　　　座为敌破坏，须征购木石料数量

以上数字希于　　月　　日前完成分别送至　　　　你县所辖公路
一带坎坷不平须动员民工名编　　　　队于　　月　　　日完成修补任务。

四、修补公路与征购木石料之具体规定，希参看发去之"关于抢修公路征购木

石料暂行规定"，各级政府负责同志（特别是区、乡、村）应亲自动手，通过民主评议方法去进行，掌握讨论、研究、督促、检查，于工作完毕后，书面总结，找出经验教训呈报我们。

五、派　　　　　前往

致

主　席　张云逸

副主席　陈漫远

　　　　李任仁

　　　　雷经天

附：

广西省人民政府
关于抢修公路征购木石料暂行规定

根据中原临时人民政府、华中军区抢修公路征购木石料暂行办法之精神与广西之实际情形，关于抢修公路征购木石料，特作如下规定：

甲、关于抢修公路

一、动员民工的原则：

此次抢修公路所动员之民工决定为义务制，各区政府应切实掌握劳役负担上之公平合理，地主、富农及较富裕的工商人家均应多出义务工或出钱代雇民工，中农和中产人家亦应次要多出义务工或出钱代雇民工，贫农以下及一般较困难人家则应少出义务工或免出义务工。但不论各阶层出工出钱，均应采取民主评议进行之。

二、修路任务：

（1）筑路工作包括整理路基、补修路面、翻修路面、加铺路面、采运砂石等项工作。

（2）公路各线之工程勘察与各段施工之多少及需要民工数量等由本府派员具体传达。

（3）各县区动员民工修补，省公路管理局派员作技术指导。

三、动员地区以公路沿线之村庄为主，动员距离各县应根据任务之繁简来决定，尽量增加工作时间，减少无谓的走路时间。

四、筑路器材：普通工具由民工自备，民间不能借到之特殊工具可呈报本府统一解决之。

五、修筑之具体要求由本府派往之人员口头传达。

乙、关于征购木石料

一、征购原则：

（1）敌伪遗留之公山、公林一律征用，村族之公山、公林得与该村群众协议后

征用之。

（2）私人之山林木料，本地主富农征用，中农折半给价，贫农付给全价的原则办理之。

（3）采用山岭河漕的石料概不给价，若系私人成品及特种材料如石片等得计工付价。

二、征购地区：以工地附近或水陆运输方便之地区为宜，免劳民伤财。

三、木料品质要求：以树身挺直，即少无空心腐烂裂缝等现象之杉松木为合格，以杉木为主松木次之。

四、木石料集中：

（1）已经决定被征用之木料应发动民工限期砍伐（除去之校即交业主）运至工地。

（2）砍伐与运输均系义务制，县区政府尽量掌握劳役上之公平合理。

（3）砍伐与运输工具均由民工自备。

五、木石料费用暂由各县政府垫付，持原始凭证向省公路管理局核销。

主 席　张云逸

副主席　陈漫远

李任仁

雷经天

广西省人民政府、广西军区司令部
关于航运统一检查办法

（一九五〇年三月）

本省自解放后，已进入和平建设时期，对于巩固治安，恢复交通，贯彻城乡物资交流，繁荣农工商业，增加生产，成为当前急务。近查本省各河道船只来往，各处检查过多，手续麻烦，不独有碍航程，而且妨害运输，亟应改善。兹特制定"航运统一检查办法"颁布施行；凡我各级机关军警，均应切实遵照执行，并希各界人民一体遵照。

此布

附：

航运统一检查办法

（一）各地公安局、税务局、海关及对外贸易机关，均应共同组织设联合检查站，各派若干人，经常驻站，执行检查任务。

站设主任一人，由当地专员公署或市县人民政府之公安机关派充，综理站务，并指挥各员执行任务。

（二）船只开行前或到达时，由站主任派遣各机关检查人员同时上船检查，并采取一致的行动。

（三）船只在启航地点经过检查后，应由检查站发给检查证，到达终点时，则由当地检查站进行复查。

（四）检查人员必须佩带所属机关制定并盖有机关关防之袖章，否则船方有拒绝检查之权。

（五）检查方法，应就各地具体情况由联合检查站研究起草交由各主管机关批准统一规定办法，但以不涉苛扰为主。

（六）一般的禁止在航行中拦截，或强令船只停船，进行检查，如有特殊情形者例外，但亦须有当地政府警军的证明。否则都应等船到达终点时再行检查。

（七）检查时，如查到违禁物品或补收税款等必须给发收据为凭。

广西省商业登记暂行办法

（一九五〇年三月）

一、为贯彻人民政协共同纲领关于商业之规定，保护一切合法的公私贸易，取缔扰乱市场的投机商业，以发展生产，繁荣经济，特定本办法。

二、凡在本省境内设有固定处所及字号之商业，不论其经营人之国籍为何，公营、私营抑公私合营，均依本办法之规定办理之。

三、凡商业之创设、受让及变更营业地址，均须填具申请书，并须有曾经登记领有执照之商号保证，向当地市（县）工商主管机关申请登记，经审查属实，发给营业执照，并照章纳税，始准营业，受合法之保护。

四、凡商业之申请登记，须据实载明左列事项：

（一）商号名称；

（二）营业地址；

（三）营业性质与类别（代办或公营、自营、私营，抑或公私合营，独资、合伙、有限无限公司）；

（四）资本数额及出资种类（货币、物资或其他）；

（五）营业项目；

（六）加入何种同业公会；

（七）经理人姓名，籍贯，住址，简历；

（八）从业人数，职别；

（九）创设年月；

（十）保证者之字号、名称、地址，经理人签名盖章，执照号数，电话号码。

五、凡在不同市区设立总分支店者，除由总店向其所在地工商主管机关为总店分店之前条事项申报外，其分支店亦应向其所在地工商主管机关为同样之申请，并领取营业执照。总分支店在同一市区者，则由总店统一申请更正之。

六、凡商店经登记后，如发现其登记有错误或遗漏时，得申请更正之。

七、凡商店开业后如有第四条所列各项变动时，须于十五日内向原登记机关申请变更登记，并缴销旧执照领取新执照。

八、凡商店于发给营业执照之日起，三个月尚未开业或因故停业满六个月者，应撤销其登记，并追缴其执照。

九、凡因故歇业者，须事先检同讫税证件呈报工商主管机关批准并缴销原执照。

十、凡因受行政处分或经人民法院判决，公告停业者，应追缴其执照。

十一、营业执照须悬挂于易见之处，以便检查，不得假借或让与。如遗失时，应即登报声明作废，并申请补发。

十二、凡未经核准擅自开业者，应勒令其补行登记，倘有拒绝登记者，得停止其营业，并按时间久暂处罚之。

十三、如查获或经告发该商店有垄断居奇、操纵物价及其他违法行为，工商管理机关得撤销其营业执照，按情节轻重，移送人民法院办理。

十四、登记申请书及营业执照格式，由广西省人民政府工商厅统一规定，如市（县）依式仿制，附发时酌收工料费。

十五、本办法自公布之日施行，如有未尽事宜，得由本府随时修改之。

广西省人民政府
关于保护工矿事业的通令

（一九五〇年三月）

本省自解放以来，由于军管会之正确领导，当地政府及各界人士之协助，尤其是接管人员与工人职员之努力，大部分工厂矿场，均已完成接管任务，变官僚资本为国家人民之财产，对本省轻重工业之发展作用殊大。惟广西解放不久，遭受潜伏之匪特破坏，仍有发生，因此保护工厂矿场之安全，已成为当前迫切任务。近查各地各级政府，对于工厂矿场等国家企业能认识其重要，注意保护者尚多，其认识不够，忽视保护或意图动用，浪费各工厂矿场财物者，亦有发生，本府为了严防国家财产遭受损失，特指示如次：

一、各级政府，应对所属全体干部及各界人民，进行爱护国家财物为人民应有责任的宣传教育，说明国家财产，为全体人民所有，不许有破坏，或忽视保护工厂矿场之事实发生；并在各工厂矿场附近村庄，进行护厂组织，根据具体情况给以护厂任务，造成群众性的护厂保场等运动。

二、各级政府所有干部，必须在思想上，认识工矿企业之重要性。须知工矿为

发展新民主主义经济不可缺少之事业，其本身是营业性质，一切物资均与生产成本有密切关系，如消耗增多一分，即生产成本增多一分。今后各级机关团体与工厂矿场发生来往关系借贷物品时，应即原物及时归还；使用成品，必须照市价给值；其存心无偿使用，或借贷物品不归还，即是贪污国家财富。各工厂矿场负责人员，亦不得以国家资财作为人情上之赠送，如有发现，均应严加处分；其过去如有动用者，应予交还。

三、匪特破坏工矿事业，为其主要目标之一。各地各级政府，对所在地之工厂矿场，应负起保卫责任，配备相当力量，加强保卫工厂矿场教育，提高其对工厂矿场的认识，使其能完成保卫工厂矿场任务，并随时检查其完成情形。

四、由于过去国民党官僚资本，与部分私人资本，对劳动人民之压迫，及解放后群众觉悟提高的不够，与不良分子之鼓动，故部分地区公私工矿事业，发生被群众抢劫现象。各地各级政府，必须了解此一问题之发生，多是匪特煽动，应尽量避免武装冲突，从提高群众觉悟，解除群众困难中解决之。发动群众，依靠群众，清除潜伏匪特，切勿造成群众与我人民政府所办的人民企业对敌。

以上四项，希各地各级政府，切实讨论研究，并希对所在地之工矿事业，详细了解，检查对工矿事业的认识与保护如何，根据当地情形，拟出具体办法，并将执行情形，具报为要。此令。

广西省人民政府
关于减租退租生产救灾布告

（一九五〇年四月七日）

由于李宗仁、白崇禧匪帮在广西长期搜括民膏，破坏生产，造成了灾荒，现在进行春耕生产，广大贫苦农民急需口粮种子渡过春荒。故普遍要求减租、退租、生产救灾以保民生。本府遵照中南军政委员会关于推广全面退租加紧生产救灾工作指示原则，立即在全省范围除个别股匪盘踞地区外，一律进行减租退租工作，并规定将一九四九年秋季租粮，依照二五减租规定暂行减租，未减者立即退租，地主违抗者依法严办，政府人员徇私包庇或执行不力者分别惩处。为保证农业生产，禁止地主出卖土地房屋牲口粮食，及宰杀损坏耕牛等破坏生产之行为，如有在解放后地主出卖土地房屋耕牛，一律宣布无效。各级人民政府须即按此规定，组织集中力量，开展减租退租的群众运动。这是目前的中心工作，务求贯彻。

此布

主　席　张云逸

广西省人民政府
关于卫生防疫工作的指示

（一九五〇年四月七日）

　　根据中央人民政府卫生部和军委卫生部所发布："关于开展军民春季防疫工作给各级人民政府及部队的指示"，对我各级政府卫生防疫工作特提出如下要求：

　　一、省、市、专署、县各级政府，应将卫生行政机构，迅速的建立起来；把农村卫生防疫工作列入行政的重大课题，建立经常的、固定的卫生行政组织，专门负责进行此一工作。

　　为了有组织的开展工作，省应暂设卫生处，市设卫生局，专署设卫生科，县设卫生科或卫生院；如果人事条件不允许，可先设较小一些的机构，不要等待，但应尽速的充实起来；如果没有适当的健全组织，在今后的长期工作中，可能时时被动，遭受到更大的困难和损失。

　　二、有了组织，首先要动员与组织当地各种医务人员（西医、中医、牙医、护士、助产士、各种卫生技术人员等）、各种公私医疗机构，共同策划，进行当地的群众防疫事宜，有计划、有组织的领导，要群策群力，才能把广大的农民防疫工作，迅速而全面的展开。

　　其次，是组织省、市、专署、县、区、乡、村各级政府的防疫委员会，教育、发动群众，配合政府的各种工作，响应防疫的号召，使防疫运动收到深入和普及的功效。

　　三、今年春末夏初，各地（省、市、县）皆需开展一次全面性的群众卫生运动，其内容应注意环境清洁，适当的处理粪便垃圾，管理水源与饮食摊贩，发动防蝇灭蝇，开展卫生教育，以及预防注射等；这对今年预防霍乱以及其他胃肠传染病（伤寒、痢疾等）是一非常必要的措施。

　　卫生运动虽然是个突击的形式，但应尽可能保持其经常性，这就必须对群众进行深入的教育，启发群众自觉的认识，和自愿遵守卫生运动所规定的各种办法，逐渐养成习惯；同时也须将群众的卫生检查小组组织起来，比如每村（街）设卫生委员，十家或五家设卫生小组，大家共同规定公约，然后由推选的（或轮换的）委员或小组长执行检查任务。如此，把思想和组织结合起来，即能把卫生运动深入到群众日常生活中去。

　　四、预防接种是防疫运动的必要措施。提倡种痘，广泛普遍的给群众种痘，即可逐渐的将天花从社会中消灭掉，因为天花最易预防，只要种痘即能收效。

　　于今年四五月间应广泛为群众注射霍乱疫苗，特别在靠近交通线的地区更应作到普遍注射，每人注射一次（一个西西），可在四五个月的期间内，有效的抵抗对霍乱病菌的侵袭与传染。

五、各部队及地方武装，亦应根据驻地疫症情况，针对特殊传染病和地方上的常生病情，对部队进行卫生教育和防疫运动；应组织医务人员有重点地在防疫和公共卫生方面加强业务学习，多多注意建立和健全班、排、连的基层卫生组织和各种卫生活动，规定各种卫生制度，深入进行教育，严格执行与检查，并强调在防疫领导上，亲自负责。

应在驻地附近，尽可能的在组织计划和技术上，协助开展地方群众的卫生防疫工作；若不结合群众的防疫，孤立的把部队防疫办好，那是困难而不易做到的；应将革命的军队关心人民健康的优良传统继续发扬坚持下去。

希各级政府与部队，接此指示后立即与中央之指示一并研讨，具体布置，切实执行，力求把卫生防疫工作搞好；这对城市和乡村部队和群众都有极大的好处；并将各级政府群众的卫生组织状况，防疫保健计划和措施，目前和今后的疫病发生情况（何时何地发生，何种病症，患病及病死人数及处理办法等），随时呈报为要。

中共广西省委
关于开展减租退租运动的指示

（一九五〇年四月九日）

（一）中共中央中南局关于减租退租运动的两次指示，与中南军政委员会关于推广全区退租加紧生产救灾工作指示，对广西目前情况是完全符合的，而又是必需的，我们要坚决拥护与贯彻执行。

（二）广西民众在李宗仁、白崇禧匪帮多年统治剥削下，加以敌匪逃退时到处烧杀破坏，已到非常穷困与农村普遍破产，造成各地灾荒，现在广大的贫苦农民为了生产救灾渡荒，必须解决食粮种子耕牛等生活与生产资料，因此普遍要求减租退租，以达生产救灾之目的。各地委县委区委均需立即动员与领导组织群众，执行省府关于减租退租布告及贯彻中共中央中南局与中南军政委员会关于减租退租之指示，开展减租退租的群众运动，这个工作是目前解决群众困难与发动群众进行各种必须建设工作的主要关键，在可能进行的地区，如不加紧进行，必将脱离群众与造成严重的错误。

（三）减租退租的原则，就是中南军政委员会所指示的："将一九四九年秋季租粮，依照二五减租规定实行减租，未减者立即退租，地主抗违，依法严办。"凡经过减租退租及清查义仓积谷公产与清查负担等办法，足以渡过春荒的地方，不须发起向地富借粮运动。如万不得已必须进行借粮渡荒时，必须经过地委的批准，并按一般民间自由借贷原则，保证有借有还。这个工作必须慎重，否则容易搞乱。灾情严重地区，政府救灾粮与农贷粮款则多发放该区。

（四）要迅速开展减租退租运动，必须有重点突破与迅速推广，放手发动群众与领导掌握政策相结合，并与剿匪的重点相结合，集中干部，划分区域，统一领导，

猛烈推行贯彻下去，既有领导又要放手发动，不可束手束脚。同时必须很好运用县区乡农代会，广泛讨论减租退租工作。组织培养其积极分子，团结广大农民与农村革命的知识分子，迅速推广减租退租运动。代表会以后必须经过村的农民组织去进行，农民代表回村建立农协与发起斗争时，必须经过上级农协的批准，不可让其自流而不加领导。为扩大减租退租宣传，亦应举行各界座谈会或各界代表会说明我党与政府的政策，号召大家贯彻执行。对地主应依不同情况分别对待，凡愿意拥护与执行政府减租退租法令者均以说理解决之，对顽固不法分子，必须动员组织广大群众，展开说理说法去斗争，打下他的威风，实行减租退租。

对罪恶重大为群众所痛恨的恶霸分子，政府应主动处理。配合组织群众，开展反霸斗争。这种工作，必须很好领导，经过县委或地委的批准，切不可牵涉过广，要慎重处理。总之对地主斗争，必须很好教育群众，组织力量，有步骤有计划地分别不同情况，开展说理的合法斗争，务必达到胜利，逐步开展到大规模的减租退租的群众运动，达到生产救灾渡荒的目的。

（五）发动群众进行减租退租运动，必须与当前的剿匪反霸斗争相结合，这几种工作常常是相互渗透的又是互相发展与互相因果的，应依当时的情况与群众的要求而定，机械分成阶段是不对的，使三者对立起来更属错误，同时要与春耕生产救灾渡荒相配合，正因为要解决群众生产救灾的困难，就得很好的开展减租退租运动才能达到，其他的农村工作又必须在发动群众的运动中去进行，忽视了发动群众而孤立的去进行，是不会做好的。在开展减租退租运动中，还需组织民兵武装农民，加强地方武装建设，达到保护地方，保证生产，消灭匪特破坏活动。乡村政权的改造，亦在这个运动中依靠广大的农民逐步的更换与改造之，使它真正成为人民自己的政府。

（六）我们要加强领导这个减租退租的群众运动，必须把我党和政府的政策交给群众，并注意掌握与贯彻政策的施行。现在各地开始的减租退租运动的事实已证实减租退租所得是能够解决农民灾荒的困难的，有些人认为征粮而使地主无粮，故无力把租粮退回农民的说法，是不正确的，那是地主故意叫苦以欺骗煽动人心，是敌人向我政府攻击的藉口，所以必须查明事实，特别要查明各地一般情况；不能拿个别人或个别特殊情况，来当一般的普遍的情况来看，那是不正确的，又不能笼统的说：减租退租不能解决农民的困难，我们除以减租退租为主以外还须进行清查义仓积谷清查负担及必要时可用社会互济，贫富互助等办法。灾情严重地区我们还有救灾粮，与政府贷粮贷款的补助，一般是可以解决农民困难的。关于部分老区已进行减租者，可按具体情况研究解决之。我们必须很好领导与组织广大农民，开展减租退租运动克服困难贯彻到底，一切犹豫等待，裹足不前，怕群众搞乱的思想，都会造成错误。但不加强领导让其自流的尾巴主义也会造成恶果。当群众已经发动起来时，必须注意防止乱打乱斗的行为，严格与加强教育，不断总结经验掌握运动的发展完成这个艰巨的任务。

广西省人民政府为颁布现金管理办法的通令

（一九五〇年四月二十二日）

为有步骤的贯彻中央政务院关于实行国家机关现金管理的决定，调节本省现金流通，减少市场筹码，以稳定金融物价，有计划的恢复各种生产，特制定现金管理暂行办法随令颁发，并决定自五月一日起在桂、柳、梧、邕四市首先实行，六月一日推及专署所在地之县城以后，再推及于全省各县。该项办法系重要财政纪律之一，各有关部门应严格遵守切实遵照执行为要。此令。

附：

广西省现金管理暂行办法草案

一、为有步骤的贯彻中央政务院实行国家机关现金管理的决定，以调节本省现金流通，减少市场筹码，以稳定金融物价，有计划的恢复生产起见，特制定本办法。

二、凡本省内一切机关、部队、公营企业、合作社、公立学校等，所有现金除经当地财委核定准予保留三天的日用开支外，其余必须一律存入银行，不得购囤实物。

三、凡公营企业、合作社每日有现金收入者，一律须于当日营业终了，将收入悉数存入当地银行。

四、银行对各机关、部队、公营企业、合作社、公立学校等送存之现金，一律按存款办法由各单位任选各种方式（活期、定期、短期、折实）存储之，并按规定给予利息。

五、各公营企业、机关、部队及合作社间的互相交易及款项往来，可使用银行支票，经银行转账，以减少现金流通；埠际之间的往来，凡设有银行者，尽量经过银行汇拨以节省运费，避免途中遭受损失，保障公款安全。

六、除发放工薪，向农村采购及在城市零星开支等必须使用之现金外，应尽量使用支票转账办法，尽可能不支付现金。

七、指定银行为执行现金管理之监督与检查机关，各公营企业、机关、部队、合作社、公立学校等必须严格遵守本办法之规定，银行得随时检查各单位账簿及现金库存情况，如有违反本办法的规定者，以违反经济纪律论处。

八、银行须适当延长对外办公时间，保证随时存收汇拨，手续简捷，达到为机关部队服务。

九、本办法自公布之日起实行。

广西省人民政府
关于执行统一财经工作决定的规定

(一九五〇年四月二十四日)

广西省人民政府关于执行中央统一国家财政经济工作决定及中南军政委员会指示的规定：

一、广西由于解放较迟，且经李、白匪帮长期掠夺，财政经济倍感困难，加以匪特扰乱，奸商投机，物价波动，各级机构未健全，财政制度比较混乱，给予人民生活与财政调度上以极大影响。中央统一国家财政经济工作决定与中南指示，正是克服目前困难，进入建设的英明措施，必须无条件的不折不扣的贯彻执行。

二、成立广西省编制委员会，以陈漫远、李楚离为正副主任。专区、市、县及大企业部门（各邮政、电讯、贸易、银行）亦须成立编制委员会，各机关单位成立编制小组。负责充分说明整编意义，减少干部怀疑与顾虑，防止偏向，切实按照政务院统一编制进行整编以求达到简化工作机构，提高工作效能，节约财政开支的目的。所有各级整编工作限四月底前完成，并作补充规定如下：

（一）县的编制除特、甲、乙等县名额照中央规定执行外，根据本省小县较多情况，特补充规定增列丙、丁两级，丙等一八〇人（在十五万人口以内者），丁等一五〇人（在五万人口以内者），包括政府各部门及党与群众团体脱离生产人数。

（二）区的规定，根据各地区人口密度，规定宜山、桂林、武鸣专区平均按二万人划一个区，平乐、柳州按二万二千人，南宁二万三千人，玉林、梧州三万，百色、龙州一万六千；已废乡设区者（如桂林专区），照算；目前仍保存乡级机构未设区者，可暂不动。但其脱离生产人数（包括区乡干部），以不超过新编制上所分配各专区区干总数为限。村长津贴粮，仍暂照以前规定每月六十斤，由县统筹供给（如地方公学款产收入或暂时保留摊位租秤租及其他地方税收等），但不许由乡村自行摊派。

（三）省属市编制人数限额规定：柳州一五五五人，桂林一四三〇人，梧州一三三〇人，南宁一五三〇人，在中央未颁发统一编制前，由各市根据工作需要提出经省批准。

（四）为了提高工作效率，减少组织层次，省府各厅、处内部一般实行三级制；设处（局）科者不再分股。

（五）编外人员作如下处理：

1. 违反纪律政策、屡教不改分子，严重贪污、证据确实分子，能力过低、懈怠工作分子，依靠裙带关系、坐领干薪分子予以洗刷。

2. 自愿回校学习、回家生产者，欢送回校回家，但不许强迫或变相强迫。

3. 年龄过大，身体过坏，根本不能担负工作者，给予退休，根据其工作历史、

工作情况、旧有规定等，可酌发给退休金或生活上适当安置照顾。

4. 其余选送一千人入革大二期深造，有特殊技能者，报省分配。

5. 各地缺额不得新招，超额亦不得大批洗刷与遣散，亦不送省，而是在专县领导下，暂组农村工作团下乡工作，一面报省听候调配。

三、成立广西仓库物资清理调配委员会，以莫文骅、贺希明、吴法宪为正副主任；部队师及分区以上单位，各专署、地委及企业系统，同时成立清理物资分会，下设清理小组。军事系统清查重点，放在接收与缴获物资；地方以清查存粮为主，其次是接收物资，着重检查企业部门之工厂仓库及敌伪失散物资，再次为清查过去账目（解放后至一、二、三月份粮食税收支账目），检查贪污浪费。

四、省组织检查团，分赴各地，有重点的检查编制与清理物资的执行；分区、专、县与各企业领导机构，亦必须抽派人员参加检查工作。所有清理工作统限于五月二十日以前结束，按级造册上报。

五、清理物资，要求做到切实查明物资现存种类、数量、好坏、目前保存状况（防雨、防水、防火、防盗设备）、物资来源、经手机关、已动用数量和原因，动用机关等分别登记。

六、厉行节约，提倡朴素，严禁机关干部互相请客送礼，随意修建房屋及其他铺张浪费现象，严格执行预决算制度及供给标准。全省金库粮库四月底前一律成立，一切收入解库，非经上级批准不得动用库款库粮，人数核实开支。凡破坏制度虚报人数，打埋伏、贪污浪费者，予以纪律制裁。

七、适当减低薪资待遇，按广西财政状况及生活程度规定各级薪给制人员薪给标准，仍照省财委会三月份颁发之临时工薪标准重新评定。专署以下薪给人员，每人每年之平均数以不超过大米三千一百斤为限；省级每人每年平均数不超过三千八百斤。薪资人员与供给人员比例，省、市薪给制人员占百分之三十，专署百分之二十，县百分之十，学校、企业及粮税部门除外。新参加工作之学生，一般照供给制待遇。

八、坚决完成公粮、税收、公债任务。

（一）积极征收公粮尾欠。结合群众清查合理负担运动，征收公粮尾欠，征得部分，采取与群众分成办法，尾欠少的地区大部分给与群众，尾欠多的地方小部分与群众，以解决灾荒与生产困难。已征公粮，应注意适当集中保管，避免损失。

（二）税收方面，目前应以征收工商业税为重点，补征春季工商业税，限四月底至迟五月上旬征收完成，采取自报公议、民主评定、政府批准的合理负担办法。

（三）第一期公债限四月底全部完成，必须加紧催收。根据中南指示，确实缺乏人民币者，可以实物向银行抵押借款或以一部分金银作价抵交（具体办法由银行规定）。

（四）凡因努力征收，超过粮食税收任务，除以百分之四十交与中央、中南外，以百分之二十归省，其余归专、市、县作地方经费开支。

九、完成粮食物资调配任务，稳定物价，按照全省部队机关住地供应人数，切

实完成粮食调运计划，保证军政食粮，充分供给贸易粮，根据中南调剂计划，分运各地配售，以保证主要城市及灾区民食供应。各公营贸易公司应大力完成抛售物资，回笼货币任务，根据全国统一调整物价方针，切实注意掌握牌价，开展城乡贸易。

广西省一九五〇年农林生产计划

（一九五〇年四月）

（一）将柳州沙塘四个农业机构（即广西农事试验场等）合并，继续生产试验业务，合并后一年中可节省经费约值粮食百余万斤，且可增加收入十九万八千六百零七斤，编余职工，分配到其他单位工作或学习。（二）机械农垦处决定紧缩开支，调出部分事务人员，转入生产，并扩大生产面积和经济副业，不但年底可达到收支平衡，且至少可盈利大米一千一百六十四担。（三）良丰畜牧实验场决定紧缩编制，实行耕牛经营企业化，多育杂种猪，将牛种分散到各农场，减少多余职工，编余的技术人员，转做兽医防治工作。（四）桂林市农场，原为第一区农场等五单位合并而成，因其土地贫瘠，于生产财政收入无补，故决定除留小部分土地作保存优良芋种、麻种、稻种之用，和果园继续经营外，其余土地另作适当处理。（五）南宁家畜保育所的任务，为研究制造各种兽医药品，用免化牛瘟疫苗进行防疫注射十万头耕牛，用牛瘟血清治疗瘟牛一万七千头，用出血性败血症复性菌液及血清预防注射牛豕［猪］二千头治疗牛豕三百头。（六）农田水利方面，除各地进行群众性排水防洪防旱等小型水利工程外，并应管理修浚旧有水利工程，如荔浦之芦河及合江渠，田阳那坡，宜山洛寿渠，思乐海渊，柳州凤山河等工程。（七）林业方面，将南宁附近之水土保持实验区及军山林场合并入南宁林场；而玉林（六万大山）。雒容、庆远等林场应即修理树枝，移植旧苗，播种新苗，铲除杂草，并力求增大收入；龙津林场除原有树木苗圃外，应大力进行热带经济树木的引种，如印度橡胶等。此外应积极提倡群众植树造林，指导协助群众自建苗圃，及修整桐、茶山场，防治病虫害，严禁偷伐，及放火烧山，划分垦牧区，有计划的实行封山造林。

广西省人民政府
关于整理伪政府合作社农贷办法

（一九五〇年四月）

广西省人民政府工商厅为配合春耕生产、调剂耕牛、种子，决将国民党统治时专负责办理农贷之合作社所贷放出之粮食、耕牛作适当之处理。合作社去年共贷出粮食一十一万七千二百九十二市担，耕牛二千四百余头均不收回，目前省人民政府

尚未公布新贷放及管理办法之前，工商厅暂时通知各县照下面各点进行办理：

一、根据前伪省政府所配发各县合作社养用之耕牛数目及各合作社之贷粮借据，分别抄发"各县救济耕牛清册"及"各县合作社合作贷粮借粮汇计总册"由各县按册所列分别到社点验核对和调整。

二、如耕牛贷粮系雇贫农社员所养用或借贷者仍确定其养用及借贷关系。

三、如耕牛贷粮系中农社员所养用或借贷者，如其本人耕牛已有，不再须贷取，可让给贫苦之雇贫农使用。

四、如耕牛贷粮系地主富农社员所养用或借贷者即一律收回，转贷其他缺牛缺粮之贫雇农，并一面调整，一面办理配贷手续。

五、各合作社养用之耕牛，应加意养护，如有因天灾人祸，非人力所能挽救之损失者，应提出确实证明。

六、为加强对牛瘟之防治及扩大推广此项耕牛起见，耕牛利用谷（黄牛每年每头收利用谷五十市斤，水牛收一百市斤）继续照收，以作牛瘟防治费及增购耕牛之用。

七、合作贷粮如于一九四九年度已归还，或为前伪政府强迫收回□用者，应提出确实证据。

八、合作贷粮一九四九年各社员应缴之利息，均免缴交以减轻雇贫农之负担。

上项处理办法，希望各县于春耕前办理完竣。

广西省人民政府
关于生产救灾工作的指示

（一九五〇年五月三日）

广西省在李白匪帮二十余年的封建统治压榨下，造成各种灾害，尤其是在匪军逃散时，烧杀抢掠，使广西人民生活痛苦，已达极点。加以去年水灾，今年匪特暴乱，目前又雨水缺少，旱象将成，春荒业已到来。必须很好领导人民，抓紧时间，开展减租、退租运动，生产救灾，渡过春荒，作好春耕，发动组织群众力量，战胜一切灾难，保证不饿死人。这种严重的政治任务，各级人民政权，务须认真负责，坚决完成。救灾如救火，我各级人民政权的干部，必须全力以赴。

救灾的基本方针，是要全体干部、全体灾民及广大的群众，从思想上懂得救灾必须和社会改革相结合，不发动群众开展减租、退租，生产救灾，就不可能战胜灾荒。政府救济，是有限的，单纯等待政府救济不能彻底解决问题。我们应当告诉人民，劳动生产可以创造一切，群众力量可以战胜一切。必须人民群众大家努力，发动并组织起来，实行减租、退租和进行大力生产，才有办法。救灾必须与春耕相结合。春耕不好，影响夏收；夏收不好，影响全年。所以，减租、退租，保证春耕，实行生产救灾，是解决灾荒的基本办法——救灾中还要注意防灾。

目前渡过灾荒的具体办法，综合各地经验，除主要是大力开展减租、退租运动外，还必须进行下述工作：

一、清理公产、庙宇、祠堂、积谷，及适当的检查调整合理负担。清理出来的积谷，应当借给灾民及烈、军、工属贫穷群众使用，秋收后应交还。适当的调整合理负担，主要的是清理地主转嫁负担挤黑田，及追公粮尾欠，采取按政府规定的与群众分成办法。

二、提倡党、政、军、民及群众性的节约救灾运动，反对铺张浪费，严惩贪污。各地机关节约出来的粮食（机关每人每天二两，部队每人每天一两），要有组织有计划的救济灾民。事后，并应将粮食数目及工作情形，按级报告省府。

三、因地制宜，继续发展各种可能的副业生产，并注意解决其销路问题。

四、号召并组织多种早熟作物，如木薯、甘薯、包谷等，缩短春荒。

五、各种以工代赈及银行贸易机关的低利借贷，要密切与救灾结合起来。

六、有重点的适时的使用救济粮。这是最后的一张王牌，要掌握在手上，必要时，拿出来解决问题。发放时，首先必须注意到生活无依靠的烈、军、工属及一般灾民、难民。

为了保证完成救灾工作，灾区各级政府，从速建立各级救灾委员会，统一力量，集中领导，及时地正确掌握灾情，纠正麻痹、夸大、惊失慌措和丧失信心的现象，深入督促检查，贯彻救灾方针。同时，建立从上到下的负责制度，表扬和奖励生产自救中的有功的模范干部和人员，批评和处分救灾中不负责的干部和人员。工作中并要善于运用和通过各界代表会议和农民代表会，掀起退租、减租，春耕渡荒运动。

各地接到此指示后，应进一步作具体布置，将执行情形及经验总结，不断的报告省府。

中共广西省委关于土改试点工作的指示

（一九五一年一月四日）

根据南宁地委土改试点新城村材料来看，群众尚未发动，恶霸地主未打倒，如地主分散隐瞒土地财物，破坏山林、鱼塘是很多的，群众不敢起来斗争，后来恶霸地主虽已被政府扣押，在群众大会到会的人数也是很多的，但这主要是怕不来开会分不到田（这是农会的命令），而不得不来开会，故许多群众在斗恶霸地主时，坐在一旁不说话，反催快斗、快散会，好回家。这个原因根据他们检讨的结果，主要是工作组缺乏依靠贫雇农的思想，看不起贫雇，把中农旧军官流氓与贫雇一样看待。因此地主狗腿掌握了农会与民兵的领导权，群众早已知道，而工作组则长期不了解，另外，是工作组包办代替强迫命令作风很重，没有放手发动群众，故许多都是命令行事，群众不敢说话。以上这些现象，其他地区亦可能发生，应引起严重注意。因此进行土改的地区，必须：

（一）首先明确依靠贫雇农的思想，要以贫雇为核心来团结中农，加强贫雇农在农会中的领导（雇贫2/3中农1/3），要深入贫雇农召开贫雇代表会或贫雇大会，进行诉苦，启发其觉悟，倾听他们的意见，组织他们的力量。把贫雇农发动起来的同时，再由农会召开农民大会或农代会进行诉苦与政策教育，开展清匪反霸的斗争。如农会有地富分子及其狗腿则应发动斗争清洗之。如因中农或小贩等成分过多时，应经过贫雇酝酿用选举方法选掉，农会必须保证雇贫的多数与领导权。区中队及民兵必须纯洁，民兵领导必须是贫雇农的积极分子，清除地富流氓旧军官及一切坏分子，来巩固这个武装，才能保证农民的领导与胜利。最近龙州已有民兵叛变应引起严重注意。

（二）地主阶级必须打倒。首先要集中力量把匪霸与恶霸分子打倒。恶霸地主不打倒，农民是起不来的。在反霸斗争中除了与土匪勾结的用反匪霸的名义打掉外，必须以反分散、反隐瞒、反破坏和退押等来发动以贫雇为骨干的广大农民群众，打倒地主当权派的恶霸分子，没收其财产分给贫苦农民，选择其中最坏者镇压之。同时打击不法地主，这样达到把整个地主阶级打倒。这点许多地方还抓得不紧，做得不够，所以群众还没有发动起来。在发动群众打倒地主的斗争中，首先由政府把显著的恶霸分子捉起一些，再交群众去斗是必须的，但不可只限于这个阶段，更不可形成包办代替，群众的斗争必须在依靠贫雇农，团结中农，中立富农，打倒地主的总方针下，放手发动群众。狠狠的打倒恶霸地主与斗倒不法地主，真正树立起农民群众的政治优势。只有把地主打倒，而服从农民领导以后，才能转入划阶级与没收分配的斗争，没有真正发动贫雇农来团结中农，展开以上各样斗争，地主是打不倒的，其结果，必是脱离群众的和平分田的结果。

（三）为要充分发动群众搞好土改，必须首先打通土改地区的干部和工作队同志的思想，故各地应拿一周到10天的时间，来专门学习邓子恢同志关于土地改革的几个基本问题的文章（1月3日登载广西日报），并以此来检查自己的思想与工作，使上改干部树立正确的土改工作的观点。又由于我们骨干少，许多土改试点是失败的，必须重新再搞或改正，许多新增土改的地区，必须开始试点，要拿这些好坏试点的经验来教育干部和群众，否则做不好。因此各地必须采用由点到面与点面结合的工作方法。即是每个县先搞一个区，这个区不是全面铺开而是先搞一个乡，并把干部集中起来，参加试点学习以取得具体经验，还有多余的干部可进行学习或先向他区作一般的宣传与调查工作。在把这个乡突破后取得经验，再抽干部分到另外两个区的一个乡去试点，等到这两个点成功以三点向周围开展，同时，又可从这三个点抽出干部去开辟别的区的工作，这样是波浪式与跳跃式的发展，有土改的地委必须加强研究与加强领导，必须按照这个方法去进行，不可随便铺开，大哄大拥的作法，请将你们的工作情况和经验报来，以便交流和给你们的帮助。

中共广西省委关于充分发动群众进行土改的指示

（一九五一年二月十六日）

根据最近检查梧州、玉林及南宁地委的土改情况，发现其中有些地方对依靠贫雇农思想还不够明确。未能充分放手发动贫雇农起来，有的存在严重的干部包办代替，农民依赖政府恩赐分田，有的对地主恶霸多用行政办法惩办，不懂得组织群众与地主进行面对面的斗争，因此还必须强调充分发动群众打倒地主阶级这是土改重要关键，除同意桂北区党委在桂北土改重点试验关于工作方法与步骤的初步总结中所提出的做法外，并提出下列问题，望各地加以研究贯彻：

（一）整个土改过程大体可划分成四个阶段，在第一阶段中必须贯彻依靠贫雇农，发动群众，打倒地主阶级，初步整顿农民队伍。首先要教育干部，明确依靠贫雇农的思想，在下到乡村后，即应从访苦问贫入手，串联真正的贫雇农，组织贫雇农小组，从小会到大会反复进行诉苦教育，提高阶级觉悟，逐步扩大组织，适时召开贫雇农代表会，成立贫雇农主席团，并交待政策。在整个土改过程中，一切事情均先经贫雇农主席团研究决定，再交农会讨论成为全体农民的意见，而后执行，如此不仅能树立贫雇农在土改中的领导，而且又能很好的团结中农。有先后的同时又是掺杂进行的对匪霸、一般恶霸、不法地主展开反压迫剥削、反破坏、反分散、反抵抗、伸冤报仇等一系列的斗争，首先从发动群众中把地主恶霸与流氓狗腿划分清楚，经过充分酝酿准备，然后连续的从全乡全村到局部的大小斗争中，在政治上、经济上、思想上彻底打倒地主阶级，在斗争中应按照其阶级成分与罪恶大小，掌握分别对待的策略，并应及时的把一部分没收与处罚恶霸不法地主的财物分给群众，以提高群众的斗争情绪，同时要教育农民，解决宗派斗争把农民的斗争目标集中到地主阶级，再在斗争中结合进行清匪收枪与整顿农会民兵，用上级农会把坏分子加以撤换的办法初步纯洁农会民兵的领导成分，这一阶段是土改最重要的关键，一般要占全部土改时间的一半，如果能够把对地主的斗争尽量集中到这一阶段，斗得彻底又斗得恰当，把群众充分发动起来，则以后几个阶段问题就会比较少，时间也就可以缩短一些。

（二）第二阶段是划阶级。首先应将划阶级的意义与方法向农民讲清楚，使大家认识划阶级的标准只能是根据生产资料的占有与剥削状况，而不应拿政治态度和生活好坏等做根据，同时在讲阶级中把本村一些典型户拿到贫雇农小组中研究划出，使农民能够以此为标准，用对比方法去划，并在农代会与村民大会中去讨论，划时先划地主，次划富农，最后才划到农民内部，根据自报，民主评定，最后经区批准，三榜定案，首先组织农民诉苦、算剥削账，集中力量，对地富展开反隐瞒斗争，并号召教育农民实报田亩，检举与处罚地富瞒田，结合重点抽丈，清查田亩，在划阶级中对地主与富农，小土地出租者富农与中农，要注意划分清楚，按土改法分别处

理，防止乱提高阶级划错的现象，同时应注意教育防止有些贫雇农想多分东西把有的原属贫农的划成中农的偏向，以巩固农民中的团结。

（三）第三阶段没收分配。应教育农民，订立纪律，规定不得包庇与帮助地主隐瞒财产，农民内部应团结互助。干部应大公无私争取立功，并禁止浪费果实，同时组织没收分配委员会，分组进行没收征收，调查登记以及与外乡外村的联系工作，在没收中结合展开追算地主余粮与分散破坏财物的斗争，追算余粮时间自当地解放时算起，并应分别情况，掌握宽严，在分配中各县区乡间交界处农民与其耕地分在两方的按原耕参加分配，佃富佃中农租入土地应根据满足贫雇农需要而又留给他们稍多于当地农民分田平均数土地的原则予以抽出，分配原则应首先满足贫雇农，反对平均主义，采取自报公议三榜定案的办法，何者先分，一般可以按农民意见决定，或先分土地，后分其他生产资料，或先分其他生产资料后分土地均可，土地分配又可先分水田，次分旱田，后分坡地，其他生产资料则应按谁缺谁补多缺多补的原则分配，在分配中或分配后必须追出地主一切契约，当众清点焚毁，地主中如有顽抗不交的应予以斗争严办，直至斗服地主阶级。

（四）最后阶段是庆祝胜利，健全组织与动员生产。在分配结束后即召开全乡庆祝胜利大会，总结工作，强调土改胜利主要是农民团结斗争的结果，然后进一步整顿扩大农会民兵、审查成分、改选领导、建立青妇等各项组织，民主选举乡村政权，加强教育进行建党、建团，同时动员生产，订立生产计划，解决生产困难，准备春耕，监督地主流氓生产，并组织群众监视地主，要他们遵守法令，从劳动中改造自己，实行农民对地主的专政。

（五）土改的工作与领导方法。必须教育全体土改工作干部充分贯彻群众路线作风，反对包办代替，一切工作均须倾听贫雇农意见，与贫雇农商量，注意培养贫雇农积极分子，通过他们联系广大农民群众，发动群众自觉起来行动，领导干部必须亲自掌握重点，及时发现问题，研究解决，指导全面，领导方法应具体深入，工作内容与计划应详细明确交代，并须经常检查，总结经验，教育提高干部，以避免发生偏向，顺利地发动群众，完成土改工作。

中共广西省委关于土地改革准备工作的指示

（一九五一年十月十日）

省党代表会议后，各地区正在传达布置工作，订立土地改革计划，准备试点。目前主要是积极地准备实行土地改革时期，从现在起到11月底或12月上旬，各地、县委必须掌握住三个重点，即：训干、试点与土改宣传。

训干的目的——是以党代会的要求为准绳，提高过去的经验，批判错误的经验，以达到思想认识的一致，行动的统一。除对1952年争取完成全省的土改（宾阳、容县、钦州、柳州四区则争取明夏前完成）及土改是压倒一切的中心任务认识一致

外，更需着重：第一，正确认识减退以后的工作（根据陶主任总结第一项和陈副主席报告），认识全省的阶级变化，特别是近一年来伟大的工作成就，以克服自卑思想；同时，以土改的四个标准，对土改干部的四条要求去检讨过去的工作，克服盲目乐观的思想。对地主阶级"节节抵抗"的必然性，减退后地主阶级用收买、拉拢、欺骗、软化农民的新敌情，需有明确深刻的认识；对群众发动程度不要高估，对敌人不要低估，就是在土地改革准备时期的中心指导思想。第二，根据何伟同志报告，提高、丰富发动群众的经验。过去发动群众经验中，对思想发动的具体规律，一面斗争一面发动，发动大多数，发动落后层的经验不丰富不完整，在这次训干中必须具体解决。第三，反对包办代替、形式主义、命令主义的作风，学会群众工作的作风；明确干部的责任是当参谋、当顾问、发动群众、掌握政策。干部的基本工作方法是集中起来坚持下去，这就是从群众当前要求出发，从群众既有经验及觉悟水平出发，以集中上来，经过分析研究提高后（加工），动员群众自觉自愿地去执行，以坚持下去。具体的工作方式是：一面帮助农协干部、积极分子认识情况，交待政策，布置工作，总结工作经验，培养其工作能力；一面随时直接深入群众，摸思想、摸情况、摸反映，经过分析研究，以民主精神坚持政策原则，由农协作出决议。超过这两条就叫包办代替，两条做的不充分就叫放任自流。

对初级干部的训练，除传达解释外，主要用好、坏典型对比的方式去提高其认识；对毫无群众工作经验的干部，目前应明确立场观点。具体步骤、做法，主要是讲解，使其了解基本精神，经过试点后再用总结工作的方式去训练。

试点工作要明确：第一，试点是从实践当中训练干部，其中主要是训练培养能领导一个乡工作的小组长；第二，以县为单位，采取集中作战办法，即集中在一片乡试点，而不要分散到各区试点，如此领导集中统一，便于交流经验纠正错误；第三，主要领导干部必须自始至终参加到底，不可分散精力，不可半途而废；第四，试点时间需一个半月到两个月，以便真正做好做透，立下个好榜样。

土改宣传要广泛，要动员千军万马，结合秋征宣传，通过各界代表会、农民代表会、宣传员及其他方式，在城、乡造成一个浓厚的土改空气。宣传内容主要是土改的正义性，土改是消灭地主阶级，土改是为了贫、雇、中农翻身，土改的队伍是依靠贫雇农、团结中农，并结合揭破各种谣言，以鼓群众之气，打击地主之焰。至于土改的具体政策，则针对具体对象与具体思想，进行适当的宣传。

三、市政建设

中共广西省委城市工作会议决定
城市工作以开展增产节约运动为中心①

(一九五二年八月十五日)

〔本报讯〕中共广西省委于七月二十日至二十四日召开了一次城市工作会议，总结及讨论了各市的"三反""五反"工作，及目前各市的主要情况，并对今后城市工作的方针、政策、要求和做法作出了决定，确定今后城市工作应以开展爱国增产节约运动为中心任务。

在决定中首先指出：各市经过了"三反""五反"运动（北海市没有进行五反），已获得很大成绩。运动发展都是正常的，在运动中，发动了工人群众，划清了工人阶级与资产阶级的界线，培养了大批的工人积极分子，纯洁了基层工会的组织，树立了少数的坚强的工人骨干，使工人阶级的队伍更加纯洁、巩固和壮大起来。同时又大量清除了障〔阻〕碍国家建设与人民生活改善的"三害"和"五毒"，改变了旧社会的铺张浪费、贪污腐化、投机取巧的不良作风，以及工商界中唯利是图、损人利己、投机捣把的腐朽落后的思想与经营作风，开辟了今后正当工商业发展繁荣的前进道路，为即将到来的全国大规模经济建设扫除障碍与准备了条件。但在"三反""五反"胜利结束后，还存在一些必须抓紧解决的主要问题。这就是：工人群众的发动还不够巩固，一部分工人与资产阶级的思想界线还没有真正地深刻地划分清楚。如有些与资方有亲友等较深关系的工人，还受到资方的影响；有些工人又以为"五反"之后已没有什么问题，因此产生了不关心政治的倾向；个别的工人还对资方的"五毒"行为表示同情的态度；且工人领导骨干还不够坚强，许多工人积极分子联系群众不够，工人群众中积极层还小，中间层较大，青工和老工、技工和杂工之间团结关系还不够好，故工人发动仍须进一步巩固和提高。同时由于"三反""五反"的影响，有些城乡贸易关系还没有恢复起来，加以"五反"后劳资两方有些还未建立起新的正常关系，有些资方顾虑私人经营没有前途，误认为资方应有的"三权"（财产权、经营管理权、用人调配权）没有保障；有的又对今后生产方向认识不清，不敢大胆积极经营。由于这些因素的影响，使城乡交流不能很快恢

---

① 原载《广西日报》1952 年 8 月 15 日第 1 版。

复起来，营业额下降，失业工人较前增多，城乡与工农业品的差价增大，这是不正常的状态。以上这些问题，在"三反""五反"过程当中与结束以后，我们均已注意去解决，有些且已获得解决与改善，但做得还不够，必须在今后努力作进一步的解决。

决定中接着又提出了今后城市工作问题：根据各市"三反""五反"所获得的伟大胜利，与目前各市的具体情况，以及全国即将开始大规模经济建设的方向，我们决定今后城市工作应以开展爱国增产节约运动为中心。为此，又必须在原有基础上，进一步发动工人群众，提高觉悟，搞好生产，并适当解决工人失业与工资福利问题。根据这个工作中心，必须做好下列几个主要的工作：

（一）继续提高工人思想觉悟，培养领导骨干，依靠工人阶级，搞好城市工作：必须继续深入教育工人，进一步划清与资产阶级的思想界线，提高阶级与政治觉悟，明确对资产阶级的政策。目前一方面既要防止资方再施"五毒"，另一方面又须团结资方，搞好生产，发展有利国计民生的经营。同时应加强工会工作，在基层工会中要培养起坚强的领导核心，另在主要街道中心及重点大户中又要有意识地培养起一批积极分子，并进行建团建党，以加强基层工会的领导，密切基层工会与工人群众的联系。并须扩大工人积极层，达到占工人总数百分之六十至百分之七十（积极层的条件是：（1）划清工人阶级与资产阶级的界线，（2）关心政治，互相帮助，（3）积极搞好生产）。清除工人中青工与老工、技工与杂工之间所存在的不团结现象，以达到使工人群众提高觉悟，坚强组织，密切团结的要求。在做法上，首先是在"三反""五反"后应即开办短期工人训练班，轮训基层工会骨干，以提高思想和工作，巩固工人队伍。其次，在今后每一个工作中，均须先把工会干部会开好，使干部领会工作的要求和做法，统一思想认识，以发挥工人骨干的积极性，去领导群众，推动工作。再次，今后应多用上大课的方式，由负责同志作报告，组织小组讨论，有系统地对工人群众进行教育。公营工厂企业更必须经常地系统地进行政治、文化、技术的教育，使工人队伍更加提高。对目前工人失业问题，应分别用吸收到公营企业工作，动员回乡生产，转到工矿去工作，组织经营农场，或以工代赈等方法去解决。

（二）开展城乡物资交流，搞好增产节约工作：首先要加强宣传教育，打破资方的思想顾虑，使其认识在新民主主义时期，只要清除"五毒"行为，在工人阶级与国营经济领导下，遵守共同纲领，私人资本在有利国计民生的经营上是有其发展前途的。政府对私商的财产权、经营管理权、人事调配权是给予保障的，私营工商业者应建立起对国家人民有利，同时也对自己有利的经营思想；至今后生产经营的方向，应是积极收购农产与土产特产品，大力推销工业品，工业与手工业则应努力增加生产、提高规格，为提高农民生活与农业生产服务，发展有利国计民生的生产经营。这样来鼓励资方积极经营，推广订立劳资集体合同，购销合同，加工定货合同等，以改善劳资关系，推动生产的恢复和发展，加强城乡物资交流，并可有领导地通过劳资协商，发动订立增产节约计划，有重点组织私营厂店开展增产节约竞赛。

为了防止"五毒"，今后资方应逐步建立账目与资金周转计划，以利搞好生产。至工人的工资福利问题，应在生产好转后分别适当加以解决。其他如国营公司门市零售、加工定货、价格、贷款、税收等公私间的问题，应在上级规定范围内，从实际出发，作适当的解决。今后公营企业应加强对私商的领导，主要是多与之协商，从思想上政策上去领导私商改进其经营作风。同时要重视开好各级城乡物资交流大会，今后并须使之成为经常的制度，每年定期召开二次到四次，除了全面的物资交流大会外，有时还可选择两三个当地的重点行业单独召开，通过这种方式，把城乡物资交流活跃起来。至公营工厂企业，则须在"三反"胜利的基础上，开展增产节约运动，发挥职工的生产积极性，改进生产业务，提高产品的产量和质量，完成原定的增产节约计划。

（三）在公营厂矿进行工资改革：本省各公营厂矿，经过民主改革与"三反"运动，工人群众的发动已有了基础；而工资制度又未经过全面的改革，存在许多不合理的现象，影响工人生产积极性的发挥，故工资改革已是可以而且必须进行的重要工作。但各厂矿的生产情况及工作基础不一样，故应分两类做法：在生产正常，且有发展，财务状况较好的厂矿，实行八级工资制，其余厂矿则只作较合理的工资调整。在做法上，应按中南局指示，由省财委分批集中训练工资改革的干部，并吸收思想进步技术较好的工人参加，将材料集中起来，加以研究计算，并进行充分的思想教育，制订标准，评出初步草案，然后分别回去开展工作。在厂内由工人积极分子带头，学好按劳取酬的原则，克服平均主义思想，再学好技术标准，然后讨论具体方案，使工资改革能顺利完成。在工资改革中并应有步骤地适当结合解决工人宿舍、生产奖金与可能解决的福利问题。在工资改革以后，应即进行清产核资，建立初步的定额管理，组织劳动竞赛，为生产改革，实行经济核算制打下良好的基础。

邕梧桂柳百货公司业务的新开展①

本省四市百货公司贯彻三届贸易会议的精神，进行了经营管理工作的改善，经过一个多月来的努力，使业务发展获得显著的成绩。从四月份销货量来看比三月份增加了百分之四十三·七八五。其中柳州分公司增加了百分之一一五·一〇二，南宁分公司增加了百分之三十四·七六，桂林分公司增加了百分之三十·七四梧州分公司增加了百分十九·四九。按照市场习惯，四月份是淡销季节，能创造出这样的成绩，是经过一番努力得来的。

一、打破坐机关作风

首先，在经营方法上克服了"等待顾客"上门的思想。在过去经营上，"机关

---

① 原载《广西日报》1951年5月8日第3版，作者：省百货公司计划科长许牧。

化"作风严重，职工把守住门市部，等待客人上门，因此工作被动，造成脱离群众，对顾客的消费情况无法了解，也就使供应上无法满足顾客的需要。四月初各分公司开展了爱国主义工作竞赛中，着重批判了"机关化"作风，而且在行动中逐步改进。如梧州分公司四月四日召开全体职工大会，经过动员讨论后，每个同志制订出个人推销计划，组织推销小组，分别对象，携带货物上门，同时拣选特殊商品如西药、染料、车胎等组成一个小组专门找医院、染厂、车行等推销，这样收得了辉煌效果，仅八日到十日三天中，九个推销小组共销售了六千多万元，超过平均三倍以上。而且积存的冷背货通过这种推销方法也恢复了销路，如一百多打罐头食品、雨伞、染料、单车胎都得到了销路。又如柳州分公司抽出一部干部组成三个流动小组，主动地找上机关、合作社、企业工厂专送牌价、货样，吸收顾客，结果如冷货中一直无法销出的卤面八十包，这次通过流动小组，面向炼厂、化工厂推销，一下子卖完了。而且个别分公司在推销中，结合加强业务宣传，利用报纸、电影广告各种方法招揽主顾，进一步使商品供应和群众密切联系，也收到了很大作用。

二、改善工作制度

业务经营在便利和满足顾客的原则下，进行了各种工作制度的改善。各地分公司取消了星期休息，采取周一周二轮班作息方法，以便利机关、团体工作人员购取货物。并且适应夏令时节延长夜间营业时间，争取更多零售顾客。此外柳州分公司建立了送货制度，梧州分公司建立了凭折付货，定期清结制度，从便利机关部队购货，来建立主顾关系。南宁分公司建立检查制度及时处理冷货，如香烟将值霉季不能久藏，于是公司实行"购货连赠"方法，招来顾客，这样营业额提高，利润增多，间接上换回了香烟成本，使公私两利。

三、加强经营计划性

加强计划性是开展业务的重要环节，各地分公司针对当地各客观需要，组织供应，同时适应季节性及时供给热货。逐步地致力调查研究，加强计划经营。如南宁机关部队多，在文具纸张的消耗上特别大，所以公司用在这方面的投资也较大。又如夏季的针织品、肥皂、电池、玻璃都是成为目前的大路热货，所以公司主动而有计划地立即向外购运，及时供应，一方面充分地满足了消费者，同时也扩展了自己业务。在供应中，又随时测验顾客要求，满足大众需要，如南宁分公司过去供应毛巾有四十多种，但销售的只有十多种，于是立即主动缩减品种，使供应和群众要求密切结合起来。

四、联系一揽子公司

百货经营的广大市场，今后应该是面向农村，所以联系一揽子公司建立业务关系将是十分重要的。柳州百货公司四月四日和专区贸易公司订立定期定额合同，并协同南宁分公司分别在四月份中和宜山、迁江、河池、芦圩等地一揽子公司订立了

代销合同后，公司业务显著跃进，仅四月三日到十六日和上述一揽子公司即成交了一亿三千多万元以上，同时通过一揽子公司，进一步了解到农村的百货市场，为业务的开展提供了有利条件。

中共桂林市委关于开展街道
民主建政的指示（草案）①

（一九五二年十月十六日）

一、过去街道民主改革情况

从去年七月起，我们先后在十四个街道开展了以反霸为中心的民主改革运动，取得了一定的成绩：

1. 打击了封建恶霸分子，消灭了封建残余势力，共斗争了恶霸五十一名。

2. 涌现了一批积极分子，每街大致有二十至五十名骨干。了解了街道组织情况，改造了各种组织，使街道各种组织大致上都掌握在工人与劳动人民手中。经过民主改革的街道，据现在了解：成分纯洁的街委会有十一个，基本纯洁的有二个，不纯的有一个。

3. 发动了以劳动人民为主的居民，这些人多是无组织、受教育少的群众，经过民主改革，发动面到百分之八十至九十。加强了街道居民的团结，分化了封建残余势力，加强了对他们的管制。

从过去民主改革中，反映了工作中有以下几个问题：

1. 在运动第一阶段（去年六、七月）大轰大揭，广阔而不踏实；第二阶段（八月起）按照了土改经验与民主改革的做法，有重点地，由扎根串联入手，较细致的开展了民主改革运动。但扎根串联费了很大劲，根子不易扎正，扎少了又不行。

2. 一般居民对解决经济上的困难比解除政治上的压迫，要求迫切。苦根分散，缺乏阶级共同性。

3. 群众发动了，但没有共同的阶级利益和经济利益，没有共同的方向和归宿。

4. 发动群众的范围不明确，依靠谁不明确。

二、目前街道情况

1. 阶级情况：民主改革中，街道大致有四种类型：第一种是劳动人民占绝对优势，政治情况较单纯的街道：如泥湾街工人和其他劳动人民占全街人口92%，反动成分不过占1%。第二种是劳动群众占优势，反动势力也不少的街道，如丽君街，基本群众占75.8%，反动阶级占11.7%。第三种是劳动群众基本上占优势，反动势力较大的街道，如南外街，基本群众占55.9%、反动阶级占25.6%。以上街道，斗争了的恶霸一般在千分之三至千分之四。民主改革后，封建恶霸分子受到严重的打

---

① 原件存桂林市档案馆。

击，加上一部分伪军官遣送回乡生产等原因，阶级情况起了较大的变化。

2. 组织情况：目前街道组织有街道委员会、纠察队、中苏友协、文工团、读报组等十余种之多，此类组织多系自上而下和行政命令建立的，组织中有劳动人民，但民主改革前相当不纯，民主改革后，不纯情况有所改变，但有部分街道仍然存在。以街道委员会为例：全市尚未全部合并的五十九个街道委员会中严重不纯的有一个，不纯的有十个（共占18.7%），基本纯洁的有十六个，纯洁的有三十二个。全部二七〇个街道委员中，据不完全统计，伪军政人员有二十六人，有特务嫌疑的三人，恶霸二人（共占全部街道委员11.5%）。有的街道，委员成分虽基本纯洁，但实权掌握在反动阶级手中。如伏和路，街政权基本上掌握在以街主席为首的十一个人的小集团手中。这十一个人中，有伪军官二人，伪军官老婆四人，地主老婆二人，特务老婆二人，贩买或吸食鸦片的四人，时常与特户往来的一贯道徒一人，与香港亲戚来往，有反革命嫌疑的一人，自称脱党分子的一人。

3. 街道工作：普遍地进行了镇反、抗美援朝、爱国卫生运动、禁毒运动等。对反动势力有了了解，群众有了发动，出现了一批积极分子，人民的觉悟程度有了进一步的提高，进一步靠拢和拥护我们党和人民政府。

三、为了进一步发动群众，巩固人民民主专政，市委决定从现在起开展全市街道的民主建政

市委认为：根据以上情况和以下原因，开展民主建政比民主改革更为适当：

1. 街道工作主要是发动群众，肃清反革命分子与封建残余势力，巩固人民民主专政，其目的是围绕着建设街道政权和巩固街道政权。和工厂民主改革为了达到发展生产的目的不同。

2. 民主建政范围明确，容易掌握，以"当家作主"来发动群众，口号明确响亮，易于团结大多数，合于大多数群众的共同利益和要求。

3. 民主建政的口号可避免震动太大，打击面和斗争策略易于掌握。

但民主建政决不能了解为和平建政或单纯的形式的改选，而必须贯彻依靠积极分子骨干发动群众，彻底肃清封建残余势力，加强人民民主专政。

四、民主建政达到什么目的，解决什么问题

（一）彻底消灭阻碍人民民主，压迫群众，破坏革命的反革命分子与封建残余分子：

1. 把反革命分子清查出来。已登记的加以排队审查，分别予以逮捕、管制或解除管制。

2. 对封建残余分子和恶霸分子，主要是打击和消灭今天还继续骑在人民头上，破坏革命的和历史上有血债和民愤大的。

3. 对欺压人民的封建集团、封建势力，必须坚决摧毁。方法是打击其首要，分化争取改造其爪牙。

4. 对伪军政人员，不可一律看待。解放后守法老实的，应予以争取改造。

5. 对敌策略是斗一两个，投降一群（批评认罪，不予处分）分化争取一些。打

击面（包括批评认罪的）一般不超过千分之三。逮捕和判刑一批恶霸和反革命分子，但不超过千分之一。

（二）彻底发动群众。

1. 群众发动的范围应是工人家属、无组织的工人及其他劳动人民。有组织的工人、学生和一般资本家不作为发动对象。

2. 依靠工人阶级从两方面解决：一是通过工会系统，听取工人意见和反映；一是依靠工人家属和一些在街道的非产业工人；私营厂店工人，如自愿参加街道工作，且家庭生活无问题，取得工会及私营厂店同意，亦可作为街道脱产干部。

3. 要充分运用三年来各种工作中的和各种组织中的积极分子，特别要重视工人家属和妇女积极分子，加以审查、训练，运用他们去串联；对各种组织不要一脚踢开，好的应充分运用，妇女组织在街道上有其特殊作用，更应重视。积极分子中，个别作风有毛病的，亦可教育，叫他检查自己，而后发动群众。每个街道的各组织如已有三五个积极分子，即不必重新扎根，工作中积极分子的扩大、变动是必要的。

4. 诉苦是必要的，但要经过一番宣传教育工作，围绕打击对象诉苦，结合回忆对比，培养发现典型，启发带动群众，加以分析提高，动员参加当前工作和斗争。诉苦时间不可太长，不可要求太普遍。

5. 发动的方法应是分头、分层发动，结合集中发动。即先集中教育，分头分层发动，再到集中的发动和行动。

6. 发动的过程是由点到线，到核心，到面。发动到面时即可普遍组织健全居民组。具体办法是积极分子、根子分头串联，至一定程度，成立民主建政委员会，及民主建政小组，斗争前扩大建政小组，斗争后再扩大正式成为居民小组，和选举街道委员会，健全各种组织。

7. 民主团结不作一阶段，因街道居民没有同生活，又无党的直接领导。能解决又必须解决的宗派问题，在发动群众的过程中解决，家庭纠纷亦如此。

（三）改造政权，改造各种组织。

1. 改造政权，先选居民小组，再选街道委员会。居厂工人、家属不参加居民小组，居街工人可以参加，但可不参加一般居民活动，居街工人家属，可由妇联组织家属小组。除中苏友协、妇女组织等群众团体外，街道、文教、卫生、治安等组织，应统一设在政权组织内。

2. 改造各种群众组织，整顿和建立宣传网（党□□□□今年暂不发展）。

五、步骤做法问题

（一）由司法改革入手，作为民主建政的动员、摸底阶段。集中干部、积极分子，配合司法干法〔部〕，大张旗鼓展开宣传动员，召开各种会议（如当事人会议等）发动群众检举黑律师、黑法院，及旧法作风严重、违法乱纪的司法人员，接受群众有关司法的建议，平反典型案件（着重平反欺负劳动人民的案件）；发动群众解决部分积案。与司法改革有连〔联〕系的敌人即可在这时打。在这一阶段中并结合整顿队伍，审查发展积极分子。时间由十月中旬至十月底止。

（二）十一月起，组织群众开展对反革命、封建残余势力的斗争。斗争一两个〔月〕后即广泛教育群众分化敌人。

（三）改造街政权及各种群众组织，以新的街政权解决必须解决的宗派问题。街道政权由街代表会选出，在代表会上并要解决街道的居民的一些共同要求与事业。

（四）旧历年前各区先后召开区人民代表会议。

司法改革可全面铺开。民主建政可分两批搞完，第一批搞少些，搞较复杂的街道。每一个街的民主建政，争取一个月完成。

为了统一领导，市委决定由梁族、郭子青、刘长汉、王福和、李建锟、冯德本、戴世荣等同志成立民主建政工作委员会，由梁族任主任委员，郭子青任副主任委员。

从柳州市发生的劳资争议 提出改善劳资关系的意见①

据〔柳〕市劳动局统计，三、四月份受理劳资争议共五十六件（有五件是公私关系）。计手工业三十六件、商业六件。其他行业如汽车、轮船、搬运、经纪、戏剧等共十四件。以争议性质来说：工资纠纷二十九件，解雇纠纷十九件，其他纠纷八件。从这些情况可看出几个特点：一、工业行业发生的纠纷比商业发生的纠纷多五倍，而其中以营造业发生的纠纷占全部纠纷的百分之三十；二、工资纠纷占所有纠纷差不多一半，说明了工资纠纷的严重性；三、工业行业工资纠纷多于解雇纠纷，商业行业解雇纠纷多于工资纠纷。

为什么发生这样多的纠纷呢？

进入三月份以来，在商场出现所谓"淡月"，自然会给市场带来一定程度的困难，有些工商业者就借此扣发或拖欠工人工资，因此发生争议。同时由于某些资方或包工头对工人贪婪无厌的剥削。如四月十四日营造业里的工人陈伟崇和陈二给劳动局的报告说：他们两人于去年十一月十四日跟包工头何振南做泥水小工共二十三天，曾订明除供给伙食外，每天工资米十市斤，当时该包工〔头〕借口老板未发工资，仅每天发了三千元，其余答应以后再付。后来工人向何振南追讨工资时，何振南又借口说到清明节再发，到清明节工人去追讨时，何振南则翻起脸来，蛮横地骂工人说："你告我，我也没有钱，我没有请你做工。"工人火了，就到劳动局报告。这是比较典型的例子。

此外，营造业里有很多营造商表面架子很大，但本钱很少，又贪图厚利，干买空卖空的勾当，因此便拼命承揽工程，将工程转给二包或三包，极力减低工资向工人剥削。并大量偷工减料，粗制滥造，收取厚利，但一遇这批工程因其他原因赚不到钱甚至亏本时，马上又向别一批工程打主意。很多营造商就是因为这样碰得头破

---

① 原载《广西日报》1951年6月7日第2版，作者：柳州市劳动局陈迹。

血流，拖欠了工人的工资。

属于商业性质的商店，雇□关系虽然比较固定，可是一到淡月，老板常常借口生意清淡想解雇工人。但老板自己则天天上茶楼酒馆，大吃大喝，不从节省不必要的浪费改善经营，今天说困难，明天说解雇，弄得原来有信心搞好营业的工人也变为灰心了，原来没有信心的则更变为失望。工人看着老板横竖要解雇，倒不如先和老板算清工资，纠纷就常常这样发生。

根据上面所说的情况及原因，这五十六件争议有很多是可以免避〔避免〕的，因此为端正今后的劳资关系，提出下面几个意见：

首先要竖〔树〕立正常的劳资关系，共同克服困难，度过淡月。单靠解雇工人来渡过淡月是没有用的。老板应依靠工人，工人也应该团结资方，开动脑筋想办法。厂店可以发动生产竞赛，尽量从提高质量，节省原料，减低成本方面努力，以价廉物美去争取销路；商业行店应从节省开支着手。

其次，资本家要认识清楚作为一个新社会的工商界，必须将本求利，一切买空卖空或企图暴利的投机想法，都是政府所不容许的，希望存在有这种思想的资方，应深自反省。更希望工商局和其他有关方面随时注意检查各厂店的资本额及其营业情况。各厂店职工也应负起监督或揭发某些资方虚报资金的阴谋，严厉取缔这类非法的商号。

至于包工剥削行为，政府早已认为非法，资方应保证以后不再将工程交给包工头，而应该与工人建立雇佣关系。工会方面应教育工人，清洗少数包工剥削分子，对个别坏分子进行斗争，主动团结资方，争取资方和工会会员建立雇佣关系。

邕 城 创 业
——忆 1950 年南宁市政府工作二三事①

刘锡三

1949 年 12 月 4 日南宁解放，久遭蹂躏的邕城回到了人民的怀抱。我们接管后，在国民党遗下的烂摊子上开始了艰苦的创业。虽经岁月风雨的磨洗，一些事情仍在脑海中留下深刻印象。

建立政权机构

推翻国民党的统治之后，首要之事莫过于建立人民的新政权。南宁解放时，我在桂林受命组建南宁市人民政府。市政府成立前，南宁的市政已先后由临时治安委员会、军事管制委员会暂摄，他们做了大量的工作，为后来的市政府工作打下了良

---

① 由陆文权整理。

好的基础。12月中旬，我到达南宁后即开始组建市政府，经一个月的筹备，1950年1月22日，南宁市人民政府正式公布办公。广西省委副书记莫文骅同志兼任市长，我为副市长。莫文骅同志是南宁人，大革命时期就参加革命，长期担任党和军队的高级领导职务，有丰富的工作经验，虽在外地转战多年，但在南宁仍有深厚的群众基础，有很强的号召力及影响力。他在南宁市人民政府的成立中起了别人难以替代的重要作用，是他决定我们在原国民党广西省高等法院办公，是他提议上级任命在南宁有一定影响的致公党领导成员、本地人雷荣珂为副市长，陈培元、雷鲲池等为市政府委员，为我们今后广泛团结各阶层群众，建设南宁创造了有利条件。

由于干部缺乏，市政府成立时只设了公安局、工商局、税务局、劳动科、文教局、财粮科、秘书室等机构，以处理一些急需解决的问题，其后干部陆续补充，才增设建设局、卫生科。至1950年3月，政权机构的设置基本完成，逐渐接替军管会实行全面的管理。那时的南宁市政府，人少事繁，科局级的干部尚不足20人，但大家能够精诚团结，积极忘我地工作。我们平常大多是在吃饭时各端一碗饭，不分上下级在市府的大榕树下蹲着，一边吃饭，一边谈工作，然后就靠两条腿奔向基层（自行车极少），很少坐办公室，到基层不懂白话，一句一句地学，不吃老百姓的饭，不要老百姓送的东西。正是这种革命的苦干精神和艰苦朴素的作风，使这支精悍的干部队伍为广大人民群众所拥护和爱戴，使我们能在困难条件下打开了南宁的新局面。抚今追昔，仍令我感慨不已。

建立革命秩序

为了巩固新生的人民政权，市政府把肃清匪特、巩固治安、树立革命的社会秩序放在首要地位。

解放后的几个月里，南宁市外围的一些县时有土匪暴乱，市郊的土匪也活动频繁，市内潜伏的国民党特务与市郊股匪互相勾结，南宁市人民政权受到严重威胁。为了巩固人民政权，我们对全市的治安工作采取了一系列的措施：对国民党的军政人员及流散官兵进行登记，分别集训、遣散回乡；进行户口登记，加强户口清查管理；收缴民间枪支，成立了工人纠察队；加强公安局的侦破力量等等。由于这些措施取得了成效，治安情况大为好转。1950年共破获匪特案50宗，逮捕匪特357名，处决了其中首要分子20名。在进行这项工作中，各部门的配合很重要。记得1950年6月进行的一次全市户口大检查，就是在市委市府的统一布置下，全市党、政、军、群众团体的干部，部分工人、学生等共有数千人参加，查出了枪支、弹药、电台、收发报机及其他军用品一批，扣留了一批匪特嫌疑分子，对潜伏匪特起了很大震慑作用。

为建立革命的社会秩序，我们还进行了革旧立新的工作。如废除了反动的保甲制度、旧的税收条例、徒工制度、训导制度等，建立相应的新的革命的法规。我们还成立了居民小组、工会、农会、学联、妇联、工商联等群众组织，在解放初期的各项工作中，这些组织都发挥了应有的作用，为建立革命秩序作出了贡献。此外，

我们还着力革除旧社会遗下的陋习，最值一提的是禁烟、禁赌、禁娼。解放前，吸毒、赌博、嫖妓在南宁流毒甚广，解放初期仍是社会三大痼疾，甚至政府机关的个别留用人员也沾有这些恶习。为了清除这些丑恶现象，我们采取了强硬措施，捣毁了烟馆赌窟，取缔了花艇妓院。对赌徒、妓女，我们一般采取教育改造的方法，令其改行，各操生业；对吸毒者则收监劳动改造，强迫戒绝；对无视法令，铤而走险的毒贩，我们则予以严惩。缉获的烟毒，则集中当众焚烧，如1950年11月南宁第三届各界人民代表会议结束那天，由我主持，大会主席团监验，就当众焚毁了烟土好几千两。实践证明，采取特别严厉的禁烟措施是正确的，许多烟鬼入监后戒绝烟瘾，恢复了健康，出监后成为有用之人，对政府感激涕零。

上述工作争取了社会秩序的进一步好转，为集中全力恢复生产创造了条件。

恢复工商业，渡过难关

发展生产、恢复经济是当时人民政府的中心工作，接管城市后，我们便着手恢复工商业，南宁工业极少，我们工作的重点先放在恢复商业上。

由于国民党反动派的长期反共宣传，南宁工商界怕共产、怕挨斗的思想很普遍，刚解放时，商户关门停业的几达半数，我们通过各界人民代表会议等多种形式反复宣传党的工商政策，同时对具有代表性的工商界人士做了思想工作，让他们协助我们劝说工商业者不要听信谣言，早日开门营业。市政府还归还了解放军入城时所借商户的粮草，打击了投机倒把的奸商，保护了合法商人的利益，不少停业观望的商人受到实际教育，逐渐消除了顾虑，陆续开门营业，原已开业的商户，心中也更踏实了。五六月间，商业面临淡季，购销极少，工商界又一次出现停业风，我们采取各种措施克服困难，全力维持，争取恢复。根据"公私兼顾、劳资两利"的原则，市政府及时调整了税收和公私关系，组织部队护运护航，发放工商贷款，尽力对工商业进行扶植。我们几位主要领导人还深入工商界，找他们谈心，指出困难是暂时的，鼓励他们咬紧牙关，改善经营，努力维持自己的企业。工人们也顾全大局，主动提出降低工资，协助资方渡过难关，使资方深受感动。在政府的扶持及工人的帮助下，大多数商店度过了这段困难时期。7月下旬，随着旺季到来，市场开始活跃。8月以后，工商业好转，停业的重新复业，并出现了新的开业，很多商店都扩大投资增添货物，呈现了开始繁荣的新气象。直到这时，南宁市的工商业才得到了基本恢复，我那长期悬着的心也才开始落到实处。由于工商业的恢复，促进了市场繁荣，南宁经济有所好转。据统计，1950年南宁地方财政收支相抵之后还有盈余，在当时的困难情况下做到这一步，确实是很不容易的啊！

解决贫民生活困难

南宁刚解放时，大批的难民、失业工人及其他贫民生活无着，嗷嗷待哺，但经济尚未恢复，我们手中钱粮有限，如何帮助他们解决糊口问题呢？我心如火焚，一方面向上级请求拨救济粮，一方面号召市属全体公教人员每人每天节约2两米救济

贫民，但以上所得对众多的待济贫民来说，只是杯水车薪，无济于事，于是我们组织他们生产自救和用以工代赈的办法帮助他们解决生活困难。如组织了300多妇女做缝纫工；四五月间组织了400余民工在一区修筑埌堤；七八月组织了400余人将共和路旧警察局后面的城墙拆来铺路和修东门外的停车场；国家修来（宾）镇（镇南关）铁路时，我们又组织了好几千贫民参加筑路。一方面解决了他们的生活困难，一方面支援了市政建设和国家建设，可说是一举两得。时至今日，我仍然认为组织生产自救，以工代赈这办法是一个好办法。

沧海桑田，今天南宁市已不复是过去贫穷落后的旧貌，我们当年所做的一切，也已经成为历史。但前事不忘，后事之师，回顾南宁创业伊始这段往事，也许还能使今天的建设者从中得到一些教益和启迪。

关于市人民政府三个月来施政工作总结及今后三个月工作任务的报告

（一九五〇年五月二十五日）

刘锡三

各位代表：

我现在代表南宁市人民政府向会议作报告，我的报告分为两部分，第一部分是3个多月来工作总结，第二是6、7、8三个月份的工作任务。从首届各界人民代表会议后，在政府执行工作过程中，一般的证明大会的决议是正确的，是合乎南宁具体的情况。由于本市是在中共广西省委及广西省人民政府就地直接领导与中共南宁市委的具体领导下，因而在执行政策上一般的还未发生大的偏差，现在将3个月来政府的施政工作概述如下：

第一部分　市人民政府三个月来的施政工作

一、治安工作

第一届各界代表会议时，南宁治安情况还很乱，在未解放前，从各方面材料证明匪特是计划以南宁为特务大本营，但大军压境，迫其疏散，以后才卷土重来。匪特的活动多以造谣、破坏、扰乱金融、散发反动标语、传单、贩卖武器，及驱使走卒，隐藏首要，更利用小偷扒手、散兵、聚赌，扰害秩序。经我一度大力突击，结合教育，渐趋安定。反动力量为了麻痹我们，相继移出四郊继续作祟；4月份乡村工作展开又转回市内，抓我们空隙，假意靠拢，招摇撞骗，制假黄金，涂改人民币，扰乱市场，与四乡土匪勾通，买卖枪支，骗人为匪，窃盗水管电线，冒充我机关人员，检查缉私，遂〈进〉行抢劫，破坏军民关系，离间军政机关，威胁基本群众不敢接近我们。匪特活动情况主要如此。

第一次各界代表会后，我们采取如下的措施：首先是收容散兵难民，除军区收容者外，我们又收 1947 人，共用 94066400 元，遣送他们回籍。其次是严禁赌博及贩卖毒品，共拘捕赌案 57 起 187 人，贩毒品者 87 宗 165 人，没收毒品 139 斤。第三，破获抢劫偷窃案 198 件，263 人。第四，在各方帮助配合下曾破获汤调元、施定章匪特案，及黄金商扰乱金融案，逮捕了军统王业鸿、张亦虞等特务分子。对各种人犯经教育后释放者共 781 人。第五，对全市人口普遍进行两次调查，全市人口共计 129059（机关部队在外）人。建立了通行迁出迁进制度，进一步进行管制户口。

在交通及整顿市容上，制订了管制交通暂行办法，添制路牌交通标志 63 个，修整交通台 7 座，安置及增设街灯，使市内交通逐渐走上秩序化。换了 13 个消防水池，补充消防工具，加强群众中消防的领导，进一步改善了消防组织。

我们工作上仍是有缺点的，主要是没有把治安工作造成群众性的运动，所以本市的治安还不能使得大家满意，同时与工人学生联系上也差，很多地方是孤军作战，今后我们要从思想上来转变他。

二、工商业工作

南宁解放后，在工商业方面起了很大的变化，除官僚资本被没收为国家所有外，私人商业，因为不了解我们的工商业政策，逃跑的假停业的相当多，如经纪行全部停业，百货业 61 家报停业，金银业大多数在禁用银元后做黑市生意。当时全市各行报告营业户共有 1306 户，停业的就有 227 户。旧历年后，恢复了 121 户，经过 3 月份工商业登记之后差不多全部恢复了。领营业证者有 2487 户。在这 2487 户当中，有些行业增加了，如打铁业从 45 家增到 70 家，割胶业从 7 家增到 14 家，杂货业从 120 家增到 210 家，散纱业从 6 家增到 39 家，纺织业从 18 家增到 40 家，压面业从 11 家增到 37 家。增加的原因：（一）适合广大人民的需要，销路多。（二）原料便宜，成本低廉。（三）外货来不了，不受竞争和排挤。同时有些行业是减少了，如金银号 26 家和地下钱庄约近 70 家全部停业了，经纪行从 78 家减到 48 家，盐商从 13 家减到 6 家，粮商从 102 家减到 52 家，酒商从 182 家减到 106 家，旅社从 13 家减到 9 家。减少的原因是：（一）对国计民生有害的事业，受到禁止。（二）由于土匪未平，交通阻塞，内外货物不能交流。（三）也有的是暂时性的盲目增加和减少，如粮食业、旅社业，暂时的萧条，一旦交流恢复，内外货物一交流，它一定是发展的。

关于整理摊贩

解放以后本市的摊贩有两个显著的特点，第一个就是多。目前已经组织起来的就有 5430 个，其原因是：（一）一部［分］有钱的旧职员和匪军溃散官兵变摊贩。（二）市面萧条，失业工人变摊贩。（三）跟随国民党匪军逃亡的地主公教人员变摊贩。（四）不了解人民政府工商政策的铺商变摊贩，大摊贩变小摊贩。第二个特点是乱。大多数的摊贩都离开了原来的位置，拥挤在十字街口和主要大街上，他们不但妨碍交通和市容，也有碍正当商人的营业。乱的原因：（一）旧统治刚被推翻，

有很多认为解放了就可以不守秩序，特别是不服从旧警察的指挥。摊贩的增多和零乱，是一种暂时市面不景气和战后没有就绪的表现。（二）为争着做买卖想摆在热闹的地方。（三）整理小摊贩的方针是不提倡的，但又必须照顾他们的生活，因此对整理摊贩的要求，目前只能恢复秩序，加以组织和管理。先整市场，后整理各主要街道，及背街小巷。当摊贩都有了组织，经过登记和发营业证之后，主要是依靠他们自己管理自己，自己组织了纠察队，反对不规矩的摊贩，基本上停止了乱跑的状态，取得了相当的成绩。但同时也还有缺点，主要的是对摊贩实际困难照顾不够，强调了要秩序，要手续，致使一部分摊贩没有按时登记，生意受到了一定的限制；管理委员会由于是新建立起来的，成分不十分纯洁，还有假公济私借故勒索的现象，今后需要继续加强整理。

在工商业工作上我们主要的缺点是如何指示一部分须要转业的工商业，转到哪种工业和商业去，缺少调查研究，结果任其自流，其次是有计划的对工商业者进行时事教育及政策教育还不够，这是今后工作上很重要的部分。

工商业的登记

为了贯彻第一届各界人民代表会议恢复工商业的决议，于3月1日开始登记工商业，在登记中发现工商业者顾虑很多，因而市面上假停业半停业的字号，住商变摊贩，大化小的现象很多；登记开始之后，大家观望不前，直到限期近满，无法可施的时候，才硬着头皮填报了，但所报的各项目，就全体2487户来讲，没有一家是完全真实的，资本额和交易额相差最大也最普遍；领了营业证后，大家才放了心，得到了政府实际的保障，粉碎了匪特的造谣和破坏，工商业政策取得了工商业界进一步的信任，从而消除了假停业和半停业的现象，促进了工商业恢复。只就百货业来说，解放前共有90余家，解放后开业的40余家，经过登记发给营业证后，开业的有124家。另外在商人中逐渐分开了正当和投机的界线，在营业范围上，合法与非法的，也逐渐被工商界所拥护与反对，并开始了二种情况的斗争，这是向正规发展上的开始。

自第一届各界人民代表会议后，政府在整理摊贩、登记工商业、稳定金融物价、贷款、汇兑、护航、调整劳资关系等工作上都有一定的成绩，并通过这些工作对全市的商业情况有了初步了解，同时各工商业者对政府的政策也有了某种程度的了解，政府对商人的联系，比以前进一步，这是今后恢复工商业的有利条件。

三、工薪及劳资问题

根据第一届各界人民代表会议的第四项决议关于"工薪劳资问题"，我们首先是解决了公营企业的工资问题。这是当时迫切需要解决的问题。上届代表会议适时而正确地通过了"关于工薪问题"的决议，会后军管会又公布了具体的《发放工资的暂行办法》，在各公营企业的职工中进行传达，讨论和初步的调整。

调整工资的基本精神是：一方面照顾到战争尚未结束，国家财政的暂时困难等情况，乃贯彻实行"低工资制"，一方面又照顾到职工的最低生活需要，一般的保证了不少于解放前的实际所得。但由于国民党反动统治时代所遗留下的工资中不合

理现象，如水电厂过去存在着职员和个别技术人员的工资过高，分别减少了5分至91分不等的数目，同时也适当地提高了个别工资过低的。

经过了初步调整和确定了工资，物价又逐渐稳定，使职工生活有了保证，生产和工作的积极性也逐步提高了。特别是经过民主讨论，大家能体谅到国家财政的暂时困难，都欣然接受了目前的"低薪制"，不少职工自动请求减低，表现了工人阶级照顾大局，忍受暂时痛苦，为长远利益着想的伟大精神。

这次是初步的调整，中小学教员仍未确定，还有待于中南区召开的工资会议的决定，规定出统一的工资制度和标准，再作进一步的改革，达到更合理的地步。

其次是部分的解决了劳资关系问题。

在第一届各界人民代表会议的前后，因解放不久，劳资两方对共产党和人民政府的政策还不了解，思想中存在着不少怀疑和顾虑。例如不少老板不敢大胆投资经营，误认为"劳资两利就是将赚的钱老板和工人平分"，怀疑组织工会，就是工人来斗争老板的财产。工人方面开始不敢说话，不知组织工会是干什么的。根据这种情况，工会和工商局分别在工人和老板中进行了政策的宣传教育，打下了正确解决劳资关系的思想基础。直到旧历年后．不少老板仍借"旧年初二无情鸡"的旧的封建习惯，大批的解雇工人，仅在旅店业方面解雇了18人，在制鞋业方面解雇了38人，造成了当时严重的解雇工人的劳资纠纷，同时解雇问题逐渐蔓延，将形成更大的混乱和更严重的纠纷。市工会和工商局经过调查了解及酝酿准备，召开了劳资协商会议，双方再三的慎重的讨论和协商，共同签订了"劳资解雇临时协约"，作为在订立集体合同前的解决劳资雇用纠纷问题的共同根据。在商业方面是20个行业联合订立的，手工业方面是制鞋、制皮、制烟、理发等4个行业分别订立的。总共解决了33个工人的复工与12个依约解雇的问题。轮船业方面，同样经过了双方几次的协商，解决了复航和工资问题。

3个月来经过订立临时协约，解决了部分劳资纠纷，贯彻了"发展生产，劳资两利"的政策，初步安定了劳资双方的情绪。在工人方面生产积极性提高了，能以新的劳动态度努力进行生产，如南宁火柴厂，每日产量从解放初期二三十笠增加到40笠。海员和碾米业等的工人为协同资方，共同克服了困难，自动提出暂时减低工资。南方出版社工人自动节省原料，以便维持下去渡过难关，争取逐渐好转。不少行业的店员订出计划，延长工时，节省水电。大亚洲旅店的工人自动给老板挑水，给资方节省了水电费约200多斤米。资方也因此而逐渐减少顾虑，有的敢于投资经营，如裕华火柴厂在政府和工人的协助下，克服了困难，迅速复工生产，生产量从每天几笠增加到15笠。但仍有部分老板存在顾虑，不敢大胆经营，或在暂时困难的面前低头丧气，看不到光明和有利的前途，不积极设法克服困难，改善经营，努力维持自己的企业，相反企图抽资停业。

由于缺乏经验，各方面对人民政府的政策了解和掌握还差，在处理劳资关系问题上还存在着不少缺点。如在订立临时协约中，未能给资方以充分的酝酿准备，缺乏民主平等协商的精神，今后根据中央政务院所公布的《劳资关系暂行处理办法》

等三大文件，贯彻"劳资两利，发展生产"的政策，和民主平等协商的精神，正确解决劳资关系问题。

四、金融物价

第一届各界人民代表会议时，南宁金融还很混乱，市场上流通的货币有黄金、中外银元、东西银毫、港币、越币、法光等，一般的是拒用人民币。特务利用奸商扰乱金融，抬高物价，人民币贬值。政府为了稳定物价，我们采取了以下措施：

（一）执行第一届各界代表会议禁用银元的决议，2月3日明令禁用后，部分商店拒收银元，但大部分仍暗中使用银元。市场交易表面冷淡，银元黑市上升，隐伏的金银投机商人乘机活动，交易方式主要是以物易物，凭单记账，化整为零收银元。2月10日左右，市内谣言很多，物价骤涨。政府即严厉将破坏金融主要的4大金银号的老板逮捕，次要的令其具结，再次的分别警告，劝其改业。机关部队在物价未稳前不准在市内采购任何物品，生活必需品也在禁止之列，以压制货币的增加。于是物价普遍下降，至2月底前，市场转入正常状态。3月份以后全国物价平稳，本市牌价亦普遍下降。但匪特对扰乱我们的市场是不会放松的，在物价平稳的4月份先后捕捉破坏金融案7件，可想而知。

（二）贸易公司推销人民必需品，抛售物资，平抑物价，是起很大作用。市内自禁用银元以来，曾三度特务奸商结合造谣，引起一时物价波动，贸易公司均大量抛售物资，如本月18、19两日因谣言物价上涨，贸易公司在两日内共抛纱32件，布141匹，米209849斤，生油5370斤。

（三）银行大力展开存汇业务，调剂本币流通，自1月至4月底止共汇出340多亿，汇入302亿之多。

经过以上这些办法，本市物价虽然有几次波动，但因全国物价稳定，故即起即落。近个月来，南宁物价的起势，若以3月上旬的平均物价为指数100来观察，其演变过程，至5月上旬为止，米价已跌23.5%，花生油跌41.83%，生盐跌39.91%。棉纱约跌46.04%，桐油为23.86%，各货下跌幅度以细布为最大，米及桐油较小。

由于物价平稳，本币日形坚固，人心已趋安定。

五、推销公债

第一期人民胜利折实公债，本市配额为12万分，从首届人民代表会议作出推销公债决议后，即成立市推销委员会，2月初即开始进行组织动员推销等工作。12万分配额为：工商界及股实户8万分，居民及小商贩共3万分，职工学校机关部队共1万分。但实购结果，工厂学校，机关部队却超过原配额62%，拥有较多房屋、地产富户尚欠4784分。善堂亦欠3000多分，本来认购超过总额1万余分，但结果只能超过283分。在认购期间，南宁市具有爱国热情而收入不多的工人、指战员、工作人员，均能积极认购，并立即交款，但领导上未能照顾全面，结果工商界才在开始，于是推销委员会便举行5000人的宣传大游行，全市在这一时期转入认购的热潮中，因而在3月26日完成了认购工作。

在交款中部队机关、工厂及学校，又进行二次购买。虽然他们工薪低，负担重，或者根本就无所谓"薪"，只是屑微的生活费，但他们在爱国的热情下，不顾个人困难，来解决国家困难，这是值得表扬的。大部分的工商业者也能按期完成。但一部拥有房地产者，祠堂、善堂、会馆、及一部落后的工商业者，未能按时交款，并极力拖延，所以在原计划3月底全部完成，结果只能完成三分之二。

在推销过程中也存在着较严重的缺点，首先在领导上是抓得不紧，在推销到户后，即放松了后半段的实购工作。不如桂林、柳州、梧州三市。其次对拖延逃避者，也未即时采取有效办法给予督促 和适当的制裁。第三，在了解情况上不够具体，深入评议没有全面展开，在少数街镇由于宣传动员工作作的不够，采取摊派的方式，以致有些人感到不满。

六、税收财政工作

（一）税收工作

税收是国家财政主要收入，人民应尽的义务，这是我们各界公认的。在4个月来我们首先根据上届会议对减收旧欠的决议，确定去年旧欠税为4亿，但实收总数92%。至4月，4个月货物税1263785 570 元，收工商税2050656097 元，其他房地产税交易税为1886460050 元，4个月总税收为5314014006 元，此次所征春季工商税，到本月22日止，已完成97%强。

在我们税收工作中，由于解放不久，与调查研究不够，对本市工商业情况，无细致的了解，在民主评议上，缺乏多方周密调查研究和反复的讨论，部分畸轻畸重的现象，是有的，商会与各行业公会人员未能报告真实营业情况，也是民主评议很难做到公平合理的原因之一。走私漏税，在本市也是较严重的。在处理问题上，对小商贩则罚款没收较多。由于估价不及时，致使政府财政遭受到一部分损失。又因物价更改不及时，引起商人不满，这也是不对的。因税收工作人员绝大部分是留用人员，加上教育不够，个别人员也曾发生了贪污现象。在税务人员作风上的官僚主义，今后同样需要虚心的认真的改正。

（二）财政工作

本市1、2、3、4月份的税收，均已按规定上缴。本市2、3、4三个月份，房屋租鱼塘等项收入共328206414 元，4个月的开支共2132561013 元，不足之数则由上级政府补助。

郊区征收公粮，截至本月20日止，已完成24万斤，占应征数额的85%强（原征额为28万斤）。在4月份发放救济粮25000斤米，救济了特别困苦的农民。广西人民银行又于5月发放耕牛贷款5万斤米，约买耕牛100头，以解决贫苦农民生产之不足，现已贷到农民之手。

七、市政建设

（一）市政工程方面：过去的3个多月，我们根据了需要与可能（财力，人力，物力），是将工作的重心放在对交通、卫生、菜市及水利等的修建方面。

4个月来我们已完成以下的修建工程：

翻修了东门口至屠场的一段路面，建置了沿河码头的 6 个汲水筏。更换了 7 处太平水池的板盖，清除留砂井 233 个，污泥 1232 立公方，渠道 3652 公尺。建置垃圾池及新城门菜市的工程均已完成 10%。总共用去工程费折米 1378 担。

至于翻修民生路、兴宁路、民权路以及修建码头、停车场等工程，正在分别调查与设计中，现已从广州采购 4.4 亿元的洋灰，待运到后，即可动工逐步完成以上工程。

（二）公用事业方面：主要是水和电的供应，本市水电厂，解放以来，在军管会及人民政府的领导及大力支持之下，由于全厂工人职员的积极努力，节省原料，减少开支，降低了成本，因而增加了收入，加强稽查和收费工作，取缔了"霸王户"，仅 4 月份办公费减少了 9000 多斤米，节省了烧柴 13 万斤，全月总共节约了 36000 多斤米。实收水电费较解放前增加了 20%（已达到抄见度数的 95%），偷漏损失减少到占发出电量的 5%。从亏损变成有盈余了。但该厂的机器和线路都已破烂不堪，耗损很大，急须修理。目前正集中资力，安装新机，检修旧机。由于财力不足，短期很难完成。这也是"有了盈余还不减低水电费"的实在原因。当然，未能及时按九二米收费也是不对的。目前虽有困难政府仍决定减低水电费，但必须以该厂在困难中能维持下去为原则，并逐步争取发展。路灯必须收费。水电厂本身更应继续努力，发动职工，实行管理民主化，和经营企业化，改进业务，以减低成本，也是今后必须大力进行工作。

公共汽车因目前需要不大，并有亏损（7000 万元），经第二次协商会议决定停驶。这是完全正确的，是为人民负责的态度。

（三）卫生事业方面：成立了防疫委员会，制定了全年的防疫计划。春季已进行预防天花、普种牛痘的工作，接种的有 18212 人，用痘苗 520 打。霍乱预防针的注射也在进行。在 4 月份进行了一次全市清洁大扫除运动，共清除垃圾 1122 车，约计 561000 斤，碎石污泥 25 吨，换太平池污水 8000 担。全市人民在清洁运动中积极行动，并自动疏通沟渠，获得很大成绩，为今后开展经常性的清洁卫生工作做了一个良好的开端。

八、文教工作

（一）学校教育：南宁市中等以上学校的学生，因为在解放后有许多参加了革命工作，和考入了各种干部学校，再加交通不便，这学期学生人数减少了。解放初期学生减少，这是每个新解放区初期的一般规律。当然这也是暂时现象。南宁市现中等以上的学生共 2646 人，占上〔学〕期人数 35.5%，现有小学生 4430 人，占上学期小学生人数 44.3%，在这里要特别指出，小学生人数的减少与匪特的造谣破坏关系很大，在学期开始时，小学生人数仅 1000 人左右，经过了各校教职员一再作了家庭访问，揭穿了匪特谣言与向家长解释后，才逐渐增加，到现在还有断续要求复学的。

由于中等学校学生人数减少，为了节省人力、财力，更有效的使用人力、财力，省市两级文教机关采取中等学校进行了合校和合班的措施（小学仅作合班），同时

又作了教职员的调整，把多余的大部分教职员成立教师研究班工作队进行学习与工作。

（二）为了满足教职员的学习要求，在寒假办了一个教职员研究班，吸收了300多位中小学现任教师职员参加学习，学习了时事与政策，初步的了解教职员的情况.使合校合组进行上得到若干便利。开学后第一个"五四"青年节，学生、青年工人一起参加了歌咏体育论文比赛及秧歌表演，都能体现着一种新的团结进步的精神。

此外对于个别学校人员贪污，任用私人等国民党遗留下来的恶劣作风，也进行了整顿，各市立小学做到核实人数，确定人事制度，最近为了激励各校行政及教学上的进步及交换经验，组织了各校互相观摩，同时督促各校普遍召开家长座谈会，加强学校与家庭的联系，把学校工作推进了一步。

（三）社会教育：办了一个人民阅览室，举办过一次公债画展，在各种节日运动中群众团体、各学校工厂出的墙报和画报都吸引很多观众，对社会教育起着很大作用，但在领导上说，还限于一般的号召，缺乏具体的帮助与领导，特别是工农夜校和识字班等，对已办的没有帮助，还未办的没有督促去办，在今后应用大力开展这一方面的工作。现在学校一般的虽然安定了教学情绪，进入正常状态，开始了某些方面的改革，并开始树立新的作风，但是对学费、人民助学金，以及加强政治课教育等问题，均未及时解决。对于本市私立学校的领导与帮助很不够，今后均要认真纠正。

第二部分　今后三个月任务

今后3个月我们工作基本的精神是如何克服困难，全力维持，争取恢复，为今后发展工商业准备条件。在这个总的认识下，中心任务是全力维持和恢复工商业，繁荣经济，继续肃清匪特，巩固治安，进行适当的市政建设。

（一）维持和恢复工商业是个长期性奋斗过程，也是城市里基本问题，现根据可能与需要提出如下意见：

甲、搞好运输工作，沟通内外关系，一面在护运护航上给来往客商更多的便利，一面在行政上成立搬运公司，统一搬运工作，调整劳资关系，使码头工人的运费合理解决，增加搬运收入，同时也使商店得到方便，其次为简化税收手续，也可以增进运输事业的发展。沟通城乡关系，6、7、8三个月正当农忙时节，贸易公司不但自己组织日用品下乡，同时也鼓励私营商店在可能范围内协同他们去做，从农村里换回食粮土产原料，只有这样才可以减少一年一度的"淡月"带来的困难。沟通内外关系和沟通城乡关系，都是恢复工商业的最要紧的工作，这一工作要做得好，必须在调整公私关系的基础上去进行，因此在各方面都要进行说服和教育的工作，首先就希望大家热烈讨论。

乙、整理各个行业及商会。在工商局领导下，有计划有步骤的引导从事投机商业的游资以及某些尚在观望，怀疑人民政府的工商政策，因而冻结了的资金转到运输业、工业及其他正当的商业上去，今天全国物价已趋向平稳，争取游资转业是有

利的条件，此外要进一步组织迷信品工业及奢侈品工商业转业，转到适当地服务于广大人民——农民所需要的产品工业上去。

我们必须尽一切可能的办法救济失业工人。目前政府财经困难，必须全市人民协助政府，共同救济，募集救济基金，除清理善堂及义仓外并要求各界踊跃捐输以达救济目的。我们一方面组织失业工人下乡从事农业生产，一面建立合作社的指导机构，组织各种不同的消费及生产合作社，一方面可以解决一部分工人的失业问题，一方面又可以起着平衡物价的作用，必要的调整工资，争取工商业继续营业，以免增加失业人数。

进行上面的各种措施，目的是为了逐步使人人有职业，并能整顿市场，管理市场，以便使我们的市场进入正轨状态。

丙、为了正确解决劳资关系，处理劳资纠纷，根据劳资两利的原则制订执行关于劳资关系暂行处理办法的具体实施办法，建议劳资双方订立劳资合同，在私立工厂商店成立劳资协商会议，有了劳资合同和劳资协商会议，资方可以打破顾虑，放手经营，工人在获得生活和工作的保障后，能提高生产积极性，从而做到劳资双方各尽所能，发展生产。在公营企业应成立工厂管理委员会，实行民主管理，使工人真正以主人翁的资格，参加工厂的管理工作，这都是各地经验所一再证明和发展生产分不开的措施。

丁、实行新税制，采用民主评议的方法尽可能的做到合理负担，加强税收人员的政治工作，减少舞弊、偷漏，在中央人民政府统一税率下完成税收任务。

戊、扶助农业生产，农民经过退租后生产情绪提高，但仍有困难，政府今天虽然有困难仍尽力设法帮助解决，本市已发放春耕救济粮25000斤，耕牛贷款5亿元，并奖励开荒争取明年的增产的计划。

（二）继续肃清匪特，巩固治安：首先要动员全市各界人民，积极参加反奸防特工作，提高人民的警惕性，随时揭穿匪特的谣言，检举匪特分子，成立群众自己的治安保卫组织，各群众团体及各街道建立治安小组，协助公安机关进一步了解户口，掌握户口。

枪支登记已经举办，但还没有引起人民的普遍重视，还须动员全市人民来完成这一工作任务，根据"首恶必办，胁从不问，立功受赏"的原则，动员先进者登记。

（三）健全基层政权机构，进行必要与可能的市政建设——健全基层行政组织，改进街政权，使人民政权的民主基础扩大。办法是以街为单位，15户为一组，实行民主选举组长，选举街政委员会，废除过去只有家长参加的户长制，凡是18岁以上的成年都组织进去。这样的行政基层组织，一方面可以彻底摧毁旧的镇压人民的统治，一方面可以掌握户口防匪防盗，检举不合的事情，调解人民间的纠纷，推行政令。今年国家最大的困难，就是财政的困难，因此全市市政建设上必须采取"必须与可能"的方针，6、7、8三个月的市政建设只能修理沟渠涵洞及补修街道。

（四）继续发动群众组织群众，通过群众的各种活动成立工、农、学生、青年、

妇女的正式组织，在今后 3 个月要组织群众半数，今天的南宁市工农、学生、妇女、教职员都有了自己筹备会的组织，南宁的工农、学生、妇女、教职员各界人民，在自己的筹备会领导下，政治觉悟已逐步摆脱旧思想的束缚，树立为工农服务的观念，培养在国家政权中的主人及健全工作作风。

与此同时须开好各界人民代表会议，开好协商委员会，加强与巩固政府与人民的联系，在工作人员中掌握批评与自我批评的武器，有效地加速自己的进步。

（五）克服财政困难首先是我们人民政府工作人员的责任，坚决执行财政的统一规定，切实贯彻整编机构，完成上级规定的定员定额的任务，争取进行业余生产。各机关都应该精打细算地处理革命家务，同时还要教育广大群众，树立爱护国家财产的观念，开展群众性的节约运动，使广大群众都能自觉的忍受暂时的困难，渡过困难，争取南宁市及全国性的好转。

为了完成上面任务，在目前首先要继续肃清匪特，巩固治安，进一步组织群众，发动群众，首先是发动工人，组织工人，其次是农民、学生与团结改造留用各机关的旧人员，改造旧有街政权，开好各界人民代表会议，巩固人民与政府间的桥梁，此外是严格执行财经工作的统一，实行新税制，使税收能做到合理负担，争取清除弊端，减少疏漏。各位代表，各位同志，实行这一系列的工作，又可能碰到新的困难，但是无论如何，第二届人民代表会议的工作条件比第一届人民代表会议的工作条件是好得多了，那时还是物价波动，人心惶惶不安，那时海南岛还没有解放，南宁还有空袭的威胁，匪特还可以借此恐吓一部分认识不够清楚的群众，今天物价稳定，空袭的威胁已成过去，匪特分子更失却依托，斗志丧失，群众经过一再的受骗以自己的经验也提高了觉悟。这一次代表会议的代表，有许多团体都是普选产生的，代表性和民主性都比以前更充分了，也表示了我们的团结更扩大更巩固了，只要我们同心同德，困难一定完全给我们克服的。

记南宁市建立街道居民委员会的试点工作

余　愚

南宁解放前是邕宁县治所在。邕宁县政府就设在今民权路 104 号南宁市政协含对台办公室及宿舍大楼一带。作为当地最高行政机关的南宁区（又称第四区）行政专员兼保安司令公署，就设在今南宁市人民政府院内。整个南宁（不含南岸，现在的江南大道一带是属亭子乡平西一村、平西二村，淡村大部分是菜地和旷野，南北两岸，靠民生码头的渡船口和洋关码头的小木艇作为渡船沟通）设模范、兴宁、邕南、邕西、邕北、宁武、维新等 8 个镇 61 条街作为基层组织，进行管理。人口不到七万。由于新桂系李、白、黄的统治是在这里彻底崩溃，逃出大陆的。所以解放前夕，这里也是社会渣滓集中之地，情况甚是复杂。

1949.12.11

　　1949 年 12 月 4 日，南宁胜利解放。翌日成立南宁市临时治安委员会，主任王世琳、副主任阮洪川、胡中平，下设组，分别负责清理散兵、游勇，支前，维持治安等工作。不久便成立南宁市军事管制委员会，主任莫文骅，副主任吴法宪，下设部，负责接管和维持全市的治安秩序和城市管理工作。相继，中共广西省人民政府、广西军区也设在南宁。南宁成为广西首府。南宁市人民政府遂于 1950 年 1 月间在民权路与中山路交叉的原高等法院挂牌办公。市长是莫文骅（兼军区副政委），副市长是刘锡三，后来又增派雷荣珂（民主党派人士）为副市长。市人民法院、工商局、劳动局、建设局、民政科、财政科、卫生科，都和市政府同一大门口。接管时，原南宁警察局各分局分所，已由南宁市人民政府公安局（局长覃应机兼，副局长陈广才）接收，原来的 8 个镇公所则暂予保留。1950 年 3 月，才集中各镇的镇长、副镇长、干事到市政府民政科学习。学习的主要内容是关于人民民主专政、为人民服务、社会发展史以及人民政府有关的政策法令，学习的方式方法是自己阅读文件，民政科派干部辅导并组织漫谈感受和心得。学习的时间是一个月。学习结束，留邕南镇镇长黄日升、宁武镇镇长姚斌、模范镇镇长雷庆忠等 3 人在民政科工作。其余资遣回家，原来的 8 个镇解体。其属下的 61 条街的街长、副街长、街属各甲的甲长，除有时向市政府，向派出所汇报一点情况外，实际上已经名存实亡，不起什么作用。于是，街甲事务由市公安局各派出所直接管理，成为以警代政了。

　　由于原来街甲组织已不起作用，所以公安局各派出所管理辖区内街道居民，往往是由干警直接深入居民中开展工作。1950 年间街道建立抗美援朝小组，由居民公推一人为代表。派出所就依靠抗美援朝小组的代表和烈军属代表，工人、干部家属开展工作。到 1951 年春，才以原来的甲为基础，逐步建立居民小组，居民小组由居民以丢豆或丢玉米入筒的方式来选举代表（即一个代表候选人一个筒，居民要选他就把豆或玉米丢入他名下的筒内然后统计票数）建立居民小组，街道组织虽比原来完备了，但由于各个派出所的干警人员有限，每个派出所连所长在内，最多的也不超过 10 人。一条街有十多个小组甚至几十个小组，一个派出所要管几条甚至十多条街，面宽事繁人手少，照顾不过来。在这种情形下，如何建立街道居民组织，统领各个小组开展工作成为当务之急。于是，市政府民政科（当时未成立民政局）报经市领导同意，决定以民族路（当时的共和路南段五属会馆附近和棉花村一带新城区民西、民东两个居委会辖区）为试点，由市府民政科、市妇联，市青年团委和明德派出所派出干部，组成工作组，于 1952 年春夏之间（具体月份已记不起）进行建立街道居民委员会的试点工作。试点工作组组长由派出所所长兼任（名字已记不起），设副组长，由市府民政科具体指导进行工作。工作组人员约 10 人，笔者是其中之一，其外还记得姓名的有市民政科干部梁玉光、李鹤媛、市妇联刘林映、何丽、市青年团韦家运。当时解放伊始，各大中城市建立街道居民委员会，无规章可循，这一工作还在探索当中。但有一点是十分明确的，街道居民委员会不是一级政权，而是居民自己管理自己事务的群众性组织。据回忆所及，试点工作是这样进行的：工作组先集中在市政府民政科学习，由胡中平副科长传达试点工作计划，订出工作

学习制度和请示汇报制度。当时,工作组的人员全部脱产,规定早上学习,白天下街道,晚上汇报工作或开会,每天工作学习一般都在 10 小时以上。

工作组下到街道,摸清基本情况后,便在工人医院斜对角的一间小学召开全体居民大会,为扩大影响,除本街居民每户派成年代表一人参加外,邻近街道(如民权、明德、南环、临胜等街)也派代表出席。会前,工作组挨家挨户通知(为照顾居民白天要做工,群众会不管大会小会都在晚上举行)。当晚,群众到会十分踊跃,除每户一个代表之外,还有学生、儿童。会场的秩序也好。开会的人大多为听新鲜事物而来,主要想听听工作组同志要讲些什么,还谈不上有当家作主的思想觉悟。尽管如此,工作组动员的目的达到了。听众都知道了要组织街道居民委员会这么一回事。

逐家逐户登门访问,物色酝酿居民代表人选,物色酝酿街道居民委员会主任、副主任和治安、民政、调解、卫生委员人选,则是一项比较艰辛,比较细致的工作。当时,选择民族路作为建立街道居民委员会的试点,是考虑到该路城市居民较多,干部、工人家属也比较多,容易遴选居民代表。但一接触实际,问题并不像原来想像的那么简单。此时南宁虽已是解放了两年多,但邕宁、武鸣两县还有土匪出没,有的还自立政府,声言复辟,企图反攻倒算,也有放话要到南宁来过中元节,过中秋节的,加上新桂系溃败前的反动宣传,因此,一般居民都采取怀疑、观望态度。历史清楚、政治条件好的,往往借口谋生忙、没文化、无能力,不愿充任代表。街道居民中,工人入了工会,商人入了商会,其他行业入了同业公会,读书的学生还在学校。作为代表的物色对象,大多是一些老、中年妇女和工人家属、干部家属、烈属、军属。她们的政治觉悟较高、积极拥护党和人民政府,但人数毕竟有限,加上试点建立街道居民委员会时,市妇联调来参加工作组的同志要同时遴选代表,成立街妇联。这就难免出现街道居委会与街道妇联争人选的现象,记得试点工作组曾想提李××(市建设局干部张兆贵的爱人)为街道居委会主任候选人,碰巧市妇联也想提她为街妇联主任候选人,几经协商,她还是当妇联主任,另提名梁秀琴为街主任。至于那些旧街甲长,解放前夕,民间有这么几句顺口溜:"县长作威作福,乡(镇)长买田造屋,村(街)长喝酒吃肉,甲长奔波劳碌。"一些甲长,还是中年,罪恶也不太大,有的还愿出来当代表。但居民大都认为这些人曾经是反动统治的爪牙而不愿选其当代表。遴选代表、主任还有一个困难,就是当年街道居委会主任、委员都是义务职务(普遍成立居委会后,街主任和文书才由市民政科按月给为数不多的生活补助),工作却相当繁重。一些人便抱多一事不如少一事的态度处之。现在回想起来,当年工作组物色得一个理想的代表特别是街主任,记不清要登门访问多少次,动员说服多少次,以及要经过多少次的小会酝酿和内部协商。

经过一系列艰苦、细致的工作,南宁市第一个街道居民委员会——民族街道居民委员会终于 1952 年宣告成立,在市工人医院对面,民西居委会隔邻的一间简陋的平房内办公。居民有了自己的组织。自己来办自己的事了。当选为街道居委会主任的是梁秀琴,中年人,工人家属,六十年代听说提拔担任街道企业领导职务。副主

任两人，其中一人姓雷（女），名字已忘记。居委会设治安、民政、调解、卫生等委员（铺开后设组，组设主任），各组委员名字均已忘记，她们都是老、中年妇女，街妇联主任是李××（干属），旧街甲长全部落选。

关于南宁第一个街道居民委员会，即民族街道居委会在哪年哪月建立。当年的街主任梁秀琴，街妇联主任李××都去世了。民西、民东居委会亦无档案存查。南宁市民政局编写民政志，到市档案局查阅档案，说南宁市街道居委会是在 1953 年建立。笔者认为：那应该是试点工作结束后向全市各街道全面铺开的时间，而在民族路搞试点的时间应该确认为 1952 年，因为笔者是在 1952 年秋冬之交调去广西革命大学学习，1953 年春夏之交才又回市府民政科。我是在去革大学习前便参加了此一试点工作直至完成的。在我学习结束，又回市民政科工作时，全市各条街道的居民委员会已经由市公安局局长仇凌云、市府民政科科长胡中平总领的有 120 名男女干部参加的工作队普遍建立了，此其一；其二，南宁市是在 1953 年初成立普选委员会（主任由市委副书记范清涛兼任，笔者曾奉派到该会编普选简报），普选工作是在各街道已建立居民委员会，市郊原一、二、三区合并为第一区人民政府，而在市区分设第二、第三、第四等三个市辖区时进行的，现在还有文字凭证的是任命第二区副区长周炳经为南宁市第二区选举委员会主席的日期是 1953 年 7 月；其三，各街道居民委员会的建立工作是在试点工作结束后全面铺开的，铺开时市府民政科已初步拟出街道居民委员会组织规程、办事细则。撰拟人是原市志办副主任、当年民政科的干部李泽吾同志（到 1955 年，中央召开全国民政会议，才又由笔者修订上报），据他回忆，他是在 1953 年 3 月从市民政科调到市府秘书室工作的，这也可以证实试点建立居民委员会是在 1952 年，而不是在 1953 年。南宁市各条街道普遍建立居民委员会，第一任便被选为街主任的，有的已经作古了，但也有还健在的。笔者的记忆，由于时间已相距多年，错漏难免，诚望知情的同志给予指正。

梧州市的禁赌、禁毒、禁娼工作

梁小涛

梧州水汇三江，地连两广，是广西的水上门户，解放前为广西及大西南物资的主要集散地，也是广西最重要的经济中心。在封建腐朽制度统治下，梧州在水运、贸易繁忙兴旺的同时，滋生了贩毒、吸毒、赌博、娼妓等社会病毒，成了窝集这些社会病毒的重灾区。烟馆、赌馆、花艇妓筏遍布鸳江及两岸，灯红酒绿下掩饰着极端黑暗糜烂的社会生活。1949 年 11 月 25 日梧州解放后，市党政军机关执行上级指示，雷厉风行地实行彻底严禁赌、毒、娼，将这"三害"扫进了历史的垃圾堆。

一、解放前梧州赌、毒、娼历史概况

（一）赌毒概况。自帝国主义用鸦片打开中国大门后，鸦片便成为反动统治者聚脂敛财、麻痹人民、维护其统治的工具。国民党统治时期，广西经济建设无大的发展，桂系集团将鸦片烟税、赌税作为主要财政来源，采取寓禁于征的政策收取鸦片烟捐、赌捐。在这一反动政策下，运销、吸食鸦片合法化、公开化。1936年前，每年从云南、贵州等鸦片产地经广西运销的鸦片烟达2000万~3000万两之多，而这鸦片绝大部分经梧州运销，因此，梧州成为广西乃至大西南一带最大的鸦片运销地。鸦片业因其高额利润而在梧州特别"兴隆"。1926年至1935年，在梧州经营鸦片烟土的批发商和零售号达三四十家，个人走帮经营烟土的有十几二十家，还有数家资本雄厚的，由本省及云、贵等省军阀、政客开办的烟土公司行号。当时，广西省府曾在梧州设立禁烟局、禁烟督察处等机构，其实质为征收鸦片烟税的专职机构，所有经梧州外运的烟土由该局、处征税后查验放行。据统计，1933年梧州烟、赌两税在广西六大税源即鸦片烟税、赌税、田赋税、统税、盐税、营税中所占比重高达30%，而梧州又是当时广西财政收入的主要基地，由此可见，鸦片税、赌税在当时广西经济中起着重要的支柱作用。其实鸦片业、赌博业畸形兴旺，实为当时统治者的政治腐败与经济无能所造成。1936年两广"六一"事变后，云贵两省鸦片烟土大部分改道四川长江水路外运，不再经梧州，梧州鸦片业从此衰落。抗战后，国民党政府为笼络人心，改变过去公开合法出售鸦片的政策，宣布禁种、禁运、禁售、禁吸鸦片。梧州鸦片业从此结束。但一些官僚政客、不法商人依仗权势，与警方侦缉人员勾结走私鸦片，从中牟取暴利。1948年，桂林绥靖公署成立自卫特捐委员会，统一包运专卖鸦片烟土，允许大、中城市开设烟馆、抽收烟捐。临解放时，又以征收"自卫特捐"名义，在广西各市县设立自卫特捐处，明目张胆地派员包赌，抽收赌捐。这一反动政策使解放前夕梧州贩毒、吸毒和赌博之风登峰造极，甚为猖獗。据统计，解放前夕梧州每月买卖鸦片烟土达1.6万斤，有鸦片烟馆（档）二三百间，吸毒成瘾的烟民2000多人。当时，梧州特捐处处长李品芗为中饱私囊，将梧州划分为若干赌区，公开投标招商承包开赌。使得梧州赌馆林立，赌法五花八门，应有尽有，参赌者不论男女老少，参赌地点不论家里街上。至梧州解放后不久，全市仍有赌馆70多间，参赌人数7000多人。

（二）娼妓活动概况。梧州得水道交通便利，自清代以来便商贾云集，宾客如织。在愚昧腐朽的旧社会，社会风气糜烂，有钱有势的人饱暖思淫欲，穷家女儿沦落为娼。在富商云集的梧州抚河上很早就出现了妓寨。据清同治版王栋续纂《苍梧县志》载：清道光初年，梧州水西坊（今三角咀抚河边）便已泊有八九座由木船连成的勾栏（妓馆），"管弦之声，自黄昏达旦"。道光六年（1826年），一场大火将这些勾栏全部烧毁，以后抚河妓寨遂移置抚河东岸石巷码头至铁柱码头一带（现桂江一桥底至原浮桥头）河边，直至梧州解放前夕。一百多年来，这一片河面泊满了花艇、妓筏、酒馆筏、茶艇等，妓女、嫖客、赌徒麇集其中，花天酒地，纸醉金迷。

民国六年（1917年）日本人编修的《梧州府城》中记载：如到夜间，分散各处的大小民船，全部集中停泊在河边一带，连成一条街，灯火灿烂，人群杂沓，宛然一个不夜城。同时嫖、赌多种罪恶，也集中于此。"当时人们戏称这里是水上花街、不夜天，其实质是嫖、赌、饮、吸四毒俱全的渊薮。1949年上半年，梧州反动当局在妓女身上打刮油主意，苍梧县政府两次出布告招商投标承办抚河特区花捐。6月30日，新定征宿局捐每票银元4毫，侑（陪待）酒局捐每票2毫，花筵捐每票3毫，妓女月捐每月每名3毫，承包商每月需缴交花捐银元1461元。至8月，梧州临近解放，官僚政客殷商巨贾纷纷挟财疏散，抚河花艇日渐冷落，只剩数艘。此时，梧州水上区的疍家（船家）妇女有6000多人，娼妓约1000人。

二、解放初期的禁赌、禁毒、禁娼工作

（一）禁赌。由于梧州解放时赌风肆虐全城，市军管会首先于1949年12月发出安字第1号布告，明令："自即日起，所有各种赌博，包括番摊、牌九、啤牌、色宝、四花、八十字等，一律禁止，各赌摊限即收档，如再有开赌、聚赌、包赌者，一经查获，定予严办。同时，开赌所在地之房东，亦以窝赌论罪……并责成各村街甲长，切实负责劝阻市民不得再赌，如今后各该辖区内查获赌博，而该村街甲长事前未向本会报告者，则应受纵赌之处分……仰全体市民相互告诫或随时密告本会行政接管委员会予以取缔，以期禁绝……"在此命令颁布实施的同时，军管会成立群众工作委员会，派出群工会的同志深入工厂、学校、街道向群众宣传禁止赌博和拥护人民币的意义，发动和组织了5000多工人、学生、妇女开展声势浩大的禁赌拥币群众宣传活动。经过一个多星期的宣传，许多赌馆自动关门停业。但一些暗藏匪特、帮会分子、流氓地痞仍暗中包赌、聚赌，破坏社会治安。对此，市警备部队、公安机关依照禁赌令进行严格检查。至1950年1月底，共抓获赌摊39起，拘捕赌徒90多人。此后，市内除个别秘密赌摊外，公开性的赌博已基本不见。为进一步禁绝赌博，5月3日，市公安局制定出禁赌的具体方案：从宣传入手，派员到各赌场规劝赌者停止赌博，说明人民政府严禁赌博的政策法规，务必按种类分期禁绝各种赌博。在公安机关的严厉检查下，从1949年12月至1950年11月，全市共破获聚赌案754起，对聚赌者均按有关规定分别处理和教育。解放后仅一年，原来肆虐梧州市的赌博歪风被基本禁绝了。

（二）禁毒。在禁赌的同时，大规模的禁毒工作也开始进行。1950年1月24日，市公安局发出安字第28号禁烟毒《布告》。《布告》公布了五条禁毒命令："一、开馆供人吸食鸦片者，自公布日起即行禁止。二、专事贩卖鸦片烟土或烟膏者，不准贩卖。三、所有吸鸦片成瘾之烟民，自布告之日起10日内到本市公安机关办理登记，限期两个月戒绝。四、各烟毒贩尚存有鸦片者，应即来局登记，原封准予出口，限在布告之日起15日内运清。五、本命令自公布之日起施行，如不遵照办理，严加惩处。"禁烟毒命令下达后，各烟贩烟馆烟民纷纷照办。公安局对前来登记的烟民进行教育后令其登报戒烟悔过；对开烟馆的人则进行罚款，然后令其关闭

烟馆，停止营业。但由于贩运、吸食鸦片烟在梧州已贻害近百年，一些投机商和帮会黑社会分子利欲熏心，利用刚解放时一些航业船员觉悟不高贪图小利，便暗中收买他们带运大量鸦片。因此，解放初期每月买卖烟土约达4000斤。2月24日，中央人民政府政务院颁布了《关于严禁鸦片烟毒的通令》。5月5日，广西省人民政府又发出《关于严禁烟毒的布告》，规定布告日起，实行禁绝烟毒。这些命令下达后，市公安局进一步加强了查禁鸦片烟毒工作。1950年冬制定出处理贩毒、吸毒者的新规定：初吸毒者具结教育释放，重犯具保释放，并令其密报烟馆；第二次吸毒被查获及开设烟馆者送法院依法惩办；小型烟馆具保教育释放；贩卖烟毒三两以下没收烟土具保释放，并追究来源；三两以上者送法院依法处理。在公安司法机关的严肃查处下，1950年至1951年，全市共查获处理烟毒案1190起，处理案犯1690人，没收烟土共314斤13两12钱，烟膏2斤12两9钱，烟具115副。由于当时的检查烟毒机构尚未健全，使贩毒分子暗中通过种种渠道继续从事贩毒活动，许多瘾君子也未能彻底戒除烟毒，因此至1951年间，全市每月买卖烟上仍有七八十斤，地下烟馆（档）100多间，吸毒烟民近1000人。

1952年4月15日，中共中央发出《关于肃清毒品流行的指示》，对禁毒运动的方针、政策、打击的重点，都作了明确的规定。5月21日，政务院再次发布《严禁鸦片烟毒的通令》，要求各级人民政府大张旗鼓地开展一个群众性的反毒运动，以根除旧社会的恶劣遗毒。7月，梧州市根据上级部署，开展了大规模的禁烟禁毒运动。在中共梧州市委、市人民政府领导下，7月31日市成立禁烟禁毒委员会，市委书记谢鹤筹亲自担任主任委员，公安局长杨步尧任副主任委员。禁烟禁毒委员会的其他成员由法院、税局、运输公司、航运局、海关、市政府民政科等单位负责人组成。委员会下设办公室，分设有专案侦察组、审讯处理组、材料整理组和宣传组，并组织了80人的工作队。8月13日运动开始后，首先公开逮捕了一批解放后继续制毒、贩毒的主犯、惯犯、现行犯。同时在人民群众中开展广泛的禁烟禁毒宣传。从8月14日至9月25日，全市先后召开了群众动员大会、各界人士座谈会、各界人民代表会议、控诉毒犯会、烟民揭发会、毒犯坦白会等各种会议，同时举行了群众上街游行等宣传活动，参加的群众达7万多人。通过以上活动，全市9.7万多市民受到禁烟禁毒宣传教育，占全市人口75%。广大群众从宣传教育中充分了解了禁毒的意义及党和政府的禁绝烟毒政策，积极行动起来，与贩毒、制毒、吸毒的犯罪活动作坚决的斗争。这期间，公安机关共收到群众检举书625件，口头检举218次，检举毒犯、烟民507名。从8月19日至10月17日，市举办毒犯、烟民登记。10月18日至11月2日又开办毒犯、烟民集训班，对153名参加集训的毒犯、烟民采取惩治与教育相结合的方针，争取改造他们的大多数。通过这次禁毒登记调查，发现本市有烟毒犯和烟民1279名，已进行登记的1062名，查清烟毒案25个，拘捕毒犯187名，缴获鸦片476斤6两3钱，烟锅、烟枪、烟灯等417件，手枪8支，子弹880发。11月15日，市禁烟禁毒委员会举行公审烟毒犯大会。参加大会群众2.5万人，全部烟毒犯也被召集到会。会上市人民法院根据罪行轻重公审、判决了一批毒

犯，其中一名被判处死刑、一名被判无期徒刑。市禁烟禁毒委员会负责同志在会上以这些受审的毒犯的具体事例，警告有毒品毒具拒不缴出的顽固毒犯尽快向政府登记自新，重申党和政府彻底根绝鸦片烟毒的一贯方针和对烟毒犯坚持过去从宽，今后从严；坦白从宽，抗拒从严；小犯偶犯从宽，大犯主犯惯犯从严的一贯政策。12月2日，禁烟禁毒运动胜利结束。这次运动大大提高了广大群众禁绝鸦片烟毒的思想觉悟和自觉性，沉重打击了烟毒犯，基本禁绝了在梧州肆虐近百年的贩毒、吸毒社会病害，净化了社会环境，改善了社会风尚，巩固了人民政权。

（三）禁娼。梧州刚解放时，慑于党和人民政府的崇高威望，市内娼妓人数已由解放前夕的1000余人减至230人左右。1950年1月市人民政府公安局成立后，马上发出取缔娼妓的布告，张贴全市大街小巷，让广大市民了解人民政府禁绝娼妓的政策。市人民政府民政科同时宣布解散由抚河妓女组成的南词歌艺团等6个非法团体。派出工作人员到抚河妓筏和花艇上向妓女们宣传取缔娼妓的政策，并劝导她们回乡生产。公安机关规定妓女的户口只许迁出城市，而不许迁入。当时这些抚河妓女有的与家庭已久断音讯，工作人员帮助她们重新与家里联系上；有的身患性病，政府派出医生给她们治好，使许多人恢复了健康，其中有的后来还结了婚，过上正常人的幸福生活。至7月28日，抚河南词筏上尚有妓女66名，均是旧社会因生活所迫沦落为娼的。其中15岁的童养妓女1名（未营业），16岁至25岁的65名。至年底，原遗留的公娼剩下52名。公安机关对她们严加管理，规定她们只准弹唱，不准接客，花艇只准在晚上12时前开设筵席。由于娼妓问题是旧社会长期形成的社会病毒，因此当禁止了抚河明妓后，在市内又出现了一些新的暗娼。至1951年10月，全市又发现妓女113名。这时梧州已解放差不多两年，广大市民经过镇反、抗美援朝等群众运动，思想政治觉悟有了很大提高，纷纷要求政府彻底取缔娼妓这种丑恶现象，改善社会风气。1951年8月上旬市召开第四届各界人民代表会议，一些代表在会上就提出了"取缔私娼改善风化"、"处理河道区南词妓女"的提案，受到这次会议的高度重视。不久，市人民政府采取措施将河道区的南词妓女集中起来收容教养，派人帮助教育她们，然后根据各人不同情况作适当的安置。有家可归的遣送回家，无家可归的暂时收容起来；对暗娼、游娼则采取群众监督和严格户口管理等办法加以限制取缔。至1953年，在梧州公开活动的妓女剩下约30名。市人民政府水上办事处派人动员她们开展生产自救，组织她们成立了自救组毛巾厂。从此，抚河妓女均洗手上岸成为自食其力的劳动妇女。"抚河花艇""水上花街"这些产生于罪恶旧社会并在梧州延续一百多年的社会陋物也在梧州绝迹。